中国情境人力资源管理理论与实务系列

U0803747

人力资源管理经典案例解析：基于中国本土企业全真案例

颜爱民◎编著

北京大学出版社
PEKING UNIVERSITY PRESS

内 容 简 介

本书将大量的人力资源理论问题融入具体案例中进行讲解，并针对每个案例进行评价和解析。全书共分 7 章，内容包括战略与规划、工作分析、招聘、绩效管理、薪酬、开发与培训、激励方面的全真案例。所选案例既考虑了行业性特征，又照顾了区域性和企业所有制特征，以便让读者通过案例全方位了解中国情境下的人力资源管理应用的实际状况。

图书在版编目(CIP)数据

人力资源管理经典案例解析：基于中国本土企业全真案例/颜爱民编著.—北京：北京大学出版社，2022.1

中国情境人力资源管理理论与实务系列

ISBN 978-7-301-32830-9

Ⅰ.①人…　Ⅱ.①颜…Ⅲ.①企业管理—人力资源管理—中国　Ⅳ.① F279.232

中国版本图书馆 CIP 数据核字(2022)第 011834 号

书　　名　人力资源管理经典案例解析：基于中国本土企业全真案例
RENLI ZIYUAN GUANLI JINGDIAN ANLI JIEXI：JIYU ZHONGGUO BENTU QIYE QUANZHEN ANLI

著作责任者　颜爱民　编著

策 划 编 辑　王显超

责 任 编 辑　黄园园　李婷婷

标 准 书 号　ISBN 978-7-301-32830-9

出 版 发 行　北京大学出版社

地　　址　北京市海淀区成府路 205 号　100871

网　　址　http://www.pup.cn　新浪微博：@北京大学出版社

电 子 邮 箱　编辑部 pup6@pup.cn　总编室 zpup@pup.cn

电　　话　邮购部 010-62752015　发行部 010-62750672　编辑部 010-62750667

印 刷 者　天津和萱印刷有限公司

经 销 者　新华书店

787 毫米×1092 毫米　16 开本　22.25 印张　570 千字

2022 年 1 月第 1 版　2025 年 7 月第 3 次印刷

定　　价　68.00 元

前　　言

人力资源管理作为一门学问，窃以为，其理论体系与高度一则源于西方的管理学及人力资本理论，二则基于中国文化沃土。人力资源管理作为一项应用技术，其实务和操作技巧精彩纷呈，各有奇妙，如哈佛大学教授卡普兰和诺朗诺顿研究所所长诺顿联合提出的平衡计分卡、美国工资专家 Hay 的海氏三要素评估法，皆是源于实践、基于现实需求的人力资源管理实用之“术”。人力资源管理应该是“活”的学科，按照管理科学具有的科学性和艺术性双重特征，人力资源管理的艺术性尤为突出，由此决定其实践性也更为重要。

记得在我在读研究生的时候，曾经就管理课程的一些具体操作问题请教任课老师，老师总是无奈地摆摆手告诉我：“对不起，具体操作的细节和处理方法我也说不清楚，因为我没做过。”我的老师们是中国改革开放后第一代管理类教师，当时的中国正在开启市场经济的探索进程，管理学在中国正处在引进和实践应用的过程之中。我的老师们承担了从计划经济管理学走向市场经济管理学启蒙教育的重责，他们非常敬业，也非常优秀，是他们把我带进了管理科学的殿堂，我很敬重也很感恩他们，但时代背景决定了当时的他们几乎没有条件去实践并体验他们所讲授的管理理论和技术，在客观上他们的主要职能是传播知识，更多地承担了真正的“教师”职责。因此，许多管理操作的困惑一直留存到我成为一名教师。我感觉到我们这一代管理教育工作者必须突破这个障碍，必须真正懂得管理的操作细节，必须去直面管理实务问题，这是我们这代管理教育工作者需要承担的历史使命。20 世纪 90 年代末，带着这个梦想，我和几个同事及企业家朋友一起创办了一家管理咨询公司，并明确将该公司定位为我们的“附属医院”。我们奋力在项目运作的实践中丰富自己的“临床”经验，提升自己的“临床”水平。为企业提供管理技术开发和服务不仅成为我了解企业、窥视社会的重要窗口，也是我的硕士、博士研究生团队的重要的实践锻炼手段。二十多年过去了，我和我的团队已经积累了数百家企业的“临床”案例和资料，它们已成为我解析管理问题、培养学生的非常有用的工具和支持材料。

著名管理学者徐淑英指出，随着中国经济的快速发展及中国企业竞争力的增强，学术界和实践界越来越呼唤并鼓励在中国背景下进行本土的管理研究，从而为建立中国的管理理论、更有效地指导中国企业管理的实践并最终为丰富全球管理知识做出贡献①。管理学在中国进入依托中国文化和中国情境特征创新升华的关键时期，西方管理理论介绍或哈佛案例之类的管理著作已无法满足中国企业家及管理理论和实际工作者的需求，企业管理者和 MBA/EMBA 学员更是渴求读到能备感亲切、能产生共鸣、能切实指导其管理工作的管理案例和著作。在这种背景下，我对过去二十多年主持的企业管理开发和设计项目进行了系统的清理，甄选出数十个具有典型性和代表性的项目并进行整理，于 2010 年完成了《中国企业人力资源管理诊断与优化——全真案例解析》著作的撰写。作为国内第一本解析自己亲自操作过的人力资源管理案例著作，该书出版后引起了广泛的关注，得到了许多读者的好评，没多久即告售罄。诸多的期望、更多的需求和更高的要求迫使我们很快就根据行业特征、企业性质和项目特点在数百个案例库中重新遴选材料，重新构建体系，《中国本土企业人力资源管

---

① 徐淑英，张志学，2011. 管理问题与理论建立：开展中国本土管理研究的策略 [J]. 重庆大学学报（社会科学版），17(4)：7.

理典型案例解析》于2011年10月列入“复旦博学”丛书在复旦大学出版社出版。而后北京大学出版社拟出版我的人力资源管理系列丛书，在完成这套丛书的前三本书后，编辑部特别提出读者们希望看到一本好的案例书。确实，这几年管理学在中国的发展或者说中国化的过程中，无论是原有理论的拓展还是新的管理理论的建立，都有了重大的突破，国际管理学界也将关注的目光逐步聚焦中国，中国的企业和理论界开始逐步树立起自己的理论自信，中国本土的管理案例需求越来越强烈，要求也自然越来越高，确实是该重新写一本新的中国本土人力资源管理案例书的时候了。

我试图将本书做成一本实用型的教科书，倡导应用全案例教学讲授人力资源管理课程，我自己在MBA/EMBA和人力资源管理高级训练课程的教学实践中证明该方法具有较强的实效性，也很受欢迎。本书尽量将原理以最小的篇幅进行简述后，将大量的理论问题融入每一个具体案例中进行讲解，并针对每个案例设计研讨问题，对每个案例都做出评价和解析说明，凸显了理论和技术应用的情景性特征，也试图让读者体悟案例中承载的管理艺术，形成了完整的教学环节。本书案例绝大部分源自我主持或参与的人力资源管理项目，少部分案例是依据我指导的MBA/EMBA学生根据自己企业的实际情况编写的学位论文改编而成。为了保护商业机密，在不影响案例对问题的呈现和科学性的前提下，除了必要的信息处理，本书尽可能保证案例的本土性和全真性特征。本书的案例既考虑了行业性特征，又照顾了区域性和企业所有制特征，希望能让读者通过案例全方位了解中国情境下的人力资源管理应用的实际状况。

《金刚经》云：“一切有为法，如梦幻泡影，如露亦如电，应作如是观。”案例解析终归于“术”的层次，尽管我们有解析有评价，意在帮助读者不一叶障目、以点概面，然据“道一法众”之理，案例学习这种“法中求法”之法最易迷失，特提醒读者朋友，人力资源管理终究是以人为本，以心为基，以激发心源、聚合人力为用，如果能据此道而习法，则本书的每一个案例都会“活”起来，为之所用，此作者之所愿也。

在本书的写作过程中，我组织我的研究生成立了一个专门的工作团队，李莹同学为组长，带领曾莎莎、林兰、汪玉霞、杨玲玲、龚紫、孙益延、郝迎春等同学，协助我进行查阅资料、整理文稿、处理数据、审校排版等工作，郝迎春、孙益延和龚紫三位同学对全书图片和表格进行了绘制和整理，这些是工作量最大、最烦琐也最重要的基础工作，他们很努力，很优秀，我为他们感到自豪，对他们的出色工作表示感谢。初稿完成后，我委托访问学者彭广宇副教授和文琼讲师对全书进行了审校，他们提出了许多宝贵意见。感谢我的MBA学生张芬等同学提供资料和案例；感谢为本书提供资料支持的公司；感谢支持我从事管理实务操作的各位企业家和一同并肩战斗过的合作伙伴；感谢本书引用项目中的各位合作专家、研究生、参与项目工作的企业界朋友和全体工作人员；感谢以各种形式给予我指点和支持的各位前辈和朋友。

特别感谢北京大学出版社王显超先生，他与我乃忘年之交，心性相通，对我著作的出版用心扶助，特用心以谢。本书写作过程中，参阅了大量的国内外文献资料，尽管我们已尽量按要求做出标注，但疏漏在所难免，在此一并鸣谢。

颜爱民
2021年12月15日
农历辛丑十一月十二
于中南大学精进轩

目　　录

第1章

战略与规划

导入案例

手忙脚乱的人力资源经理

D集团是在短短5年之内由一家手工作坊发展起来的国内著名食品制造商。D集团在成立之初，从来不制定人力资源规划，缺人了就随时去人才市场招聘。随着企业规模的扩大，D集团逐渐走向正规化，每年年初制定规划：收入多少，利润多少，产量多少，员工定编人数多少等，人数少可以新招聘，人数超编就要求裁员。按计划，D集团一般在年初进行新员工招聘。可是，由于一年中不时有人升职、平调、降职，而年初又因编制限制不能多招，因此人力资源部不能确定应当招多少人或者招什么样的人，导致人力资源经理一年到头往人才市场跑。

近来由于3名高级技术工人退休，2名高级技术工人跳槽，生产线立即瘫痪，集团总经理召开紧急会议，要求人力资源经理在3天之内招到合适的人员顶替空缺，恢复生产。人力资源经理十分着急，频繁奔走在全国各地人才市场和面试现场，最后勉强招到2名已经退休的高级技术工人，使生产线重新开始运转。人力资源经理刚刚喘口气，一个地区经理又打电话说自己公司已经超编了，不能接受前几天分过去的5名大学生。人力资源经理不由怒气冲冲地说："是你自己说缺人，我才招来的，现在你又不要了!"地区经理说："是啊，我两个月前缺人，你现在才给我，现在早不缺了。"

很多企业都出现过这种情况，以前没觉得缺人是什么大事情，什么时候缺人了，什么时候再去招聘，虽然招来的人不是十分满意，但对企业的发展也没什么大的影响，所以从来没把时间和金钱花在这上面。即使是在企业规模日益扩大以后，也只是每年年初做人力资源定编计划，而对于人力资源战略性储备或者人员培养都没有给予足够的重视。造成这种现象的原因是：中国市场在20世纪90年代以前处于机会主义时期，企业的成功往往不需要战略，抓机会、抓资源、抢速度、快节奏成为中国企业的制胜之道。中国企业的这种战略无意识状态，使它不需要对组织的人力资源进行长远规划，即使有战略，竞争战略的模糊性和易变性也使规划无从进行，因此企业并不需要人力资源规划。随着市场的日益规范，企业的日益壮大，企业出现了发展瓶颈——缺少人才。企业想要进一步发展壮大，长治久安，必须依靠源源不断的人才。但是，很多企业虽然常常缺人，却不知道为什么缺人，更不知道如何解决这一问题。

资料来源：颜爱民，方勤敏，2018. 人力资源管理 [M]. 3版. 北京：北京大学出版社.

1.1 战略与规划综述

1.1.1 战略与规划的内涵

1. 概念

人力资源战略是指为成功实施企业的整体经营战略，在战略人力资源管理思想指导下，以保证企业当前及未来人力资源配置的均衡和有效、维持和提高企业竞争优势为目标，而制定的企业人力资源管理的战略方针、原则和计划。

人力资源规划是指企业根据自身的发展战略、目标及内外环境的变化，预测未来企业任务及环境对企业人力资源的要求，以确保企业在恰当的时间获得各种需要的人才的过程。人力资源规划过程如图 1.1 所示[①]。

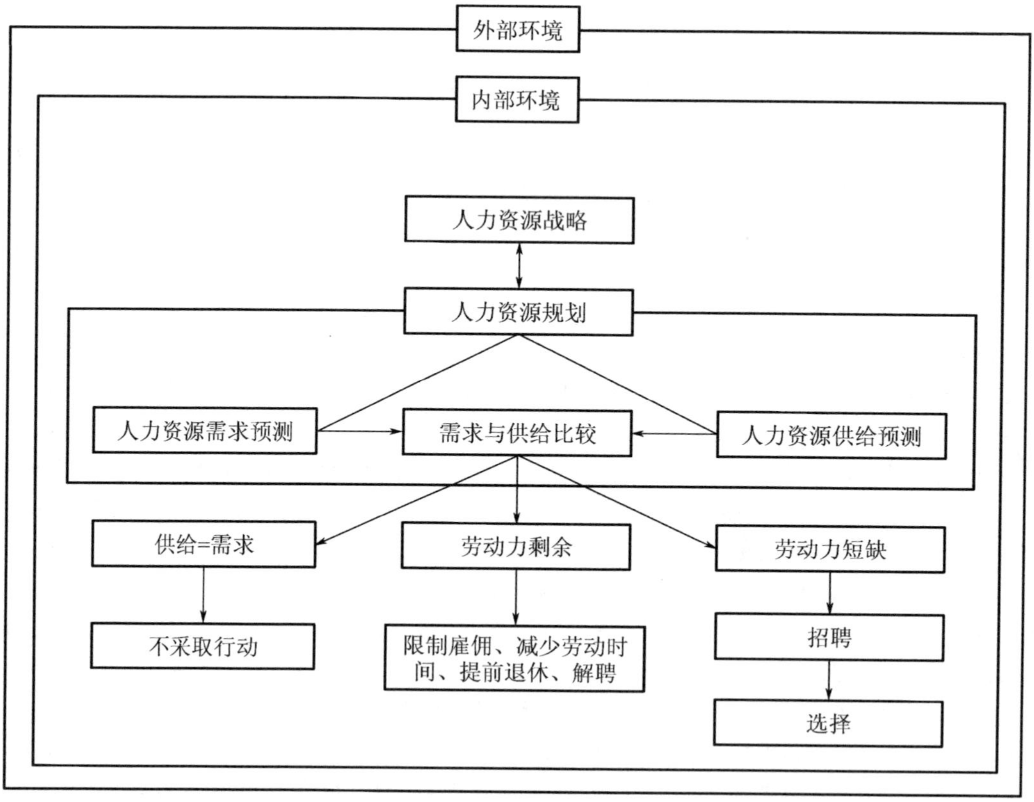

图 1.1 人力资源规划过程

2. 人力资源战略、规划与企业战略目标的关系

企业战略目标是在企业使命和企业功能定位的基础上制定的。为了保证总目标的实现，将企业战略目标层层分解，形成企业的战略目标体系。人力资源战略的目标存在于企业的战

① 蒙迪 R W，诺埃 R M，1998. 人力资源管理［M］. 6 版 . 北京：经济科学出版社 .

略目标体系中，它是企业总体战略目标的重要组成部分。

据此，依据企业人力资源战略制定的人力资源规划实质上也是在企业战略目标指导下进行的。图1.2所示为企业人力资源规划与企业战略目标的关系。

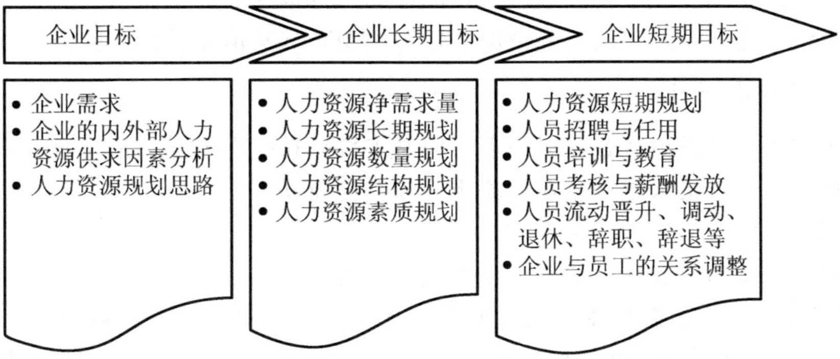

图1.2　企业人力资源规划与企业战略目标的关系

3. 人力资源战略的制定

人力资源战略制定是指在对企业外部环境和内部环境分析的基础上，根据企业发展战略及其战略目标制定企业人力资源战略方案，确定人力资源战略实施路径，并对人力资源战略与实施进行效益和风险评估的过程。

外部环境包括经济环境、人口环境、科技环境、政治与法律环境、社会文化环境等方面；内部环境包括企业的发展战略、企业文化、企业组织模式、企业自身人力资源管理状况等。

优劣势分析法是从优势（Strengths）、劣势（Weaknesses）、机会（Opportunities）、威胁（Threats）四个方面对企业内外环境和竞争条件战略因素进行综合分析的方法，简称SWOT分析法，其同样适用于人力资源战略环境分析。通过SWOT分析，决策者可对影响人力资源战略制定的因素进行分析和比较，为制定正确的人力资源战略提供依据。

4. 人力资源规划的制定

人力资源规划的制定是指在对企业人力资源状况进行分析的基础上，对人力资源的需求和供给情况进行对比，通过分析人员的数量、质量、结构及均衡状况，得出企业在不同发展阶段的人员净需求量，据此制定企业人力资源规划的过程。

1.1.2　人力资源供需预测

由于在人力资源规划过程中企业内部环境和外部环境可能变换得很快，各种条件的改变都可能会影响到整个企业，因此需要通过预测对原规划加以修改。这种预测包括需求预测和供给预测。

人力资源供需预测技术有很多种，主要分为定性技术和定量技术。一般常用的方法有以下几种。

（1）零基预测法。该种方法是以组织现有员工数量为基础来预测未来对员工的需求，关键是要对人力资源需求进行详尽分析。

（2）自下而上法。由于每个部门的管理者最了解该部门的员工需求，因此先由组织中的每个层次（从最低层次开始）预测其需求，最终汇总得出员工需求的预测总数。

（3）数学模型法。最为有用的人员水平预测变量是销售量，企业产品市场需求与企业所需员工数量之间是正相关关系，因此可从产品市场销量来预测员工需求数量。

（4）模拟法。这是通过刻画实际情况的数学模型对真实情况进行试验的一种技术①。

1．人力资源需求预测

人力资源需求预测是估算企业未来需要的员工数量和能力组合，是企业编制人力资源规划的前提和核心，其直接依据是企业战略规划和财务预算。

（1）预测的步骤。

人力资源需求预测一般从以下6个步骤进行开展。

① 确定目标。它是根据企业一定时期的任务和需要解决的问题来确定的。在确定目标的过程中，力求做到远景规划和短期目标相结合。人力资源的规划要与组织战略相一致。人力资源需求预测的目标一般包括预测项目、范围要求、时间要求、各种指标及其准确性要求等。

② 收集信息。信息是预测的依据，信息的收集可以采取问卷收集和专家访谈相结合的方法。信息应尽可能全面、系统、真实、可靠。

③ 选择方法。根据预测目标和掌握的信息情况，选择可行的预测方法。在预测过程中，单纯使用一种方法进行预测并不多见，也不大可靠。采用定性与定量相结合的方法进行预测，或者以多种预测相互比较来印证预测结果，可以提高预测的准确度。

④ 建模分析。在进行定量预测时，通常需要建立预测模型，以数学方程式表达各种变量之间的函数关系，抽象地描述人力资源需求量与各种影响因素之间的关系。然后根据所建立的预测模型，运用数学方法，找出人力资源需求的最优解，并写出预测结果的分析报告。

⑤ 评价判断。预测的结果未必完全符合未来的实际，依模型方法的要求，必须对预测结果进行分析、评价和检验。

⑥ 误差修正。找出并分析产生误差的原因，修改预测模型，修正预测结果，选出较理想的数值作为规划的依据②。

（2）预测的方法。

人力资源需求预测一般有两类方法。

① 依靠经验和已掌握的企业发展历史进行定性判断，如经验预测法、德尔菲法等；

② 依靠统计学的方法对未来趋势进行推算，如劳动定额法、趋势外推法、回归分析法等。

（3）预测的内容。

人力资源需求预测的内容主要有以下几个方面。

① 人力资源总体与结构需求预测。企业人力资源总体与结构需求预测是指根据企业自身的战略发展目标，对企业所需要的不同类型和不同素质的人力资源进行分析和预测。当社会总的宏观环境（如经济结构、人力资源结构等）发生变化时，企业的总体人力资源及结构

---

① 蒙迪 R W，诺埃 R W，1998. 人力资源管理［M］. 6版. 北京：经济科学出版社.

② 赵君，梅小敏，2006. 企业人力资源需求预测分析［J］. 社会科学家（A1）：167-168.

也会随之改变。因此，对企业人力资源总体与结构需求进行预测，可以确保企业在不确定性情况下具有较好的人力资源结构的最佳组合，从而避免出现企业不同层次人力资源的比例失调等状况。

② 人力资源存量与增量预测。企业人力资源存量主要指在企业目前的状态下所拥有的人力资源。企业人力资源增量是指随着企业生产规模扩大、企业战略目标转移等发展变化带来的对人力资源的新需求。通过企业人力资源存量与增量预测，企业可以对现在和未来拥有的不同层次的人力资源进行有效规划，使其更好地与企业发展战略相匹配。

③ 企业核心人力资源需求预测。企业核心人力资源是对企业实现战略目标起关键作用的人力资源。核心人力资源对企业发展和企业战略实施起着决定性作用。对企业核心人力资源进行预测是人力资源规划的基础，具有极强的针对性，能够使企业通过一些特殊的手段与方法，加快开发和培养核心人力资源。由此可见，企业人力资源在企业变革中扮演着极为重要的角色。

2. 人力资源供给预测

人力资源供给预测是指企业根据既定的目标对未来一段时间内企业内部和外部各类人力资源补充来源情况进行的分析预测。人力资源供给预测与人力资源需求预测不同，人力资源需求预测主要是预测企业内部人力资源的需求，而人力资源供给预测则需要研究企业内部和外部人力资源供给两个方面。

企业外部人力资源供给预测分析主要是预计企业外部未来可能提供的人力资源供给数量和结构，以确定企业在今后一段时间内能够从外界获取的人力资源供给量。影响外部人力资源供给的因素可以分为三大类：政治、经济和社会文化环境等宏观性因素，行业性因素和地区性因素。

企业内部人力资源供给预测分析主要是弄清企业内部的人力资源状况，特别是员工的构成和多样性。对内部环境的分析，可以帮助企业预测已有员工的损失数量和所需招聘的新员工数量。影响内部人力资源供给的因素主要有企业战略、组织结构、企业人员流动率等。内部人力资源供给预测的方法主要有现状核查与技能清单法、人员接替模型、马尔可夫预测法等。企业内部供给预测方法比较见表1-1。

表1-1 企业内部供给预测方法比较

方法	特点	适用条件	不足
现状核查与技能清单法	这是一种静态的人力资源预测技术，不反映企业未来人力资源的变化	适合于小型、静态的企业短期的人力资源供给预测	在大型企业的人力资源供给预测中存在很大的局限性
人员接替模型	直观、简单、实用	针对企业管理人员供给预测	需根据企业的变化及时调整
马尔可夫预测法	这是一种利用统计技术预测未来的人力资源变化的方法，可以作为预测内部劳动力供给的基础	不仅可以处理员工类别简单的企业中的人力资源供给预测问题，而且可以解决员工类别复杂的大型企业的内部人力资源供给预测问题	预测的精确性与可行性还需要进一步研究

人力资源供给预测是一个比较复杂的过程。其中，外部人力资源的供给预测由于涉及的不确定性因素较多，企业难以控制其预测结果，因此预测的信效度是个难题。内部人力资源供给预测则由于人员拥有量相对透明，因此预测的准确性也较高。但是，对于规模过大、经营产业领域较多、目标多变的企业而言，内部供给预测同样存在准确性不足的问题。对于规模过小、处于成长期的企业，则根本不需要进行专业的内部人力资源供给预测。

3. 人力资源供求平衡

人力资源规划的目的是实现企业人力资源供给和需求的平衡。因此，在预测人力资源供给和需求之后，就要对这两者进行比较，并根据比较的结果采取相应的措施。

人力资源供求平衡分析的主要任务是根据供求预测的结果，判断和计算某一时期企业人力资源供求失衡的方向和数量，并将其作为企业制定具体人力资源管理活动的依据。人力资源供求平衡图如图 1.3 所示①。

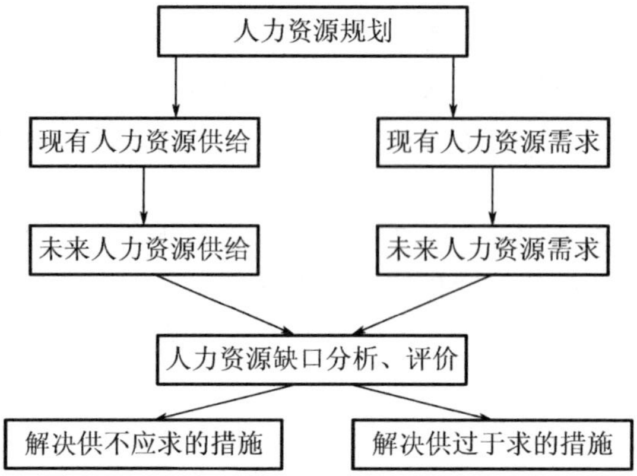

图 1.3　人力资源供求平衡图

在分别进行人力资源供给与需求分析之后，接下来的工作是要将供求预测结果进行对比分析，以便得出企业人力资源的净需求。供求对比分析应明确指出企业人力资源供求失衡之所在。供求失衡包括总量性失衡和结构性失衡。与企业人力资源总量性失衡相比，结构性失衡是企业人力资源供求失衡中更为普遍的一种现象，在企业稳定发展阶段尤其如此，具体表现可能是高层次人员供不应求，而低层次人员供过于求；也可能是某类人员供不应求，而其他类别人员供过于求。企业应根据具体情况进行相应调整。若企业富有生气，应以内部调整为主，把某类富余职工调整到需要人员的岗位上；若企业组织比较僵化，应招聘一些外部员工，给企业带来一些新的生产技术和新的管理措施等，这时应以外部调整为主。

人力资源供求分析比较的结果为企业制定有关的人力资源管理政策和措施提供依据，企业在人力资源供求预测的基础上，制定相应的政策和措施，以实现人力资源的综合平衡。

4. 劳动力过剩

当供需对比表明将出现劳动力过剩时，应该采取以下做法。①限制雇佣。只有在企业整体工作可能受到影响时才会录用新员工。②减少工作时间。这种削减通常只适用于小时制员

---

① 颜爱民，方勤敏，2018. 人力资源管理［M］. 3 版. 北京：北京大学出版社.

工，因为管理人员和专业技术人员一般是按月付薪。③提前退休。④暂时解雇。暂时解雇与解雇不同，但是其效果都是一样的——员工当前被解雇。⑤劳务输出。

5. 劳动力短缺

面对人才短缺，企业必须加强招聘力度，寻求合适的人选。企业一般采取以下行动。①创造性招聘。人才短缺意味着需要采取新的招聘手段，公司可能不得不在和以往不同的地区开发新的招聘方法，寻找不同类型的候选者。②薪水激励。③培训计划。④改变招聘标准。可以降低招聘标准，改变筛选员工的标准以确保有足够的人员完成工作，后期可以提供适当的培训以使员工适应工作。⑤加班。⑥借调[①②]。

1.1.3　人力资源规划的编制与实施

人力资源管理的各种职能，如招聘、任用、培训开发、绩效评估、薪酬规划和劳资关系是紧密关联的，而不是各自独立和分散的。因此，在高度竞争的市场环境中，企业必须通过适当的人力资源规划，合理整合企业全部人力资源，这样才能充分提升企业的综合竞争力。

每个企业编制的人力资源规划各不相同。一般来说，一份完整的企业人力资源规划包括人力资源总体规划和人力资源具体业务规划。

1. 人力资源总体规划

人力资源总体规划指在规划期内人力资源管理的总目标、总政策、实施步骤和总预算的安排。其主要内容包括阐述在企业战略规划期内组织对各种人力资源的需求和各种人力资源配置的总体框架；阐明人力资源方面有关的重要方针、政策和原则，如人才的招聘、晋升、奖惩等方面的重大方针和政策；确定人力资源预算等。

2. 人力资源具体业务规划

人力资源具体业务规划是总体规划的展开和具体化，包括人力资源招聘与任用规划、人力资源培训规划、人力资源薪酬规划及人力资源人员流动规划等。

（1）人力资源招聘与任用规划。

① 招聘规划。

招聘规划是根据企业一定阶段人力资源需求预测而设定的配套招聘工作规划，其基本要求是要保证企业运营和发展过程中人力资源的有效供给。具体而言，招聘规划的内容大致分为以下几项。

a. 针对未来业务发展的需要及企业所处环境的变化，预测未来所需的不同类型的人力资源。

b. 将预测结果与现期状况相比较，确定需要补充的人员数量、素质、类别及年龄等信息，并拟订计划。

c. 确定需要补充的人才来源。若招聘职位层次较高，市场供给有限，可适当放宽招聘

---

① 蒙迪 R W，诺埃 R M，1998. 人力资源管理［M］. 6版. 北京：经济科学出版社.

② 郑晓明，2005. 人力资源管理导论［M］. 2版. 北京：机械工业出版社.

的地区范围；若招聘基层员工，则一般在企业附近的地区招聘，以提高企业员工工作的稳定性。

d. 确定补充人员的起点待遇。

e. 确定人员招聘渠道、招聘广告和招聘方式。

f. 明确完成挑选及录用工作的具体时间期限。

② 任用规划。

人力资源规划不仅要满足未来人力资源的需要，更需要充分使用现有人力资源。任用规划的总目标是实现人才结构的优化和绩效的改善。人员任用规划的具体编制步骤如下。

a. 各部门编制人才使用计划。

b. 编制岗位任职条件。

c. 确定职务轮换的范围和时间。

（2）人力资源培训规划。

企业的培训规划是指为企业长期、中期、短期所需要弥补的空缺职位事先准备合适的人力资源而制定的培训规划安排，其目标是提高人力资源素质，改善员工和企业绩效。

为了制定一个正确而全面的人力资源培训规划，规划过程需要遵守以下步骤。

① 建立培训领导机构。为了强化培训的组织保障，企业需要建立制定和执行培训规划的领导机构，由企业分管人力资源的主要领导担任负责人，负责协调各个部门人力资源培训工作。

② 进行培训需求调查。应用规范的方法获取员工培训需求信息，在正确分析和处理的基础上准确把握企业的培训需求，保证培训规划设计的针对性和有效性。由于资源的稀缺性，企业必须按照各个培训项目的轻重缓急进行培训资源分配，优先满足重点培训项目的需要。

③ 确定培训人员的类型与数量。根据需求将培训进行合理分类，对培训人员进行相应的批次分配和设计。

④ 设计培训产品，确定培训方案。在培训需求分析和确定受训人员的基础上，设计和选择对应的培训产品，确定相应的培训方案。

⑤ 制订培训计划。根据企业的实际经营状况，按照各类员工的工作特征，制订相应的培训实施计划，包括培训的时间、地点、运作方式及有关实施制度。

⑥ 评估培训效果。一般来说，对员工进行培训之后还要对培训的效果进行评估，一个企业如果不能正确地评价其培训方案和效果，就难以准确判断培训方案是否有效，以及培训项目是否达到了预期的目的，因而，要对培训项目的规划方案和效果进行有效评价。

（3）人力资源薪酬规划。

人力资源薪酬规划是指企业根据人力资源战略对未来的薪酬模式、薪酬结构、薪酬等级等内容制定规划的过程。企业人力资源薪酬规划应该能够根据员工的劳动付出给予相应的补偿，尤其是在知识经济时代，企业的发展在很大程度上取决于员工的创新精神能否得到充分的发挥。而员工的创新精神能否充分发挥，在很大程度上又取决于员工能否从自己的创新中获得相应的回报，因此企业的人力资源薪酬规划要有利于激励企业员工创新精神和潜力的发挥。在制定企业人力资源薪酬规划时，可以按照以下步骤进行。

① 在对薪酬进行外部调查和内部调查的基础上，确定薪酬支付对象、数量和支付时间。

② 分析薪酬规划与劳动生产率的关系。根据报酬对象，分析不同的报酬方案对劳动生产率的影响，以选择最佳的规划方案与水平。

③ 在前面两项工作的基础上，根据各种规划方式对企业员工劳动生产率的影响、创新能力和劳动积极性的激励作用，确定企业应该采取的规划方案。

④ 对规划方案的评价。在规划中必须明确各种不同的规划对象所采取的报酬方式、报酬费用支出、规划后预计可以产生的效果和评价指标；主要分析企业所采取的各种规划方案对企业经营发展各方面的影响，如对劳动生产率、技术创新能力、企业销售活动等方面的影响。

（4）人力资源人员流动规划。

一般而言，企业内的人力资源流动主要包括人员接替与提升、降职、退休和解聘等。其运用是否合理得当，会直接影响企业的整体士气与活力。

① 人员接替与提升。

人员接替与提升规划的目标是保持一定数量的后备力量，改善人员结构。实施人员接替与提升规划的具体实施步骤如下。

a. 拟定后备人才的选拔标准和资格。

b. 制订后备力量的岗位轮换计划。

c. 确定后备力量培训的需求。

d. 制订后备力量提升比例与提升计划。

e. 安置未提升资深人员。

f. 填报职务变动引起的工资福利变化预算表。

② 降职。

一般而言，降职的发生往往是基于下列原因。

a. 由于企业内外部环境的变化，企业可能采取降职的措施来适应企业战略的调整。

b. 员工违规或工作绩效不佳，但还不至于被解雇，则可以考虑以降职手段对员工进行惩罚。

c. 在员工晋升或调动任用后，经过一段时间的试用，发现其能力不能胜任新工作的要求，则以此措施对以前的不当任用进行补救。

考虑到降职的负面影响较大，如可能导致被降职员工的不满而引起若干防卫性、破坏性及报复性的行为，所以在做出对员工降职决定时应该慎重考虑。

③ 退休和解聘。

退休和解聘的实质是为企业建立淘汰退出机制，其目标是降低劳务成本、提高生产效率。现在很多企业已经打破了以前的“铁饭碗”或是终身雇佣制，但依然存在大量冗余人员。很多员工只要进了企业，如果不是主动辞职或是犯了重大错误，一般不会被企业辞退或解聘。造成这种现象的一个重要原因是企业只设计了向上的晋升通道，而忽略了向下的退出通道，而退休和解聘规划就是为了弥补这一漏洞而设计的。例如，目前已经有很多企业采用的末位淘汰制就是基于这种理念制定的管理措施。

3. 人力资源规划的期限

人力资源规划的期限分为短期（1年）、中期（3～5年）、长期（8～10年），一般要与企业总体规模相一致，主要取决于企业环境的确定性、稳定性及对人力素质的要求。通常经营环境不确定、不稳定，或者人力素质要求低，随时可以从劳动力市场上补充时，可以以短期规划为主；相反，若经营环境相对确定和稳定，而对人力素质要求较高，补充比较困难时，就应当制定中长期规划①。

4. 人力资源规划的实施

企业在制定人力资源规划后的重要工作就是具体地落实与执行规划。企业人力资源规划的落实与执行是以企业人力资源部门为主要推动者，需要企业各个业务部门共同完成的任务。有些人力资源规划工作主要是由人力资源部门负责落实，如培训规划、招聘规划、劳动关系规划等，其他部门仅需要配合与支持即可；而有些规划落实与实施的主体是业务部门，人力资源部门仅仅是一个推动者与监督实施者，如企业的人员使用与培养规划、员工评价与激励规划等。

在实施的过程中，要对制定的人力资源总体规划和各项具体业务计划进行检验，拿到第一手资料，为人力资源规划的修订做好准备。

1.1.4 人力资源规划的控制与评估

人力资源规划的控制与评估是指对人力资源规划的实施过程进行监督、控制并对规划实施结果进行评估。在人力资源规划实施过程中，如果发现规划与实际情况有偏差，需要及时对规划进行必要的修正。

1. 人力资源规划的控制

为了保证人力资源规划能够有效实施，能及时应对规划实施过程中出现的重大变化或意外情况，需要对人力资源规划的实施过程进行控制。控制分为外部控制和内部控制两种。

(1) 外部控制。企业人力资源系统的外部环境通常包括企业经营战略、企业经营技术开发、生产运作状况，以及社会经济、政治及人力资源市场环境。这些外部环境是企业人力资源发展规划的依据，如果这些外部环境发生重大变化，企业人力资源规划就必须适时进行相应的修正，以适应环境变化的需要，否则可能导致企业人力资源规划实施的失败。

(2) 内部控制。企业人力资源系统的内部条件主要是指企业人力资源系统的总量、结构和素质等。当这些条件发生变化时，也需要对企业人力资源规划进行相应调整，以满足人力资源发展的需要。

2. 人力资源规划的评估

人力资源规划的实施是一个动态的过程，在具体实施人力资源规划的过程中，由于规划人员能力有限以及内外部环境变化的不确定性，最初制定的人力资源规划不能真正有效地达到企业预期的目标和要求。因此，建立一套科学的评估体系，既是对前期人力资源工作的总结，同时也能为以后人力资源规划的可持续发展提供保障。常见的人力资源规划的评估方法有会计评估法、关键指标评估法、成本评估法、声誉评估法、标杆法等。

---

① 郑晓明，2005. 人力资源管理导论 [M]. 2版. 北京：机械工业出版社.

1.2　案例一：人力资源战略优化设计案例

——中南出版传媒集团人力资源战略①

1.2.1　集团简介

中南出版传媒集团股份有限公司（以下简称中南传媒）经营业务涵盖图书、报纸、期刊、音像、电子、网络、动漫、电视、手机媒体、框架媒体等多种媒介，集编辑、印刷、发行各环节于一体，是典型的多介质、全流程、综合性出版传媒集团，形成了出版、印刷、发行、报刊、新媒体、金融六大产业格局。

中南传媒是位居国内出版第一方阵的强势出版传媒集团，是我国出版传媒骨干企业。未来，中南传媒将以“催生创造、致力分享”为经营理念，以“线上与线下结合、产业与金融结合”为发展路径，大力实施传播数字化、业态市场化、品牌集群化、经营国际化、运营资本化、管理标准化六大战略，打造成为拥有强大实力和传播力、公信力、影响力的国家级新型出版传媒集团，发展成为世界知名的信息服务和传播解决方案提供商、华文全媒介内容运营商、重要的文化产业战略投资者。

1.2.2　人力资源状况及存在的问题

截至2011年3月1日，集团共有员工16 906名（不含劳务派遣、临时工），其中在岗员工7 646名，在岗员工中具有研究生及以上学历的219人（其中博士研究生学历5人），大学本科学历1 720人，大专学历2 452人，中专、高中毕业生2 593人，高中以下学历662人。

在岗员工中共有专业技术人员1 449名，占在岗总人数的18.95%。其中，具有高级职称的298人，占专业技术人员总数的20.57%；具有中级职称的664人，占专业技术人员总数的45.82%；具有初级职称的487人，占专业技术人员总数的33.61%。总的来说，高学历人才偏少，专业技术人才中具有研究生学历的只占8.56%，本科学历只占47.79%。整个集团员工55岁以上的占18.7%，其中没有初级职称的占23.87%。考虑到集团发展战略目标，这种情况在一定程度上反映出后备管理人才储备不足。

出版、印刷、发行三个关键环节是集团的主业。集团三大主业员工共5 699人，占全体在岗员工的74.54%。其中，专业技术人员共839人，占全体在岗员工的10.84%，占全集团专业技术人员的57.21%。集团三大主业员工学历和职称分布情况见表1-2。

通过以上数据可知，集团现有人才结构主要存在以下问题。

（1）高学历、高职称人才在集团内部分布很不均衡，在三大主业中主要集中于出版环节，其他板块失衡。

（2）三大主业人力资源状况存在较大问题。出版环节作为集团的主业，其学历、职称、岗位结构均不合理，高学历人才、专业技术人才比例偏低，行政管理人员比例偏高。印刷环

---

① 本案例针对文化产业领域的企业，具有典型的行业性特征。案例源于作者指导的研究生所做的实际操作方案，除做了少许必要的信息处理外，尽可能保持原貌，以利于读者管窥企业人力资源战略制定的全过程。案例初稿定于2011年6月，本次修订于2018年3月。

节虽然以一线操作为主，但低学历、低职称层次反映出印刷环节员工整体素质偏低的状况。先进的设备与较低素质员工之间的矛盾，以及熟练技工的缺乏，影响了先进设备作用的发挥，对于提升印刷一线效能是巨大的阻碍。发行环节的人员结构更差，高学历或高职称人员太少，管理人员比例过高，将严重影响发行环节的效率和效益，不能适应集团长远发展的要求。

表 1-2　集团三大主业员工学历和职称分布情况　　单位：人

环节	在岗人数	专业技术人数	学历				职称		
			本科及以上	大专	中专	高中及以下	高级	中级	初级
出版	602	240	477	94	9	22	99	128	13
	比例/(%)	39.87	79.24	15.61	1.50	3.65	16.45	21.26	2.16
发行	3563	492	653	1513	185	1212	88	236	168
	比例/(%)	13.81	18.33	42.46	5.19	34.02	2.47	6.62	4.72
印刷	1534	107	71	270	183	1010	11	16	70
	比例/(%)	6.98	4.63	17.60	11.93	65.84	0.72	1.04	4.56

注：比例计算以在岗人员为基数。

(3) 集团整体人才数量基本满足战略发展要求，但分布不均衡，存在结构性短缺。一般编辑策划、一般管理、党务管理、出版人才内部供需基本达到平衡，一线工人、书报发行员工内部供过于求，外部人才市场也基本供过于求。主业领域内策划编辑、新媒体新技术人才、国际人才、法律人才、战略研究人才、刊社领军人才内部严重短缺。未来 10 年，由于更多的民营资本进入出版市场，并伴随着文化产业改革的深化，外部专业性出版人才市场将处于供不应求的状态，对出版人才的争夺将更为激烈，寻求人才的难度更大，成熟的出版人才流动性也将大大提高。包括酒店、高科技产业在内的其他产业领域的服务员、生产人员、一般营销员工内部供过于求，外部市场也容易获取，但技术创新人才、高端管理人才（特别是酒店业管理人才）、投资人才等内部严重短缺，外部供给不足。

1.2.3　集团发展战略

集团利用 SWOT 分析法分析了其战略环境及自身的优劣势，认为良好的宏观发展形势、坚实的产业发展基础是当前的有利条件和优势。但也面临着不利形势，主要包括：有效需求严重不足，出版业进入膨胀性衰退阶段，外界资本纷纷涌入，行业竞争趋于白热化，新介质出版物显示出极强的替代性，出版业面临深刻的转型变革，国家对中小学教材出版发行政策的调整。所有这些因素都给出版产业发展带来了巨大的压力和挑战，最终以分析结果为基础确定了集团的发展愿景、发展目标和战略发展思路。

1. *发展愿景*

集团确定的发展愿景表述为“以积累文化、传承文明、回报社会为己任，以‘我们提供阅读’为主要诉求，牢牢把握建设国内一流内容提供商的发展定位，统筹运用产品经营、品牌运营、资本运作等发展手段，努力创造服务价值，把集团建设成为机制灵活、主业突出、效益显著、国内一流的大型传媒产业集团”。

2. 发展目标

集团的发展目标包括总体目标、主要经济目标、分业发展目标。

（1）总体目标。

继续大力实施“一主两翼”发展战略，即以纸媒体（图书、报刊）出版为主业，以网络及其他新介质媒体和包括酒店、高科技产业在内的其他产业为“两翼”，以盘活存量资产和优化资源配置为手段，继续巩固和扩大传统产业优势，积极培育和拓展“两翼”新的产业集群，努力开辟新的经济增长点，打造以集知识资源的采集、整理、加工、印制、传播、销售、物资供应等为一体的完整产业链，构建全面渗透、立体交叉、梯级发展、面向未来的现代传媒产业体系，强化并增进集团在全国文化传媒市场的优势地位。

（2）主要经济目标。

集团的主要经济目标为：截至第五年年末，力争实现销售收入100亿元，利润5亿元，总资产达到80亿元。三大指标年均增长率分别为11.6%、15%、6%。现有指标与五年末指标对比见表1-3。

表1-3　现有指标与五年末指标对比　　单位：亿元

指标	年份	
	2011年	2016年
销售收入	57.77	100
利润	2.49	5
总资产	59.78	80

（3）分业发展目标。

① 传统纸质图书出版、印制、发行等产业。

截至第五年年末，形成1套科目完整的全国性中小学新课标教材、1套体现课程改革最新理念的科目完整的全国性新课标教辅、1个教材教辅全国性销售网络；打造20个文化出版工程、15个在全国范围内有影响的图书品牌、5～10种畅销图书、1个外销图书系列；打造1个全品种印务中心、1个第三方物流中心和1个覆盖城乡的出版文化用品连锁经营网络。力争至第五年年末实现销售收入78亿元，利润4亿元。

② 报刊、网站及其他新介质媒体产业。

培育4家地区性日报或全国性专业报、4种全国性品牌期刊；打造1个有影响力的电子音像品牌；打造1个新闻网站、1个全国最大的中文图书出版发行网站、2个网络增值服务平台。力争至第五年年末实现销售收入15亿元，利润0.6亿元。

③ 酒店、高科技及其他产业。

培育1个具备优质资产的经济型连锁酒店、1个全新科技产业园、1个具有品牌实力的房地产板块和1个信誉优良的物业管理板块。力争至第五年年末实现销售收入7亿元，利润0.4亿元。

3. 战略发展思路

要实现集团发展愿景和目标，离不开战略的有力支持。为此，集团提出了品牌战略、跨地域发展战略、“走出去”战略、人才支撑战略、资本运营战略等实施战略。

（1）品牌战略。

在逐步提高集约化程度的过程中，对出版社的资本、规模、品牌、功能、效益进行重新规范和组合，努力打破均衡发展和只生不灭的不合理状态，通过分化、兼并、重组，使出版资源和出版生产要素向优势出版社相对集中，进一步提高优势出版社的市场竞争能力，打造5家全国知名的品牌大社；重点培育品牌期刊，对受读者喜爱、有影响力的优秀期刊，加大向省外、国外市场拓展的力度，着力探索版权输出；利用各种媒体、采取多种方式进行广泛宣传，推出一批品牌产品和品牌企业。

（2）跨地域发展战略。

以提高整体竞争能力和经济效益为目标，积极参与出版行业的重组和整合，在巩固本地市场的同时，借助建立战略联盟、兼并、收购等资本运作手段，积极向周边省市辐射、渗透，进一步拓展重点业务的市场空间，实施跨地域经营：一是在北京、上海开辟新的产业领域，建立如报刊经营、选题策划、网站运行等机构；二是实现出版物零售、批发业务跨省经营。

（3）“走出去”战略。

中国经济近年来持续、快速、健康发展，汉语出版物和介绍中华文化的出版物在国际市场上的需求不断扩大，为集团实施国际化战略提供了难得的契机。集团欲探索“汉语出版物走向世界”的有效途径。第一，以英、法、德等多种语言出版介绍中华文化的出版物，并在世界各地发行。第二，与国外一些有实力的出版公司进行合作，筹备组建合资公司。第三，组织有关专家，深入研究世界一些主要发达国家读者的阅读兴趣和阅读心理，策划出版满足不同读者阅读需求的产品。第四，积极和国外教育培训机构合作，推出相关出版物。第五，利用数字网络技术，发展以数字出版和电子商务为核心的网络“新经济”，将触角延伸至国际市场。

（4）人才支撑战略。

坚持“以人为本”的人才开发理念，建立健全人力资源管理体系，合理规划人力资源结构，优化人才队伍，疏通引才渠道，形成专业技术人才和经营管理人才两大人才序列，建立人才储备库。通过科学设计岗位管理与绩效考评机制，建立人才职业生涯规划体系，打造优秀人才成长平台。

（5）资本运营战略。

盘活现有资产，适度剥离不良或无效资产，将资金等资源投向出版主业和相关延伸产业。积极引进战略合作伙伴，疏通融资渠道，优化产权结构，推动整体经营管理水平的提升。条件成熟时，利用资本市场直接融资的乘数效应，实现经营规模的快速扩张。

1.2.4 人力资源战略环境及各模块分析

1. 内外部环境 SWOT 分析

（1）优势（S）。

① 经验丰富的高级编辑人才队伍庞大。

② 职工收入普遍较高，有一定吸引力。

③ 领导队伍素质高、企业文化和谐、政令较为畅通。

（2）劣势（W）。

① 总体情况。人工成本依然较高，削减成本空间大；员工成熟度较高，忠诚度高，内外部流动率较低，但是这种相对稳定的流动率，是否能够实现外部人才引进和内部复合型人才的培养，值得进一步思考；员工素质整体水平不高，工作效率难以保障；员工结构不合理，优秀人才和适应企业发展的人员分布不均衡；前期培养的年轻复合型人才发挥了较大作用，但是后备人才队伍能否跟上，值得引起注意；员工来源有限，所处地域的人才吸引力相对较差，难以迅速有效地为空缺岗位配备合适人才。

② 关键岗位的人力资源情况。优秀人才分布很不均衡，缺乏行业内的领军人物、战略研究人才、审计稽核人才、既懂编辑又懂营销的人才、文化创新能力强的人才、职业策划人和职业发行人等，尤其是非主业领域专业人才十分短缺。

（3）机会（O）。

① 国内高等教育为出版业的发展提供了大量高质量的可开发人力资源。自 1998 年以来的持续扩招，国内高等教育为出版业培养了大量的编辑、出版、发行等出版专业后备人才，国内管理学专业的发展为出版业的发展提供了懂经营、会管理、能策划的后备管理人才。他们普遍掌握现代信息技术，在应对信息手段多元化步伐加快，以及网络出版物、电子出版物、有声读物等新形式不断涌现方面，具有优势。对于培养新型人才、开拓新业务市场具有很大潜力。

② 新闻出版体制改革、出版业改制和现代出版物市场体系的建立将为集团招聘到具有丰富工作经验的外部人力资源奠定基础。按新闻出版总署的部署，到 2010 年年底，全面完成经营性新闻出版单位转制任务，建立现代企业制度。改革路线图和时间表是：2009 年年底前，全面完成地方和高校图书、音像制品和电子出版物出版单位的改制任务；2010 年年底前，全面完成中央各部门（单位）出版单位的转制任务；3 年内完成经营性报刊出版单位转制任务；3～5 年内培育出 6～7 家资产超过百亿、销售超过百亿的国内一流、国际知名的大型出版传媒企业；3～5 年内在全国形成 6～7 家区域性出版物发行集团公司。跨区域并购重组将成“重头戏”。这种购并风潮将为本集团提供丰富的具有工作经验的外部人力资源。

③ 随着新《劳动法》的颁布实施，人才市场得到进一步的培育和完善，人才的合理流动将进一步规范，人才市场配置效率也将提高。国内人才合理流动和配置的效率提高，为集团吸引国内出版业人才提供了条件。

（4）威胁（T）。

① 国内出版市场在一定时期内对国外企业不会完全开放，但是到一定阶段会向国外企业全面开放。国外出版企业的进入，其具有竞争优势的人力资源管理将对国内出版业人才产生极大的海外市场吸引力，恶化国内出版业外部人力资源环境。

② 民营出版业崛起，外省出版业侵蚀，国外出版巨头蓄势待发，竞争不断加剧，对出版业人才的需求将导致国内出版业人力资源市场的竞争加剧。

2. 招聘与人才储备系统分析

招聘系统正在建立中，人才储备系统还没有形成制度。招聘和人才储备系统没有建立在规范的岗位分析系统之上，不清楚每个岗位任职者必须具备的专业知识、工作经验及能力要求，致使招聘时缺乏选拔标准，公司人岗不匹配的现象较多，不能做到“人尽其才”，造成人力资源的闲置与浪费。集团用人的区域性特征明显，新进员工来源单一，不利于组织内部员工的多元化，容易形成小团体。人力资源的配置能力弱，不具备为空缺岗位迅速配置适当人员的能力。缺乏人才储备计划，不仅造成重要岗位出现青黄不接的情况，而且无法根据晋升需要对目标员工进行系统培训。作为人力资源战略的主要执行者，集团人力资源管理部门肩负着重要责任，从战略人力资源管理的未来定位来看，需要集团在管理定位、管理机制及管理工具的运用上有更大突破。

从表1-4所示的集团人力资源部人员配置分析可以看出，集团人力资源部人员较为精简，势必影响人力资源管理工作的开展。在此情况下，更要提高人力资源管理的标准和规范，同时加强直线业务经理的人力资源管理技能。

表1-4　集团人力资源部人员配置分析

部门名称	职位名称	人员数	工作职责
人力资源部	部长	1	全面负责人力资源部工作
	副部长	1	协助部长主管劳资、招聘、薪酬绩效、老干、信访等工作，完成领导交办的其他任务
	副部长	1	协助部长主管培训工作，完成领导交办的其他任务
	人事主管	1	协助部长主管人事考察、干部考核、职称、档案等工作，完成领导交办的其他任务
	绩效主管	1	具体负责劳资、招聘、薪酬绩效、老干、信访等工作，完成领导交办的其他任务

3. 员工培训系统分析

从出版行业的自身特征与发展趋势来看，出版集团在快速发展阶段所需的规划、营销、项目管理类等相关专业技术人才以及熟悉现代企业的管理人才的获取难度越来越大、获取成本越来越高，同时内部员工也面临个人发展问题。因此，重视人力资源的二次开发和员工培训无疑是提高集团员工整体水平的重要手段。但集团员工培训系统仍面临以下问题。

（1）对员工培训缺乏整体规划，培训目的不明确，“为培训而培训”。

调查显示，绝大部分员工关心集团提供的培训机会（只有4%选择“不关心”），这说明员工希望有机会参加集团提供的培训，有继续学习和提高的愿望。但是集团和各下属单位中，培训是一个显著的薄弱环节，没有针对岗位需要的培训体系设计，集团总部没有进行有效指导和规划。

（2）对员工的培训课程开发不足，员工无法接受必要的培训。

大部分被访员工认为员工的培训机会很少，而且越是基层，培训的机会越少。

4. 绩效管理系统

绩效管理系统是一个包括业绩计划的制订和实施、业绩考核及考核结果反馈面谈等环节在内的完整过程。在访谈和问卷调研中发现，集团层面没有对各分（子）公司实施统一的业绩管理系统，各单位的考评各自分别进行。各考核单位业绩管理系统存在以下几个问题。

（1）没有建立完整的绩效管理系统，员工对绩效考评的满意度低。

集团对多数分（子）公司只有年终一次考核，且没有一个客观的标准作为依据。既没有明确的部门承担绩效管理的责任，也没有部门对建立完整的绩效管理系统负责，造成了绩效管理系统的缺失，使得这种考评往往容易流于形式。被考核者推诿责任、与考核者进行谈判留有余地，造成了业绩考核事实上的不公平，年终一次的考核也无法对各分（子）公司的经营情况和责任人的工作质量进行动态监控和反馈指导。绩效考核不能发挥作用，相当部分员工（36%）对绩效考评满意度不高。

（2）考核指标及标准不尽合理，考核标准的设置也有欠综合考虑。

各考核单位对业务部门的考核指标集中在财务指标和业务指标上，而对职能部门的考核则侧重于纪律、工作态度等主观指标方面。同时，考核的标准设置含糊不清，不但被考核者对考核标准的认可度低（45%的员工认为考核标准和指标“极不合理”和“不合理”），而且考核者对使用现有的考核表是否能进行公平和有效的考核也感到困惑。

（3）考核过程主观意识严重，降低了员工对考核结果的认可程度。

集团各单位中绝大多数员工都认可考核的必要性，但由于集团没有统一的绩效考核系统，采用的业绩考评方法五花八门，有主管评估、自我评估、同事互评、按照计划目标打分、使用评定量表等多种方法，各项指标的考核标准客观性差，所以员工认为考核人为化现象严重。例如，有部分员工认为“只要主管认为你好，你业绩不好评分也会高；主管认为你不好，你就是业绩再好，评分也不会高”等。

（4）考核结果反馈不足。

只有约10%的员工认为“集团有业绩考评反馈并对自己有所帮助”，说明绩效考评系统没有起到有效管理、激励和促进员工发展并提升业绩的作用。

（5）考核结果未得到很好的运用。

集团绝大多数单位中，考核结果没有完全和奖励、报酬及职位晋升挂钩，考核结果的作用不大，导致无法及时对绩优的员工进行有效激励，最终无法在组织目标与个人目标之间建立有机联系。51%的员工认为薪酬与绩效挂钩并不合理。这与集团下属单位所实施的薪酬制度也有密切的关系。

5. 薪酬管理系统

虽然已经在改制的道路上艰难前行，但集团绝大多数下属单位薪酬管理仍带有很强的国企印记，难以摆脱旧有体制的影响，平均主义仍是集团薪酬制度中的重要特点。总体而言，集团薪酬管理系统特点如下。

（1）薪酬水平具有市场竞争力，但也造成人力成本过高。

对于省内甚至国内的出版业人才，集团的薪酬水平有相当的竞争力，较低的人才流动率是明显例证。这样一方面留住了集团发展的关键人才，另一方面对于那些市场有充分供应的岗位，也会造成人力成本过高的问题。

（2）没有岗位素质模型和岗位评估，导致薪酬分级不明显，不能体现出不同岗位的价值差异。

集团各单位没有对关键岗位建立素质模型，也没有对各岗位进行评估，大部分子公司采用“基本工资＋岗位工资＋绩效奖金”的同一简单的薪酬管理体系。除部分子公司以外，大部分子公司关键岗位与非关键岗位员工的岗位工资差别不大，从而导致薪酬体系未能体现出不同岗位尤其是关键岗位和关键员工的价值差异，这在很大程度上影响集团关键岗位骨干员工的工作积极性。问卷调查显示，只有36%的员工认为集团的工资待遇能充分或基本体现各岗位工作的责任轻重、任务繁简与难易程度、所需技能高低、贡献大小等因素。

（3）薪酬缺乏动态调整机制。

集团薪酬结构相对比较刚性，除晋升调薪之外，几乎没有别的调薪空间，这大大降低了薪酬体系的激励作用。调查显示，相当部分员工（40%）不认为“集团在以往的增薪升级时，考虑的最重要因素是贡献大小”，薪酬缺乏弹性。很多员工认为贡献不是增薪升级的主要因素，也导致员工对薪酬的不满意度大幅度上升。

（4）转制过程中形成的薪酬双轨制不利于集团吸引优秀人才。

转制过程中，集团的员工中形成了“有固定身份的员工”和招聘员工的区别。体现在薪酬体系上，就是事实上的薪酬双轨制。调查中发现，有些集团改制后招聘用工的编辑，其工资还不如“有固定身份的司机”高。“有固定身份的员工”与招聘员工在分配上的不平等，不仅使组织气氛受到不良影响（两个群体的冲突），也造成了优秀人才的流失。

6. 员工职业发展

在员工职业发展上，集团的问题主要表现在以下几个方面。

（1）缺乏员工职业生涯规划。

集团员工的职业生涯规划基本上还是空白，这严重影响了员工的工作热情和创造力。在访谈中就有管理人员表示“随着年龄增长，总有一天会没有年轻人干得好，到那时自己怎么办？这是一直困惑的问题。自己都不知道怎么办，更没办法去说服下属。”

集团员工职业发展问题如图1.4所示。

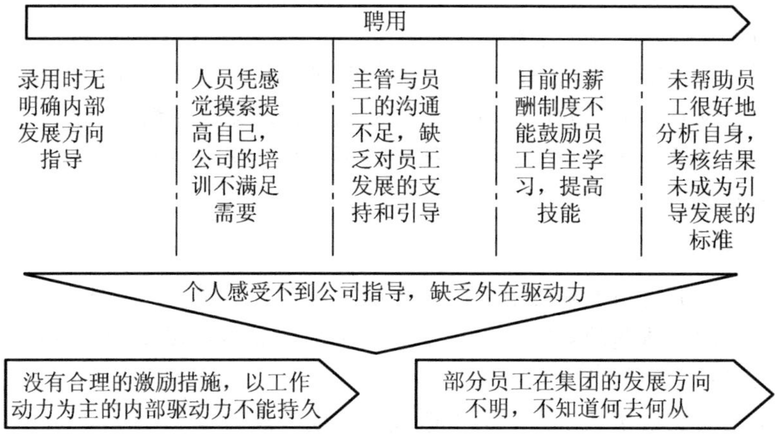

图1.4 集团员工职业发展问题

（2）职业发展沟通不足。

集团中基本的职业发展沟通比较缺乏。调查显示，相当部分的领导（47%）没有“与员工讨论在单位的未来工作机遇”。这种缺失一方面导致员工对自己的职业发展方向不明确或者认为从管理层级的晋升是唯一通道。例如，访谈中有员工认为“只要不在管理岗位，其他都差不多，没什么希望”，这种想法限制了员工积极性与主动性的发挥。另一方面，也会使企业陷入人才缺乏、后劲乏力的不利境地。

(3) 内部选拔和晋升机制不明确，员工发展机会较少。

集团内部尚未建立规范的员工晋升通道和标准，在很大程度上限制了员工的发展。根据问卷调查，在“员工对自己可能离职原因的考虑”一项中，“晋升机会不多”(41%) 成为最可能导致员工离职的因素，这在一定程度上也制约了集团的发展。

此外，通过对企业文化建设方面的分析，研究发现高层对人力资源管理的清晰认识和定位尚未得到较好的体现，文化同一性尚未整合到位。

综上，我们发现集团总部人力资源部主要还是承担传统的人事管理职能，缺乏根据集团战略进行整体性人力资源中宏观调控、规划与管理的手段、能力与机制，致使集团总部在文化与核心理念的同一性（包括内在核心理念与外在的文化形象的建设）、规章制度与激励措施的系统性（包括薪酬、绩效考评、员工的职业发展体系等）、人才队伍建设的规范性（包括解决人才结构失衡、空位以及人才梯队建设不力、员工素质或胜任能力标准不明、招聘配置培训不规范与员工职业生涯管理缺乏等）三大方面成为实施全集团战略目标的人力资源管理方面的主要瓶颈。而总部的人力资源部门如果仅仅忙于招聘、培训、出国考察等事务性工作而忽视成为集团高层领导的战略伙伴这样的角色定位，势必会造成企业战略中的人力资源分战略的缺失，这是需要高层领导认真考虑的现实问题。

1.2.5　人力资源战略的优化设计

综合集团内外部环境及集团总体发展战略目标要求，集团的人力资源战略优化思路如下。

1. 指导思想

以国务院发布的《文化产业振兴规划》为指导，以集团发展愿景、战略目标为依据，借鉴国内外同行业卓越企业的先进管理经验和管理模式，以建立起“系统化、规范化、同一化”的战略性人力资源管理系统为导向，以能“吸引人、留住人、激励人”为最终目标，在整个集团内营造以人为本、尊重人才、关心人才、人才制胜的氛围，建立文化同心圆和文化导向型管理模式；以人才开发为主题，人才结构调整和优化为主线，关键岗位核心人才为重点，紧紧抓住识人、选人、用人、育人、留人等环节，建设专业技术人员和经营管理人员两大序列的核心团队，为集团持续、快速、健康发展提供坚强的人力资源保证。

2. 人力资源发展战略总目标

(1) 建立“系统化、规范化、同一化”战略性人力资源管理系统。从组织架构改进开始，近期到第五年年末，远期到第十年年末分步实施新的架构下的人力资源制度建设，包括疏通人才招聘渠道，建立内部人才市场；建立关键职位管理系统和核心人才评价体系，健全绩效管理、薪酬管理和培训系统，从而保证人才数量，整合人才存量，提升人才质量，激发人才活力，为国际化战略、品牌战略和高标准经营战略提供坚实的后盾。

(2) 提炼集团的核心理念和价值观，强化上下认同的绩效导向型企业文化建设，树立集团良好的社会形象，并通过战略、文化和人力资源逐步形成文化导向型管理模式。

(3) 系统启动全集团人才工程，在集团人才总规模基本不变的情况下，力争到第五年年末实现高学历（硕士以上）人才、正规大学学历人才（本科及专科）、高级专业技术人才年均递增，优化集团人才结构。

3. 人力资源战略的制定

（1）战略性人力资源管理转轨。集团经营决策层将集团人力资源部门提升至战略决策层面。统一认识，从思想上和实际工作中，改变原有人事管理观念和方法，努力推进集团人力资源管理向战略性人力资源管理迈进。争取在未来五年内建立完整的战略性人力资源管理系统，集团未来五年战略与配套人力资源系统战略目标见表 1－5。

表 1－5　集团未来五年战略与配套人力资源系统战略目标

	人才招聘	人才评价	绩效管理	薪酬设计	培训系统	企业文化
国际化战略	十人“领航计划”、百人“星空计划”	建立国际经营人才评价体系	完善国际经营人才考评体系和目标管理系统；建立团队绩效评估体系	控制总的人工成本的前提下提供具有国际市场竞争力的薪酬；建立多元化薪酬体系激励机制	提供良好的职业发展系统；完善的海外培训项目	建立开放、创新、包容的多元化文化氛围
品牌化战略	十人“领航计划”	完善管理人才评价体系	完善的目标管理系统；科学合理的考核体系	绩效薪酬体系；具有市场竞争力的薪酬水平；年薪制	提供管理方面的知识技能培训	建立开拓创新、包容失败的文化氛围
高标准运营战略	百人“星空计划”、千人“升腾计划”	通用人才评价系统	基于效益的目标管理系统	基于绩效的薪酬体制	岗位一般培训体系的常规化	建立业绩导向型企业文化

（2）人才差异化战略。启动“十百千人才工程”项目，未来五年通过引进和培养，使集团增加 6 名领军人才和业内顶尖人才、40 名关键岗位核心人才，600 名岗位能手。在集团人才总规模基本不变的情况下，力争在未来五年内实现高学历（硕士以上）人才、正规大学学历人才（本科、专科）、高级专业技术人才分别以 38%、2.9%、12%左右均值实现年均递增，以优化集团人才结构，构筑集团人力资源竞争优势。集团未来五年战略与“十百千人才工程”项目规划目标见表 1－6。

表 1－6　集团未来五年战略与“十百千人才工程”项目规划目标

战略名称	人才工程	建成年份	投入规模	人才需求
国际化战略	（十人）领航计划 （百人）星空计划	第一阶段：至第一年年末 第二阶段：至第五年年末	引进资金投入： 第一阶段 1 200 万元 第二阶段 1 300 万元 培训资金投入： 第一阶段 800 万元 第二阶段 900 万元	第一阶段：40 名（外部引进） 1. 编辑出版外语人才，包括英美语种 10 人，德法日等小语种 5 人； 2. 国际化出版发行经营人才 5 人； 3. 具有国际视野的策划人才 5 人； 4. 培训中心与培训国际合作机构人才 5 人； 5. 高科技数字网络化出版人才 5 人； 6. 其他国际化人才 5 人 第二阶段：40 人（外部引进 20 人，内部培养 20 人）

续表

战略名称	人才工程	建成年份	投入规模	人才需求
品牌化战略	（十人）领航计划	第一阶段：至第一年年末 第二阶段：至第五年年末	引进资金投入： 第一阶段 250 万元 第二阶段 250 万元	“十人”（其中引进 5 名）：5 名品牌出版社的领军人才；2 名优秀期刊的领军人才；1 名印刷行业的领军人才；1 名发行行业的领军人才；1 名物流行业的领军人才
高标准经营战略	（百人）星空计划 （千人）升腾计划	第一阶段：至第一年年末 第二阶段：至第五年年末	培训与职业生涯发展资金投入： 第一阶段 100 万元 第二阶段 100 万元	每年表彰开辟新的产业领域、跨省经营的明星人才 20 名（五年共 100 名）； 引进 10 名且每年内部培养约 200 名有潜能的员工，送出国、送出省、进入新领域培训见习，全面提升员工素质（五年约 1 000 名）

注：引进资金投入含招聘费、安置费、启动资金；培训与职业生涯发展资金投入含培训费、见习资金；“十人”指未来五年末集团要引进或培养的领军人才和业内顶尖人才；“百人”指关键岗位核心人才，即对集团发展起关键作用、专用性很强、在市场上也比较紧缺的人才，需要各分公司尽快进行评估后得出，如“首席记者”“首席翻译”“品牌策划”“投资理财金融师”等；“千人”指各类岗位能手，具有成为集团内部培养的“领航”“星空”人才潜质的优秀人才，如“发行标兵”“后勤之花”“优秀编辑”“销售骨干”等；“十百千人才工程”中的人才是出版控股集团的中坚力量，其各个层次的人才既具有一定稳定性，又具有动态性。岗位能手、优秀人才向集团关键岗位核心人才，核心人才向业内顶尖人才逐渐转化，从而培养出省域出版控股集团自己真正的骨干力量。

1.2.6　案例解析

本案例比较代表性地展现了人力资源战略在企业实际应用中的状况，具有较强的可读性。本案例尽量保留集团原战略方案的风格，只做了必要的梳理和删减。案例基于出版集团问题与发展战略背景，设计了五年的人力资源发展战略思路，基本展示了人力资源战略的设计过程。本案例的行业特征很明显，具有一定的代表性。该案例特别适合在企业缺乏规范的战略研究基础的情况下，不借助外部专业机构自行制定企业人力资源发展战略的读者参考。将本案例与下一个由专业团队制定的案例进行对比分析，有助于读者更好地掌握企业人力资源战略的研究和设计过程。

评价：人力资源战略是企业战略的重要职能战略模块，其制定的主要依据就是企业的总体战略。本案例体现了这一设计思想，但从总体战略的描述来看，公司的总体战略本身缺乏严谨的研究基础，其战略目标、路径和实施策略的介绍不到位也不专业，导致本人力资源战略的设计依据不足，信效度受到质疑。读者在使用本案例时可以从反向角度理解到企业战略研究基础对人力资源战略设计的重要性，这恰恰是我们选用本案例的重要意义之一。案例中运用 SWOT 分析法对人力资源战略环境进行评估，思路是对的，方法也基本可行，但研究不够深入，专业性工作内容不足，得出的结论依据不充分，推断和臆想的成分太多，难以支持后面的设计思路和方案。案例所设计的人力资源战略方案也不完善，有关结论在战略的实施和操作过程中可能会遇到许多问题，这使战略方案的实施指导意义大打折扣。战略的研究和方案设计，是管理学应用涉及面最广、专业性最强的一块内容，一般企业几乎不可能完全依靠自己的力量按照专业的要求完成企业战略方案；而非专业的战略方案可操作性不强、实用价值不大，很难逃脱“嘴上说说、墙上挂挂”的命运。当然，一般的专业机构也很难做好战略项目，只有专业基础雄厚、行业研究背景扎实的高水平的专业公司，并且有足够的人力、物力投入才能做好战略方案，这种投入又是我国大多数企业难以承担的。现在许多企业都是自己在做发展战略方案，当然也包括人力资源战略，其最大的实际价值是：通过战略方案研究和设计过程帮助企业家及其高管团队进一步清晰地认识企业面临的竞争环境和自身的资源状况及优劣势，有助于提高企业的决策科学性和目标稳定性。从财务成本和现实的效益最大化角度看，我们建议：企业要么以足够的投入请高水平的专业机构做真正高质量的战略方案，并在专业机构长期指导下动态优化、有效实施；要么以自己为主做战略方案，同时聘请高水平专家作为顾问，在总体思路和框架上把关，并全程进行技术指导，以保证企业能以最小的成本投入获得最大的收益。

使用说明：由于我国的文化产业市场化进程较晚，应用现代化的管理工具开展战略研究，尤其是进行人力资源管理战略研究和设计甚少，本案例在一定程度上弥补了文化产业企业人力资源战略研究和设计的缺陷，对同类企业具有很好的借鉴价值。该案例在一定程度上保持了我国事业单位转向企业的原生态痕迹，对其他正在从事业转向企业化的诸如医疗卫生、教育机构等行业组织也有较强的参考价值。从更严谨的专业化角度来看，企业战略是对企业中长期发展的一种谋划，不同的学派主张不同的方法、采用不同的路径进行战略研究和设计，有的基于资源评价，也有的基于企业能力评价，本案例从方法上归属于资源评价类。按照基于资源分析的战略研究方法，企业必须对自身的资源状况进行深入研究，其间必须采用许多令人信服的研究工具，按照严格规范的研究程序，得出相应的结论。同时必须对影响企业战略发展的主要外部环境进行动态评估，如行业发展态势、主要竞争对手状况、政策环境和经济环境预测，还必须从供应、市场营销等纵向维度进行研究。同时，研究必须采用科学的工具和规范的流程，才能得出令人信服的结论，才能构成人力资源战略谋划和设计的扎实基础。一般而言，较精密的企业战略方案本身就应该包含人力资源战略的基本思路和整体框架，人力资源战略只是在此基础上做进一步的深化、完善和系统设计。同样，人力资源战略研究与设计也需应用相关的评价工具，首先，对企业内部人力资源状况进行专业化评价，对人力资源管理各模块进行系统的分析，得出企业人力资源状况评估和人力资源管理运行水平的评价报告，该报告的维度必须涵盖人力资源及其管理的各个方面，并且有明确的评价依据。由于企业是在动态的社会环境中运行，人力资源战略设计必须依据企业人力资源外部环境专业化动态分析，包括企业核心人才（根据不同企业特征进行专门界定）的供给、人力资源市场竞争状况以及价格成本预测，也包括企业发展战略将要涉及的不同区域的人力资源市场竞争环境评价和预测，还应该涵盖企业战略将要涉足的不同产业领域的人力资源供求和竞争环境评价，等等①。本案例提供了一些简单实用的方法和启示，对我们大多数中小企业或处于快速成长发展期的企业反而更有实际借鉴价值，我们将正规的专业化的做法描述于此，希望有助于读者理解人力资源战略的做法和要求，根据实际情况选择性应用。

---

① 颜爱民，2010. 人力资源管理经济分析［M］. 北京：北京大学出版社 .

案例研讨：

1. 本案例中企业在进行人力资源战略制定的过程中主要考虑哪几个方面的因素？

2. 人力资源战略在整个人力资源管理中起到了什么作用？在实现整个企业战略方面有何贡献？

3. 该集团人力资源战略的制定过程存在哪些问题？

1.3　案例二：人力资源供需预测案例
——凡口铅锌矿人力资源供需预测及供需平衡规划设计[①]

1.3.1　公司简介及人力资源概述

凡口铅锌矿位于广东省仁化县境内，是深圳市中金岭南有色金属股份公司下属的一个主干矿山。矿山资源丰富，品质高，储量大，是我国最大的铅锌生产基地之一。凡口铅锌矿是上市公司中金岭南下属的一个内部模拟法人单位，无完整的销售权，也无对外投资决策权，中金岭南掌握了90%以上的销售权及全部的投资决策权，对凡口铅锌矿实施严格的成本管理。凡口铅锌矿作为一个始建于1965年的大型工矿企业，具有典型的国有矿山企业的特点，即企业负担重和管理相对滞后。矿山企业只是产品价格走入了市场经济，其他各项管理，特别是人力资源管理具有较强的计划经济色彩。

人员调动政策方面，原则上不引进人员，需要引进的人员必须是生产工作的高级技工及急需专业人才。调出方面鼓励富余人员向外流动或自谋职业，给予调出的矿职工一次性搬家费2 000元。企业内部调动方面，各下属单位的减员，原则上不再补员。

公司采用的是职能管理体制，设立了18个行政职能处室和9个党群机构，机构和人员都显得比较臃肿，人浮于事的现象比较严重，由于企业原有的全民所有制职工数量较多，改革进程较慢。根据2003年7月初的统计数据，凡口铅锌矿主业生产和管理人员1 442人，占全矿在职职工总数的47%，其中坑口1 003人，选矿厂439人；辅助生产和管理人员290人，占全矿在职职工总数的10%；多种经营人员153人，占全矿在职职工总数的5%；机关后勤人员1 155人，占全矿在职职工总数的38%，其中后勤服务人员466人，后勤服务人员中企业办社会人员408人，占后勤服务人员总数的88%。公司用工形式为合同制。

后文将以2003年的数据为基数，对凡口铅锌矿人力资源存在的问题进行分析，并进行人力资源需求预测、人力资源供给预测，以及人力资源供需动态平衡规划。

1.3.2　人力资源存在的问题

1. 人力资源数量和结构

（1）矿山职工人员总数较多。和国内同等规模的有色金属矿业公司相比，职工人数3 040人并不算多，可是比较国外同行，先进企业由于生产和管理高度自动化，矿山用人很

---

① 本案例是罕见的收缩战略规划方案，非常典型。案例源于作者主持的科研开发项目，初稿定于2011年5月，本次修订于2018年3月。

少，劳动生产率很高，造成这一局面的主要原因是计划经济的企业用工固定制。

（2）组织机构不合理。与大多数国有企业一样，凡口铅锌矿在多数时间里采用的是直线职能制组织结构形式。凡口铅锌矿隶属深圳中金岭南有色金属有限公司，本身不具独立法人，是总公司的责任成本中心，矿领导层既从事资产管理，又统一指挥调度全部生产经营，实行的运行机制是将生产、财务、安全、质量等活动划分为企业的单个职能或部门，各职能部门的调整全部由最高经营层决策。人事管理上实行统一编制、统一进出、分级管理，即由凡口铅锌矿统一任免二级单位管理者，并核定其机构和管理人员编制及岗位职数。

（3）职工队伍中人员比例结构不合理。凡口铅锌矿是一个采选联合企业，主要生产单位和辅助性生产单位的一线工人和管理人员人数为 1 732 人，而机关后勤人数为 1 155 人，两者比例为 1.5∶1。相比之下，为生产服务的机关后勤服务和管理人员的人数较多。

（4）矿山企业办社会职能负担沉重。凡口铅锌矿现有后勤人员 466 人，除小车队、招待所、通信班的人员外，其余的都是企业办社会性质的人员，企业办社会人员占到了后勤系统的 88%，人数众多。凡口铅锌矿不仅自办有中小学、幼儿园、医院、食堂等，而且整个矿区的交通运输、通信设施、供水供电、住房建设、公安消防、环境维护、文化教育等均自成体系，矿山办社会的规模相当庞大。

2. 人力资源质量分析

工人队伍年龄偏大，年龄构成峰值在 46～50 岁年龄段，其次是 41～45 岁年龄段，两个年龄段共占工人总数的 52.3%，根据矿里制定的内退政策，十年后，这一部分工人将所剩无几。全体员工中拥有本科及以上学历者占 6.6%，大专占 12%，高中和中专占 32%，其他包括初中和小学毕业，占了总人数的 37%。总体学历层次不高，但技术和管理层次的学历结构比较合理。

3. 人力资源流动性分析

凡口铅锌矿人力资源流出在 1999 年以前，基本是不顺畅的，从 1999 年开始制定并实施内退政策，成为人力资源流出的主渠道，而且未来 18 年以每年不低于 100 人的速度流出人员，这对于凡口铅锌矿制定实施人力资源战略具有重要影响。人力资源其他出口还需要制定相应的人力资源政策来疏通，随着市场经济体制的健全，人们择业观念的进一步转变，这些渠道会逐渐拓宽。凡口铅锌矿人力资源离职率整体呈上升趋势。

4. 凡口铅锌矿人力资源相关政策分析

矿里执行的人力资源政策的主要思路是自然减员。减员后原则上不采用招聘更不会沿用计划经济时期的招工进行补充，而是引进外来劳务工顶替因内退所引发的岗位人员空缺；人员的引进渠道基本关闭，人员的流出渠道畅通；鼓励富余人员主动离岗息工，离岗息工人员矿里给予每月 500 元的生活费，生活上基本能得到保障；人才的流出也不加严格限制，举家搬出的还发给搬家费；矿全民男性合同职工 55 岁，女性合同职工 50 岁离岗休养（内退）。统计数据显示，1999 年到 2001 年三年共有 342 人休养，2002 年全年共有 404 人休养。以后十年内，每年都会有不少于 100 人离岗休养。

凡口铅锌矿基于自然减员的一系列人力资源政策，是有利于实现矿山的紧缩退出发展战略，适合矿山的人力资源状况，符合国家制定的劳动人事政策，是凡口铅锌矿必须长期坚持的基本政策。在充分估量矿山人力资源政策正面效应的同时，也应看到随着人员的自然流失（退休、离岗休养），一些技术骨干也在流失，特别是一些经验丰富的技术工人大量提前退出企业，如果不及时制定并实施相应的人力资源措施，十年后人员总数下降的同时人员素质却没有提高，结构没有优化反而恶化，企业将达不到精简优化的人力资源战略目标，也不利于实现矿山的整体发展战略。

综合以上问题的分析，现阶段凡口铅锌矿最主要的任务就是以凡口铅锌矿发展战略为指导，立足矿山发展特点，尊重矿山发展历史，积极稳妥地设计和推进矿山人力资源发展战略。凡口铅锌矿人力资源战略选择为精简优化战略，着重于精简机构、自然减员；提高素质，优化结构；引进竞争，重在激励。不断优化矿山人力资源配置，提高人力资源使用效率，为提高矿山效益，实现矿山紧缩退出战略提供有力的人力资源支撑。而这一战略目标的实现依赖于对企业人力资源需求和供给的科学合理预测。

一个组织的人力资源管理受到组织所处的宏观管理环境、行业环境、组织自身发展战略、人员特征等众多因素的直接影响，这种复杂性使成功的人力资源预测涉及的因素很多。例如，上级控制人数、企业战略目标对人员的要求、国家有关人事政策、本年计划执行状况、人事工作的管理环境和人文环境特征、人员定额计划、中长期规划要求等。取得上述基本数据，才有可能制定出可行的人力资源规划，包括人数、人员分布、各级工资水平、生产率计划、定员定额、培训计划、福利、劳保等。对人力资源的预测实际上涉及两个部分，即人员需求的预测和组织内、外可能的人员供给预测。下面我们将根据具体情况，综合多种方法对凡口铅锌矿的人力资源供需进行预测。

1.3.3　人力资源需求预测

1. 凡口铅锌矿未来十年在岗人数统计

在不考虑人员补充的情况下，我们统计了2004—2013年各年度的人员情况，详细情况见图1.5、图1.6及表1-7、表1-8。

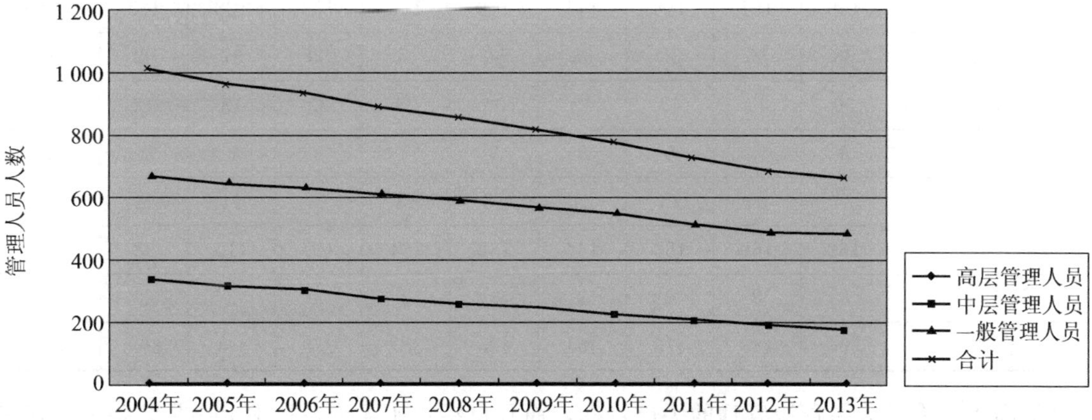

图1.5　2004—2013年管理人员人数变动情况

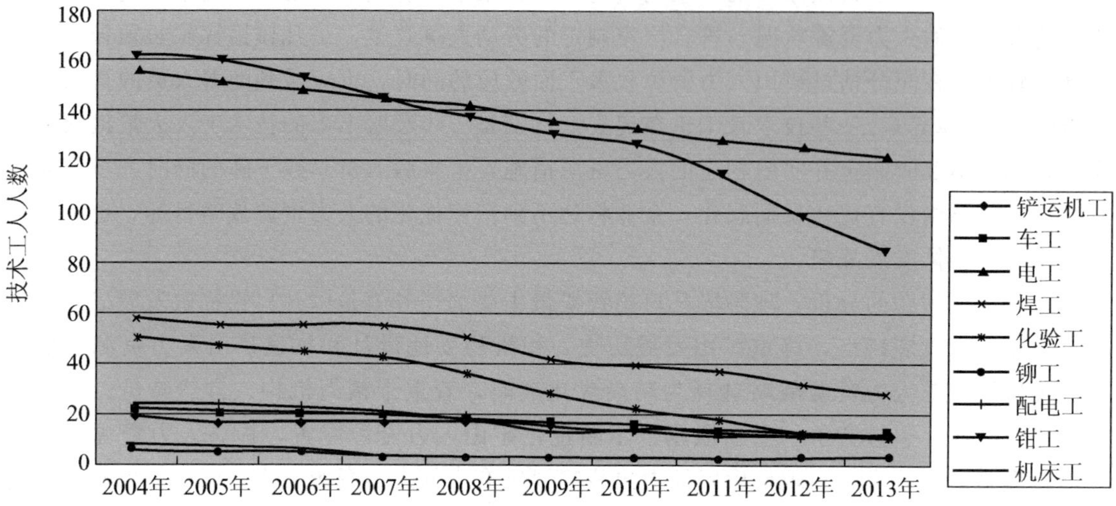

图 1.6　2004—2013 年技术工人人员变动情况

表 1-7　2004—2013 年管理人员统计表　　单位：人

管理人员类型	2004	2005	2006	2007	2008	2009	2010	2011	2012	2013
高层管理人员	5	5	5	5	5	4	4	4	3	3
中层管理人员	339	317	302	276	260	246	225	211	192	175
一般管理人员	668	643	630	609	592	569	549	513	489	485
合计	1 012	965	937	890	857	819	778	728	684	663

表 1-8　2004—2013 年技术工人统计表　　单位：人

技术工种	2004	2005	2006	2007	2008	2009	2010	2011	2012	2013
铲运机工	19	17	17	17	17	15	14	14	13	13
车工	22	21	21	21	18	17	16	12	12	11
电工	155	151	148	145	142	136	133	128	125	122
焊工	58	55	55	55	50	41	39	37	32	28
化验工	50	47	45	42	36	28	22	18	12	10
铆工	6	5	5	3	3	3	3	3	3	3
配电工	24	24	23	21	18	13	13	11	11	10
钳工	162	160	153	144	138	131	127	115	98	85
机床工	8	8	6	3	3	3	3	3	3	3
合计	504	488	473	451	425	387	370	341	309	285

提高生产率是人力资源管理的关键目标，而凡口铅锌矿无论在技术上还是装备上都代表着国内最先进的水平。凡口每年出矿金属量在 13.5 万吨以上，已经基本达到生产极限，生

产规模在近十年内不会发生太大的变化。一般来说，矿山从设计到达产往往要经历十几年甚至几十年，要保持生产规模，生产率的提升空间不大，所以矿里的目标是尽量保持生产率水平，但是随着生产工人尤其是关键岗位技术工人的逐年减少，生产一线的工人还必须进行有效的补充才能维持当前的数量和质量水平。从市场来看，矿里的主要产品也就是铅精矿和锌精矿在市场上具有明显的竞争优势，虽然铅作为一种有毒的金属必然会被淘汰，但是没有一种很好的材料可以完全取代铅，而锌广泛应用于建筑和汽车制造业，市场前景十分被看好，销路畅通。据有关专家预测，今后几年铅、锌会供不应求，企业保持生产规模不会导致产品的滞销。

2. 人力资源需求预测方法

正如前面所述，凡口铅锌矿的生产水平很高，生产单位的人员配备和劳动生产率比较合理，而且预计在未来十年里在技术方面也不会发生较大的波动，故而可以应用趋势外推法。在对企业过去五年中员工变化情况进行分析的基础上，预测企业未来人员需求情况，这里主要是针对本企业的主要生产单位进行预测，职能部门和社会事业部门的人员变动情况不做考虑。

（1）趋势外推法的具体实施。

根据历史数据，算出1998—2002年的平均全员实物劳动生产率为46.1吨/人，预计生产率每年提高6%，2013年生产率比2002年提高90%，根据矿山的产量预测，可以推测出2013年的员工需求量。2013年全矿人员预测见表1-9。

表1-9　2013年全矿人员预测

	1998—2002年	2013年（原生产率）	2013年（预测生产率每年提高6%）
年产量/吨	14万	13.5万	13.5万
现有人数/人	3 040	—	—
生产率/（吨/人）	46.1	46.1	87.7
年需人数/人	—	2 928	1 540

趋势外推法作为一种初步预测是很有价值的，但它有很大的局限性，因为企业人力资源不可能只受生产率单个因素的影响。例如，企业管理的改善可能会提高劳动生产率，进而减少用工规模，企业成本预算会使企业人力资源需求受到更多的限制。而且，由于预测的时间跨度较大，其间的不确定因素较多也很复杂，如市场的变化趋势、产业结构的调整等。因此，单单采用趋势外推法进行定量分析，显然不能够很好地把握企业未来的人力资源状况，还应采用德尔菲法进行定性预测。

德尔菲法是有关专家对企业组织某一方面的发展达成一致观点的结构性方法，使用该方法的目的是通过综合专家们各自的意见来预测某一方面的发展。

采用德尔菲法时应注意的是，由于专家组成员之间存在身份和地位上的区别以及其他社会原因，其中一些人因不愿批评或否定其他人的观点而放弃自己的合理主张。要防止这类问题的出现，必须避免专家们面对面的集体讨论，而是由专家单独提出意见。对专家的挑选应基于其对企业内外部情况的了解程度，专家可以是一线管理人员，也可以是企业高层管理人员和外请专家。例如，在估计未来企业对人力需求时，企业可以挑选人事、计划、市场、生产及销售部门的经理作为专家。

（2）德尔菲法具体实施步骤。

首先，做预测筹划工作，包括确定预测的课题及各预测项目、设立负责预测组织工作的临时机构、选择若干名熟悉所预测课题的专家。2002 年 3 月，公司选择了 9 位企业内部专家参与预测，包括正副矿长 4 名，2 名生产单位的主要负责人和人事、物料、质管各一名，他们对企业运作和各部门人员结构都非常熟悉。然后公司召开专家会议，明确了预测项目、进程和注意事项。

其次，由专家进行预测。公司把包含预测项目的预测表及有关背景材料，包括公司组织架构及岗位编制图、1999 年以来公司各部门变动与人员流动图、公司未来 10 年发展战略规划、预测表等资料发给专家，由各位专家独立做出预测。

最后，进行统计与反馈。专家意见汇总后，对各专家意见进行统计分析，综合成新的预测表，并将其再分别寄送给各位专家，由专家们对新预测表做出第二轮判断或预测。如此反复，经过三轮，专家的意见趋于一致，从而科学地确定了本企业在实施发展战略过程中所需各类人员的质与量。

（3）需求预测结果。

2004—2013 年企业内部预计将要发生的人事需求变动有以下几种情况。

① 淡出多种经营。2004—2005 年，企业将完成对多种经营成分单位的改造，多种经营部分员工 153 人分别按内退、离岗息工、转岗培训进行人员分流。

② 转移社会职能。2013 年以前，企业完成社会职能性单位向社会的移交，社会职能性单位人员不再计入矿职工编制。

③ 组织机构改革。2004—2005 年，企业将进行一次较大规模的组织机构改革，原有的 18 个职能处室、9 个党群部门将合并为 10 个职能部门和 2 个党群机构，在实现企业组织结构扁平化的同时裁减人员，坚决实行“以岗定人”。

2013 年年末全矿人员总数及人员分布情况预测见表 1－10～1－12。

表 1－10　2013 年年末预计全矿人员分布

人员类别	管理人员	技术人员	生产工人	后勤服务人员	合计
人数	600	400	350	150	1 500

表 1－11　2013 年年末预计各主体单位人员分布

人员类别	职能处室	党群机构	生产单位	后勤部门	合计
人数	320	50	950	180	1 500

表 1－12　2013 年年末预计生产单位人员分布

人员类别	坑口	选厂	机修车间	运输车间	水电车间	合计
人数	550	230	50	65	55	950

2013年年末管理人员层次及专业构成预测见表1-13、表1-14。

表1-13 2013年年末预计管理人员层次构成分布

人员类别	高层管理人员	中层管理人员	主管人员	主办人员	一般管理人员	合计
人数	5	50	100	200	245	600

表1-14 2013年年末管理人员专业构成预测

专业	工程	经济	统计	会计	政工	管理	审计	其他人员	合计
人数	300	70	10	30	40	100	10	40	600

注：其他人员包括法律、文秘、管信、网络等。

2013年年末工程技术人员与技术工种人员构成预测见表1-15、表1-16。

表1-15 2013年年末工程技术人员构成预测

专业	地质	采矿	选矿	冶炼	测量	环保	机械	电气	分析	土建	化工
人数	55	40	30	5	35	25	55	55	15	25	25

表1-16 2013年年末技术工种人员构成预测

工种	铆工	车工	配电工	焊工	电工	钳工	化验工	机床工	铲运机工	其他人员
人数	10	15	15	25	95	90	25	5	10	110

1.3.4 人力资源供给预测

组织的人力资源供给来自组织的内部和外部。人力资源供给预测首先要从内部开始，弄清计划期内现有人力资源是否能够满足组织战略目标的需要，这就要考虑到计划期内人员的流动及适应未来工作能力的情况。其次，从组织的外部获得社会人力供给总量的有关统计数据，对人力资源分流变量的影响必须仔细加以估计。人力资源供给预测是一个多方面的综合过程，既需要考虑组织内部的晋升、降职和调职等因素，也要考虑到员工的辞职、下岗、退休、开除等因素的影响。

1. 人力资源供给预测的依据和方法

（1）现实基础。企业现有人员的数量和质量是预测的出发点。因此，人力资源供给分析应先分析现有人数和技能分布。在未来时刻，人员的数量会因提升、转岗、跳槽等人员流动因素而发生变化。因此，预测的任务就是对上述情况发生的可能性做出判断。

（2）政策依据。国家制定的劳动相关政策和凡口铅锌矿实施的有关职工离岗休养、离岗息工、调出、辞退等相关政策，会对未来的人员外部和内部供给情况产生影响，而且要考虑到员工非自然死亡等因素。因此，在预测的时候将确定上述因素对人员供给情况的影响程度。

（3）理论依据和预测方法。

① 马尔可夫模型。

A. 理论依据。

一个组织内部各类人员多种多样，随着时间的推移、组织的发展，组织内的各类人员将有规律地发生转移，除此之外，人员进出组织也可以视作一种转移。我们可以运用马尔可夫链的基本原理，通过历史数据统计掌握各类人员的转移概率，用马尔可夫链预测未来的各类人员分布和人数。

B. 模型的建立。

设 $n_j(t)$ 为时刻 t 时第 j 类人员的人数；p_{ij} 为人员从第 i 类向第 j 类转移的概率；$r_j(t)$ 为在时间（$t-1$，t）内第 j 类人员所补充的人数。根据各类人员转移的规律，有以下关系式。

$$n_j(t) = \sum_{i=1}^{k} n_i(t-1)p_{ij} + r_j(t) \tag{1-1}$$

其中 i，$j=1$，2，…，k；$t=1$，2，…，k 为各类人员的分类数。

引入以下向量表达式。

$$\boldsymbol{N}(t)=[n_1(t),n_2(t),\cdots,n_k(t)]$$

$$\boldsymbol{R}(t)=[r_1(t),r_2(t),\cdots,r_k(t)]$$

$$\boldsymbol{P}=(p_{ij})_{k\times k}=\begin{bmatrix} p_{11} & p_{12} & \cdots & p_{1k} \\ p_{21} & p_{22} & \cdots & p_{2k} \\ \vdots & \vdots & \vdots & \vdots \\ p_{k1} & p_{k2} & \cdots & p_{kk} \end{bmatrix}$$

其中，$\boldsymbol{N}(t)$ 为时刻 t 时各类人员的人数，$\boldsymbol{R}(t)$ 为在时间（$t-1$，t）中各类人员补充人数，$\boldsymbol{P}$ 为各类人员之间的转移概率矩阵。这样，式(1-1) 就可以表示为

$$\boldsymbol{N}(t)=\boldsymbol{N}(t-1)\boldsymbol{P}+\boldsymbol{R}(t) \qquad t=1,2,\cdots \tag{1-2}$$

我们就可以通过式(1-2)，根据调查统计得到的 $\boldsymbol{N}(t-1)$、$\boldsymbol{P}$ 及 $\boldsymbol{R}(t)$，对下一时刻 t 时的各类人员的数目 $\boldsymbol{N}(t)$ 做出预测。

转移概率矩阵的元素为概率，为方便起见，以频率代替概率。为此，需在各类人员中，调查由第 i 类人员转为第 j 类人员的人数，记为 $a_{ij}\,(i,j=1,2,\cdots,k)$，可以得到各类人员的供给转换模型（表 1-17）。由此，就可确定初始状态（$t=0$）的概率为

$$p_{ij}=\frac{a_{ij}}{a_i} \qquad (i,j=1,2,\cdots,k)$$

表 1-17　供给转换模型

	1	2	…	k	$\sum$
1	a_{11}	a_{12}	…	a_{1k}	$a_{1.}$
2	a_{21}	a_{22}	…	a_{2k}	$a_{2.}$
⋮	⋮	⋮	⋮	⋮	⋮
k	a_{k1}	a_{k2}	…	a_{kk}	$a_{k.}$
$\sum$	$a_{.1}$	$a_{.2}$	…	$a_{.k}$	$a_{..}$

得到转移概率矩阵 $\boldsymbol{P}=(p_{ij})_{k\times k}$，以及各类人员的初始人数（$t=0$）$\boldsymbol{N}(0)=(a_1, a_2, \cdots, a_k)$ 和各类人员的初始分布（$t=0$）$\boldsymbol{Q}(0)=(q_1, q_2, \cdots, q_k)$。

其中：

$$a_{i.}=\sum_{j=1}^{k}a_{ij}\quad a_{j.}=\sum_{i=1}^{k}a_{ij}\quad a_{..}=\sum_{i=1}^{k}\sum_{j=1}^{k}a_{ij} \tag{1-3}$$

$$qj=\frac{a_{j.}}{a_{..}}\qquad (i,j=1,2,\cdots,k)$$

C. 关于模型的几点说明。

a. 马尔可夫模型既可以对组织中各类人员的供给人数进行预测，亦可以对组织中各类人员的分布进行预测，即在式(1-2) 等号两边同时除以 $\sum_{i=1}^{k}n_i(t-1)$ [特别 $\sum_{i=1}^{k}n_i(0)=a_.$]，使得

$$\boldsymbol{Q}(t)=\boldsymbol{Q}(t-1)\boldsymbol{P}+\boldsymbol{U}(t)$$

$$\boldsymbol{U}(t)=\frac{1}{\sum_{i=1}^{k}n_i(t-1)}\times[r_1(t),r_2(t),\cdots,r_k(t)] \tag{1-4}$$

b. 一般地，在马尔可夫模型的平稳性的假设下，组织中各类人员的人数供给和分布预测为调查时供给和分布的 t 步过程（这里的步长可由预测人员根据实际情况来定）。若在一定时期内，国家政治、经济形势较稳定，政策调整、体制改革不频繁，组织内部人员总数相对固定，各类人员可升可降，可以互相调动，为此所采用的预测模型得到的人员供给分布可以是平稳的，在这种情况下，所采用的调查得到的概率矩阵 $\boldsymbol{P}$ 是正规矩阵。特别地，在一段时间（较短）内，$\boldsymbol{R}(t)=0$，上述预测模型中的供给分布 $\boldsymbol{Q}$ 可由下述方程求得。

$$\boldsymbol{Q}(t)=\boldsymbol{Q}(t-1)\boldsymbol{P} \tag{1-5}$$

c. 由于人员晋升的政策是由领导人员制定和执行的，这就给预测的准确性和可行性带来许多不确定。因此，在预测过程中，首先要对整个组织的各类人员的规划做深入的调查，其次要研究马尔可夫模型的应用范围和条件。

d. 本预测模型只对整个组织的各类人员的供给状况给出总人数的预测，并且考虑了个人的晋升前景，但不能对人员实际晋升与否做出确定的答复。

e. 预测模型中，补充人数 $\boldsymbol{R}(t)$ 要结合组织外部的人员供给状况和趋势来确定。

f. 在实际情况中，由于社会的、政治的因素，可能会出现领导换届或体制改革的情况，势必会影响转移概率矩阵，因此，应通过调查及时修正 $\boldsymbol{P}$ 及 $\boldsymbol{Q}$，以保证预测结果的精确度，从而为决策部门提供正确的决策依据。

2. 凡口铅锌矿人力资源内部供给预测的具体实施

根据凡口铅锌矿历年的人员流动情况数据，利用马尔可夫链的基本原理建立凡口铅锌矿各类人员的供给转换模型，用模型统计掌握各类人员的转移概率，用马尔可夫链预测未来的各类人员分布和人数。

在内部人员供给模型中，将全矿职工分为五类，第一类人员为管理人员，第二类人员为技术人员，第三类人员为生产工人，第四类人员为后勤服务人员，第五类人员为历年合计退出组织的成员（包括离岗休养、息工、辞职、辞退、调出单位、非自然死亡等各种因素）。根据历年的人员流动情况得出组织人员供给转移模型，见表 1-18。

表 1-18　组织人员供给转移模型　　单价：人

	(1)	(2)	(3)	(4)	(5)	合计
第一类人员（1）	954	22	—	—	109	1 085
第二类人员（2）	27	475	0	11	22	535
第三类人员（3）	48	19	820	19	48	954
第四类人员（4）	23	9	23	374	37	466
第五类人员（5）	—	—	—	—	—	—
合计	1 052	525	843	404	216	3 040

根据表 1-18，可以计算出该组织的转移概率矩阵为

$$\boldsymbol{P}=\begin{bmatrix} 0.88 & 0.02 & 0 & 0 & 0.10 \\ 0.05 & 0.89 & 0 & 0.02 & 0.04 \\ 0.05 & 0.02 & 0.86 & 0.02 & 0.05 \\ 0.05 & 0.02 & 0.05 & 0.80 & 0.08 \\ 0 & 0 & 0 & 0 & 0 \end{bmatrix}$$

$$\boldsymbol{N}(0)=(1085,535,954,466,0)$$

已知该组织未来十年（2004—2013 年）的进人计划为

$$\boldsymbol{R}(1)=(3,1,0,0,0)\quad \boldsymbol{R}(2)=(2,2,0,0,0)$$

$$\boldsymbol{R}(3)=(3,1,0,0,0)\quad \boldsymbol{R}(4)=(3,2,0,0,0)$$

$$\boldsymbol{R}(5)=(2,1,2,0,0)\quad \boldsymbol{R}(6)=(4,3,2,1,0)$$

$$\boldsymbol{R}(7)=(4,5,1,0,0)\quad \boldsymbol{R}(8)=(5,3,2,0,0)$$

$$\boldsymbol{R}(9)=(5,3,3,0,0)\quad \boldsymbol{R}(10)=(4,5,1,0,0)$$

根据内部人员供给公式，2003—2013 年企业内部人员供给预测分布如表 1-19 所示。

$$\boldsymbol{N}(t)=\boldsymbol{N}(t-1)\boldsymbol{P}+\boldsymbol{R}(t)\qquad (t=1,2,3,\cdots)$$

表 1-19　2003—2013 年企业内部人员供给预测分布　　单位：人

年份	管理人员	技术人员	生产工人	后勤人员	合计退出组织成员
2003 年	1 085	535	954	466	0
2004 年	1 056	527	843	404	216
2005 年	1 020	517	745	350	416
2006 年	981	503	658	305	604
2007 年	940	489	581	267	780
2008 年	897	473	513	235	944
2009 年	852	455	455	208	1 097
2010 年	810	438	404	186	1 240
2011 年	768	423	358	165	1 374
2012 年	728	405	318	148	1 499
2013 年	688	389	282	133	1 616

3. 凡口铅锌矿外部人力资源供给预测

社会人力资源供给总量一般可由国家有关统计数据获得，但对人力资源分流变量的影响及其趋势必须仔细加以估计。例如，国家就业政策及分配政策，要考虑对各类学校毕业生分配的计划强制程度。20 世纪 80 年代初，国家分配计划是有决定性影响的，20 世纪 80 年代末，大学毕业生自由择业占了重要地位，虽然满足了一些单位对人力资源的需求，但严重影响了内地、边远地区及郊区企业专业技术人员的补充。再如，用人单位的竞争，1989—1990 年，由于前几年各单位已经进了一批大学生，加上经济收缩，需求减少，竞争减弱，企业补充人力相对容易。但进入 20 世纪 90 年代后，许多专业大学生又有明显的供不应求迹象，各单位竞争加剧。还有就业心理因素，新一代大学生都希望到国家机关、公司、合资企业工作，不少年轻人希望选择舒适、轻松的工作，宁可去大饭店、大商场工作，也不愿去工矿企业工作。再加上这些企业减员增效，不仅使许多企业在补充人力方面产生困难，而且还造成了许多工人下岗。此外，长期人力资源规划还要考虑人口背景及体制改革的趋势。

对于可能发生重大政治、经济体制变革的时期，要重点考虑组织外部的人力资源预测。图 1.7 为外部人力资源供给预测模型。

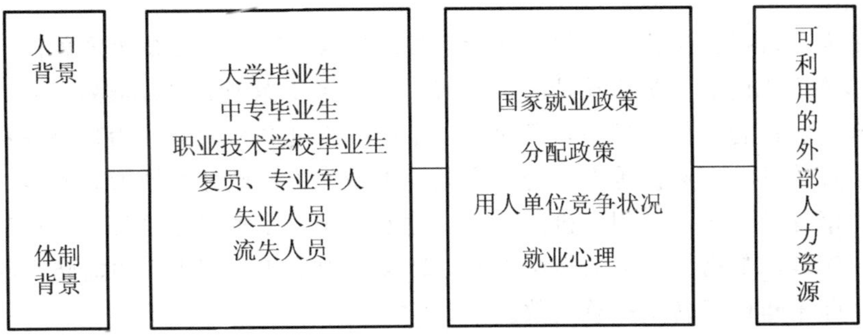

图 1.7　外部人力资源供给预测模型

1.3.5 人力资源供需平衡规划

1. 人力资源供需平衡分析方法

人力资源供需平衡是在预测人员的供给与需求的基础上，将两者进行对比，确定预测期内某一时段企业对人员的净需求，即预测的需求值与供给值之差。在对人员供给和需求进行平衡时，不仅要确定企业的整体净需求，而且要确定每一岗位的净需求，这是因为在总需求与总供给平衡的情况下，某些岗位的人员有可能短缺，而另一些岗位的人员则有剩余，出现结构性失衡。同时，在对人员供需进行平衡时，要对人员短缺岗位的技能要求与人员富余岗位的人员技能状况进行比较，以便于在人力资源战略规划中采取相应的措施来解决人员供需失衡问题。如果两者相匹配，就可以把富余人员转到人员短缺的岗位上去。

2003 年 11 月，在凡口铅锌矿人力资源调研工作领导小组的领导下，以精简优化人力资源战略为指导，对全矿人力资源情况进行了全面调研，并在分析现有岗位的基础上进行了人员优化配置。以此次调研为基础，项目组对各单位各岗位 2004—2013 年各年度的人员供给及其各单位各岗位的人员需求进行预测，得出了各单位各年度的人力资源供给表和需求表。

将各年度人员供给表和人员需求表进行对比，得出 2004—2013 年各年度的人员供求平衡表，该表不但可以确定全矿的人员供需情况，而且可以确定生产单位、职能机关、党群部门、社会事业单位各单位的人员供需情况，还可确定到各个岗位的人员供需情况。人员供需平衡表的具体运用方法是将表中各岗位的需求人数减去各年度该岗位的供给人数，可以得出该岗位该年度的人员净需求量。净需求量为零，表示该岗位在该年度供需达到平衡；净需求量为负，表示该岗位在该年度需转出人员，人数等于净需求量的绝对值；净需求量为正，表示该岗位在该年度需补充人员，人数等于净需求量，每一岗位某年度的人员净需求量是 2004 年至该年的累计净需求量。

2. 凡口铅锌矿总体人力资源供需平衡分析

凡口铅锌矿人员需求预测以人力资源调研得出的人员优化配置表作为基本依据，并根据供需平衡分析做相应调整；凡口铅锌矿人员未来十年预计从外部引进的人员基本上是一些稀缺专业的技术人员和管理人员，因其数量很少，不会影响全矿人员的供需平衡的结果，所以凡口铅锌矿人力资源供给预测以本矿人员即内部人员供给为主。表 1 - 20 为凡口铅锌矿 2004—2013 年各年度人员变动表，列出了各单位 2004—2013 年各年度的人数，即各单位的人员供给量，人员的减少是由人员的自然内退引起的，将各单位的人员供给量加总就是凡口铅锌矿该年度的人员总供给量。

表 1 - 21 为凡口铅锌矿各单位优化前后人员对比表，对比了全矿生产单位、职能部门和党群部门等单位优化前后人员变动情况，并将十年内将要撤销的单位专列于后，人员并入优化后的相应部门。待合并的部门中，科研处、生产技术处和科协合并为科研部；党委办、组织部、团委、宣传部、武装部等部门合并为党委工作部；矿政处的快餐店职能由矿招待所兼并；工程处、审计处、运输车间、机修车间、建安公司、多种经营总公司等单位因职能转变将不复存在。该表的最后一列为需转岗人数，转岗人数为正，即十年内需转入的总人数，转岗人数为负，即十年内需转出的总人数。

表 1-20 凡口铅锌矿 2004—2013 年各年度人员变动表

单位：人

机构	单位	现有人数	2004 年	2005 年	2006 年	2007 年	2008 年	2009 年	2010 年	2011 年	2012 年	2013 年	合计内退人数
生产单位	坑口	1004	945	902	871	832	787	733	692	642	596	556	448
	选厂	438	414	397	381	362	345	325	315	298	278	263	175
	水电车间	138	133	126	121	111	102	89	89	83	74	64	74
	运输车间	96	93	93	93	91	85	78	73	69	67	65	31
	机修车间	64	61	52	51	48	43	39	37	34	31	28	36
	金狮冶化厂	39	38	36	35	34	33	32	28	27	26	25	14
	质检处	102	98	96	92	86	77	68	62	58	49	43	59
职能部门	劳人处	26	25	23	21	21	21	20	18	17	17	16	10
	财务处	45	45	45	41	39	36	34	34	34	33	27	18
	矿办	58	55	52	52	51	45	41	38	34	31	30	28
	招待所	24	20	20	18	15	14	12	12	10	8	5	19
	企管处	6	6	6	6	6	6	6	6	6	6	6	0
	计划处	27	27	27	26	25	23	23	23	23	23	23	4
	总调	21	20	19	19	18	18	17	16	16	15	11	10
	安全处	8	8	7	6	6	6	6	5	3	2	2	6
	环保处	32	29	27	26	25	23	23	21	20	17	15	17
	机动处	58	55	51	51	45	41	38	33	31	27	26	32
	供应处	94	88	81	75	72	62	55	52	47	41	39	55
	销售处	25	25	25	25	25	23	23	21	21	18	17	8
	科研处	34	32	32	32	30	29	29	29	27	27	27	7
	生产技术处	7	6	6	6	6	6	6	6	6	6	6	1
	审计处	4	3	3	3	3	3	3	3	3	2	2	2
	总工办	2	2	2	2	2	2	2	2	2	2	2	0
	工程管理处	16	16	13	13	11	11	11	10	10	9	9	7

续表

机构	单　位	现有人数	2004 年	2005 年	2006 年	2007 年	2008 年	2009 年	2010 年	2011 年	2012 年	2013 年	合计内退人数
党群部门	党委办	3	3	3	3	3	2	2	2	2	1	1	2
	党委组织部	1	1	1	1	0	0	0	0	0	0	0	1
	宣传部	11	11	10	10	10	9	9	9	8	8	8	3
	纪委	3	3	3	3	2	1	1	1	1	1	1	2
	工会	70	66	61	59	56	48	40	35	29	27	22	48
	团委	2	2	2	2	2	2	2	2	2	2	2	0
	武装部	3	2	2	2	2	2	2	2	2	2	2	1
	科协	3	2	2	2	2	2	2	2	2	2	2	1
	机关总支	3	3	3	3	3	3	3	3	3	3	3	0
社会事业部门	社会事业处	88	83	78	74	72	70	62	61	57	51	44	44
	矿政处	92	84	81	77	69	62	59	55	53	45	41	51
	中学	59	57	55	54	51	51	49	49	47	46	44	15
	小学	48	43	42	41	38	34	33	33	29	26	23	25
	医院	129	123	121	117	116	109	106	106	106	100	94	35
多种经营单位	多种经营总公司	27	26	25	23	17	15	13	12	10	8	7	20
	建安公司	31	31	31	30	28	27	26	26	23	22	21	10
	伟达公司	75	73	68	65	59	55	51	47	44	37	31	44
	水泥厂	4	3	3	3	2	1	1	1	0	0	0	4
年度合计人数		3 020	2 860	2 732	2 635	2 496	2 334	2 174	2 071	1 939	1 786	1 653	1 367

表 1-21 凡口铅锌矿各单位优化前后人员对比表

机构	单位名称	全民工			优化后其他用工			十年合计内退人员	需转岗人数
		现有人数	优化后人数	富余人员	临时工	劳务工	保安		
职能部门	矿办	58	23	35	5			28	−7
	计划处	27	16	11				4	−7
	总调	21	13	8				10	2
	劳人处	26	13	13				10	−3
	企管处	6	6	0				0	0
	财务处	45	36	9				18	9
	安全处	8	7	1				6	5
	环保处	32	16	16	157			17	1
	机动处	58	28	30	10		6	32	2
	供应处	94	42	52	8		8	55	3
	销售处	25	11	14				8	−6
	科研部	0	20	−20					20
	矿招待所	24	11	13	48	5		19	6
	小计	424	242	182	228	5	14	207	25
党群部门	党委工作部	0	10	−10				0	10
	纪检监察处	3	2	1				2	1
	工会工作部	70	9	61	3			48	−13
	小计	73	21	52	3			50	−2
生产单位	坑口	1004	472	532	38	170		448	−84
	选厂	438	243	195	143	17		175	−20
	水电车间	138	51	87	23	18	4	74	−13
	质检处	102	65	37	15		3	59	22
	金狮冶化厂	39	37	2				14	12
	小计	1 721	868	853	219	205	7	770	−83

续表

机构	单位名称	全民工			优化后其他用工			十年合计内退人员	需转岗人数
		现有人数	优化后人数	富余人员	临时工	劳务工	保安		
合并的部门	科研处	34	0	44				7	—35
	生产技术处	7						1	
	科协	3						1	
	党委办、组织部	4	0	23				3	—16
	团委	2						0	
	宣传部	11						3	
	武装部	3						1	
	机关总支	3						0	
	小计	67	0	67				16	—51
待撤销的部门	运输车间	96	0	96				30	—66
	机修车间	64	0	64				35	—29
	工程管理处	16	0	16				7	—9
	审计处	4	0	4				2	—2
	总工办	2	0	2				0	—2
	矿政部	92	0	92				51	—41
	建安公司	31	0	31				10	—21
	多种经营总公司	27	0	27				20	—7
	伟达公司	75	0	75				44	—31
	水泥厂	4	0	4				4	0
	小计	411	0	411				203	—208
合计		2 696	1 131	1 565	450	210	21	1 246	—319

表 1-22 凡口铅锌矿通用类人员 2004～2013 年供需平衡表

单位：人

类别	岗位	定员				现有	2004	2005	2006	2007	2008	2009	2010	2011	2012	2013
		全民	劳务	临时	外来											
管理人员	高层管理人员	5				5	0	0	0	0	0	1	1	1	2	2
	中层管理人员	56				100	−34	−31	−27	−23	−18	−17	−10	−7	−3	0
	基层管理人员	152				319	−148	−130	−124	−105	−93	−84	−78	−66	−49	−29
	一般管理人员	158		38	9	366	−192	−179	−173	−155	−133	−107	−95	−76	−60	−42
	小计	371		38	9	790	−374	−340	−324	−283	−244	−207	−182	−148	−110	−69
技术人员	采矿技术员	13				18	−5	−5	−5	−4	−3	−3	−3	−3	−2	−2
	选矿技术员	9				13	−3	−3	−3	−3	−3	−3	−3	−3	−3	−3
	地质技术员	16				24	−8	−8	−8	−8	−8	−8	−8	−8	−8	−8
	测量技术员	16				24	−7	−6	−6	−6	−6	−6	−6	−6	−6	−6
	机械技术员	8				25	−17	−17	−16	−13	−13	−11	−11	−10	−8	−8
	电气技术员	5				27	−22	−22	−22	−21	−21	−21	−21	−21	−21	−21
	化验技术员	3				13	−10	−10	−10	−10	−10	−10	−10	−10	−10	−10
	计量技术员	2				2	0	0	0	0	0	0	0	0	0	0
	土建技术员	3				3	0	0	1	1	1	1	1	1	1	1
	水文技术员	2				3	−1	−1	−1	−1	−1	−1	−1	−1	−1	−1
	水泥技术员					2	−2	−2	−2	−2	−2	−2	−2	−2	−2	−2
	小计	77				154	−75	−74	−72	−67	−66	−64	−64	−63	−60	−60
技工	电工	61	30			157	−94	−90	−87	−84	−78	−69	−66	−58	−54	−48
	钳工	75	51			200	−115	−110	−103	−96	−91	−83	−76	−65	−48	−38
	焊工	19	5			57	−38	−35	−35	−35	−30	−21	−20	−17	−13	−12

续表

类别	岗位	定员				现有	2004	2005	2006	2007	2008	2009	2010	2011	2012	2013
		全民	劳务	临时	外来											
技工	司机	48		11		97	−45	−43	−42	−42	−41	−36	−33	−31	−21	−16
	车工	1				21	−20	−19	−19	−19	−16	−15	−14	−10	−10	−9
	吊车工	12				30	−18	−15	−15	−15	−14	−14	−13	−11	−11	−10
	小计	216	86	11		562	−330	−312	−301	−291	−270	−238	−222	−192	−157	−133
普工	保管员	54		3	2	90	−25	−19	−13	−3	6	15	22	26	30	32
	门卫	9		37	19	84	−64	−50	−41	−32	−27	−17	−15	−10	−5	−4
	水泵工	31	35	3		58	−21	−14	−11	−7	−6	−1	0	4	4	7
	化验工	23				41	−15	−13	−12	−9	−6	1	6	9	12	14
	砂泵工	19		28		36	−14	−8	−4	−1	0	2	3	6	7	9
	计量工	16		15		26	−6	−6	−3	−2	−1	5	6	6	8	11
	小计	152	35	86	21	335	−145	−110	−84	−54	−34	5	22	41	56	69
合计		816	121	135	30	1 841	−924	−836	−781	−695	−614	−504	−446	−362	−271	−193

说明：

1. 本表列出全矿十年内具有通用性的管理人员、技术人员和工人人数变化情况，为各单位之间人员转岗提供参考。
2. 技术人员只统计专职技术人员，有技术职称但担任管理职务的人员不计算在内。
3. 工人只统计了在两个以上单位共有的工种，如坑口和选厂都有电工，虽然工作内容不一样，但工作性质一样，转岗比较容易，可优先安排。

图 1.8 为 2003—2013 年凡口铅锌矿人员供需对照。从图中可以看出，2003—2013 年全矿各年度的人员需求基本不变，为 1 347 人，而人员供给随着人员的自然内退，逐渐减少，到 2013 年，全矿预计还有 1 653 人，总量上仍然是供过于求，有 306 人无法安排岗位。

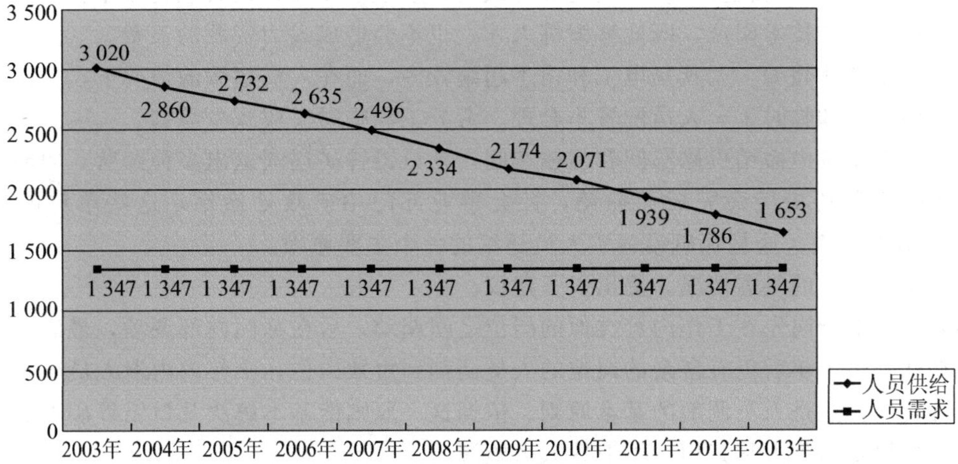

图 1.8　2003—2013 年凡口铅锌矿人员供需对照

从表 1-21 来看，生产单位部分十年内共需转出 83 人，其中坑口要转岗的人数最多，主要是由 7 个生产工区的生产经营方式改变造成的；选厂和水电车间需要转岗的人数不多，质检处和金狮冶化厂需补充人员；职能部门部分十年间需补充 25 人，生产技术处因为单位合并，要转出的人数较多，总的来说，职能部门需转岗人数不多，压力不大；党群部门合并后只剩 3 个部门，十年间共需转出 2 人，其中工会的人员压缩的比例最大，但十年内内退人员也较多；人员富余最主要的原因也是由很多单位撤销引起的，十年间共有 308 人需转岗，占到十年后富余人员的 67%，建议逐年撤销部门，将人员合并到相关部门。

表 1-22 将全矿的管理人员、技术人员，以及各生产单位具有通用性的技工和普工 2004—2013 年的供需平衡情况进行了对比。下面将对全矿人力资源分块进行详细的平衡分析。从表 1-22 中可以看出，管理人员、技术人员和技工十年后人员仍有富余，普工则需要补充人员，需求数量不大。管理人员中，中层管理人员到 2013 年恰好达到平衡，基层和一般管理人员晋升到中层的可能性不大，基层和一般管理人员都有不同程度的人员富余，十年内管理人员的晋升通道基本堵塞，建议一些管理人员转向技术岗位。技术人员中，各个专业的技术人员都有不同程度的人员富余，其中机械和电气技术员超编最严重，其原因是一些原生产单位的专职技术岗位在优化配置后由工区或工段副职兼任，化验、地质、测量技术员超编较多。技工中，电工和钳工超编最严重，其余工种各有不同程度的人员富余，至 2013 年技工总体还超编 133 人。普工中，门卫超编较多，其原因是门卫中照顾性质的人员所占比例较大，不过这部分人员年龄也普遍偏大，至 2013 年富余 4 人，其他岗位从 2009 年开始基本全部需要补充人员，保管员缺员最多，其次是化验工、计量工和砂泵工。

通过对全矿人员十年间的供需情况进行分析，可得出以下结论。

(1) 各单位的人员都有富余，实施精简优化的人力资源战略，控制进口，疏通出口，执行自然减员的人力资源政策非常必要而且可行。

（2）管理人员整体富余较多，管理层的各个层次人员都有富余，人员的层级结构也不尽合理，十年间如不做较大幅度的调整，人员的晋升通道基本堵塞，选拔新的管理人才十分困难。

（3）技术人员超编较多，考虑到这部分人员普遍素质较高，人员也比较年轻，可适当在生产单位增设一些技术岗位，既能够锻炼人才，也不会造成人力资源的浪费。

（4）技工整体超编，尤其是电工和钳工超编较多，而在人员超编的情况下，又设置了相当数量的劳务工和临时工，人员配置不合理。劳务工和临时工应减少编制。

（5）生产单位中撤销机修车间和运输车间，凡口铅锌矿逐渐退出多种经营，职能部门中工程管理处因其历史使命完成而撤销，社会事业部门中矿政处撤销，这些单位的人员至2013年还有206人，这是凡口铅锌矿人员超编的一个主要原因。

针对全矿人员的供需情况，提出以下建议。

（1）人员的转岗先在工作内容类似的岗位之间调动，后在部门内部调动，最后在不同部门之间调动；将十年后仍有富余的岗位的人员调剂到短缺岗位，十年内内退人员原则上不进行平衡性转岗，这是人员调剂的基本原则。依据这一原则能基本解决凡口铅锌矿人员的结构性失衡，也尽量做到人尽其用，不浪费人力资源。

（2）管理人员能上能下。管理人员要调整心态，服从组织做出的调配安排，干好本职工作。这需要矿领导层加强员工企业文化培训，转变就业观念，还可适当考虑其原有待遇。条件成熟时，以适当的方式进行干部制度改革，引入竞争机制，力争做到干部能上能下，废除职务终身制。

（3）富余技工向普工岗位转移。技工人员超编较多，而十年间普工岗位空缺较多，超编技术工人向普工岗位转移。

（4）富余全民制员工补充到劳务工和临时工岗位。鉴于全民制员工超编较多的现实情况，坑口、选厂等生产单位需要补充劳务工和临时工的岗位，可先由富余的全民制员工根据工作性质相关性适当进行补充，减少劳务工和临时工编制。

限于篇幅，2004—2013年各年度其他各部门各年度人员供求平衡表等略。

1.3.6 案例解析

本案例源自作者主持操作的凡口铅锌矿的人力资源战略和规划设计项目，选取了该项目中的人力资源供需预测及供需平衡规划部分编辑成本案例。根据作者培养和训练研究生和企业人力资源实操人员的经验，怎么做人力资源的市场供需分析和动态规划是一个普遍的难题，实务资料更是难觅，所以本案例几乎是将项目中的该部分内容全真地呈现，详细介绍了分析过程，旨在帮助读者从中学会人力资源的市场供需预测和规划设计。

评价：一般的人力资源战略和规划都是基于企业发展和扩张战略需求，凡口铅锌矿可以说是一个特例，也是作者的职业生涯过程中碰到的唯一一个基于收缩战略的人力资源规划项目，极具典型性，这是本案例的重要特色和特殊价值所在。在该战略规划过程中，运用了几种非常重要的预测方法，并将操作过程详细描述出来，旨在让读者能够通过该案例的操作过程有效掌握这些重要的人力资源供需预测技术，因为这是人力资源战略与规划的重点和难点所在。在预测方法的选择上，采用了定性与定量相结合的模式，避免了单独使用定性方法或定量方法时存在的不足。在人力资源供需预测分析基础上，做出了企业未来十年人力资源动态供需平衡表，为企业人力资源战略实施提供了有效的操作工具。该案例工作过程规范，技术方法应用得当，操作性和应用效果良好。由于篇幅的限制，本案例省略了复杂而冗长的动态平衡过程，只将最终的主要战略规划成果列示出来，以帮助读者全面理解人力资源战略与规划内容。

使用说明：本案例是针对有色金属矿山企业，具有明显的行业特征，企业的战略目标是逐步收缩最终实现资源转移，其人力资源战略与规划的重点表现为有序地退出和结构调整过程。读者必须特别注意该案例的行业性特征和局限性，重点是从中体会有关人力资源供需预测技术和方法的应用。对快速扩张或战略性转移发展的企业而言，人力资源战略规划的重点在于对未来需求的预测和供给保障上，其中优秀人才的来源、获取和有效使用成为关键和难点，使用的预测方法基本上相同，但对环境和市场的分析要求更高，希望读者注意这方面的技术和能力培养。考虑到人力资源规划设计过程在实际操作中的特殊重要性，因此将该项目的培训规划设计部分内容单独整理出来作为下一个案例，希望读者将两个案例结合起来阅读，全面系统地掌握人力资源规划过程及主要方法。

案例讨论：

1. 案例中为什么使用趋势外推法、德尔菲法进行需求预测，运用马尔可夫模型进行供给预测？请用其他预测技术对本案例的供需量进行预测。

2. 进行人力资源动态规划时，应注意什么问题？怎么保证动态规划的有效性？

1.4 案例三：人力资源规划案例
——凡口铅锌矿人力资源培训规划设计[①]

在上一个供需预测案例的基础上，下一步需要进行的就是人力资源规划的编制，包括人力资源招聘与任用规划、培训规划、薪酬规划及人员流动规划等。限于篇幅，本案例选用培训规划作为代表，解析人力资源培训规划的设计过程和方法。

1.4.1 培训规划的目的

根据精简优化的人力资源战略，通过精简机构、自然减员，凡口铅锌矿在职职工人数于2013年减至1 500人。在生产规模基本不变的前提下，因为人均工作量增加，要求员工提高工作效率。而效率的提高有赖于人员素质的整体提升，故旨在提高人员素质、优化人员结构的员工培训显得尤为重要。同时也需要通过加强内部人员转岗培训以及开展其他配套培训，有效调节因员工内退造成的部门间人员供需不平衡，优化人力资源配置，为实现矿山目标提供有力的人力资源支撑。

1.4.2 培训需求分析

结合凡口铅锌矿的实际需要，其培训内容从总体上涵盖五大部分，即知识培训、技能

① 本案例源于作者主持的科研开发项目，初稿定于2011年5月，本次修订于2018年3月。

培训、观念培训、思维培训、心理培训。知识培训和技能培训应该侧重技术人员、技工、普工、一般管理者、基层管理者；观念培训、思维培训和心理培训应侧重企业中高层管理人员及高级技术人员。

根据企业的战略目标，企业未来几十年的发展当中，生产一线会大量引入外来工，但外来工的安全意识不强，矿里的老矿工大都有着十年以上的井下工作经验，而在当前的技术水平无法有效防范井下安全事故发生的情况下，他们的工作经验无疑是矿里安全工作的重大保障，随着他们的逐步退休，矿里的安全工作面临重大威胁，因此安全知识培训尤为重要。企业应在各个部门开展广泛而深入的培训及宣传。而且随着劳动保护制度的完善，必然会要求一线操作人员具备相应的上岗资格证书，因此，这一方面的培训内容应重点考虑。

现有员工中，技术和管理人员中有52%的人员受过高等教育，而且凡口铅锌矿对于人才的培养十分重视，先后将一些技术和管理岗位的中坚力量送出去再深造，现有在读博士1人，在读MBA 9人，在读工程硕士39人，合计共有研究生49人，占技术和管理人员的4.2%。就一家大型国有矿山企业来说，技术和管理层的学历结构还是比较合理的。就企业总体人员学历结构来看，本科以上占6.6%，大专占12%，高中和中专占32%，其他包括初中和小学，占了总人数的37%，但是学历较低的员工多分布在知识要求低的生产岗位，而且很多人员很快就要退出工作岗位。故而学历培训并不需要做重点考虑。

全矿共有教授级高级工程师4人，选矿专业2人，采矿专业2人。高级工程师43人，占专业技术人员的10%，工程师181人，助理工程师188人，这两项总共占到技术人员总数的85%，且这部分人员年龄结构偏年轻，基本能满足企业未来发展的需要。从现有的技术工种看，关键技术岗位人员基本具有相应的职称，因此，职称培训并不需要做重点考虑。

根据凡口铅锌矿各岗位现有人员配备状况，以及企业发展战略对人员的需求分析，我们得出各岗位人员需求增量。又因为企业在未来发展中，执行紧缩退出战略，严把人员进口关，人员需求增量只能依靠内部培训加以解决。为填补人员需求缺口，使各岗位人员素质与岗位要求相匹配，进而达成人员供需平衡，下面将从职能部门、生产单位、党群部门、社会事业部门4个部门的人员增补入手，对各单位的培训需求加以具体分析。

1. 职能部门培训需求

职能部门人员增补见表1－23。

表1－23　职能部门人员增补

单位	人员类别	岗　　位	2004	2005	2006	2007	2008	2009	2010	2011	2012	2013
矿长办公室	基层管理人员	档案主管					1					
		信访主管									1	
		小车队长				1						
	一般管理人员	综合干事	1									
		信访员						1				
		文秘								1		
	技工	司机							1			2

续表

单位	人员类别	岗　位	2004	2005	2006	2007	2008	2009	2010	2011	2012	2013
招待所	基层管理人员	招待所所长			1							
	技术人员	副所长				1						
	技工	出纳员				1						
	普工	管道工				1						
		复印工					1					
		采购员				1						
		保管员	1									
计划处	技术人员	土建技术员			1							
		会计	1									
总调度室	中层管理人员	总调室主任	1									
	基层管理人员	总调副主任							1			
		电调监控员	1									
	一般管理人员	综合干事						1				
		生产调度员										1
劳人处	基层管理人员	薪酬主管										1
		培训主管		1								
	一般管理人员	保险主管								1		
		培训干事	1									
财务处	中层管理人员	财务处副处长					1					
	基层管理人员	物流主管				1						
	技术人员	会计	2		3		2					2
		出纳										1
安全处	中层管理人员	安全处处长								1		
	基层管理人员	劳保管理员		1								
		安全教育员									1	
	普工	测尘工								1		
环保处	基层管理人员	绿化主管	1									
		“三废”治理主管	1									
		工农协调员		1		1						
		环卫队主管	1									
		环卫主办	1									
		综合干事	1			1						
	技工	化验员							1		1	1

续表

单位	人员类别	岗　位	2004	2005	2006	2007	2008	2009	2010	2011	2012	2013
机动处	基层管理人员	仓库主管					1					
	一般管理人员	采购业务员	2									
	技术人员	设备检测员						1				
	技工	司机									1	
	普工	仓库保管员				1	1	1	3	1	1	
供应处	中层管理人员	供应处处长									1	
	基层管理人员	综合管理科科长	1									
		炸药厂厂长	1									
		废旧物资回收队长						1				
		女工主任								1		
		仓库主任								1		
	一般管理人员	综合干事	1									
	普工	保管员					4	2	1	1	1	
		门卫		1	2		1	1		2	2	
销售处	中层管理人员	销售处处长							1			
	基层管理人员	结算主管									1	
生产技术处	中层管理人员	生产技术处处长	1									
	基层管理人员	生产技术处副处长	1									

从表 1－23 可以看出，在现有人力资源政策指导下，职能部门中，只有个别年度、个别岗位有较多的人员需求，现有人员结构基本能够满足企业未来十年内的发展需要。

人员需求缺口由转岗培训加以解决，转岗培训需求较旺的岗位有：财务处会计人员共计 9 人次、机动处仓库保管员共计 8 人次、供应处保管员共计 9 类均为技术含量较低的职位，培训工作相对简单。

根据以上分析，我们给出以下建议。

（1）由于机构改组后，会存有一批隐性富余人员，因而需从其中选取人员进行转岗培训。需求量较小时，可优先考虑对同级同类人员进行转岗培训。

（2）法律事务主管空缺一名，由法律事务干事进行晋升培训加以补充；司机在企业内部重新调配，无须进行专业培训。

（3）对于要求有技术上岗证的岗位必须进行取证培训和实际操作技能培训。

（4）企业职能部门内部现有学历结构较同行业相比占优势，而且 45 岁以下年龄段员工学历普遍在大专以上，无须进行学历培训；企业内管理、技术岗位中，中青年员工基本拥有相应的职称，企业无须开展专门的职称培训。

（5）在满足为各岗位提供足量人员的同时，还必须考虑技术进步对现有人员的素质要求，广泛开展岗位培训，更新提高人员的知识技能。与此同时，随着人员精简、工作任务加大，企业有必要开展企业文化、工作态度等方面的培训。

2. 生产单位培训需求预测

生产单位人员增补见表1-24。

表1-24 生产单位人员增补

单位	人员类别	岗位	2004	2005	2006	2007	2008	2009	2010	2011	2012	2013
坑口	中层管理人员	坑长	1									
	基层管理人员	采掘工区区长	1								3	1
		采掘工区副区长								1		
		深钻队队长					1					
		深钻队副队长				1						
		充填队副队长								1		
		通风工区区长		1								
		通风工区副区长	1									
		提升工区工区长								1		
		运转工区工区长									1	
		运转工区副区长										1
		材料科科长		1								
		汽运队副队长	2									
		人力资源科科长	1									
		安环科科长										1
		调度室主任	1									
	一般管理人员	劳资管理员	2			1						
		综合干事						2	1			1
		调度员						1		1		
		环保员						1			1	
		描图员								1		1
		群工干事	1									
		机械备件管理员							1			
		固定资产管理员	1					1				
		清理班长										1

续表

单位	人员类别	岗　　位	2004	2005	2006	2007	2008	2009	2010	2011	2012	2013
坑口	技工	台车工	3									
	普工	卷扬机工	11	3	2		2	3	3	3	1	3
		保管员				3	2	5	3	2		2
		水泵工						2	1	4		2
		司机									4	1
		主扇风机工								1	1	1
		信号工							1		2	2
		测量工	1									
		安装工	4									
		热水工	2						1	1		
		送料员								1		
		采制样工	1						1			
		劳保开票员	1									
		水库巡视员	1									
		测尘工						1				
选厂	中层管理人员	党总书记					1					
	基层管理人员	综合科科长	1									
		质检科科长										1
		安环科科长						1				
		破碎工段段长									1	
		破碎工段副段长	1								1	
		维修工段副段长	1									
	一般管理人员	安全员						1				
		环卫管理员	1									
	技术人员	质检技术员	1									
	技工	圆锥工	1			1					1	1
		球磨工	3	1						1		1
		配电工			1		1	2		1		
	普工	砂泵工				1	2	2	1	2	1	2
		取样工								1	2	2
		矿泥工					1			1		
		铲运机工							2			
		棒磨工							1	1		

续表

单位	人员类别	岗　　位	2004	2005	2006	2007	2008	2009	2010	2011	2012	2013
质检处	中层管理人员	处长				1						
		副处长				1						
	基层管理人员	产品监督科科长							1			
		化验科科长										1
	一般管理人员	统计员					1					
	技　工	标准检定员	2								1	
	普　工	计量取样工										3
		产品监督工	4					1				
		化验工				2	1	6	4	2	2	1
水电车间	基层管理人员	生产技术科科长									1	
		调度科科长										1
	一般管理人员	综合干事									1	
		电调员	1									
	技术人员	计量技术员	1									
	技工	水质化验员	3	1			1					
		钳工									1	
		焊工						1				
	普工	电管员					1	1				
		校表工										1

从表 1－24 可以看出，在现有人力资源政策指导下，生产单位中，现有人员基本能够满足企业未来十年内的发展需要，只有以下几个工种或岗位人员需求缺口较大：球磨工 6 人，卷扬机工 31 人，保管员 17 人，水泵工 9 人，砂泵工 11 人，化验工 18 人。

根据以上分析，我们给出以下建议。

（1）坑长由其他部门同级别管理者调任，或由副坑长提升。

（2）其他各个有人员需求缺口的岗位，建议对相关部门的同级人员做转岗培训。

（3）对于要求有技术上岗证的岗位必须进行取证培训和实际操作技能培训。人数较多的岗位，可采取企业统一办班的形式，或者送往外部专门培训机构学习、取证。实际技能培训可广泛地采用师傅带徒弟形式。

（4）在满足旨在为各岗位提供足量人员的同时，还必须考虑技术进步对现有人员的素质要求，广泛开展岗位培训，更新、提高人员的知识、技能。与此同时，随着人员精简、工作任务加大，企业有必要开展企业文化、工作态度等方面的培训。

（5）普工培训需求量较大，但对学历职称的要求不高，现有学历状况完全能满足企业未来十年的发展需要，其他对学历职称有严格要求的岗位，其人员素质普遍较高，因此无须开展学历培训和职称培训。

3. 党群部门培训需求预测

党群部门人员增补见表 1－25。

表 1－25　党群部门人员增补

单位	人员类别	岗　位	2004	2005	2006	2007	2008	2009	2010	2011	2012	2013
党委工作部	高层管理人员	矿党委书记									1	
	中层管理人员	组织部部长					1					
	基层管理人员	武装部部长	1									
工会工作部	高层管理人员	部长						1				
	中层管理人员	副部长（兼总支书）	1									
		副部长（兼离退休办主任）			1							
	一般管理人员	女工干事					1					
		生产干事					1					
		劳保干事								1		
		文体干事	1									
纪检监察部	中层管理人员	纪检部长				1						
	一般管理人员	纪检干事					1					

根据表 1－25 的人员增补需求，我们给出以下建议。

（1）党群部门未来十年内转岗培训需求较小，要求不高，可以简化转岗培训。

（2）管理知识、企业文化、职业道德等方面的培训，有必要定期进行。

（3）对学历、职称培训也无需求。

4. 社会事业部门培训需求预测

社会事业部门人员增补见表 1－26。

表 1－26　社会事业部门人员增补

单位	人员类别	岗　位	2004	2005	2006	2007	2008	2009	2010	2011	2012	2013
社会事业处	中层管理人员	社会事业处处长								1		
		社会事业处书记										1
	基层管理人员	房产办主任								1		
		计生办主任	1									
		教育主管	1									
		保卫主办	1									
		保卫副主办	1									
	一般管理人员	房产预结算员	1									
		房租员	1									
		计生员									1	1
	其他	消防员	5									

续表

单位	人员类别	岗位	2004	2005	2006	2007	2008	2009	2010	2011	2012	2013
医院	基层管理人员	办公室主任		1								
		门诊科主任	1									
		检验科主任	1									
	一般管理人员	群工干事	1									
		药库管理员	1									
		病理档案管理员	1									
	医务人员	医师					1	1			1	
		检验师						1				
	技工	司机									1	
	普工	收费员	2		1		2					
		炊事员	1									
中学	中层管理人员	副校长		1								
	基层管理人员	总务主任						1				
	一般管理人员	综合干事								1		
	教师	政治教师				1					1	
		实验教师	1									1
小学	中层管理人员	校长				1						
		副校长		1								
	基层管理人员	总务主任	1									
		少先队辅导员	1									
	一般管理人员	校务员	1									
		综合干事	1									
	教师	语文教师								2	2	1

社会事业部门在整个人力资源战略当中，属于终将社会化的一部分，其结构及职能会逐步萎缩，但组织结构的过渡是一个渐进的过程。因此，在企业未完全按照理想模式运作之前，社会事业部门仍有存在的必要，而且为了维持它的正常运转，还有必要针对空缺岗位开展培训。中层管理人员由其他部门同级管理人员进行转岗加以补充；一般管理人员通过在部门内重新进行调配，来填补缺口；消防员由其他部门同类人员接受转岗培训进行补充。

对社会事业部门的全体员工开展技能、服务理念、就业观培训，鼓励其自行参加社会上各类职业培训班，将有助于人员的分流，减轻企业负担，更快更好地实现企业平稳过渡的目标。

5. 各年度转岗培训总表

为了便于培训规划的制定，我们把所有部门、单位的转岗培训需求汇总，转岗培训需求汇总见表1-27。

表1-27 转岗培训需求汇总

年度	高级管理层	中级管理层	基层管理层	一般管理层	技术人员	技工	普工	中教	小教	医务
2004		4	27	19	5	12	29	1		
2005		2	6			2	4			
2006		1	1		4	1	5			
2007		4	5	1	1	3		1		
2008		3	3	3	2	2	18			1
2009	1		3	8	1	3	25			2
2010		1	2	2		2	22			
2011		2	7	5		2	24		2	
2012	1	1	10	4		6	17	1	2	1
2013		1	6	5	3	8	30	1	1	
合计	2	19	70	47	16	41	174	4	5	4

由此可见，转岗的重点在中级、基层和一般管理层，以及技工、普工。但管理层无须开展专门的转岗培训，只需针对技工和普工设计不同的转岗培训内容，采取不同的转岗培训方式，有针对性、有差别地开展培训，确保培训规划的可行性、高效性。

1.4.3 培训规划设计

依据培训的直接目的，将培训划分为以下几类。

（1）晋升培训，为使受训人员胜任更高职位工作而开展的培训。

（2）转岗培训，为使受训人员胜任同一层次、不同岗位的工作而开展的培训。

（3）岗位培训，为使受训人员胜任本职工作而开展的培训。

依据培训需求分析可以看出，凡口铅锌矿急需的培训主要有两大类：岗位培训和转岗培训。在培训规划设计中，这两者将成为重点考虑的对象。

岗位培训是提升企业人员整体素质的重要手段，企业必须针对每个不同的岗位有区别、大范围地开展此项培训。岗位培训主要针对的是岗位所赋予岗位人员必备的知识和技能，包括随着技术的发展所要求的知识技能的更新。另外，为使企业成员能更好地发挥自身的水平，与企业相容相长，还必须配备相应的观念培训、思维培训、心理培训，解决“知”“会”“创”“适”“悟”的问题，层次越高，越应偏重观念、思维、心理培训。而且因高级管理人员时间紧凑，故其培训也应在较短时间内灵活安排，其培训对于信息的新颖度和思维活力的激发要求较高。对高级管理人员的培训以专题讲座、案例研讨为主，强调其主动参与性。

转岗培训首选同一部门内进行转岗培训，再考虑跨部门同类人员进行转岗培训，最后考虑对不同部门、不同类型工作人员进行转岗培训。转岗培训的内容主要围绕待补充岗位的要求设计。在管理岗位出现空缺时，企业以其他岗位的富余管理人员来加以补充，考虑到管理知识的通用性，可适当简化转岗培训，继任者提前一年到位，让退任者“传帮带”，继任者“干中学”，逐渐熟悉工作。因而转岗培训的主要对象是技术人员、技工、普工。在未来发展中，这些岗位最为基本的条件是必须持有相应的上岗资格证书，而资格证书的获取必须具备基本的专业知识及相应的操作技能，对于这两种截然不同的培训内容，我们建议考虑采用不同的培训形式，专业知识培训根据需转岗培训人数的多少分别采用开办课程班或委托培养的形式，操作技能培训则考虑采用“师傅带徒弟”的形式。转岗培训不能实现时再考虑晋升培训。

考虑到培训规划对具体培训工作的指导作用，整个培训规划按年度分别列出。由于随着时间跨度的加大，其不可测性也随之增强，因此，近期规划较为详细，远期逐渐粗略。

管理人员的培训主要是岗位培训，且各年度的培训形式完全一致，培训内容基本一致。研讨会主题选择年度经济、管理发展的热点，因而有所区别，但由于其不可测性，故热点问题无法在规划中体现，所以仅在2004年培训规划中给出有关管理人员的培训，其他年度与之相同。

其他各类人员的岗位培训各年度完全一致，故只在2004年培训规划中予以体现。以后各年度培训规划重点反映转岗培训。

培训提前期为一年，根据培训需求表，我们可以得到2004—2012年各年度培训规划，见表1－28～1－36。在未来发展过程中，企业可依据实际情况对年度规划进行调整。

表1－28 2004年凡口铅锌矿培训规划

培训对象	培训类型	培训人数	培训内容	培训方式	培训时间	组织单位
高管层	岗位培训	全体高管人员	创新理念、风险意识等为主的观念培训、思维培训及心理培训；专业知识和管理技能，以团队建设、战略、决策、领导艺术为主；企业文化	出国考察，专家讲座，案例研讨，同行业内考察	可自行安排	人力资源部
中管层	岗位培训	全体中管人员	专业知识和管理技能补充和更新，以协调、沟通、团队建设为主；观念思维培训；企业文化	专家讨论会，同行业考察，短期专题培训班	可自行安排	人力资源部
基管层	岗位培训	全体基管人员	专业知识和管理技能的补充和更新，以面向操作层的沟通、计划为主；企业文化	专家讲座，上级讲授，内部“传帮带”	可自行安排	人力资源部
一般管理层	岗位培训	全体一般管理人员	专业知识和管理技能的补充和更新；实务操作能力；计算机信息技术；企业文化	短期技能培训班；内部“传帮带”；自学	可自行安排	人力资源部

续表

培训对象	培训类型	培训人数	培训内容	培训方式	培训时间	组织单位
技术人员	转岗培训	5人	待补充岗位所需的专业知识和技能	委托院校或相关培训机构培训进行培训	3～6月	各单位自行组织，人力资源部监督
	岗位培训	全体技术人员	专业知识和技能的补充和更新；创新能力；企业文化	专题讲座；研讨会；技术比武	可自行安排	各单位自行组织，人力资源部监督
技工	转岗培训	14人	待补充岗位上岗资格证书培训，上岗实务操作	委托院校或相关培训机构，或自行组织相关培训班进行培训	3～6月	各单位自行组织，人力资源部监督
技工	岗位培训	全体技术工人	待补充岗位专业知识、技能补充和更新；安全知识；企业文化	会议；讨论；技术大比武；工作轮换	可自行安排	各单位自行组织，人力资源部监督
普工	转岗培训	33人	待补充岗位所需知识和技能，上岗实务操作	开办获证培训班；师傅带徒弟	3～6月	各单位自行组织，人力资源部监督
	岗位培训	全体技术工人	待补充岗位专业知识和技能的补充和更新；安全知识；企业文化	会议；讨论；技术大比武；干中学	可自行安排	各单位自行组织，人力资源部监督
其他	转岗培训	6人	待补充岗位所需的知识和技能	送往相关培训机构进行学习或鼓励自主学习	3～6月	各单位自行组织，人力资源部监督
全员	岗位培训	全体岗位人员	各岗位专业知识和技能的补充和更新；安全知识；企业文化	讲座；讨论；技术大比武；干中学	可自行安排	各单位自行组织，人力资源部监督

表1－29　2005年凡口铅锌矿培训规划

培训对象	培训类型	培训人数	培训内容	培训方式	培训时间	组织单位
技术人员	转岗培训	4人	待补充岗位专业知识和核心技术	委托院校或相关培训机构进行培训	可自行安排	各单位自行组织，人力资源部监督
技工	转岗培训	1人	待补充岗位上岗资格证书培训，上岗实务操作	委托院校或相关培训机构进行培训	3～6月	各单位自行组织，人力资源部监督
普工	转岗培训	5人	待补充岗位所需的知识和技能	师傅带徒弟；送往技术学校学习基础知识	3～6月	各单位自行组织，人力资源部监督

表 1-30　2006 年凡口铅锌矿培训规划

培训对象	培训类型	培训人数	培训内容	培训方式	培训时间	组织单位
技术人员	转岗培训	1 人	待补充岗位专业知识和技能	委托院校或相关培训机构进行培训	3～6 月	各单位自行组织，人力资源部监督
技工	转岗培训	3 人	待补充岗位上岗资格证书培训，上岗实务操作	委托院校或相关培训机构进行培训	3～6 月	各单位自行组织，人力资源部监督
其他	转岗培训	1 人	待补充岗位上岗资格证书培训及操作技能	送往相关培训机构进行学习或鼓励自主学习	3～6 月	各单位自行组织，人力资源部监督

表 1-31　2007 年凡口铅锌矿培训规划

培训对象	培训类型	培训人数	培训内容	培训方式	培训时间	组织单位
技术人员	转岗培训	2 人	待补充岗位专业知识和技能	委托院校或相关培训机构进行培训	3～6 月	各单位自行组织，人力资源部监督
技工	转岗培训	2 人	待补充岗位上岗资格证书培训，上岗实务操作	委托院校或相关培训机构进行培训	3～6 月	各单位自行组织，人力资源部监督
普工	转岗培训	18 人	待补充岗位所需的知识和技能	办理取证培训班；师傅带徒弟	3～6 月	各单位自行组织，人力资源部监督
其他	转岗培训	1 人	待补充岗位上岗资格证书培训	送往相关培训机构进行学习或鼓励自主学习	3～6 月	单位自行组织，人力资源部监督

表 1-32　2008 年凡口铅锌矿培训规划

培训对象	培训类型	培训人数	培训内容	培训方式	培训时间	组织单位
技术人员	转岗培训	1 人	待补充岗位专业知识和技能	委托院校或相关培训机构进行培训	3～6 月	各单位自行组织，人力资源部监督
技工	转岗培训	3 人	待补充岗位上岗资格证书培训，上岗实务操作	委托院校或相关培训机构，或自行组织相关培训班进行培训	3～6 月	各单位自行组织，人力资源部监督
普工	转岗培训	25 人	待补充岗位所需的知识和技能	办理取证培训班；师傅带徒弟	3～6 月	各单位自行组织，人力资源部监督
其他	转岗培训	2 人	待补充岗位上岗资格证书	委托院校或相关培训机构，或自行组织相关培训班进行培训	3～6 月	各单位自行组织，人力资源部监督

表 1 - 33　2009 年凡口铅锌矿培训规划

培训对象	培训类型	培训人数	培训内容	培训方式	培训时间	组织单位
技工	转岗培训	2 人	待补充岗位上岗资格证书培训，上岗实务操作	委托院校或相关培训机构进行培训；师傅带徒弟	3～6 月	各单位自行组织，人力资源部监督
普工	转岗培训	22 人	待补充岗位所需的知识及操作技能	开办取证培训班；师傅带徒弟	3～6 月	各单位自行组织，人力资源部监督

表 1 - 34　2010 年凡口铅锌矿培训规划

培训对象	培训类型	培训人数	培训内容	培训方式	培训时间	组织单位
技工	转岗培训	2 人	待补充岗位上岗资格证书培训，上岗实务操作	委托院校或相关培训机构进行培训；师傅带徒弟	3～6 月	各单位自行组织，人力资源部监督
普工	转岗培训	24 人	待补充岗位所需的知识和技能	开办取证培训班；师傅带徒弟	3～6 月	各单位自行组织，人力资源部监督
其他	转岗培训	2 人	待补充岗位上岗资格证书培训	相关培训专业机构或自行组织培训	3～6 月	各单位自行组织，人力资源部监督

表 1 - 35　2011 年凡口铅锌矿培训规划

培训对象	培训类型	培训人数	培训内容	培训方式	培训时间	组织单位
技工	转岗培训	6 人	待补充岗位上岗资格证书培训，上岗实务操作	委托院校或相关培训机构进行培训	3～6 月	各单位自行组织，人力资源部监督
普工	转岗培训	17 人	待补充岗位所需的知识及实务操作技能	开办取证培训班；师傅带徒弟	3～6 月	各单位自行组织，人力资源部监督
其他	转岗培训	4 人	待补充岗位上岗资格证书培训	委托相关培训机构，或自行组织相关培训班进行培训	3～6 月	各单位自行组织，人力资源部监督

表1-36 2012年凡口铅锌矿培训规划

培训对象	培训类型	培训人数	培训内容	培训方式	培训时间	组织单位
技术人员	转岗培训	3人	待补充岗位上岗资格证书培训，上岗实务操作	委托院校或相关培训机构进行培训	3～6月	各单位自行组织，人力资源部监督
技工	转岗培训	8人	待补充岗位上岗资格证书培训	委托院校或相关培训机构，或自行组织相关培训班进行培训	3～6月	各单位自行组织，人力资源部监督
普工	转岗培训	30人	待补充岗位所需的知识和技能，上岗实务操作	开办取证培训班；师傅带徒弟	3～6月	各单位自行组织，人力资源部监督
其他	转岗培训	2人	待补充岗位上岗资格证书培训	委托相关培训机构，或自行组织相关培训班进行培训	3～6月	各单位自行组织，人力资源部监督

1.4.4 培训支撑系统设计

培训规划能有效指导企业培训工作的开展，但并不能完全决定培训效果。除培训规划外，培训效果还受到多方面因素的影响。故需对培训工作通盘考虑，从多个方面构建培训支撑系统。

1. 健全的培训制度

培训的落实必须要有强硬的制度作为支撑，企业在制定培训规划的同时，还需制定相应的培训制度，确保培训规划的执行。

2. 合适的培训机构

企业应有专门的培训机构，对各项具体的培训工作做出合理的安排，并与外部培训机构保持经常的联系，确保培训信息流通顺畅。

3. 合格的培训人员

培训对培训人员素质要求较高，培训人员必须拥有良好的职业操守，本着服务企业、服务员工的宗旨，全心全意地开展工作。

4. 公正的培训考评

培训考评具有双层含义，既是对受训者的考评，也是对培训者的考评。考评过程必须公正、透明，并及时反馈考评结果。

5. 适度的培训激励

通过培训，员工素质得到提高，但在培训过程中，员工需花费一定的成本，如果不能得到相应的激励，则会打消员工培训的积极性，从而影响企业各项工作的开展。

1.4.5 案例解析

本案例详细地描述了凡口铅锌矿人力资源培训规划设计的全过程，包括培训需求分析、培训规划设计和培训支持系统设计等。由于人力资源规划方案往往复杂而庞大，本案例企图通过一个完整的人力资源管理职能模块的规划，让读者管窥人力资源规划设计的全过程。案例中运用的设计思路和研究方法具有代表性，同样适用于人力资源招聘、薪酬等其他人力资源管理规划模块的设计。

评价：这是一个具有专业性的人力资源规划设计案例，尽管只是摘取其中一个模块，而且有所压缩和修改，但能反映出人力资源规划的精细设计过程，具有很好的借鉴价值。培训规划在人力资源规划各模块中属于比较简单、比较好操作的一块内容。相对于培训规划而言，在做薪酬规划时情况要复杂很多，需要专门考虑企业内部的成本、效益，分析行业和区域的薪酬状况等，由于整个分析是建立在对未来的动态预测基础上，难度会更大。其他的人力资源规划模块也会面临自身所特有的问题，但是无论如何，思路和方法基本上是一样的。本案例能典型性地表达这些问题，希望读者能仔细体会，举一反三。

使用说明：较之人力资源战略而言，人力资源规划更具操作性，适用范围更宽。许多企业包括部分中小企业可以不做系统和规范的人力资源战略方案，但不能不做比较规范的人力资源规划。因为企业快速发展过程中常常受到人力资源供给的严重制约，而人力资源规划能有效预防或削弱这种企业发展中的人力资源供给约束。本案例提供了一个比较规范的人力资源规划范本，企业参照这种思路可以做出人力资源招聘、薪酬、人员配置和流动等规划。考虑到规划设计的基础是对未来的预测，企业发展过程中外部环境和内部状况，甚至企业发展战略都常常会发生重大变化，规划设计最好采用滚动式的优化方法，即一个五年规划实施一年后即可滚动式地做新的五年规划，这种动态优化过程是保证规划质量的关键。特别提请注意的是，规划设计人员不需要将期望规划做到绝对准确，更应关注规划的过程本身，因为规划有助于管理者厘清思路，督促管理者对未来问题提前进行更深更细的考虑。使企业发展中的许多问题能提前做出筹划和安排，消减企业运行过程中的不确定性，降低风险。规划的功能不仅在于规划本身，而且在于推进管理和决策的优化，其过程的重要性甚至大于结果。

案例讨论：

1. 培训需求分析是培训规划设计的基础，试分析各类人员对培训的需求差异。
2. 讨论人力资源其他模块规划设计的思路。
3. 如何保证人力资源各模块规划设计的有效实施？

第2章

工作分析

导入案例

哪一个环节出错了？

Y教授在企业和政府部门常常听到这样一种说法：说你行你就行，不行也行；说你不行就不行，行也不行。有人问，从人力资源管理角度看，问题到底出在哪里？Y教授认为这确实是人力资源管理中存在的问题，但它只是一个结果，其影响因素很多，重要因素之一就是工作分析。

工作分析实际上是整个人力资源管理工作的基础，它决定了组织中每一个岗位到底该干什么、怎么干的问题，确定了每一个岗位的工作评价标准和依据，为考核、薪资、激励、培训等其他人力资源管理工作提供基础标准和信息来源，为遴选与工作岗位匹配的员工提供标准和依据。工作分析是经典人力资源管理走向科学化、规范化的奠基石。目前，我国企业和有关政府管理部门缺乏先进的工作分析作为基础，对人力资源的考核和评价也就失去了依据和标准，领导的主观感觉自然成为主要的考核标准，于是必然出现前面所说的结果，这大大降低了人力资源管理的科学性和精准性。工作分析不到位，会导致考核失灵，进而使薪资、晋升、激励等后期工作无法达到预期效果，人力资源管理工作难以走向科学化、规范化。

资料来源：颜爱民，宋夏伟，袁凌，2004. 人力资源管理理论与实务［M］. 长沙：中南大学出版社.

2.1 工作分析综述

2.1.1 工作分析的内容与作用

工作分析是对组织中所有为实现组织目标而存在的各类工作进行系统分析和研究，以确定每一种工作的内容、职责与权限、工作条件和环境，以及完成本工作所需的技能、能力、知识和其他资格条件，并形成工作说明书的过程。具体来说，工作分析就是要为管理活动提供与工作有关的各种信息，这些信息可以用“6W1H”来概括，即工作内容（What）、责任者（Who）、工作岗位（Where）、工作时间（When）、为何要做（Why）、服务对象（Whom）、怎样操作（How）。作为人力资源管理的一项职能活动，工作分析活动的主体是工作分析的执行者，客体是组织内部的各个工作，内容是与各个工作有关的情况，结果是工作说明书，也可以称为职务说明书。

一般可以将工作分析的内容概括为两大方面：一是确定工作的具体特征；二是明确工作

对任职人员的各种要求，即任职资格条件。然后，根据这些工作信息，制定出工作说明书。工作说明书是对组织中各类工作的性质、责任、权限、标准、环境及任职资格条件的综合描述和统一要求。

工作分析是人力资源管理工作的基础，它为人力资源管理的其他职能提供信息和依据。其主要作用体现在以下几个方面。

1. 为人力资源规划提供准确有效的依据

在人力资源规划过程中，需要获得组织关于各种工作对于人员数量和质量的要求，这类信息的获得必须通过工作分析来完成。

2. 合理安排组织中的各项工作任务

工作分析能通过各个方面的信息收集、核实，确保组织中的各项任务都有人承担，并可分析什么样的人员，如何工作才能更好地实现组织的预期目标。

3. 明确管理者和员工各自的工作职责和目标

通过工作分析能够让管理者和员工清楚地了解工作岗位的职责范围和需要完成的任务。

4. 为工作再设计和员工职业生涯规划提供依据

在工作再设计的过程中，需要对工作岗位的相互联系、所需要的工作技能等多方面进行分析，寻找其潜在的联系以达到更高效的目的。同时为了满足员工在工作中的成就感，使得员工在组织内部能获得知识、技能，提升能力，工作岗位分析与设计能够为员工进行合理的职业生涯规划提供依据。

5. 为进行科学的绩效管理提供客观评价标准

工作分析通过对组织在不同时期、不同背景下的情况进行分析，确定了各个工作岗位的应有标准，既为绩效管理提供了员工工作业绩的评定标准，也为员工工作指明了方向，有利于绩效管理的公平、公正、公开。

6. 为员工招聘提供有效的信息

组织在进行员工招聘时需要对拟招聘岗位的职责和内容进行准确界定，也需要明确任职资格条件，这样才能准确及时地招募到合格的人才以满足组织发展的需求。工作分析通过明确工作岗位的任职资格条件可以为组织尽快吸引合格的应聘者，降低招聘成本。

7. 为降低培训成本，提高培训效率提供前提

工作分析通过明确组织中各类工作岗位的任务、职责及工作岗位所需要的工作能力和操作技能，为组织进行准确的培训需求分析提供了信息依据，是降低培训成本，增强培训效果必不可少的一环。

8. 明确工作岗位在组织中的相对价值，保证薪酬的内部公平性

通过工作分析，能从工作责任、所需技能等几个方面对工作岗位的相对价值进行界定，确定工作岗位在组织中的相对价值，使组织的薪酬水平有明确的、可解释的基础，有助于保证薪酬的内部公平性。

2.1.2　工作分析的流程

工作分析是一个细致而全面的评价过程，它主要包括准备阶段、调查实施阶段、分析描述形成阶段、应用反馈阶段。这4个阶段相互联系、相互衔接、相互影响。工作分析的基本流程如图2.1所示。

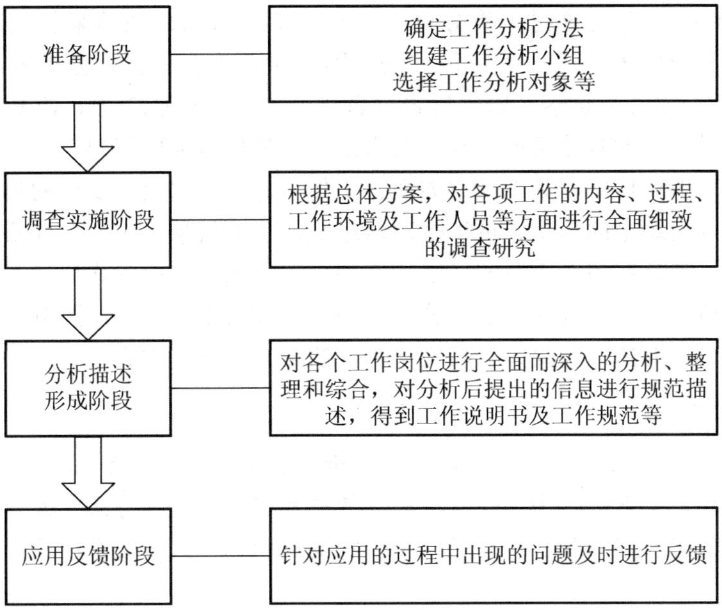

图2.1　工作分析的基本流程

2.1.3　工作分析的方法

工作分析的方法有很多，且各自适用于不同的场景，满足不同的需求。为了便于读者阅读学习，作者对工作分析的方法进行了简单的划分，将观察法、资料分析法、访谈法、工作日志法、问卷调查法等列为基本方法，这是任何工作分析者都必须掌握的基本内容；将职位分析问卷、职能工作分析方法、管理人员职位描述问卷、关键事件法、行为事件访谈法、主题专家会议法等专业性和选择性较强的工作分析方法划为一类，做较详细的介绍，冠之以经典工作分析方法之名，以示区别。

基本工作分析的方法包括以下几种。

1. 观察法

观察法（Observation）是指工作分析人员通过对员工正常工作状态进行观察，获取工作信息，并通过对信息进行比较、分析、汇总等方式，得出工作分析结果的方法。观察法适用于体力工作者和事务性工作者，如流水线工人、搬运工、操作员、文秘等职位。

2. 资料分析法

资料分析法（Material Information）是一种经济而有效的信息收集方法。它是指通过查阅、参考相关的文献资料来达到工作分析目的的一种工作分析方法。为了降低工作分析的成本，应当尽量利用现有资料，但这种方法是对现有资料的分析提炼和总结加工，无法弥补原有资料的空缺，也无法验证原有描述的真伪。因此，资料分析法一般用于收集工作的原始信息，编制任务清单初稿，适用于比较常见、正规且有一定历史的工作，该方法一般不能单独使用，要与其他工作分析方法结合使用。

3. 访谈法

访谈法（Interview）是通过工作分析人员与员工面对面的谈话来收集工作信息资料的方法。它是工作分析中大量运用的一种方法。因为对于许多工作，分析者不可能实际去做（如飞行员的工作）或者去观察（如建筑设计师的工作）。这种情况下必须去访问实际工作者，了解他们所做工作的具体情况，从而获得工作分析所必需的资料。

访谈的内容一般可以围绕如下几个方面：工作目标、组织设立工作的目的、确定工作内容的依据、员工在组织中的作用、员工行动对组织产生的后果、工作的性质与范围等。这些都是访谈的核心。从这些问题中我们可以了解到该工作在组织中的作用及其上下属之间的关系，完成该工作所需的一般技术知识、管理知识、人际关系知识，需要解决的问题的性质以及自主权和责任，有时还涉及组织、战略决策、执行等方面的内容。

4. 工作日志法

工作日志法（Participant Diary）是工作分析人员通过让员工利用工作日志的形式将工作任务和工作过程记录下来，为工作分析提供信息和依据的一种方法。该方法适用于工作循环周期短、工作状态稳定的职位，也适用于确定工作职责、工作关系以及劳动强度等方面的信息。

5. 问卷调查法

问卷调查法（Questionnaire）是工作分析人员通过结构化的问卷要求任职者和他们的主管以书面形式记录有关工作分析的信息。问卷调查法适用于脑力工作者、管理工作者或工作不确定因素很大的员工，如软件设计人员、行政经理、秘书等。问卷调查法比观察法更便于统计和分析。

基本工作分析方法的优缺点见表 2-1[①]。

表 2-1　基本工作分析方法的优缺点

分　类	优　点	缺　点
观察法	直接至工作现场深入了解状况，可以了解到广泛的信息，取得的信息比较客观和正确	干扰正常工作行为或工作者心理活动；无法感受或观察到特殊事故，如果工作本质上偏重心理活动，则成效有限；要求观察者有足够的实际操作经验；不能得到有关任职者资格要求的信息；不适用于工作循环周期长的工作和以脑力劳动为主的工作

① 肖鸣政，2007. 不同视角下的工作分析方法 [J]. 中国人才（11）：29-32.

续表

分类	优点	缺点
资料分析法	分析成本较低，工作效率较高；能够为进一步开展工作分析提供基础资料和信息	一般收集到的信息不全面，尤其是小企业或管理落后的企业往往无法收集到有效、及时的信息；一般不能单独使用，要与其他工作分析方法结合起来使用
访谈法	易于控制多方面信息；可获得完全的工作资料以免去员工填写工作说明书的麻烦；可让员工和管理者进行进一步的沟通，以获取谅解和信任；可以不拘形式，问题内容较有弹性，又可随时补充和反问，这是填表法所不能办到的；收集方式简单；适用于对文字理解有困难的人	一旦被访谈者对访谈的动机持怀疑态度，则回答问题时就会有所保留，分析者访谈技巧不佳等因素也会造成信息的扭曲；分析项目繁杂时，费时又费成本；分析者的观点影响工作信息正确的判断；占用员工工作时间，妨碍生产；面谈者易从自身利益考虑而导致信息失真，如把一件容易的工作说得很难或把一件难的工作说得比较容易
工作日志法	它可以向工作分析者提供一个非常完整的工作图景，在以连续同员工及其主管进行面谈为辅助手段的情况下，这种工作信息收集方法的效果会更好，对工作可充分地了解；采取逐日或在工作活动后及时记录，可以避免遗漏；可以收集到最详尽的资料；适用于管理或其他随意性大、内容复杂的工作分析	员工可能会夸张或隐藏某些活动，同时掩藏其他行为；费时、费成本且干扰员工工作；记录者可能会带有主观色彩；将注意力集中于活动过程，而不是结果；整理信息的工作量大，归纳工作烦琐；填写者因疏忽可能会漏填某些内容，从而影响分析结果
问卷调查法	规范化、数量化，适合于用计算机对结果进行统计分析；调查范围广，可用于多种目的的工作分析；费用低、速度快；节省时间、不影响工作；容易进行，且可同时分析大量员工；员工有参与感，有助于双方计划的了解	设计问卷并进行测量所耗费的钱财和时间较多，很难设计出一个能够收集完整资料的问卷表；设计比较费工，也不像访谈那样可以面对面地交流信息，除非问卷很长，否则就不能获得足够详细的信息，不容易了解被调查对象的态度和动机等较深层次的信息；不易唤起被调查对象的兴趣，一般员工不愿意花时间正确地填写问卷表；调查之前需要说明，否则会产生不同的理解，产生信息误差

经典工作分析方法包括以下几种。

1. 职位分析问卷

职位分析问卷（Position Analysis Questionnaire，PAQ）是19世纪50年代末期为一系列广泛的职位而开发出来的工作分析系统。其产生伊始是为了实现当时社会亟待实现的两个目标：开发一种通用的、以统计分析为基础的方法来建立某职位的能力模型，以淘汰传统的测评方法；运用统计推理的方法进行职位间的评价，以确定相对报酬。PAQ 通过标准化、结构化的问卷形式来收集工作信息，它覆盖的内容包括以下五类：①智力过程，执行工作所涉及的推理、决策、计划和信息处理活动；②工作产出，员工执行工作时所使用的身体活动、工具及方法；③人际关系，执行工作所要求的与他人之间的关系；④工作背景，执行工作的物理和社会背景；⑤其他职位特征，除了那些已经提到的工作相关的活动、条件和特征。

2. 职能工作分析方法

职能工作分析方法（Functional Job Analysis，FJA）的主要分析方向集中于工作本身，是一种以工作为导向的工作分析方法。FJA 最早起源于美国培训与职业服务中心的职业分类系统。职能工作分析方法以工作者应发挥的职能为核心，对工作的每项任务要求进行详细分析，对工作内容的描述非常全面具体，一般能覆盖工作所能包括的全部内容的 85%以上。该方法主要是针对工作的每项任务要求，分析完整意义上的工作者在完成这一任务的过程中应当承担的职能。

3. 管理人员职位描述问卷

管理人员职位描述问卷（Management Position Description Questionnaire，MPDQ ）是专门针对管理人员而设计的工作分析系统，是所有工作分析系统中最有针对性的一种工作分析方法。该问卷是一种结构化的、工作导向性的问卷，主要用来分析管理职位和督导职位。MPDQ 能够提供关于管理职位的多种信息，如工作行为、工作联系、工作范围、决策过程、素质要求及上下级之间的汇报关系等。MPDQ 的分析结果将形成多种报告形式，从而应用到工作描述、工作比较、工作评价、管理人员开发、绩效评价、甄选/晋升及工作设计等人力资源管理职能中去。它的设计原则包括：①力求能明确并量化不同管理岗位工作内容的差别；②力求能评价不同管理职位的价值和等级；③力求能有效分析和评价各种环境下的管理职位，包括不同地理环境的管理职位；④力求提供准确、全面的工作信息，以便于高效履行企业人力资源管理的各项职能。

4. 关键事件法

关键事件法（Critical Incident Technique，CIT）的主要原则是，认定员工与工作有关的行为，并选择其中最重要、最关键的部分来评定其结果。它要求工作人员或其他有关人员描述能反映其绩效好坏的“关键事件”，即对工作任务造成显著影响（如成功与失败、盈利与亏损、高产与低产等）的事件，将其归纳分类，最后就会对工作有一个全面的了解。关键事件记录应包括以下几方面的内容：①导致事件发生的原因和背景；②员工特别有效或多余的行为；③关键行为的后果；④员工自己支配或控制上述后果的能力。

5. 行为事件访谈法

行为事件访谈法（Behavioral Event Interview，BEI）是由麦克莱兰结合关键事件法和主题统觉测验而提出来的，是一种开放式的行为回顾式探察技术。行为事件访谈需要被访谈者列出他们在管理工作中遇到的关键情境，包括正面结果和负面结果各 3 项。然后，让他们非常详尽地描述在那些情境中发生了什么。具体包括：这个情境是怎样引起的？牵涉到哪些人？被访谈者当时是怎么想的、感觉如何？在当时的情境中想怎么做，实际上又做了些什么？结果如何？行为事件访谈的目的是得到关于一个人如何开展工作的详细描述。访谈者根据访谈提纲引导被访谈者提供关键事件的小故事，访谈者的任务是引导和推进整个故事的进程，访谈的内容集中在被访谈者描述他在某一真实环境中的行为、想法和做法上。根据行为事件访谈的描述，能很清晰地勾勒出任职者的任职资格特征。

6. 主题专家会议法

主题专家（Subject Matter Experts，SME）通常指熟悉目标工作的组织内部人员和外部人员。内部人员包括任职者、直接上司、曾经任职者、内部客户，以及其他熟悉目标工作的人；外部人员是指咨询专家、外部客户，以及其他组织标杆工作任职者。主题专家会议法就是将主题专家召集起来，就目标工作的相关信息展开讨论，以收集数据，验证、确认工作分析成果的工作分析方法。主题专家会议法在整个组织管理过程中，有着极其广泛的用途，如传统的德尔菲法等。具体在工作分析中，主题专家会议也通常扮演着极为重要的角色。主题专家会议是所有与工作相关的人员集思广益的过程，在组织的内部和外部，流程的上游与下游，时间上的过去、当前与未来等多方面、多层次都达到高度的协商和统一，因此除了收集基础信息以外，主题专家会议还担负着最终确认工作分析成果并加以推广运用的重要职能。

经典工作分析方法的优缺点见表2-2。

表2-2　经典工作分析方法的优缺点

分　类	优　点	缺　点
职位分析问卷	为收集职位诸多方面的量化资料提供了标准化工具；为工作分析提供了可靠的、有效的资料；操作性强，作为人员倾向型工具，应用面较广泛	由于职位分析问卷没有对职位的特定工作活动进行描述，因此，职位行为的共同属性就使得任务之间的差异比较模糊；职位分析问卷的可读性不强，这势必对问卷的使用范围产生很大的限制
职能工作分析方法	详细分析工作任务要求，能全面具体地描述工作内容；能对工作进行归类和等级划分，为确定工作的报酬等级和培训内容提供了依据	需要对每项任务做详细分析，消耗大量精力和时间
管理人员职位描述问卷	为培养管理人才指明了培训的方向，为正确评估管理工作提供了依据；为管理工作的分类和确定管理人员职业发展路径提供了依据；弥补了职位分析问卷难以对管理职位进行分析的不足	管理工作具有复杂性，MPDQ难以深入分析所有类型的管理工作；成本较高，需要投入大量时间和精力；灵活性差，受工作及工作技术的限制
关键事件法	既能获得有关职务的静态信息，又可以了解职务的动态特点；针对员工工作上的行为，能深入了解工作的动态性；行为可观察、可衡量，故记录的信息容易应用	需要花大量时间收集、整合、分类资料；不适于描述日常工作；易遗漏一些不显著的工作行为，难以把握整个工作实体

续表

分　类	优　点	缺　点
行为事件访谈法	提供与工作有关的具体事件全景；根据行为事件访谈的描述，可以很清晰地勾勒出任职者的任职资格特征	花费的时间较长；对访谈人员要求很高；有可能偏废一些不太重要但仍与工作有关的信息与特征
主题专家会议法	有助于专家们交换意见，通过互相启发，可以弥补个人意见的不足；通过内外信息的交流与反馈，产生“思维共振”，进而将产生的创造性思维活动集中于预测对象，在较短时间内得到富有成效的创造性成果，为决策提供预测依据	由于参加会议的人数有限，因此代表性不充分；受权威的影响较大，容易压制不同意见的发表；易受表达能力的影响，而使一些有价值的意见未能得到重视；由于自尊心等因素的影响，会议出现僵局；易受潮流思想的影响

2.1.4　工作评价概述

工作评价是工作分析中的重要任务之一，其目的在于确定各工作在组织中的相对价值，是组织进行薪酬分配与员工职业生涯规划的重要依据。

1. 工作评价的含义

工作评价又称工作评估，是指在工作分析的基础上充分收集工作岗位各方面的信息，以工作岗位的工作内容和对组织的价值贡献为依据，对岗位的责任大小、工作强度、所需任职条件等特性进行评价以确定岗位间相对价值的过程。其结果是形成企业内部岗位的相对价值体系。

工作评价有三大特点：一是“对事不对人”，即工作评价的对象是企业中客观存在的工作，而不是工作的任职者；二是工作评价衡量的是工作的相对价值，而不是绝对价值，工作评价是根据预先规定的衡量标准，对工作的主要影响指标逐一进行测定、评比、估价，由此得出各个工作的量值，使工作之间有对比的基础；三是工作评价是先对性质相同的工作进行评判，然后根据评定结果再划分出不同的等级①。

2. 工作评价的作用

工作评价的根本目的是确定每一个待评工作在组织中的相对价值，它为企业薪酬设计奠定了基础，是组织人力资源管理中不可或缺的阶段。具体来说，它具有以下几种作用。

（1）确定工作等级的手段。

工作等级常常被企业作为划分工资级别、福利标准、出差待遇、行政权限等的依据，甚至作为内部股权分配的依据，而工作评价则是确定工作等级的最佳手段。

（2）制定薪酬政策的基础。

在企业的薪酬体系中，基本薪酬是最基础的部分，对于大多数员工来说，这也是他们所

① 张建辉，2002. 岗位分析与岗位评价 [J]. 中国人力资源开发（1）：42 - 44.

获得的薪酬中最主要的部分。薪酬政策的制定必须根据工作分析所得到的工作在组织中的相对价值来制定。

（3）确定员工职业发展和晋升途径的参照系。

员工在企业内部跨部门流动或晋升时，也需要参考各工作的等级。

（4）有利于企业招聘到合适的员工。

由于工作评价所使用和产生的人力资源文件，对工作的性质、特征，以及任职者应具备的资格、条件等都做了详细的说明和规定，可以确定选人用人的标准，这为特定的职位寻找合适的员工提供了依据。

3. 工作评价的方法

工作评价有多种方法，常用的主要方法有岗位排列法、岗位分类法、要素比较法、要素计点法、海氏系统法等。企业在工作评价实践中可结合自身特点进行选择。工作评价方法的优缺点及其适用企业见表 2-3。

表 2-3　工作评价方法的优缺点及其适用企业

方法	概述	实施步骤	优点	缺点	适用企业
岗位排列法	根据各种岗位的相对价值或它们对组织的相对贡献进行排列	选择评价岗位；获取工作说明书；根据工作说明书进行评价、排序	简单方便；容易理解；节约成本	评价标准宽泛，很难避免主观因素的影响；要求评价人员对每个岗位的细节都非常熟悉；只能排列各岗位价值的相对次序，无法回答岗位之间的价值差距	适合于规模较小、生产单一、岗位设置较少的企业
岗位分类法	将各岗位与事先确定的一个标准进行比较来确定岗位的相对价值	岗位分析并分类；确定岗位类别的数目；对各岗位类别的各个级别进行定义；将被评价岗位与标准进行比较，将它们定位在合适的岗位类别和合适的级别上	简单明了，易理解、接受；避免出现明显的判断失误	不能清晰地定义等级；划分类别是关键；成本相对较高	适合于各岗位的差别比较明显的企业及公共部门和大企业的管理岗位
要素比较法	确定标准岗位在劳动力市场的薪酬标准，将非标准岗位与之相比较来确定非标准岗位的薪酬标准	选择普遍存在、工作内容稳定的标准岗位；确定薪酬要素；确定各标准岗位在各薪酬要素上应得到的基本工资；将非标准岗位在每个薪酬要素上分别同标准岗位进行比较，确定其在各薪酬要素上应得到的薪酬并加总	要素的确定富有弹性，适用范围广；能够直接得到各岗位的薪酬水平	应用最不普遍；要经常做薪酬调查，成本相对较高	适合能够随时掌握较为详尽的市场薪酬标准的企业

续表

方法	概述	实施步骤	优点	缺点	适用企业
要素计点法	选择关键评价要素和权重对各要素划分等级并分别赋予分值，然后对每个岗位进行评价	确定关键影响要素；选择评价标准和分配各要素权重；各要素划分等级并给予分值；评分并最后加总	能够量化；可以避免主观因素对评价工作的影响；可以根据情况对要素和权重进行调整；易于理解和接受	设计比较复杂；对管理水平要求较高；成本相对较高	适合于岗位不雷同、岗位设置不稳定、对精确度要求较高的大中型企业
海氏系统法	实质上是一种计点法，根据三类主体评价要素对岗位进行评估	按照评价指导图表对岗位进行评估打分；按照岗位对能力和责任要求的重要程度确定权重；计算得出岗位分值	有效解决了不同层级和不同类别岗位相对价值的相互比较难题	评价过程非常复杂，并且需请专家帮助进行	适合于大规模组织中的管理、专业和技术岗位的评价，尤其是高级管理岗位①

2.1.5 工作分析发展趋势

传统的工作分析主要针对人员、职务和环境三大因素，通过对相关工作岗位信息的收集、分析来确认工作的内容、责任、任职资格及工作环境等一系列问题，从而达到“人尽其才，才适其职，才尽其用”的目的。随着经济的发展，组织环境的不断变化，高新技术的应用得到普及，员工能力和需求层次也有很大提高。这些变化都使得传统的工作分析的适应性面临挑战，迫切要求工作分析呈现以下发展趋势。

1. 战略性工作分析

急剧变化的环境要求工作分析不仅能体现大背景下工作内容和性质的发展趋势，而且还能够与组织的具体特性及发展目标相结合。战略性工作分析的主要思想就是将环境变化因素、企业战略，以及特定工作的未来发展趋势纳入传统的工作分析中，以期充分预测企业的未来需求。战略性工作分析首先采取自下而上的方式根据岗位的异同来分析工作活动和流程。然后，通过自上而下的方式设计“如果……那么……”的假设情境来确定未来工作对知识、技能和其他特征的要求。这种自下而上与自上而下的方式的有机结合能够满足工作性质的变化所带来的工作职责和任职要求的变化。

2. 工作分析方法多样化

传统的工作分析方法主要是基于人和工作的分析，但是，随着信息技术和知识经济的迅速发展，创新在工作中越来越重要，人员、职位、组织三者的匹配关系越来越趋向动态化，这就需要有新的工作分析方法来帮助企业获取竞争优势。于是，基于胜任力的工作分析方法和O* NET（Occupational Information Network）工作分析系统应运而生。

基于胜任力的工作分析方法是利用胜任特征进行建模以实现长期的员工—组织匹配，它

① 萧鸣政，2006. 工作分析的方法与技术［M］. 2版. 北京：中国人民大学出版社.

弥补了传统工作分析对于组织层面信息收集的不足，避免了刚性化和封闭性的分析和描述。另外，O* NET工作分析系统的开发也为工作分析方法注入了新的活力。O* NET是一项由美国劳工部发起开发的工作分析系统，已经成为美国广泛应用的工作分析工具。O* NET工作分析系统在吸收多种工作分析问卷（如PAQ、MPDQ）优点的同时，还将组织情境对工作分析的影响纳入考虑范畴，消除了由社会因素和认知两方面造成的工作分析的不准确性，提高了工作分析的信度和效度。可以说，在经济和市场急剧变化的现代社会，O* NET工作分析系统是工作分析研究方法领域中的一大进步。

3. 弹性工作说明书

环境的高度不确定性使得企业不得不通过组织重构、流程再造等形式不断变化其组织结构，扁平化组织和无边界组织成为主要的新型组织形式。组织的扁平化必然使得岗位数量大幅减少，工作的广度和深度相应增加。无边界组织的出现使成员资格的界定变得模糊，工作责任的具体确定更加困难。随着相对稳定职务的消失，传统的、稳定的、强调具体职务描述的工作说明书已经不能适应现实中变化的工作，而缩短工作分析周期、经常更新工作说明书又必然造成企业成本的上升，所以这就要求弹性工作说明书的出现来提高人力资源管理的效率。弹性工作说明书淡化了工作任务的确认，将重心转向任职者能力和技术等方面，从而更好地适应组织工作方向的变化。

4. 组织公民行为的渗透

组织公民行为是由奥根和贝特曼于1983年提出的。奥根将组织公民行为界定为一种“有助于保持和改善那些支持任务绩效完成的社会和心理背景”的行为。组织公民行为强调职务外的自发行为，这种行为不被组织正式的奖惩体系所评定，但是通过影响边际绩效来影响工作绩效。传统的工作分析所包含的因素只是对任务绩效的界定，强调的是职务内的行为。而工作绩效的提高需要任务绩效和边际绩效的共同作用，缺失边际绩效的任务绩效可能会因为人际关系恶化、团队协调能力下降等原因最终影响工作绩效的提高。所以，只强调职务内行为的传统工作分析带有明显的片面性，把对组织公民行为的分析融入传统的工作分析是今后工作分析的必然趋势①。

5. 胜任力可视为工作分析的拓展和重要组成部分

工作分析和胜任力模型（Competency Modeling）构建之间存在重要的联系。首先，在定义方面，有学者将工作分析定义为确定和描述能够区分高低绩效的工作者表现的一系列程序②，这与上面提到的胜任力的定义非常相近；其次，在研究方法上，胜任力研究中常用的行为事件访谈法就是从工作分析关键事件技术中发展而来的③；最后，从两种方法的分析结果来看，工作分析和胜任力的相似性就更多了。工作分析的结果往往是以工作说明书（Job

① 袁媛，2009. 工作分析发展动态研究［J］. 商场现代化（2）：1.

② SHIPPMANN J S，ASH R A，BATJTSTA M，et al，2000. The practice of competency modeling［J］. Personnel psychology，53(3)：703－740.

③ BOYATZIS R E，1994. Rendering unto competence the things that are competent［J］. American Psychologist，49(1)：64－66.

Description）和工作规范（Job Specification）的形式表现的。工作说明书通常是工作任务和职责等工作方面的要求，而工作规范则强调对从业者的素质要求。胜任力强调的是能够区分不同绩效的任职者的特征，因此在某种程度上可以看作是对工作规范的拓展和深化。具体而言，工作分析强调的是对任职者基本的素质要求，这些要求通常是某项工作的任职资格要求；而胜任力强调的是在任职者具备了基本任职资格的基础上，那些能够区分出不同绩效水平的个人特征。因此从某种意义上看，我们可以推论，通过工作分析得到的基本任职要求中那些能够区分高低绩效的素质就可以认为是胜任力特征。

从发展趋势来看，工作分析和胜任力建模之间的界限正在变得模糊。如果将两种方法综合起来，就能使其相互补充、相得益彰。工作分析能够为胜任力模型构建提供大量的实证数据，如关于工作任务、工作要求等具体信息，这也就为抽象的胜任力的提取提供了丰富的资料。不仅如此，从具体工作情境中得到工作分析结果还可以对胜任力进行具体解释，而另一方面胜任力可以体现组织特性和工作未来需要，它能够弥补工作分析对于组织层面信息和工作未来需求的不足。因此，体现胜任力的工作分析能够把工作分析和胜任力两种方法的优点结合起来，能够为建立组织的核心竞争力提供更为有效的实证数据，这也应该成为未来工作分析发展需要探索的重要发展方向之一。

2.2 案例一：工作分析流程案例

——万兴餐饮有限公司工作分析①

2.2.1 公司简介

万兴餐饮有限公司建于2002年，是经过8年认真筹备组建的大型连锁餐饮公司，具有现代化产业集群的特征。在食品研究、连锁运营、管理咨询与营销策划方面汇集众多人才，拥有钻研厨艺的优秀技师多名，凭借集团化、规模化、标准化发展优势，致力于现代中式快餐和特色餐饮的开发与运营，将原料加工、科研开发、教学培训、市场运营、品牌管理融于一体，为投资者提供周到的全程服务。公司注册资本1 000万元，至2015年年末资产总额为1.5亿元。公司拥有18个直营餐饮门店，各类员工总数为1 277人，年销售收入1.7亿元，年利润保持在7 000万元左右。

2.2.2 公司岗位分析

公司忙于快速发展，业务比较单一，管理层习惯于依靠指令和经验对企业进行管理，人力资源管理面临诸多问题。公司董事长兼总经理王毅在EMBA班学习后，深受启发，立即邀请中南大学人力资源研究中心的专家组到公司进行调研。专家组对公司的人力资源状况进行了简要的诊断后，认为公司人力资源基础工作太过薄弱，需要全面打造，而组织模式的调整、岗位设置和工作分析就是第一阶段的要务。为此，公司首先进行了组织模式的诊断与优化设计，同时将部门职责进行了重新划分，设置了新的岗位体系。下面是项目组对该企业进

① 本案例源于作者指导研究生完成的某餐饮公司人力资源项目，案例初稿写作于2016年9月，本次修订于2018年4月。

行工作分析的概要。

2.2.3　工作分析的前期准备阶段

1. 建立工作分析小组

公司成立了以董事长兼总经理王毅为组长的工作分析项目小组，由中南大学项目专家组组长任技术总监，由分管人力资源的副总经理任副组长，其他各位副总经理、总监和人力资源部长作为工作分析项目小组领导成员，由各个二级单位抽调的10余名专职人员和人力资源部工作人员及中南大学项目组专业人员承担工作分析项目小组各种具体职责。

工作分析项目小组成员的责任与分工见表2-4。

表2-4　工作分析项目小组成员的责任与分工

工作分析项目小组成员	责任与分工
组长/副组长	(1) 确定工作分析的目标和原则； (2) 对项目的总体方案和计划提出意见； (3) 对干部职工进行动员； (4) 对项目过程进行检查和监督； (5) 听取阶段性的汇报； (6) 验收最终成果
技术总监	(1) 制订项目操作方案和实施计划； (2) 为项目全程提供技术把关和指导； (3) 提供项目所必需的技术工具和方案； (4) 为项目成员设计培训方案并组织实施培训； (5) 解决项目过程和项目组成员遇到的各种技术问题
信息调研员 （由企业人员担任）	(1) 在分析师指导下收集整理各种信息资料； (2) 组织安排调研访谈、问卷的发放和回收； (3) 收集干部和员工在项目实施中的反馈意见； (4) 协调安排工作所需的场所、设备、材料等； (5) 安排项目小组的后勤工作
工作分析师 （由专家组成员担任）	(1) 项目实施方案和计划的制订； (2) 分析工具的设计； (3) 实施调研、访谈； (4) 工作说明书的撰写和编制； (5) 提供相关的培训

2. 对企业全体员工进行工作分析的教育动员

根据员工工作性质和特点，充分利用企业经理会议、业务会议和工作讲评等时机，分期分批地组织宣传教育，对实施工作分析的原因、目的和意义进行宣讲，引导全体员工站在讲效益、谋大局、图发展的高度，充分认清工作分析的必要性，以对企业高度负责的态度和求真务实的精神，积极支持、配合工作分析的开展。通过教育，全体员工对工作分析有了初步的认识，纷纷表示将积极支持工作分析活动的开展。

3. 确定工作分析的内容

根据万兴餐饮有限公司工作分析的应用范围，为解决人力资源管理中存在的问题，经研究，工作小组确定了工作分析的主要内容。

（1）工作的基本信息，包括职位名称、所属部门、直接上级、直接下属及人数等。

（2）主要工作任务，包括工作的中心任务、工作内容（明确体力劳动与脑力劳动的结合程度）、完成工作的方法与步骤、使用的设备等。

（3）工作关系，包括该工作的内部工作关系、外部工作关系，该岗位可提升或调换的职位。

（4）岗位目的及权限，包括编制该岗位的目的和意义，该岗位在公司中应发挥的作用与权限。

（5）任职资格，包括任职者应具备的教育背景、知识技能、经验和相关素质要求等。

4. 选择工作分析的方法

根据万兴餐饮有限公司服务业的工作特点和工作分析的可操作性，工作分析小组充分考虑各种分析方法的优缺点，决定采用调查问卷法、访谈法、工作日志法和现场观察法相结合的方式实施工作分析。

（1）调查问卷法。由于调查问卷信息量大，涉及问题全面，小组将这种方法作为分析的主要方法，尽可能通过问卷反映更多的职位信息。

（2）访谈法。公司一线服务员整体文化素质不高，理解问题的能力不强，调查问卷难以深入了解这部分人员的真实想法，采取深入访谈法将有利于挖掘更深层次的工作内容与信息。

（3）工作日志法。万兴餐饮有限公司主要从事服务行业，部分岗位的工作内容差异不大，采取工作日志法，可最大程度地发现不同岗位之间的相同特点。

（4）现场观察法。公司员工工作位置相对集中，为现场观察法的实施提供了良好条件。

2.2.4 工作分析的调查设计阶段

根据工作分析小组研究确定的工作分析方法，结合工作分析所要收集的信息资料和员工的能力素质差异，小组充分运用人力资源管理的理论知识，精心设计了各种分析方法的组织形式和文字资料。

1. 编制工作分析调查问卷

调查问卷的调查范围广，调查的信息量大，调查的结果可量化，是工作分析的主要依据之一。因此，为了充分了解员工能力素质，需要设计员工调查问卷。

（1）为消除员工的疑虑和不安，让全体员工了解到工作分析的目的和意义，真实反映自己的想法，提高回收问卷的质量，撰写了《万兴餐饮有限公司工作分析及调查问卷说明》，作为调查问卷的附件部分，随同调查问卷一同发放员工。

（2）考虑到公司管理层和一线服务人员在文化素质、知识背景和能力素质等方面的差异，员工调查问卷既有开放式问题，又有选择式问题。

2. 确定访谈提纲及访谈形式

访谈法是调查问卷的有益补充。通过面对面交谈，可以留意工作者的工作态度与工作动机，从而对较深层次的内容有比较详细的了解，能够简单而迅速地收集多方面的工作分析资料。为提高访谈的成效，对访谈工作进行了深入细致的准备。

（1）设计访谈提纲。为确保访谈的效果，访谈提纲的设计紧紧围绕工作说明书展开，多以开放式问题为主（表2-5）。同时，还规范了访谈的记录格式。

表2-5　访谈提纲

1. 请问您的姓名、岗位名称、岗位编号是什么？
2. 请问您在哪个部门工作？与您进行工作联系的主要人员有哪些？联系的主要方式是什么？
3. 请简要叙述您的主要工作职责。请至少列出8项职责。
4. 请用一句话概括您的岗位在本公司中存在的价值是什么？该岗位要完成的主要工作内容和要达成的目标是什么？
5. 对于这些工作职责您是怎样完成的，在执行过程中碰到的主要困难和问题是什么？
6. 请您指出以上各项职责在工作总时间中所占的百分比（请指出其中耗费时间最多的3项工作）。请用概括的语言描述您的常规工作任务，并根据各项任务的重要性以及每个月每项任务所花费时间的百分比将其从高到低排列，同时尽可能地说出工作任务在工作中的重要程度。
7. 指出您的以上工作职责中最为重要、对公司最有价值的工作是什么？
8. 组织所赋予您的最主要的权限有哪些？您认为这些权限有哪些是合适的，哪些需要重新界定？
9. 请您就以上工作职责，谈谈评价这些职责是否出色完成的标准是什么。
10. 您认为在工作中您需要其他部门、其他职位为您提供哪些方面的配合、支持与服务？在这些方面目前做得好的是什么，尚待改进的是什么？
11. 您认为要出色地完成以上各项职责需要什么样的学历和专业背景，需要什么样的工作经验（类型和时间长度），在外语和计算机方面有什么要求？您认为要出色地完成以上各项职责需要具备哪些能力？
12. 您认为要出色地完成以上各项职责需要具备哪些专业知识、技能和个性？
13. 请问您工作中自主决策的机会有多大？请说出您在完成常规工作的过程中所要做出的决策有哪些。在出现特殊情况下，您是如何决策的？能否举一例加以说明？如果您所做出的决定的质量不高或所采用的行动不恰当，那么可能会带来的后果是什么？
14. 为进行决策或决定采取某种正确的行动程序，您必须以一种怎样的频率同您的主管或其他人协商？
15. 您在工作中是否经常加班？工作繁忙是否具有很大的不均衡性？工作中是否要求精力高度集中？工作负荷有多大？
16. 您的前一岗位是什么？如果有，请将该组织及岗位名称说出来。
17. 您希望被提升到哪一岗位？请简要描述一下。
18. 请问您需要哪些设备和工具来开展您的工作？请问哪些是常用的，哪些是偶尔使用的？您对目前的设备状况满意吗？
19. 请说出需要由您准备的报告或保存的文件资料有哪些，并请概括说明每份报告都是递交给谁的。
20. 您觉得目前的工作环境和工作条件如何？是否还需要更好的环境？您希望哪些方面得到改善？
21. 请说一说前面各项目中所未能包括，但您认为对您的岗位来说是十分重要的其他信息。
22. 您确定您回答的内容都是真实的吗？

注：访谈结束后对访谈对象表示感谢。

（2）确定访谈的形式。针对不同岗位访谈的需要，采取个别访谈法、群体访谈法和主管人员访谈法相结合的方式组织访谈。为提高访谈的效率，访谈前一天，提前把提纲发放给相关人员。

（3）访谈人员的选择。访谈工作对分析人员的素质要求较高，需要敏锐的洞察力和思辨能力，还应具备一定的理论知识。

3. 现场观察提纲的设计

万兴餐饮有限公司的一线服务员工作相对稳定，在一定的时间内，工作内容、程序及对工作人员的要求不会发生明显的变化，工作环境、使用的设备和体能要求等相对稳定，使用观察法分析这些职位，容易掌握其工作规律。万兴餐饮有限公司工作分析观察提纲（门店服务员）见表2-6。

表2-6 万兴餐饮有限公司工作分析观察提纲（门店服务员）

被观察者岗位：	观察日期：
观察者姓名：	观察时间段：
工作类型：	工作部分：
内容：	
1. 工作准备的时间：	
2. 什么时候开始正式工作：	
3. 共销售多少餐饮食品：	
4. 各类食品分别为多少：	
5. 有多少顾客前来：	有多少顾客经常光顾：
6. 与顾客交谈的平均时间：	
7. 平均服务一次所需的时间：	
8. 与顾客推荐产品的具体时间：	
9. 与顾客发生争吵的次数：	
10. 与顾客交流时的态度，注明（友好、一般、恶劣）的次数：	
11. 发生冲突，需要主管处理的次数：	
12. 忽略仪表仪态的次数及时间：	
13. 走动的次数：	
14. 与同事交流的次数及时间：	
15. 多长时间休息一次：	
16. 室内温度：	
17. 工作场所拥挤程度及时间段：	
18. 工作场所噪声（分贝）：	

4. 工作日志填写规范

万兴餐饮有限公司的大部分岗位规律性较强，任职者按时间顺序详细记录自己的工作内容与工作过程，有利于分析工作职责、工作内容、工作关系、劳动强度等方面的信息。为提高工作日志法的效率，小组专门设计了万兴餐饮有限公司工作日志填写规范，对工作日志的填写方法进行了规范和明确。

2.2.5　工作分析的信息收集阶段

1. 收集公司现有书面资料

在工作分析的准备阶段，工作分析小组已收集到《公司组织结构》《员工手册》《工作流程》以及近年来公司的内部文件、相关市场分析报告等相关资料。通过深入分析，对公司各项业务的工作特征、规章制度和运作流程有了初步了解，为后期的问卷调查、访谈、观察等指引了方向。

2. 与公司员工进行全面沟通

通过内部问卷调查、访谈、现场观察和工作日志记录等方式，与任职者和直接主管进行了有效沟通，了解员工对职位的认识，创造性地分析、发现有关工作描述和要求的相关信息。

（1）内部问卷调查。

为了提高问卷调查回收的质量和数量，工作小组根据公司不同岗位员工的工作特点，采取自主填写和集中填写相结合的方式，组织全体员工对问卷调查进行了填写。由于管理人员工作内容相对复杂，需要独立思考的空间，工作小组采取集中发放、自主填写、分别回收的程序组织填写；一线服务人员工作时间、地点相对集中，便于统一组织，工作小组分早班和晚班两个批次，集中组织这部分员工填写了调查问卷。为了让员工准确理解问卷调查的内容，按调查的要求如实填写，每次问卷填写之前，小组先把《万兴餐饮有限公司工作分析及调查问卷说明》发至员工手中，由小组成员组织员工培训，详细阐述了问卷调查的目的和意义，消除部分员工的疑虑，对问卷调查的每个项目的含义进行了解释，规范了每个问题的填写方法。在集中组织填写时，及时跟踪填写过程，为调查对象解决疑难问题，并给予了及时的指导。调查问卷的收集工作在3天内完成，共发放问卷185份，有效回收181份。调查问卷回收完毕后，工作小组首先对问卷的信息进行了审核，仔细审查调查问卷的各个项目是否填写完整，除2份自主填写的问卷回答目标不明确之外，其余179份问卷均为有效问卷。之后，对有效问卷所提供的信息进行归纳和分析，按照工作分析的目的进行分类，撰写调查问卷信息、汇总。分析过程中，项目组发现部分职位的信息仍有不清晰的地方，则按其职位的项目分类记录下来，待访谈时进行核实。

（2）访谈。

万兴餐饮有限公司工作分析涉及的岗位虽然较多，但很多岗位具有共通性，为提高访谈效率，小组根据调查问卷收集的信息，制订了公司工作分析访谈计划表（表2-7），采取个别访谈和群体访谈相结合的方式，对部分岗位的员工进行了访谈。由于一线服务人员理解问题的能力相对较差，为增强访谈的效果，防止因访谈人员经验不足带来不利影响，工作分析小组采取先职能部门后服务部门、先主管后员工的顺序组织访谈。为使访谈的标准、尺度前后一致，提高访谈的质量，现场访谈由工作小组组长和副组长负责。每天访谈结束后，组长组织工作分析小组全体人员召开例会，对当天访谈的记录进行研究讨论，由组长根据讨论情况对结果进行分析、归纳和整理。

① 个别访谈。

个别访谈的岗位主要集中在管理职位。访谈前一天，提前将访谈提纲发放给相关人员，让其做好充分准备。访谈开始后，先用几分钟与受访者交流对本次工作分析和访谈的看法，如果发现受访者对工作分析和访谈目的理解有偏差，访谈人员马上对其误解的地方进行解释，以达到受访者正确理解，打消其心中疑虑，促进访谈顺利进行的目的。访谈期间，访谈人员根据访谈提纲所列的问题询问受访者，当受访者对某一问题或提纲之外的问题有较深入的理解时，访谈人员应及时掌握时机，引导受访者深入分析，查找根源。在工作职责和工作流程等方面，除受访者本岗位外，小组还重点询问了其对下属各岗位的看法。访谈过程中，工作分析人员始终以礼貌、谦虚的态度倾听受访者的意见，让他们畅所欲言，获得了不少有价值的信息。

表 2-7 公司工作分析访谈计划表

访谈时间	访谈部门	访谈主要对象	访谈方式
2015 年 6 月 7 日	公司决策层	于×、李××、黄××	个别访谈
2015 年 6 月 8 日	总经办	王×、汤××、杨××	个别访谈
2015 年 6 月 9 日	市场开拓部、客户资源部	李××、张××、谭×、曹××等	个别访谈
2015 年 6 月 10 日	门店部管理层	张××、冯××、尹××等	个别访谈
2015 年 6 月 11 日	门店厨房	刘××、罗××、李××等 15 人	群体访谈
2015 年 6 月 12 日	门店服务员	唐××、李××、张××、罗××、刘××、邓××、王×、于××等 50 人	群体访谈（分三批进行）

② 群体访谈。

万兴餐饮有限公司一线服务人员从事的工作有许多相通之处，为节约时间和成本，工作小组对这类岗位采用了群体访谈法。由于公司服务人员实行两班倒工作制，项目组采取分期分批的方式组织访谈，力争使访谈对象涵盖所有岗位和不同层次的员工。选择参加群体访谈的员工时，项目组充分征求主管意见，既考虑员工的理解能力和语言表达能力，又让不同年龄阶段、不同教育背景、不同工作时限的员工参与进来。访谈中，工作小组先陈述受访者在问卷中填写的内容，然后征求意见。若遇到员工之间对某一问题理解存在较大差异，无法达成共识，工作小组就会记录下各种不同的观点，会后向主管求证。

（3）现场观察。

万兴餐饮有限公司的一线服务人员工作规律性强，以体力劳动为主，只需观察部分岗位的工作内容、工作程序等，就可基本掌握同类岗位的情况。根据这一特点，工作小组将现场观察法作为问卷调查法和访谈法的重要补充，在问卷调查之后、群体访谈之前，采用定时观测法，观察并记录员工在某一时间段的工作活动。对观察的结果，在访谈时请员工进行补充，为后期的定编定员等工作提供了依据。

（4）工作日志记录。

在进行问卷与访谈时，万兴餐饮有限公司部分管理人员反映了工作任务重、内容杂乱，造成工作忙乱的问题。为找准问题的根源，深入分析管理人员的工作流程，弄清这些人员岗位的工作职责，工作小组分析管理岗位时加入了工作日志法，连续10天让部分管理人员详细记录每天的工作，为后期的分析奠定了基础。工作日志记录期间，工作分析小组每天不定时查看记录情况，督促相关人员认真填好记录，每天下班时回收当天的记录。通过连续10天记录，分析小组发现了相关岗位的一些工作规律，为后期的信息分析和进一步优化工作流程奠定了基础。例如，表2-8所示为餐厅领班工作日志登记表。

表2-8　餐厅领班工作日志登记表

姓名：李丹　　岗位：餐厅领班　　所属部门：餐饮部

直接上级：餐饮部经理　　从事本业务工龄：3年

填写期限：自2015年6月11日至2015年6月21日

说明：1. 每天工作开始前将工作日志放在手边，按工作活动发生的顺序及时填写，切勿在一天结束后一并填写。2. 要严格按照表格要求填写，不要遗漏任何细小的工作活动。3. 请您提供真实的信息，以免损害您的利益。4. 请您注意保管，防止遗失。

日期	2015年6月11日	工作开始时间	8：00	工作结束时间	21：00
序号	工作活动名称	工作活动内容	工作活动结果	时间消耗	备　注
1	整个营业场所工作检查	摆台是否整齐到位，水是否准备充分，桌、椅、栏杆是否干净	1次	5分钟	承办
2	检查菜品	检查菜品是否齐全	1次	4分钟	承办
3	进入服务岗位	为第1组客人服务	1次	2分钟	参与
4	进入服务岗位	为第2组客人服务	1次	3分钟	参与
……	……	……	……	……	……

2.2.6　信息分析及结果形成阶段

根据工作分析的需要，为了便于工作说明书的编写，工作分析小组对前期收集的信息进行了系统分析和审查。首先，按照岗位名称、工作内容、工作环境和任职者的必备条件4个方面，对前期收集的各种信息进行描述、分类、整理和转换，使之形成书面文字。重点就不同岗位的工作条件、工作过程、工作结果等进行归纳分类，形成各岗位的工作分析初审表。各岗位的信息整理完毕后，为提高信息的准确性，工作小组会同任职者和任职者的直接主管、部分下属，共同对工作分析初审表进行进一步审查和确认。一方面修正初步收集来的信息中的不准确之处，使岗位信息更为准确和完善；另一方面由于任职者及其直接主管是工作分析结果的主要使用者，请他们来审查和确认这些信息有助于他们对工作分析结果的理解和认可，为今后的人力资源管理工作奠定基础。

经过以上各阶段工作，工作分析小组进入工作分析结果形成阶段，即编写工作说明书初稿，形成工作分析的结果——工作说明书。工作说明书编写完成后，工作分析小组内部首先经过充分讨论，定稿后把它提交给本次工作分析项目实施小组组长、副组长和各部门主管领导进行再次审核。通过审核后，打印装订成册。

2.2.7 案例解析

本案例源自某大型餐饮连锁公司的组织模式、定岗定编和工作分析设计项目，案例选取其工作分析部分，旨在向读者展示工作分析的基本流程和常用方法。本案例应用了问卷调查法、访谈法、现场观察法和工作日志法对公司进行了工作分析的信息收集。通过本案例，读者可以较全面地了解工作分析的流程及这 4 种常用方法的应用。工作分析方法的选择关系到工作分析的成效及成本，如果选择不当，将会导致结果误差过大、工作成本很高，从而失去工作分析的作用，因此选择一种或几种符合组织实际情况的工作分析方法，是保证工作分析取得成效的关键。本案例的行业性特征较明显，具有一定的代表性，对餐饮行业的工作分析具有很好的借鉴意义。

评价：工作分析是人力资源管理的一项基础性工作，其质量高低对企业人力资源管理各模块产生重要影响。该项工作要求十分扎实和精细，专业性很强，许多企业常常因为工作分析不到位带来诸多管理问题。然而，系统的改善和优化组织的工作分析却是一件不容易的事情，它需要将公司从最高层到各主要管理岗位全面动员起来，按照专业的方法对每个岗位的工作分析进行全面审查和优化设计。本案例就是一个典型的工作分析优化设计例子，它揭示了该项工作的全过程，详尽地描述了该过程的主要操作细节，为读者提供了一个工作范本。

使用说明：工作分析优化设计的起点因企业的工作基础不同而不同，有些企业工作分析基础较好，只是需要对原有部分岗位进行工作分析的优化完善，或者是对新增岗位进行补充的工作分析。本案例企业的工作分析基础较差，几乎是从头做起，这也是作者选用此案例的重要原因所在，它能较好地展现工作分析的全过程。读者则应根据自身企业特点选择性地借鉴该案例中所介绍的流程和方法。特别提示读者的是，对于成熟行业的新建企业，如本案例中的餐饮行业，做新企业的工作分析时，最好找到本行业的优秀企业的工作分析范本，在其基础上对照企业的具体情况进行修订和完善，这样起点高而且可以做得更好，这是一种有效的便捷之法；对于新兴行业或新企业，由于缺乏可参考的依据材料，只能从最基础的地方起步，一点一点地按规范方法进行工作分析，这种工作分析起点低，工作量大，而且很难在短时间内做到精细和完善。例如，作者在主持隆平种业杂交水稻生产和运营系统的工作分析时，由于这是由中国人自己开创的新兴产业，基本上没有可资借鉴的材料，因此只能用现场观察等最基本的方法，多维度综合评价，费了大量的人力、物力才做成一个工作分析体系，而且该体系肯定不够完善，为此设置了一个专门的动态优化完善流程，期望通过几年的努力将工作分析提升到一个较高的水平。工作分析的行业性特征很强，企业个性化特征也很突出，希望读者关注这一特征，重点通过本案例了解和掌握工作分析的操作流程和方法，结合企业特征灵活运用。

案例研讨：

1. 参照本案例，列出你所在企业的工作分析流程图，分析是否符合企业的实际情况，并讨论它的适用条件。

2. 讨论在中国中小企业做工作分析时可能遇到的难题，并提出你的解决方案。

3. 你所在企业哪些工作适合采用工作日志法？请你使用该方法收集其中某个工作的信息。

2.3　案例二：基于组织结构和部门职能优化的工作分析案例
——科力远高技术集团有限公司工作分析①

2.3.1　公司简介

科力远高技术集团有限公司（以下简称科力远公司）是在益阳朝阳开发区成立的一家以电池及电动车的研发、生产、销售为主要业务的高科技公司。公司研究的新能源材料是国家863计划项目之一，公司系湖南新能源材料工程中心的核心企业。公司采用事业部制的管理模式，下设电池、电动车两个事业部，并拥有一家电池连锁经营的子公司（伊来福连锁经营有限公司）和一家销售分公司（江门公司）。

2.3.2　公司组织、部门存在的问题

从公司的内部管理来看，2014年1月—2015年3月短短15个月，公司先后有5位业务骨干提出辞职，主要原因集中在岗位职责不清，工作缺乏挑战性等方面。另外，公司现有员工基本由公司人力资源部调配调剂形成，员工结构和素质、能力不能满足公司运营和长期战略目标实现的需要。

1. 公司组织结构

公司组织结构如图2.2所示。

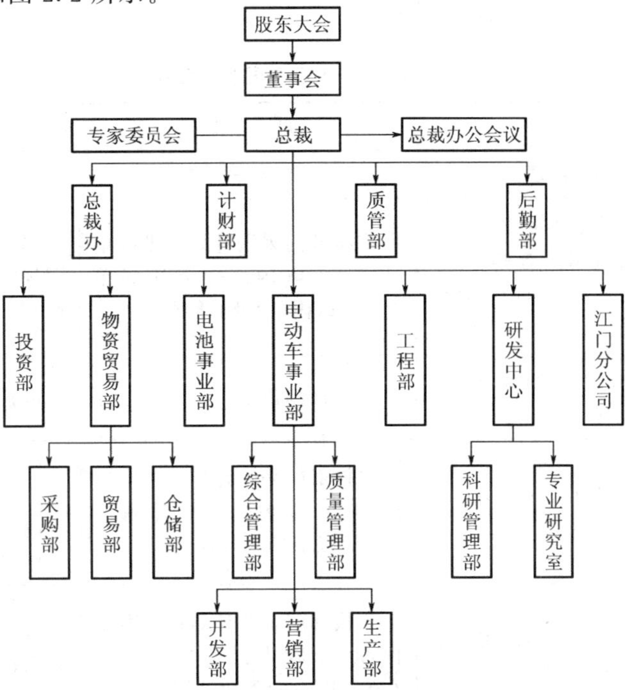

图2.2　公司组织结构

① 本案例源于作者主持的科力远公司组织和人力资源优化方案部分内容，案例初稿写作于2017年5月，本次修订于2018年5月。

2. 各个部门的主要职能（表 2-9）

表 2-9 各个部门的主要职能

部门	主要职能
总裁办	行政管理、人力资源管理、部门协调
投资部	项目运作、资本运作
计财部	计划管理、财务管理、会计核算、融资
质管部	ISO 9000 认证、原材料、成品检验、质量监控
后勤部	后勤设施（食堂、宿舍）管理、局域网管理、通信设施管理、保安管理、车队管理、文明卫生管理、技改、设备维护、高压配电管理
工程部	房产、水电设施建设
物资贸易部	物资采购、原材料、成品仓储、期货贸易、现货贸易
研发中心	新产品开发、技术信息收集、项目管理
电动车事业部	电动车开发、生产和销售
电池事业部	电池生产
江门分公司	电池销售、电池加工

3. 各部门主要职权安排（表 2-10）

表 2-10 各部门主要职权安排

部门	职权		
	人事管理	物资采购	费用报销
总裁办	员工招聘计划的审批；公司招聘员工的资格审查和初试；批准本部门员工的录用、部门员工的考核	审核部门采购计划；批准单件 50 元以内、一个计划单 300 元以内的采购计划	部门费用审核；部门有合同规定的或各种固定应交费用（5 000 元以内）的批准
计财部	批准本部门员工的录用；部门员工的考核	采购计划审定	审核
投资部	批准本部门员工的录用；部门员工的考核	审核部门采购计划；批准单件 50 元以内、一个计划单 300 元以下的采购计划	部门费用审核；生产用固定资产的验收审核；部门有合同规定的或各种固定应交费用（5 000 元以下）的批准
质管部	批准本部门员工的录用；部门员工的考核	审核部门采购计划；批准单件 50 元以内、一个计划单 300 元以内的采购计划	部门费用审核；生产用原、辅材料的质量检验；部门有合同规定的或各种固定应交费用（5 000 元以内）的批准
后勤部	批准本部门员工的录用；部门员工的考核	审核部门采购计划；批准单件 50 元以内、一个计划单 300 元以内的采购计划	部门费用审核；部门有合同规定的或各种固定应交费用（5 000 元以内）的批准

续表

部门	职权		
	人事管理	物资采购	费用报销
工程部	批准本部门员工的录用；部门员工的考核	审核部门采购计划；批准单件50元以内、一个计划单300元以内的采购计划	部门费用审核；生产用固定资产的验收审核；部门有合同规定的或各种固定应交费用（5 000元以内）的批准
物资贸易部	批准本部门员工的录用；部门员工的考核	原材料采购	部门费用审核；部门有合同规定的或各种固定应交费用（5 000元以内）的批准
研发中心	批准本部门员工的录用；部门员工的考核	审核部门采购计划；批准单件50元以内、一个计划单300元以内的采购计划	部门费用审核；部门有合同规定的或各种固定应交费用（5 000元以内）的批准
电动车事业部	批准本部门员工的录用；部门员工的考核；本部门员工岗位调配	原材料、配品配件采购、其他采购；审核部门采购计划；批准单件50元以内、一个计划单300元以内的采购计划	部门费用审核；部门有合同规定的或各种固定应交费用（5 000元以内）的批准
电池事业部	批准本部门员工的录用；部门员工的考核；本部门员工岗位调配	审核部门采购计划；批准单件50元以内、一个计划单300元以内的采购计划	部门费用审核；部门有合同规定的或各种固定应交费用（5 000元以内）的批准
江门分公司	在公司批准的人员编制和岗位编制范围内，自主进行人事管理	自主采购	在公司批准的预算内开支

4. 职能分析

公司职能划分有不尽合理之处，有些公司的核心职能附加到其他部门，不利于发挥其作用；有些公司的核心职能没有归口部门；有些职能在某个方面具有特殊性，应进行适当分离或集中。具体表现在以下几个方面。

（1）人力资源管理由总裁办负责，这种形式将弱化人力资源管理职能。

（2）公司战略规划应由归口部门负责。

（3）质量控制应由质管部统一管理。

（4）原材料采购具有范围经济性，采用集中采购和管理比较适宜。

（5）公司生产单位不多，设备管理与维护不必由职能部门负责，可由生产单位自行负责。

（6）办公用品、日常生产用品具有量小和采购频繁的特征，可由后勤部负责。

5. 责权分析

（1）由于公司处于初创时期，责权体系没有完整建立；某些职责划分不明确，存在管理真空区，导致在工作中出现一些混乱和应急状况。

（2）没有建立考核机制，完全凭个人的责任心工作，虽然在一定时间内有效，但长期如此会出现松懈情绪，同时对员工进行激励会出现缺乏依据。

（3）人事管理权限不清晰，急需进行规范。

（4）费用开支权限划分比较明确。

2.3.3 公司组织、部门职能设计

1. 优化思路

（1）对企业职能进行分析、重新划分和归类。

（2）根据职能分析，重新设计部门和经营单位。

（3）依据公司战略定位并根据电动车的产品特征及市场环境，建议电动车事业部实行产品研发、采购、生产、销售等自主管理，采用利润中心管理模式。

（4）依据公司战略定位并根据电池的产品特征及市场环境，建议电池事业部实行生产自主管理，采用成本中心管理模式。

（5）突出总裁办的协调功能，分离人力资源管理、行政管理职能。

（6）由于科力远是一个高技术公司，人力资本占有重要地位，人力资源管理是公司的核心职能，应单独设立人力资源部。

（7）将公司战略规划等战略职能与项目运作、投资职能合并，设立战略投资部。

（8）设立策划部负责科力远品牌管理、策划与推广，以及公司企业文化建设职能。

（9）建立完善的职权系统，对人事、财务、采购、销售、费用开支等方面进行明确的职权划分。例如，在人事、财务方面实行由公司集中管理。

2. 组织框架设计

基本思路：依据公司战略，结合行业和产品特征，同时兼顾公司的实际情况，进行个性化的组织设计，以达到支持公司的发展战略，有效地组合资源，适应迅速变化的环境，有效地生产商品和提供服务，为所有者、顾客和员工创造价值的目标。

组织机构图设计说明如下。

（1）对于关键职能和服务性职能设立职能管理部门。

（2）科力远公司以电池产品为主导产品，宜采用集权管理模式，不宜采用事业部这种分权管理模式，因此考虑实行成本中心管理模式，设立电池制造中心。

（3）电动车不是科力远公司的主导产品，其市场环境不确定性强，变化快，同时电动车与公司主导产品电池的市场特征具有很大不同，为增加其灵活性，快速响应市场，故考虑实行事业部制管理模式。

（4）鉴于公司战略管理职能没有归口部门，同时投资与公司战略密切相关，因此设立战略投资部。

（5）为强化公司横向协调职能，将总裁办的人事管理职能、行政管理职能分离，总裁办作为总裁办公会议的常设机构，另单独设立人力资源部和行政部。

优化后的组织结构如图 2.3 所示。

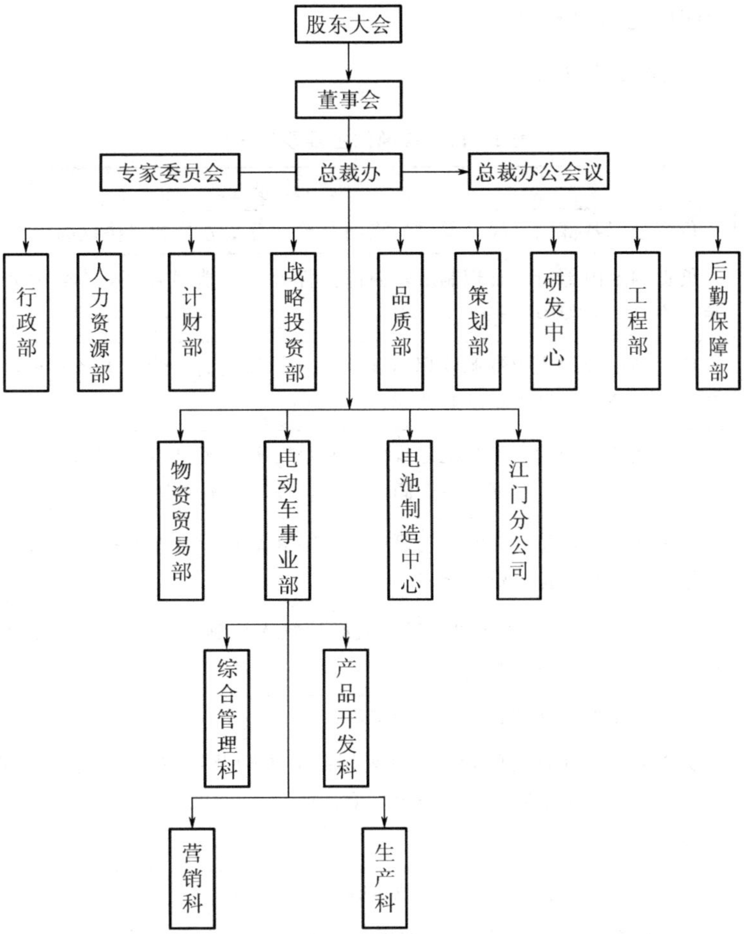

图 2.3　优化后的组织结构

3. 各部门定位

（1）总裁办：总裁办公会议的办事机构，负责横向协调和督查。
（2）行政部：行政事务管理。
（3）人力资源部：公司人事的集中管理。
（4）计财部：公司经营计划归口管理，公司财务的集中管理。
（5）战略投资部：企业战略规划研究、项目管理、运作及资本运营。
（6）品质部：ISO 9000 的认证和推行，质量的集中管理。
（7）策划部：企业项目规划和市场宣传推广。
（8）后勤保障部：提供办公、食宿、环境等方面的后勤保障。
（9）工程部：基建、房产工程建设。
（10）研发中心：新产品研发、企业技术标准制定，实行费用中心的管理模式。
（11）物资贸易部：物流中心，同时兼做贸易。
（12）电动车事业部：电动车的开发、采购、生产和销售，实行利润中心管理模式。
（13）电池制造中心：生产中心，实行成本中心管理模式。

（14）江门分公司：公司电池、其他电池销售（目标客户为国外、国内生产厂家），电池组装生产，实行利润中心管理模式。

4. 各部门主要职能设计（表 2-11）

表 2-11 各部门主要职能设计

部 门	主 要 职 能
总裁办	负责公司各部门、经营单位的横向协调，总裁办公会议决议的督查
行政部	负责制定内部行政管理制度，内部文件处理，档案管理，车辆管理，对外接待和公关工作，治安保卫工作
人力资源部	负责制定公司人力资源管理制度，人力资源规划，劳资关系管理，员工绩效考核管理，薪酬管理，员工招聘和调配
计财部	负责经营计划的平衡与统筹规划，起草财务管理制度及相关规定，资金管理，成本核算，财务管理，重要经济合同的会审，经营业务审计
战略投资部	收集和整理信息，战略专题研究，战略规划和设计，监控战略实施情况，投资项目运作，管理和监控及资本运营
品质部	负责 ISO 9000 的认证和推行，从原材料入厂到成品出厂的全过程的检验和质量管理、质量控制、质量改进
策划部	负责企业项目规划和市场宣传推广
后勤保障部	负责非生产性物资的管理，办公用品的采购及管理，员工食宿管理，公司水、电、气的管理，日常基础维护，公司环境管理
工程部	基建、房产工程建设
研发中心	负责新产品开发，制定产品技术标准
物资贸易部	负责生产性物资、固定资产的采购，原材料、产成品的仓储和产成品的配送，期货和现货贸易
电动车事业部	负责电动车的开发、生产和销售，非标准件（外观材料）的采购，公司品牌的推广
电池制造中心	负责电池的生产组织
江门分公司	负责公司品牌的推广，公司电池和其他品牌电池的销售，电池的组装生产

2.3.4 工作分析——以计财部部长为例

优化组织结构与部门职能后，分析各部门职责，形成了不同的工作岗位。计财部部长负责根据国家财经政策、法律法规和财务管理制度，制定、完善公司财务管理制度，监督、考核制度执行情况。

1. 工作分析方法

工作层次的工作分析采用资料分析法、访谈法和问卷调查法相结合的方式进行。

（1）资料分析法，对公司内部资料进行分析。

（2）访谈法，对本工作和相关工作进行深度访谈。

（3）问卷调查法，进行工作说明书问卷调查。

2. 计财部部长工作分析的诊断

（1）汇报关系。

直接上级：副总经理

直接下级：会计、出纳

主要协作工作：各部门部长、人事主管、客户主管

存在的问题：该工作任职人员在实际工作中主要向主管计财部的两位副总经理汇报，经常出现多头指挥的现象。

（2）工作职责。

① 全面负责本部门工作，建立健全本部门各项管理制度。

② 负责对全公司的财务账务、财务手续、会计凭证和核算业务进行指导、检查、审核和监督。

③ 负责撰写财务分析报告。

④ 编制公司财务预算并负责预算的实施、控制、监督检查，撰写预算调整建议，并对预算执行过程中存在的问题提出改进的措施。

⑤ 负责做好资金管理，根据预算计划安排、组织、调度公司资金，保证公司日常合理开支需要的供给。

⑥ 参与公司的产品生产、物资供应、商品销售、技术改造和基本建设等计划和主要经济合同的审查，检查公司计划、经济合同的执行情况，考核公司的生产经营成果。

⑦ 负责组织人员对公司生产经营活动的数据进行统计并填报政府部门下发的各种统计表格。

⑧ 审查对外报出的会计报表、统计报表，以及其他会计、统计资料，保证数据的真实、准确、可靠。

⑨ 负责组织对固定资产、低值易耗品、物料用品、库存产品、在产品、备用金的使用、保管情况进行盘存、核对、检查、统计和上报。

⑩ 负责配合外部会计师事务所、评估师事务所等相关机构的审计、评估等业务。

⑪ 负责对各项专用基金、储备资金和福利基金等项目的检查、督促。

⑫ 负责组织审查应收款项、应付应交款项，各项债权、债务的清理结算，长期不清账务和拖欠账款进行催报、催缴工作，督促有关人员及时办理收付手续。

⑬ 负责对公司及下属公司的经济活动及基建项目进行财务收支审计、经济效益审计和经济责任审计，制订审计工作计划，组织撰写审计意见书及处理建议书。

⑭ 负责与财政、税务、银行、审计、地方政府等相关部门的关系协调，并按照政府规定提交相关资料，做好纳税申报、审计及年检工作。

⑮ 负责指导、管理、监督下属人员的业务工作，改善工作质量和服务态度，做好下属人员的绩效考核和奖励惩罚。

⑯ 负责与公司各部门的工作协调，并负责控制本部门的各项费用。

⑰ 负责完成上级交办的其他工作。

存在的问题：履行职责的层次远低于企业的实际需要。具体表现为本部门的各项管理制度建立不够健全且实施效果一般，只起到了一定的宣传作用，同时，对全公司的财务账务、财务手续、会计凭证和核算业务进行指导、检查、审核和监督等有的时候不够严谨，对下属

的评价以及奖罚方面有时候做得不够客观公正。

（3）激励状况。

公司福利设定养老保险、医疗保险、失业保险、工伤保险，以及交通费、工作餐等。但是根据激励双因素理论这些属于保健因素，具备这些福利不会带来员工的不满，但是也不会导致员工满意，对计财部部长起不到激励作用。计财部部长感觉自己的晋升空间狭窄，培训的机会太少。

存在的问题：单纯的物质福利对计财部部长激励不够，公司在激励时没有分析其真正的需求，对于计财部部长来说他需要更多的培训和学习的机会提高自身的素质，以求得到更大的晋升空间。

3. 调整后的工作说明书

在原有岗位的工作分析和诊断的基础上，进行工作描述，编写工作规范，形成工作说明书。计财部部长工作说明书见表 2－12。

表 2－12　计财部部长工作说明书

<table>
<tr><td colspan="2">主题：计财部部长工作说明书</td><td>部门：计财部</td><td>文件编号：</td></tr>
<tr><td colspan="2">第 1 版　　第 1 次修订</td><td>共 3 页</td><td>归档号：</td></tr>
<tr><td>工作名称</td><td colspan="3">计财部部长</td></tr>
<tr><td>工作编码</td><td colspan="3">FAC－001</td></tr>
<tr><td>所属部门</td><td colspan="3">计财部</td></tr>
<tr><td rowspan="3">工作关系</td><td colspan="3">直接上级：副总经理</td></tr>
<tr><td colspan="3">直接下级：会计、出纳</td></tr>
<tr><td colspan="3">主要协作工作：各部门部长、人事主管、客户主管</td></tr>
<tr><td>职别</td><td colspan="3">A 级　　B 级　　C 级　　D 级　　E 级　　F 级</td></tr>
<tr><td rowspan="14">工作待遇</td><td rowspan="6">工资收入</td><td>岗位工资
（含保密工资 15%）</td><td>1 200～2 460 元</td></tr>
<tr><td>绩效工资</td><td>800～1 640 元</td></tr>
<tr><td>技能素质工资</td><td>有</td></tr>
<tr><td>年功工资</td><td>三等</td></tr>
<tr><td>计件工资</td><td>无</td></tr>
<tr><td>佣金</td><td>无</td></tr>
<tr><td rowspan="6">福利待遇</td><td>医疗保险</td><td>有</td></tr>
<tr><td>养老保险</td><td>有</td></tr>
<tr><td>失业保险</td><td>有</td></tr>
<tr><td>工伤保险</td><td>有</td></tr>
<tr><td>交通费</td><td>50 元</td></tr>
<tr><td>工作餐</td><td>免费中餐</td></tr>
<tr><td>工作消费</td><td colspan="2">通信费限额报销</td></tr>
<tr><td>培训机会</td><td colspan="2">公司内部培训、送外培训</td></tr>
</table>

续表

职务晋升通道	副总经理	
工作重要程度	很重要　重要　较重要　一般	
工作责任压力	很大　大　较大　一般	
工作职责	工作概要	工作要求
	制度建设	(1) 组织制定公司财务管理制度、会计核算办法和相应实施细则
	预算管理	(2) 负责拟订公司的年度、季度、月度财务收支、资金需求、成本费用、现金流量等计划，参与制订公司的经营计划 (3) 负责监督、检查公司各项财务计划执行情况，提出财务分析报告
	资产管理	(4) 督促检查固定资产、低值易耗品、物料用品等财产、物资的使用、保管情况 (5) 负责组织产品、在产品的盘存和财产清查，保证账实相符 (6) 负责公司的各项债权、债务的清理结算工作
	公共协调	(7) 负责与财政、税务、银行、审计、地方政府等相关部门的关系协调，并按照政府规定提交相关资料，做好纳税申报、审计及年检工作
	资金管理	(8) 根据总经理安排组织调度公司资金，保证公司日常合理开支需要的供给 (9) 督促有关人员重视应收账款的催收工作，负责应收账款的清算，加速资金回笼 (10) 负责按规定程序、手续及时做好资金回笼，准时进账、存款 (11) 参与审查公司重要经济合同
	财务分析	(12) 负责编写财务说明书 (13) 对公司经营收入、成本、费用、现金流量等提出财务分析报告，并提出加强经营管理和财务管理的建议，供公司领导参考
	资料管理	(14) 负责组织会计档案的立卷、归档、保管、调阅和销毁等工作
	人员管理	(15) 负责指导、管理、监督下属人员的业务工作 (16) 负责对下属人员进行考核
	其他任务	(17) 完成副总经理交办的其他工作

2.3.5 案例解析

本案例的分析对象科力远公司现已成为一家著名的新能源上市公司，这是多年前作者对该公司进行管控模式、组织架构、权责体系、工作分析和薪酬、考核、激励方案设计中的部分内容。本次选编工作分析案例时，完全保持了原貌，以利于读者客观分析和解读。本次工作分析是在对科力远公司的组织、部门职能进行分析、优化的基础上，再对各主要岗位进行工作分析优化设计。原案例重点解析了计财部部长职位的工作分析优化过程，在挖掘该岗位汇报关系、工作职责、个人激励等方面存在的问题的基础上，针对这些问题优化设计了计财部部长岗位的工作说明书。工作分析是招聘录用、绩效管理、员工培训、薪酬设计的基础，在企业人力资源管理中起着基础性的关键作用。本案例旨在帮助读者了解在组织结构与部门职能确定后，如何确定每一个具体岗位的工作内容、工作职责、工作关系和任职资格以及任职者所需要的生理、心理和知识技能要求，输出企业可操作应用的工作分析重要成果——工作说明书。由于工作说明书编制是企业人力资源管理工作者的重要职能性工作，也是工作分析所形成的重要成果，本案例的实际指导意义显得十分重要。

评价： 工作分析的前提是部门职责清晰、合理，部门职责合理的前提是组织结构合理。在我国企业工作分析的实践中，常常先要审视组织结构，优化部门职能，在此基础上才能真正进行工作分析。本案例正是这种情况的展现，对我国现阶段的企业具有借鉴价值。案例全程演示了工作分析正式进行前该如何解决组织结构优化问题，如何调整和优化部门职能，在此基础上示范性地介绍了工作分析的优化设计方法。该案例中的工作分析代表我国很多企业的现实状况，具有明显的情境性特征。

使用说明： 限于篇幅，本案例未能列出组织结构优化分析的全过程，也省略了部门职能优化的分析过程。这两个过程都十分复杂和冗长，其中组织结构优化需要研究公司的发展战略、现行组织结构与发展战略目标的匹配状况，以及组织结构与公司的管理理念、技术工艺和人力资源状况的匹配状况，在此基础上确定公司管控模式，进而确定公司的组织结构。部门职能的划分常常要依据公司的主要业务流程分析，在判断和评估流程科学合理性的基础上进行流程优化设计，依据优化后的流程进行部门职能的优化。这两项工作专业性非常强，人力、物力投入很大，在此基础上才能真正做出好的组织结构优化和部门职能优化方案，进而做出真正优秀的工作分析报告。如果组织设计和部门职能有问题，工作分析犹如建在沙滩上的房屋，根本没有使用价值。本案例特意介绍了这一颇为特殊的工作过程，希望读者使用时特别关注。

案例研讨：

（1）本案例从优化组织结构和确定部门职能入手，进行了岗位的工作分析，这种工作分析的做法符合哪些企业的实际需求？这种做法有什么利弊？

（2）本案例中提到部门职能优化需要先进行相关业务流程评估和优化，你觉得这种做法在什么情况下是合适的？如何操作？

（3）参照案例的做法，结合贵企业的实际情况，研讨和确定人力资源部部长职位的工作分析。

2.4　案例三：工作说明书案例
——湖南守护神制药有限公司工作说明书设计[①]

2.4.1　公司简介

中外合资的湖南守护神制药有限公司（以下简称守护神公司）是国家GMP（Good Manufacturing Practice，良好生产规范）认证企业，位于长沙市高新区浏阳国际生物医药产业园内，是园区内的第一家高新技术制药企业。守护神为中国著名商标，公司注册资本1 000万元人民币，经营范围包括片剂、硬胶囊剂、颗粒剂、洗剂（外用）（含中药提取）的生产和产品自销；卫生用品抗（抑）菌制剂（液体）（净化）、卫生湿巾的生产和产品自销。公司占地面积8万多平方米，拥有现代化的标准厂房设施和大面积的绿化草坪，厂区内空气清新，环境幽雅。公司固定资产逾亿元，年生产能力超过5亿元。

2.4.2　公司工作说明书中存在的问题

虽然守护神公司各项事业都在飞速发展，但是由于历史原因，公司体制上的弊端使得其人力资源管理工作仍然停留在过去的水平。公司在用人机制上缺乏灵活性，在激励机制上也有些不合时宜，许多优秀的人才因此而流失。公司的人力资源基础工作比较薄弱，还没有建立一套科学的工作分析体系，使得公司定岗定员工作、薪酬激励体系、业绩考核体系很难建立在科学分析的基础上，部分岗位存在人浮于事的现象，大大打击了员工的积极性。公司现在只制定了少数工作的工作说明书，表2-13为其中的一份。

表2-13　公司原有工作说明书

工作名称：财务部经理	工作代码：CW
工作概要	
在行政副总经理的领导下，负责公司会计核算和财务管理工作	
工作职责	
1. 会计核算 （1）遵守国家财经纪律，贯彻执行国家有关财务会计法规和制度； （2）制定并实施公司财务管理制度、会计核算办法和相应实施细则； （3）完善公司会计核算体系，处理各项会计核算业务； （4）汇总、编制并上报公司月度、季度、年度会计报表	
2. 财务分析 编制财务分析报告，为公司领导经营决策提供依据	
3. 预决算管理 （1）编制公司年度财务预算，并监督预算的执行； （2）制订公司季度、月度财务收支计划，资金计划和成本费用计划； （3）组织公司年度决算	

① 本案例源于作者主持完成的守护神公司工作分析项目，案例初稿完成于2013年，本次修订于2018年3月。

续表

4. 资金管理 （1）负责公司资金的筹集和调度，加强资金管理，提高资金使用效率； （2）负责公司现金出纳和处理有关银行往来业务
5. 资产管理 （1）管理公司固定资产，定期组织公司固定资产的清查盘点工作； （2）管理公司应收账款，控制应收账款风险； （3）管理公司其他资产，确保资产的安全、完整
6. 税务工作 （1）负责公司税收筹划； （2）公司纳税申报和缴纳工作； （3）协调与税务部门的工作关系

通过对以上工作说明书的分析可以得出以下结论。

（1）虽然对公司财务部经理的工作职责有了一定的描述，但没有明确工作目标、工作权限、工作特点、工作关系、工作环境和任职人员资格等信息。一份健全的工作说明书，除原有内容外，还要仔细分析研究出工作目标、工作权限、工作特点、工作关系、工作环境和任职人员资格等信息。

（2）该说明书过于简单，没有脱离岗位责任制的束缚，更像一份岗位责任说明书，没有达到工作分析的高度。工作说明书在职责描述上，是一种岗位职责列举，对工作内容和程序以及达到的标准没有进行分析。工作分析是对工作职责的详细分析，它包括对工作内容（做什么）、工作方法（怎样做）、工作原因（为什么做）、工作过程与结构（完成工作的过程包括哪些环节与要素）等方面的分析，只有这样才能使不了解此项工作的人看过工作说明书后，对此项工作有一个全面的了解，知道应该做什么、如何做以及这样做的原因。

2.4.3 工作说明书设计

工作说明书的编写是在职务信息的收集、比较、分类的基础上进行的，是工作分析的最后一个环节。工作说明书是职务性质类型、工作环境、资格能力、责任权限及工作标准的综合描述，用以表达工作在单位内部的地位及对工作人员的要求。它体现了以“事”为中心的职务管理，是考核、培训、录用及指导员工的基本文件，也是职务评价的重要依据。

守护神公司共设7个部门，分别为综合管理部、研发部、生产部、品质部、财务部、市场部和销售部。为优化公司的工作说明书，我们采用以下的设计思路。

1. 职别划分

在工作说明书中将公司的职别分为A、B、C、D、E、F六级，各级具体划分如下。

A级：总经理

B级：副总经理、总工程师、营销总监

C级：部门经理

D级：部门主管、高级技术人员

E级：组长、技术人员、重要岗位管理人员、销售人员

F级：其他人员

2. 工作调整

根据公司职能要求，项目组成员和公司高管人员对工作的变更进行了讨论，调整如下。

综合管理部：部长、行政主管、人事主管、信息员、文员、保安

研发部：部长、研究开发员

生产部：部长、车间主任、工艺员、前处理工序工、液体制剂内包装工、外包装工、压片工、充囊工、包衣工、锅炉工、维修主管、维修工、水处理工、仓储主管、仓管员

品质部：部长、化验室主任、质检员、质监员

财务部：部长、会计、出纳

市场部：经理、策划主管、客户主管

销售部：经理、省部经理、省部客户主管、医药代表、发货员

3. 工作具体类别划分

本工作说明书将工作分成五类，用该类别英文名的第一个字母表示：A—管理类（Administration）；R—研发类（Research）；T—技术类（Technology）；M—销售类（Marketing）；S—服务与支持类（Service and Support）。其中，管理类工作 14 个，研发类 1 个，技术类 18 个，销售类 6 个，服务与支持类 4 个。工作分类一览表见表 2-14。

表 2-14　工作分类一览表

工作类别		工作名称	所属部门
A-管理类	高管	总经理	
		副总经理	
		总工程师	
		营销总监	
	部门经理	综合管理部部长	综合管理部
		研发部部长	研发部
		品质部部长	品质部
		财务部部长	财务部
		生产部部长	生产部
		市场部经理	市场部
		销售部经理	销售部
	一般管理	行政主管	综合管理部
		人事主管	综合管理部
		信息员	综合管理部
M-销售类		策划主管	市场部
		客户主管	市场部
		省部经理	销售部
		省部客户主管	销售部
		高级医药代表	销售部
		医药代表	销售部

工作类别		工作名称	所属部门
R-研发类		研究开发员	研发部
T-技术类	品质	化验室主任	品质部
		质检员	品质部
		质监员	品质部
	生产技术	车间主任	生产部
		工艺员	生产部
		维修主管	生产部
	财务	会计	财务部
		出纳	财务部
	操作工	前处理工序工	生产部
		压片工	生产部
		充囊工	生产部
		包衣工	生产部
	技术工	锅炉工	生产部
		维修工	生产部
	普工	水处理工	生产部
		外包装工	生产部
		液体制剂内包装工序工	生产部
		文员	综合管理部
S-服务与支持类		保安	综合管理部
		仓储主管	生产部
		仓管员	生产部
		发货员	销售部

4. 工作编码

为了便于人力资源管理数据化和信息库技术的运用，便于资料的保存和调阅，本工作说明书按国际惯例进行了工作编码，工作编码说明如下。

工作编码分两部分。前面部分由 3 个字母构成，第一个字母表示工作所属部门，用该部门英文名的第一个字母表示：H—高管（High Management）；A—综合管理部（Administration）；R—研发部（Research）；P—生产部（Production）；M—市场部、销售部（Marketting）；Q—品质部（Quality）；F—财务部（Finance）。第二个字母表示工作所属的类别，用所属类别的英文名的第一个字母表示（见工作具体类别）；第三个字母表示工作职别（见工作职别划分）。后面的数字表示部门人员号码，公司相关部门可以根据部门人员具体人数来进行编号。例如，生产部经理编码为 PAC－001，P 表示该工作在生产部，A 表示该工作属于管理类，C 表示该工作行政级别为部门经理级，001 表示该工作在部门中的编号。工作编码一览表见表 2－15。

表 2－15　工作编码一览表

部门名称	工作名称	工作编码
高管人员（4）	总经理	HAA－001
	副总经理	HAB－002
	总工程师	HAB－003
	营销总监	HAB－004
综合管理部（6）	综合管理部部长	AAC－001
	行政主管	AAD－002
	人事主管	AAD－003
	信息员	AAF－004
	文员	ASF－005
	保安	ASF－006
财务部（3）	财务部部长	FAC－001
	会计	FTE－002
	出纳	FTE－003
品质部（4）	品质部部长	QAC－001
	化验室主任	QAD－002
	质检员	QTE－003
	质监员	QTE－004
研发部（2）	研发部部长	RAC－001
	研究开发员	RTD－002
生产部（15）	生产部部长	PAC－001
	车间主任	PTE－002
	维修主管	PTE－003
	仓储主管	PSE－004
	工艺员	PTE－005
	前处理工序工	PTF－006
	液体制剂内包装工序工	PTF－007
	外包装工	PTF－008
	压片工	PTF－009
	充囊工	PTF－010
	包衣工	PTF－011
	锅炉工	PTF－012
	维修工	PTF－013
	水处理工	PTF－014
	仓管员	PTF－015
市场部销售部（9）	市场部经理	MAC－001
	销售部经理	MAC－002
	策划主管	MMD－003
	客户主管	MMD－004
	省部经理	MMD－005
	省部客户主管	MME－006
	高级医药代表	MME－007
	医药代表	MME－008
	发货员	MSF－009

5. 工作说明书的技术说明

(1) 工作重要程度。

工作重要程度是用以描述公司各工作对企业组织目标的影响程度和工作在组织中的相对地位，以此判断该工作在组织管理中所处的地位、层次和该工作对员工的基本要求。工作重要程度在本工作说明书中分为四级，从很重要、重要、较重要到一般递减，各等级界定描述如下。

① 很重要。该工作能左右公司的发展方向，甚至决定公司的兴衰、存亡，一般指公司的董事长和总经理。

② 重要。该工作对公司发展方向有较大程度的影响，属于公司关键工作，一般指副总经理、部门经理及少数特殊的业务骨干。

③ 较重要。该工作对公司的发展有一定程度的影响及对局部组织目标产生较重要影响，一般指部门副职、主管、重要的组长及有一定技术技能的业务人员。

④ 一般。该工作对公司部门职能产生一定影响，包括办公室文员、生产线工人及其他辅助工作人员。

(2) 工作责任压力。

工作责任压力是用以描述工作对员工在生理、心理上构成的压力强度大小，以此确定各工作人员的工作难度和负荷等级大小的因素。工作责任压力在本工作说明书中分为四级，从很大、大、较大到一般递减，各等级界定描述如下。

① 很大。公司的兴衰甚至存亡与该工作有密切关系，对工作的承担者形成强烈的心理压力和责任约束，必须全身心投入，发挥自身的最大潜能才能完成任务。该工作一般指董事长和总经理。

② 大。该工作分担了公司总体目标和责任的较大部分，必须尽心竭力才能有效开展工作。该工作一般指副总经理、部门经理及少数特殊的业务骨干。

③ 较大。该工作承担了公司某个部门或某个分块运转的主要责任。该工作一般指部门副职、主管、重要的组长及有一定技术技能的业务人员。

④ 一般。该工作承担了公司某个部门或某个分块运转的部分责任。一般指公司的基层员工。

(3) 基本条件。

基本条件分为学历、专业、经验、性别、年龄、健康状况及其他条件，如相貌、气质、视力等。

学历根据国家认可的教育水平分为中专、大专、本科、研究生；专业按国家统一的专业划分标准分为医药、经济管理、理工科、文科；经验指原来所从事行业、工作年限；性别、年龄等其他条件因工作的不同而异。

(4) 知识要求。

知识要求分为专业知识要求和相关知识要求。专业知识是指该工作对其知识要求需通过专门训练或正规教育才能达到的水平。工作说明书上所表述的基本熟悉是指达到相当于中专或中技以上的训练水平；熟悉是指达到相当于大专以上的训练水平；熟练掌握是指达到相当于本科以上的训练水平；精通是指达到相当于研究生的训练水平。相关知识是指该工作对这些知识的基本概念和基本常识有所了解，并能有效使用，该项知识不做等级描述。

（5）素质要求。

素质要求是描述员工道德素养和职业习惯优劣的基本因素，根据公司的实际，工作说明书从忠诚度、责任心两个维度进行描述。

（6）能力要求。

能力要求是描述每个工作对能力素质的要求。工作说明书中能力分为决策能力、创新能力、计划能力、信息处理能力、学习能力、组织能力、协调能力、合作能力、写作能力、语言能力、时间管理能力、动作协调能力。根据工作要求，选择不同能力要素和能力等级（A、B、C、D、E），各能力要素用因素分析进行分类评价，予以描述。公司有关部门在进行评价时，可根据下述分析说明进行合理选用和必要调整。能力构成要素及等级描述见表2－16。

表2－16　能力构成要素及等级描述

项目	因素	内　　容
决策能力	辨别力 前瞻性 及时性 方法	A. 辨别力强，有前瞻性，对复杂问题能进行审慎的剖析，能灵活地搜索各种解决问题的途径，并做出合理的评估，对各种方案的结果有着清醒的判断，并能根据公司所处的环境和发展战略及时有效地做出准确的决策 B. 辨别力强，能根据公司的发展动态及时做出正确的决策 C. 辨别力较强，能根据上级指令及部门动态做出正确的决策 D. 能做出基本正确的决策 E. 不做具体要求
创新能力	敏锐性 前瞻性 可行性	A. 能敏锐地发现问题，能创造性地提出可行的解决问题的思路、方法，并能在公司的经营管理中进行推广，提高公司的经营管理效率 B. 善于发现问题，并提出可行的解决问题的思路、方法，改进公司的经营管理 C. 能发现问题，并能提出基本可行的解决问题的思路和方法，提高部门的工作效率 D. 能发现问题，并能提出有一定价值的解决问题的思路和方法 E. 不做具体要求
计划能力	预测性 合理性 可行性	A. 能准确地预测任务将面临的主要问题，能将任务有效地进行合理分解，制订出切实可行的公司总体计划，并能及时根据情况变化而进行适当调整 B. 能较准确地预测任务将面临的主要问题，能将任务进行合理的分解，制订出切实可行的公司某一类计划，并能根据情况变化而进行适当调整 C. 对任务将面临的主要问题有一定的预测性，能将任务进行较合理的分解，制订出切实可行的部门工作计划，并能根据情况变化而进行计划调整 D. 能将任务进行基本合理的分解，制订出可行的本班组工作计划，并有一定的计划调整能力 E. 不做具体要求

续表

项目	因素	内　容
信息处理能力	摄取 质量 运用 及时性	A. 信息的摄取能力强，获取的信息质量高，能及时真实有效地运用与传递信息，指导公司的生产、经营 B. 有较强的信息摄取能力，获取的信息质量高，能及时真实有效地运用和传递信息，指导公司某一块的工作 C. 掌握的信息质量较高，能及时真实地传递和较有效地运用信息，指导部门的工作 D. 能真实及时地传递信息 E. 不做具体要求
学习能力	接受力 理解力 态度 兴趣	A. 对新知识有浓厚的兴趣，接受新观念、新事物的能力强，有很强的理解力和适应力，学习积极主动，能根据公司的发展战略主动、超前地学习新知识、新技术 B. 对新知识有较浓厚的兴趣，接受新观念、新事物的能力强，有较强的理解力和适应力，学习积极主动，能根据公司的发展要求学习新知识、新技术 C. 对新观念、新事物有较强的接受力和适应力，学习较积极主动，能根据工作的要求学习新知识、新技术 D. 能接受新观念、新事物，有一定的理解力和适应力，能根据工作的要求学习知识和技术 E. 不做具体要求
组织能力	感召力 推进力 方法	A. 感召力强，能运用适当的方法高效地推进工作，实现整个公司的工作目标 B. 感召力较强，能运用适当方法有效推进工作，实现公司某块的工作目标 C. 能选择合适的方法，基本有效地推进工作，实现本部门的工作目标 D. 尚能正常推进工作，大多数时候能实现工作目标 E. 不做具体要求
协调能力	亲和力 公平性 理解力 方法	A. 亲和力强，善于理解，善于用有效的方法公平地处理好公司内、外部关系和各种人际关系 B. 亲和力强，能用有效的方法公平地处理公司各部门关系和各种人际关系 C. 亲和力较强，能较好地处理各种人际关系 D. 基本上能有效地处理各种人际关系 E. 不做具体要求
合作能力	亲和力 适应性 态度 方法	A. 亲和力强，适应性强，能建立一个和谐的工作学习环境，团队工作效率高 B. 适应性强，能积极主动与人合作，建立好的工作学习环境，团队的工作效率高 C. 适应性较强，与人相处较融洽，能参与团队按时完成任务 D. 与人相处较融洽，能参与团队的工作 E. 不做具体要求
写作能力	文字 方法	A. 能为报纸杂志撰写文章，能起草合同等重要文件，能正确评价公司相关技术数据，思路清晰，意见连贯，措辞适当，文体相应 B. 能转述听写，处理各种信件，起草书写各种例行信件措辞适当，文体相适 C. 能把表格、支票、收据等材料归档、登记和邮寄，能转录数据，填写报告 D. 能学习工作职责，能填写顾客的姓名、地址，以及产品的数量、型号，能写简单的报告 E. 不做具体要求

续表

项目	因素	内容
语言能力	理解力 方法	A. 善于理解、倾听，能抓住重点，善于表达和传递自己的思想 B. 有较强的理解力，能抓住重点，能顺利表达和传递自己的思想 C. 有一定的理解力，尚能抓住重点，能顺利表达和传递自己的思想 D. 基本上能顺利表达和传递自己的思想 E. 不做具体要求
时间管理能力	计划 方法 指标	A. 能根据公司的计划和现有工作，清楚分清工作的轻重缓急，并合理排序 B. 能根据公司的计划和现有工作，视工作的轻重缓急合理排序 C. 能根据公司的计划和现有工作，视工作的轻重缓急排序 D. 能根据公司的计划和现有工作，对工作基本能排序 E. 不做具体要求
动作协调能力	身体 动作	A. 眼与手、脚、躯体配合能迅速、正确地做出精确而快速的运动，能保证动作质量和速度，能正确地做出运动反应 B. 眼与手、脚、躯体配合能正确地做出精确而快速的运动，能保证动作质量和速度 C. 眼与手、脚、躯体配合能正确地做出精确的运动，能保证动作质量 D. 眼与手、脚、躯体配合能正确地做出较精确的运动，基本能保证动作质量 E. 不做具体要求

6. 优化后的工作说明书

根据工作说明书设计的基本要求，结合守护神公司的具体情况，经项目组成员和公司高管人员的讨论商定，最终得出了优化后的工作说明书，见表 2-17 。

表 2-17　工作说明书

<table>
<tr><td>主题：</td><td colspan="2">部门：</td><td>文件编号：</td></tr>
<tr><td>第 1 版　　第 1 次修订</td><td colspan="2">共　页</td><td>归档号：</td></tr>
<tr><td>工作名称</td><td colspan="3"></td></tr>
<tr><td>工作编码</td><td colspan="3"></td></tr>
<tr><td>所属部门</td><td colspan="3"></td></tr>
<tr><td rowspan="3">工作关系</td><td colspan="3">直接上级：</td></tr>
<tr><td colspan="3">直接下级：</td></tr>
<tr><td colspan="3">主要协作工作：</td></tr>
<tr><td>职　别</td><td colspan="3">A 级　　B 级　　C 级　　D 级　　E 级　　F 级</td></tr>
</table>

续表

<table>
<tr><td rowspan="14">工作待遇</td><td rowspan="6">工资收入</td><td>岗位工资</td><td></td></tr>
<tr><td>绩效工资</td><td></td></tr>
<tr><td>技能素质工资</td><td></td></tr>
<tr><td>年功工资</td><td></td></tr>
<tr><td>计件工资</td><td></td></tr>
<tr><td>佣金</td><td></td></tr>
<tr><td rowspan="6">福利待遇</td><td>医疗保险</td><td></td></tr>
<tr><td>养老保险</td><td></td></tr>
<tr><td>失业保险</td><td></td></tr>
<tr><td>工伤保险</td><td></td></tr>
<tr><td>交通费</td><td></td></tr>
<tr><td>工作餐</td><td></td></tr>
<tr><td>工作消费</td><td></td><td></td></tr>
<tr><td>培训机会</td><td></td><td></td></tr>
<tr><td>职务晋升通道</td><td colspan="3"></td></tr>
<tr><td>工作重要程度</td><td colspan="3">很重要　　重要　　较重要　　一般</td></tr>
<tr><td>工作责任压力</td><td colspan="3">很大　　大　　较大　　一般</td></tr>
<tr><td rowspan="2">工作职责</td><td colspan="2">工作概要</td><td>工作内容</td></tr>
<tr><td colspan="2"></td><td></td></tr>
<tr><td rowspan="7">任职基本条件</td><td>学历最低要求</td><td colspan="2">初中　　中专　　大专　　本科　　研究生</td></tr>
<tr><td>最合适专业</td><td colspan="2">医药　　管理　　理工科　文科　　不限</td></tr>
<tr><td>经验</td><td colspan="2"></td></tr>
<tr><td>性别</td><td colspan="2">男性较佳　　女性较佳　　不限</td></tr>
<tr><td>健康状况</td><td colspan="2">好　　良好　　一般</td></tr>
<tr><td>年龄</td><td colspan="2"></td></tr>
<tr><td>其他要求</td><td colspan="2"></td></tr>
<tr><td rowspan="2">任职知识要求</td><td>专业知识</td><td colspan="2"></td></tr>
<tr><td>相关知识</td><td colspan="2"></td></tr>
<tr><td rowspan="2">任职素质要求</td><td>忠诚度</td><td colspan="2">为人诚实、可靠，能付之以重任；以公司的利益至上为行为准则，忠实于岗位职责的要求</td></tr>
<tr><td>责任心</td><td colspan="2">积极主动承担工作任务，并能尽心尽责完成，对工作质量力求完美，勇于承担责任和压力</td></tr>
</table>

续表

任职能力要求	决策能力	A	B	C	D	E
	创新能力	A	B	C	D	E
	计划能力	A	B	C	D	E
	信息处理能力	A	B	C	D	E
	学习能力	A	B	C	D	E
	组织能力	A	B	C	D	E
	协调能力	A	B	C	D	E
	合作能力	A	B	C	D	E
	写作能力	A	B	C	D	E
	语言能力	A	B	C	D	E
	时间管理能力	A	B	C	D	E
	动作协调能力	A	B	C	D	E

由于篇幅限制，在此只列示了公司部分工作说明书作为样表，见表 2－18 和表 2－19。

表 2－18　市场部经理工作说明书

主题：市场部工作说明书		部门：市场部	文件编号：
第 1 版　　第 1 次修订		共 3 页	归档号：
工作名称	市场部经理		
工作编码	MAC－001		
所属部门	市场部		
工作关系	直接上级：营销总监		
	直接下级：策划主管、客户主管		
	主要协作工作：销售部经理、财务部经理		
职　别	A 级　B 级　C 级　D 级　E 级　F 级		
工作待遇	工资收入	岗位工资（含保密工资 15%）	1 800～3 360 元
		绩效工资	1 200～2 240 元
		技能素质工资	无
		年功工资	三等
		计件工资	无
		佣金	无

续表

<table>
<tr><td rowspan="8">工作待遇</td><td rowspan="6">福利待遇</td><td>医疗保险</td><td>有</td></tr>
<tr><td>养老保险</td><td>有</td></tr>
<tr><td>失业保险</td><td>有</td></tr>
<tr><td>工伤保险</td><td>有</td></tr>
<tr><td>交通费</td><td>50 元</td></tr>
<tr><td>工作餐</td><td>免费中餐</td></tr>
<tr><td>工作消费</td><td colspan="2">通信费限额报销，每年带薪休假一周</td></tr>
<tr><td>培训机会</td><td colspan="2">内部培训、送外培训</td></tr>
<tr><td>职务晋升通道</td><td colspan="3">营销总监</td></tr>
<tr><td>工作重要程度</td><td colspan="3">很重要　　<u>重要</u>　　较重要　　一般</td></tr>
<tr><td>工作责任压力</td><td colspan="3">很大　　<u>大</u>　　较大　　一般</td></tr>
<tr><td rowspan="5">工作职责</td><td>工 作 概 要</td><td colspan="2">工 作 内 容</td></tr>
<tr><td>制订营销规划和广告、促销计划</td><td colspan="2">1. 根据公司发展目标，制定年度的整体营销方案；
2. 制订年、月的市场广告、促销费用计划。每年 12 月 20 日之前完成下一年计划，每月 25 日之前完成下月计划；
3. 组织制订广告发布计划；
4. 组织制订促销活动和日常促销用品计划，并根据市场变化规律，提出具体的区域促销计划方案</td></tr>
<tr><td>督导执行策划方案和计划</td><td colspan="2">1. 督导执行年度营销企划方案和促销计划；
2. 掌握销售市场动态，及时提出营销策略调整建议，并组织解决促销过程中发生的问题与矛盾；
3. 组织媒介发布的联系与执行，促销用品的选择与定制；
4. 组织大型的公关促销活动；
5. 根据市场需要组织市场调研</td></tr>
<tr><td>内部管理与培训、考核</td><td colspan="2">1. 审批促销活动实施细则和管理制度；
2. 负责对下属人员的业务培训、绩效考核和督促，每月至少对下属组织一次培训，每月对下属进行一次考核；
3. 根据市场变化有效地对计划内外的广告和促销活动进行动态调控和申请</td></tr>
<tr><td>信息反馈与协调</td><td colspan="2">1. 组织汇总、归纳市场信息，每月提交市场分析报告和广告费用执行情况报营销总监；
2. 协调处理顾客向媒介投诉问题</td></tr>
</table>

续表

任职基本条件	学历最低要求	初中　中专　大专　**本科**　研究生
	最适合专业	医药　管理　理工科　**文科**　不限
	经验	8年以上工作经历，5年以上市场营销管理经验以及1年以上医药行业营销经验
	性别	男性较佳　女性较佳　**不限**
	健康状况	**好**　良好　一般
	年龄	30～40岁
	其他要求	无
任职知识要求	专业知识	市场营销
	相关知识	广告、公关、医药
任职素质要求	忠诚度	为人诚实、可靠，能付之以重任；以公司的利益至上为行为准则，忠实于岗位职责的要求
	责任心	积极主动承担工作任务，并能尽心尽责完成，对工作质量力求完美，勇于承担责任和压力
任职能力要求	决策能力	A　B　**C**　D　E
	创新能力	**A**　B　C　D　E
	计划能力	A　B　**C**　D　E
	信息处理能力	A　B　**C**　D　E
	学习能力	A　**B**　C　D　E
	组织能力	A　B　**C**　D　E
	协调能力	A　**B**　C　D　E
	合作能力	A　**B**　C　D　E
	写作能力	A　**B**　C　D　E
	语言能力	A　**B**　C　D　E
	时间管理能力	A　**B**　C　D　E
	动作协调能力	A　B　C　D　**E**

表 2-19　质检员工作说明书

<table>
<tr><td colspan="2">主题：品质部工作说明书</td><td>部门：品质部</td><td>文件编号：</td></tr>
<tr><td colspan="2">第 1 版　　第 1 次修订</td><td>共 3 页</td><td>归档号：</td></tr>
<tr><td>工作名称</td><td colspan="3">质检员</td></tr>
<tr><td>工作编码</td><td colspan="3">QTE-003</td></tr>
<tr><td>所属部门</td><td colspan="3">品质部</td></tr>
<tr><td rowspan="3">工作关系</td><td colspan="3">直接上级：品质部部长</td></tr>
<tr><td colspan="3">直接下级：无</td></tr>
<tr><td colspan="3">主要协作岗位：生产人员</td></tr>
<tr><td>职　别</td><td colspan="3">A 级　B 级　C 级　D 级　E 级　F 级</td></tr>
<tr><td rowspan="14">工作待遇</td><td rowspan="6">工资收入</td><td>岗位工资
（含保密工资 15%）</td><td>640～1 440 元</td></tr>
<tr><td>绩效工资</td><td>160～360 元</td></tr>
<tr><td>技能素质工资</td><td>有</td></tr>
<tr><td>年功工资</td><td>二等</td></tr>
<tr><td>计件工资</td><td>无</td></tr>
<tr><td>佣金</td><td>无</td></tr>
<tr><td rowspan="6">福利待遇</td><td>医疗保险</td><td>无</td></tr>
<tr><td>养老保险</td><td>有</td></tr>
<tr><td>失业保险</td><td>有</td></tr>
<tr><td>工伤保险</td><td>有</td></tr>
<tr><td>交通费</td><td>50 元，如住公司宿舍则无</td></tr>
<tr><td>工作餐</td><td>免费中餐</td></tr>
<tr><td>工作消费</td><td colspan="2">无</td></tr>
<tr><td>培训机会</td><td colspan="2">公司内部培训、送外培训</td></tr>
<tr><td>职务晋升通道</td><td colspan="3">品质部部长</td></tr>
<tr><td>工作重要程度</td><td colspan="3">很重要　重要　较重要　一般</td></tr>
<tr><td>工作责任压力</td><td colspan="3">很大　大　较大　一般</td></tr>
<tr><td rowspan="8">工作职责</td><td colspan="2">工作概要</td><td>工作内容</td></tr>
<tr><td colspan="2">接检验指令单并进行核对</td><td rowspan="6">1. 各项批准的起始物料质量监控标准工作程序；
2. 各生产过程工序质量监控标准工作程序；
3. 各项质量标准与检验规程；
4. 各项生产指令、标准操作规程；
5. 清场管理规程与清洁规程；
6. 卫生状态控制标准操作程序</td></tr>
<tr><td colspan="2">按取样要求进行取样，填写取样证</td></tr>
<tr><td colspan="2">按质量标准和检验规程进行化验，做好检验记录</td></tr>
<tr><td colspan="2">出具检验报告单</td></tr>
<tr><td colspan="2">质量检验的全过程与工作后清洁、清场工作</td></tr>
<tr><td colspan="2">对实验仪器设备进行及时的清洁保养，并做好记录</td></tr>
<tr><td colspan="2">其他任务</td><td>按上级的要求处理</td></tr>
</table>

续表

任职基本条件	学历最低要求	初中　中专　大专　本科　研究生
	最适合专业	医药　管理　理工科　文科　不限
	经验	无特别要求
	性别	男性较佳　女性较佳　不限
	健康状况	好　良好　一般
	年龄	20 岁以上
	其他要求	无
任职知识要求	专业知识	药理学，GMP 知识
	相关知识	化学知识，一般质量管理知识
任职素质要求	忠诚度	为人诚实、可靠，能付之以重任；以公司的利益至上为行为准则，忠实于岗位职责的要求
	责任心	积极主动承担工作任务，并能尽心尽责完成，对工作质量力求完美，勇于承担责任和压力
任职能力要求	决策能力	A　B　C　D　E
	创新能力	A　B　C　D　E
	计划能力	A　B　C　D　E
	信息处理能力	A　B　C　D　E
	学习能力	A　B　C　D　E
	组织能力	A　B　C　D　E
	协调能力	A　B　C　D　E
	合作能力	A　B　C　D　E
	写作能力	A　B　C　D　E
	语言能力	A　B　C　D　E
	时间管理能力	A　B　C　D　E
	动作协调能力	A　B　C　D　E

2.4.4　工作说明书的动态编制

编制出工作说明书后，并没有大功告成，工作说明书的编制并不是一劳永逸的工作，而是一个动态的过程。工作说明书的动态编制也分为以下 3 个阶段。

第一阶段，企业组织相关人员开展工作分析，设计工作说明书模板，指导员工进行自下而上、自上而下的反复修订，最终形成符合公司管理目标的工作说明书初级版。

第二阶段，在工作说明书初级版运行 3 个月后，企业应根据工作说明书的实际运行情况综合考虑环境因素、经营重点对工作说明书进行修正和调整，将工作说明书升级为修正版。

第三阶段，在修正版运行9个月之后，公司应进一步根据修正版的运行情况，结合当时的环境因素、经营重点、组织架构对工作说明书进行修正和调整，将工作说明书升级为终极版。

经过以上3个阶段的不断分析和改进，工作说明书不断升级，最终进入稳定运行阶段。工作说明书动态维护过程如图2.4所示。

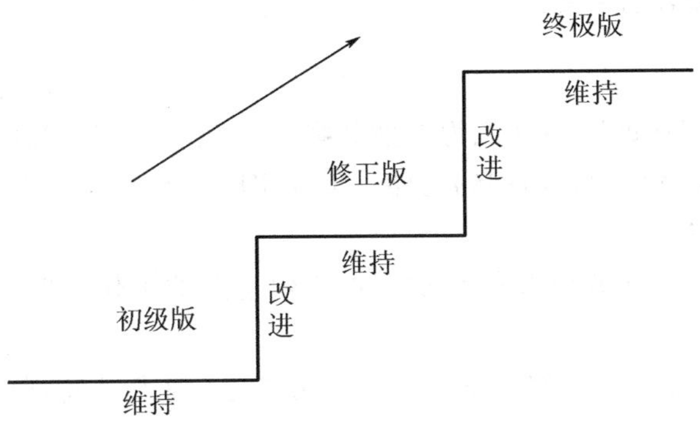

图2.4 工作说明书动态维护过程

2.4.5 案例解析

本案例也是依据多年前作者应邀帮助守护神公司优化和构建内部管理系统的方案材料选编而成，特意保持了当时对其公司工作说明书的分析和优化原貌，以便读者分析。

本案例详细地介绍了守护神公司工作说明书中存在的问题，结合公司的实际情况，通过对公司的工作分类、调整和编码，确定了工作的重要程度、工作责任压力、基本条件、知识要求、素质要求和能力要求等，进而得出优化后的工作说明书，并列示了市场部经理和质检员两个工作的工作说明书供读者参阅。此外，在使用工作位说明书时应注意工作说明书的动态编制，进行适时的调整和修正。本案例旨在让读者详细了解工作说明书的编制过程及其内容设计。

评价：工作说明书是工作分析的主要成果展现形式，也是人力资源管理的重要基础性文件。本案例通过对守护神公司工作说明书的诊断和优化编制，为读者详细介绍了工作说明书的制定方法和动态优化模式，并提供了具体的工作说明书样例，为读者进行工作说明书编制提供了一个范本。由于工作说明书的编制方法和范式具有较强的普适性，本案例具有很好的参考价值。

使用说明：编写工作说明书是人力资源管理的重要基础工作，也是颇有难度的一项专业性工作。然而，许多企业对该项工作重视程度不够，甚至流于形式。编制的工作说明书粗糙而又过分简单，对企业人力资源管理其他职能工作起不到真正的有效信息支撑效果，导致企业招聘、考核、薪酬设计等重要工作环节与工作说明书脱节，使企业对工作分析与工作说明书形成理解上的偏差，有人甚至将其视为“无用的工作”。实际上在很多国际知名企业，工作分析和工作说明书是作为其核心管理技术，被列入企业重要的竞争软实力组成内容，购买其生产工艺技术时，如果要购买其工作分析和工作说明书时，需要付出高昂的管理技术转让费。由此可说明工作说明书实际上是十分有用的，关键是要写得到位，真正能准确说明工作在组织中的地位、作用和承担的工作职能，真正能对工作任职者提出明确的能力、素养和知识、经验要求，能为招聘、培训和薪酬考核提供科学依据，这样的工作说明书绝对不会受轻视。当然，高水平的工作说明书必须基于对组织职能甚至工艺技术的精细研究，基于精细的胜任力模型构建工作，基于公司的管理基础和管理理念，可以说工作说明书是企业管理技术成果的综合反映，是一个严谨而又复杂工作过程的成果，而不是简单地由一个普通办事员"照葫芦画瓢"得出的结果。工作说明书的来源决定了它的价值，也决定了它对组织管理的贡献，这点希望引起读者的重视。

案例研讨：

1. 从理论上讲，工作说明书既能为企业招聘、考核、培训、薪酬设计等提供依据，又能对人力资源管理工作发挥规范与制约功能，但在实际工作中发现工作说明书往往难以达到预期的效果，原因何在？

2. 许多企业人力资源工作者往往喜欢搬抄其他企业的工作说明书，你觉得这样做有价值吗？为什么？

3. 以酒店业和IT业企业为例，研讨工作说明书与企业行业特征的关系。

2.5　案例四：海氏系统法的工作评价案例

——长沙正气公司核心管理岗位工作评价[①]

2.5.1　公司简介及存在的问题

长沙正气公司（以下简称正气公司）是一家中型国有企业，其主要业务包括管道煤气的制备与供应、管道设备的安装与维修服务，公司下设管道煤气制备厂、施工部、营销和维修服务部，公司共设4个职能管理部门，分别为办公室、财务部、人力资源部和运营管理部。其组织结构如图2.5所示。

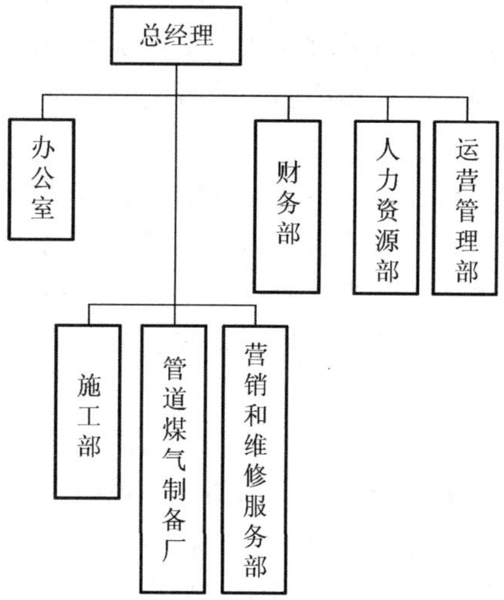

图 2.5　组织结构

项目组在对正气公司进行调查后发现，公司中有能力、有资本的员工，在公司感觉不到被充分重视，很多人有离职倾向，大大影响到公司的正常运转，不仅在很大程度上影响到了公司的业务，在经济上造成了重大损失，同时也对公司的战略目标实现和未来成长形成严重制约。项目组调查发现，核心层员工薪酬满意度低于30%，核心管理岗位员工对公司的薪酬体系不满意是其离职和有离职倾向的第一因素。进一步分析得出结论：构成薪酬满意度低的主要原因是公司薪酬的内部不公平，这种不公平源于公司的薪酬层级的划分没有建立在系统的工作评价基础上，既没有

① 本案例源于作者2016年主持完成的某燃气公司的人力资源体系建设项目，根据该项目的工作分析和工作评价部分内容修改完成，案例完稿于2018年5月，文中对公司的信息做了必要的处理。

对具有相同价值的职位进行归类，也未能按各类工作对组织的价值大小进行排序，工资的分等定级缺乏依据，无法体现职位相对价值的高低。

解决核心员工离职首先必须提高薪酬满意度。项目组决定重新构建合理的薪酬体系，以此带动公司内部管理的改革，而薪酬体系的优化必须依靠规范、合理、公正的工作评价，通过严格而科学的工作评价，使各岗位之间的相对价值得到公平合理的体现，实现薪酬的内部公平。

2.5.2　公司工作评价设计思路

项目组通过对公司的全面调查，依据公司的阶段发展特点，决定采用海氏系统法对核心管理岗位进行评估，岗位包括总经理、副总经理，职能部门部长、副部长，施工部部长、副部长，工厂厂长、副厂长，营销和维修服务部部长、副部长，总计 19 个岗位。

海氏系统法的实质就是一种评分法，它认为所有职位所包含的最主要的付酬因素只有 3 种：第一种付酬因素为技能水平 A（表 2－20）；第二种付酬因素是解决问题的能力 B（表 2－21）；第三种付酬因素是承担的职位责任 C（表 2－22）。表 2－23 为海氏工作评价系统付酬因素描述，设定 K_1 为解决问题能力权重系数，K_2 为职位所承担责任的系数，每个岗位的总分值为 $A\times(1+B)\times K_1+C\times K_2$。在本案例中，我们将取 K_1、K_2 值为 1，项目组针对上述 19 个岗位逐一在 3 个表格中确定其相应的位置，提取相应的数据，每一个岗位由此得到一组 3 个维度的数据，19 个岗位得到 19 个相应的数据，岗位之间的相对价值得以表达。

表 2－20　海氏职位分析指导图表（之一）技能水平评价

管理诀窍		起码的			有关的			多样的			广博的			全面的		
人际关系技巧		基本的	重要的	关键的	基本的	重要的	关键的	基本的	重要的	关键的	基本的	重要的	关键的	基本的	重要的	关键的
有关科学知识、专门技术与实际方法	基本的	57	66	76	76	87	100	100	115	132	132	152	175	175	200	230
	初等业务的	76	87	100	100	115	132	132	152	175	175	200	230	230	264	304
	中等业务的	100	115	132	132	152	175	175	200	230	230	264	304	304	350	400
	高等业务的	132	152	175	175	200	230	230	264	304	304	350	400	400	460	528
	基本专门技术的	175	200	230	230	264	304	304	350	400	400	460	528	528	608	700
	熟练基本技术的	230	264	304	304	350	400	400	460	528	528	608	700	700	800	920
	精通专门技术的	304	350	400	400	460	528	528	608	700	700	800	920	920	1 056	1 216
	权威专门技术的	400	460	528	528	608	700	700	800	920	920	1 056	1 216	1 216	1 400	1 600

表 2－21　海氏职位分析指导图表（之二）解决问题的能力评价

	思维难度					
		重复性的	模式化的	中间型的	适应性的	无先例的
思维环境	高度常规性的	10%～12%	14%～16%	19%～22%	22%～29%	33%～38%
	常规的	12%～14%	16%～19%	22%～25%	29%～33%	38%～43%
	半常规性的	14%～16%	19%～22%	25%～29%	33%～38%	43%～50%
	标准化的	16%～19%	22%～25%	29%～33%	38%～43%	50%～57%
	明确规定的	19%～22%	25%～29%	33%～38%	43%～50%	57%～66%
	广泛规定的	22%～25%	29%～33%	38%～43%	50%～57%	66%～76%
	一般规定的	25%～29%	33%～38%	43%～50%	57%～66%	76%～87%
	抽象规定的	29%～38%	38%～43%	50%～57%	66%～76%	87%～100%

表 2－22　海氏职位分析指导图表（之三）承担的职位责任评价

职位责任	大小等级 / 金钱范围	微小的				少量的				中级的				大量的			
职位对后果形成的作用		间接		直接		间接		直接		间接		直接		间接		直接	
		后勤	辅助	分摊	主要	后勤	辅助	分摊	主要	后勤	辅助	分摊	主要	后勤	辅助	分摊	主要
行动自由度	有规定的	12	16	22	29	16	22	29	38	22	29	38	50	29	38	50	66
	受控制的	19	25	33	43	25	33	43	57	33	43	57	76	43	57	76	100
	标准化的	29	38	50	66	38	50	66	87	50	66	87	115	66	87	115	152
	一般性规范的	43	57	76	100	57	76	100	132	76	100	132	175	100	132	175	230
	有指导的	66	87	115	152	87	115	152	200	115	152	200	264	152	200	264	350
	方向性指导的	100	132	175	230	132	175	230	304	175	230	304	400	230	304	400	528
	广泛性指导的	152	200	264	350	200	264	350	460	264	350	460	608	350	460	608	800
	战略性指引的	230	304	400	528	304	400	528	700	400	528	700	920	528	700	920	1 216
	一般性无指引	350	460	608	800	460	608	800	1 055	508	800	1 056	1 400	800	1 056	1 400	1 840

表 2－23 海氏工作评价系统付酬因素描述

付酬因素	付酬因素释义	子因素	子因素释义
技能水平	要使工作绩效达到可接受的水平所必需的专门知识及相应的实际运作技能总和	专业理论知识	对该职务要求从事的职业领域的理论、实际方法与专门知识的理解。该子因素分 8 个等级，从基本的（第一级）到权威专门技术的（第八级）
		管理诀窍	为达到要求绩效水平而具备的计划、组织、执行、控制、评价的能力与技巧。该子因素分 5 个等级，从起码的（第一级）到全面的（第五级）
		人际技能	该职务所需要的沟通、协调、激励、培训、关系处理等方面主动而活跃的活动技巧。该子因素分“基本的”“重要的”“关键的” 3 个等级
解决问题的能力	在工作中发现问题，分析诊断问题，提出、权衡与评价对策，做出决策的能力	思维环境	环境对职务行使者的思维的限制程度。该子因素分 8 个等级，从几乎一切按既定规则办的第一级（高度常规性的）到只做了含混规定的第八级（抽象规定的）
		思维难度	解决问题时对当事者创造性思维的要求。该子因素分 5 个等级，从几乎一切按既定规则办的第一级（重复性的）到完全无先例可供借鉴的第五级（无先例的）
承担的职位责任	职务行使者的行动对工作最终结构可能造成的影响及承担责任的大小	行动自由度	职务能在多大程度对其工作进行个人性指导与控制。该子因素包含 9 个等级，从自由度最小的第一级（有规定的）到自由度最大的第九级（一般性无指导的）
		职务对后果形成的作用	该子因素包括 4 个等级：第一级是后勤性作用，即只在提供信息或偶然性服务上出力；第二级是咨询性作用，即出主意与提供建议；第三级是分摊性作用，即与本企业内外其他部门和个人合作，共同行为，责任分摊；第四级是主要作用，即由本人承担主要责任
		职务责任	可能造成的经济性正负后果。该子因素包括 4 个等级，即微小的、少量的、中级的和大量的，每一级都有相应的金额下限，具体数额要视企业的具体情况而定

2.5.3 评价结果

由于篇幅所限，本案例以公司总经理和办公室主任这两个岗位为例，描述其工作评价过程。

（1）在技能水平方面，总经理除了对生产经营管理、人事管理知识要有所了解之外，还要有涉及相关的法律法规、财务管理方面的知识，所以专业知识成分上需“高等业务的”，而办公室主任在相关知识的要求上要略低一个层次，大致定位在“中等业务的”。在管理诀窍方面，两个都是“多样的”。在人际关系技巧方面，需要协调的关系，总经理要求具备最高一级“关键的”水平，而办公室主任则只要具备“重要的”水平即可，得出总经理的技能价值为304，办公室主任的技能价值为200。

（2）在解决问题的能力方面，总经理及办公室主任的思维环境皆属于第七级“一般规定的”。办公室主任的思维难度是“中间型的”，其解决问题的能力评价为50%；总经理的思维难度则属于“适应型的”，其解决问题的能力评价为66%。

（3）对职位所承担的责任进行评价，总经理的行为自由度属于“战略性指引的”，所起的作用是“主要的”，对经济后果的责任是“大量的”，则该岗位的责任评分为1 216；办公室主任的行动自由度属于“广泛性指导的”，所起的作用是“分摊的”，对经济后果的责任是“大量的”，该岗位的责任评分为608。

在利用指导图表评定出两个岗位在3个主要付酬因素上分别的分数以后，还必须考虑两个岗位的“形状构成”，以确定三因素的权重，进而据此计算出各岗位相对价值的总计分，完成岗位评估活动。所谓的“岗位的形状构成”是开发此方法的海氏提出并命名的。他认为服务具有一定的“形状”，这个形状主要取决于技能和解决问题的能力这两个因素相对于职位所承担的责任这一因素的影响力之间的对比和分配。一般而言，企业中的岗位可分为以下3种类型。

（1）上山型。此类职位的责任比技能与解决问题的能力重要。公司中的副总经理、销售经理、生产车间主任属于这种类型。

（2）平路型。技能与解决问题的能力在此类职位中与责任并重，平分秋色。公司中的会计、人事等职能干部属于这种类型。

（3）下山型。此类职位的责任不及技能与解决问题的能力重要。公司中的研发、市场分析人员属于这种类型。

对各类岗位的形状构成的分析通常是由岗位专家进行的，并据此给技能、解决问题的能力这两个因素与责任因素各自分配不同的权重，即分别向前二者与后者指派代表其重要性的一个百分数，这两个百分数之和应为100%。通过对正气公司总经理及办公室主任两个岗位的实际工作内容的分析，可判断这两个岗位分别属于上山型和平路型。可将两者的两组因素的权重分别确定为（50%/50%）和（40%/60%）。

这样便可算出这两种岗位的评价总分。

总经理的评价总分$=304\times(1+66\%)\times50\%+1\,216\times50\%\approx860$

办公室主任的评价总分$=200\times(1+50\%)\times40\%+608\times60\%\approx485$

表2-24为正气公司管理岗位评估表。

表2-24 正气公司管理岗位评估表

职　　位	技能水平	解决问题的能力	承担的责任	类　　型	总得分
总经理	304	66%	1 216	上山型	860
办公室主任	200	50%	608	平路型	485

2.5.4 案例解析

本案例通过对正气公司管理人员离职率较大的原因诊断，认为缺乏科学的工作评价是其问题的症结所在，由于工作评价从而导致核心管理人员的薪酬满意度降低。案例中运用了海氏系统法对管理人员岗位进行了评价，本案例旨在让读者学会这种方法的使用。科学的工作评价有助于确定岗位之间的相对价值，保证薪酬的内部公平性，有助于建立员工的职业晋升通道并改善劳资关系。

评价：岗位付酬因素评价是岗薪设计的基础，也是岗薪设计的最大难点。本案例选用海氏系统法对管理岗位进行了工作评价，有效解决了不同层级和不同类别岗位相对价值的相互比较难题，评价结果具有很强的说服力。本案例详尽地介绍了这种方法的使用过程，具有充分的借鉴价值。

使用说明：岗位评价是一个非常精细的工作过程，其核心意义在于将岗位的相对价值比较出来，体现薪酬的内部公平性需求。本案例中的核心管理岗位只有 19 个，数量较少，其工作内容同质化、可比性强，用海氏系统法能比较客观公平地辨别各岗位的相对价值，评价效果会比较好。值得注意的是，用海氏系统法评出的分数，比直觉性的主观评估要精确和合理得多，但是较为复杂，而且有的权重和级别的划分也要进行大量的工作，这样也会增加公司的成本，但只有设计出合理的薪酬才能更好地激励员工，为公司创造更多的价值。因此是否使用海氏评价系统应视公司的具体情况而定。

案例研讨：

1. 讨论运用海氏系统法进行工作评价的适用对象和范围，分析其原因。
2. 请分析在使用海氏工作评价系统确定各工作形状构成时，如何确定某具体工作属于上山型、平路型还是下山型。
3. 许多公司部门负责人和分公司总经理属于同一级别的管理者，在运用海氏系统法进行工作评价时，如何体现它们之间的差别？

2.6 案例五：要素计点法的工作评价案例
——江南汽车制造有限公司工作评价[①]

2.6.1 公司简介

江南汽车制造有限公司是一家大型轿车生产经营企业，主要由 7 家国内大型公司和国有银行共同投资组建。江南汽车制造有限公司成立于 1998 年，坐落在湖南省长沙市，设计规模为年产 50 万辆轿车和 30 万台发动机。第一期投资 208 多亿元人民币，已形成了 30 万辆整车和 30 万台发动机的生产能力。江南汽车制造有限公司现有员工 6 800 余人，由长沙和湘潭两个制造事业部作为主体生产基地，在长沙的公司总部设有人力资源部、财务部、供应采购部和生产调度部，另外设有营销子公司负责产品销售和售后服务工作。

① 本案例源于作者主持完成的江南汽车制造有限公司薪酬项目，根据该项目的工作评价部分内容修改完成，案例完稿于 2018 年 3 月。

2.6.2 公司存在的问题

江南汽车制造有限公司作为长沙高新区引进的重点企业，依托其国内知名汽车品牌的优势和较高的薪酬待遇水平，公司从1998年成立开始就聚集了大批优秀人才，形成了一个高学历的核心群体，本科以上学历的员工占员工总数的近50%，普通技术工人也大多有专科以上学历，具有职业中专以上学历的人数达到91%，公司拥有硕士学位的员工280人，博士学位的员工34人（含6位海归博士）。但2008年以后，公司核心人才流失严重，其中博士学位员工仅剩下5人，硕士学位员工流失150余人，其客观原因是全球性经济危机导致市场竞争激烈，企业效益下滑，员工收入和福利水平明显下降。

公司高层感受到强大的压力，认为需要对人力资源管理体系进行重新审视和优化，希望从机制上堵住核心员工流失的缺口，项目组对该公司的人力资源体系及其运行效果进行诊断评估，并提供优化设计方案。下面是项目组运用要素计点法对该公司进行工作评价的方案要点。

2.6.3 工作评价方案的设计

1. 工作评价组织机构

为保证工作评价的科学合理，建立有效的工资结构体系，首先要建立明确的组织机构以及各机构的任务分工和工作职责。根据江南汽车制造有限公司的实际情况，成立以下组织机构。

（1）项目决策委员会。

成立由中南大学项目专家组长、副组长及公司正副总经理和4个部门部长及营销子公司总经理参加的决策委员会，负责整个薪资制度改革项目总体指导和决策，以及工作评价方案的审批和薪资水平的确定。

（2）工作评价委员会。

主任：人力资源部部长、项目组组长

副主任：人力资源部人员分部主任

委员：各部门综合管理负责人

职责：负责工作评价方案的拟订、标杆工作的选取和评估，负责指导工作评价小组的工作以及工作评价方案的日常维护工作，平衡公司的工作评价分级方案和处理工作评价工作中的例外情况，审议和批准生效工作评价结果及工作等级的变更，由工作评价委员会主任签字生效。

（3）工作评价办公室。

工作评价办公室是公司工作评价委员会的执行机构，由项目组和企业人力资源部组织的6位专项工作人员组成，负责日常工作评价工作的组织与管理，公司工作评价委员会的联络及工作评价工作组的组织，公司工作评价委员会会议记录及资料整理，向工作评价委员会介绍工作分析及工作评价的情况并提出工作等级的建议，执行经确认的工作评价结果和相关信息的维护、反馈，以及工作评价的对外解释工作。

2. 基于要素计点法的工作评价方案的设计

江南汽车制造有限公司有1 300多个岗位，涉及生产、技术、商务、财务、计算机等各个领域，范围较广。为确保不同职能领域的工作等级具有可比性，能体现一般操作工人到总经理不同层次的差异性，设计一个统一性的工作评价方案较为合适，同时建议采用要素计点法。因为要素计点法通过清楚明确的定义要素和量化分数值来进行比较，主观决定的成分较少，员工容易接受。

（1）选择要素。

工作评价小组在对公司工作进行总体分析的基础上，确定了 10 个要素，依次为知识、经验、活动范围、决策责任、失误后果、内部联系、外部联系、督导职责、督导人数、研究分析。其中决策责任、失误后果及经验占了比较大的权重。在这 10 个要素下面又划分出不同等级并制定了相应的级别评价标准，具体如下。

① 知识。

级别 1：对基本的方法和简单的工作程序有所了解。

级别 2：对一种职能的基本程序和操作有一定的工作知识。

级别 3：对数种职能有基本的工作知识，并对一种职能有较深入的了解。

级别 4：对数种职能有较深入的了解，并对一种职能有透彻而全面的掌握。

级别 5：对数种职能有透彻的认识，能够了解此数种职能的关系及运用，并对一种职能有透彻而全面的掌握。

级别 6：在整体上对各种职能的具体做法、原则和相互间的关系有透彻的认识，并能配合在业务上适当地运用。

级别 7：在整体上对各种职能的具体做法、原则和相互间的关系有透彻的认识，并能把深层的科技及理论学术知识加以配合和运用。

② 经验。

级别 1：1 年以下。

级别 2：1～2 年。

级别 3：2～4 年。

级别 4：4～7 年。

级别 5：7～11 年。

级别 6：11～15 年。

级别 7：15 年以上。

③ 活动范围。

级别 1：从事固定或重复的工作程序，对其他职位有很小的影响。

级别 2：从事一般标准化的工作，可在标准作业程序内做一些常规的活动，对其他职位有轻微的影响。

级别 3：从事的各项工作有一定的复杂性，要求能够在本业务部门以及职责范围内做出协调，需处理经常变化的情形及问题。

级别 4：工作涉及本职能内多方面的问题并具有相当的复杂性，能够令不同业务单位和公司部门相互参与达成协调。

级别 5：从事跨越多种职能或部门的工作，把管理及发展的概念以具体行动贯彻地施行及协调。

级别 6：所从事的多种职能有广泛的不同，负责监控不同业务单位或公司部门的工作，职责相当复杂，可视为集几种职能为一身的重要管理工作，以求达到策略上的一体化和协调性。通常没有先例或已有的作业程序可循，需要密切的协调与整合。

级别7：从事不同的职能和做不同的重大决策，负责监控公司的业务职责、单位或公司部门的工作，职责极为复杂，对他人或其他部门的影响广泛，要求整体公司参与和协调。

④ 决策责任。

级别1：决策限于规章范围，一切疑难均需转给上级处理，行动之前需获得批准。

级别2：在规章范围内可做一般日常工作的决定，以完成规章内已定目标或实施既定的工作方法，需与上级商量疑难问题。

级别3：遵循公司既定政策与作业标准，只有超过权责范围的问题和疑难才需要请示上级处理，在特定的专业知识领域及在工作规章范围内偶尔做重要决定，一般所完成的任务也需要接受定期审核。

级别4：遵循既定的总体政策和作业准则，在一般被认可的管理工作范围内，可做重要决定，只需通报上级有关工作的整体方向的进度。

级别5：在总体政策下，其所做决定对公司运作有广泛而重大的影响，要求有很好的判断能力，在决定前也许会征询公司其他高层主管的意见，但个人仍需负全责。

级别6：在总体政策及策略目标的范围内做重大决策，所做决策在中长期内对业务单位或公司在其他地方的分支部门的未来发展及经营方向有广泛影响。

⑤ 失误后果。

级别1：所造成的后果影响甚小，错误的原因大多因疏忽所致，易于纠正。

级别2：仅对公司的小部分业务活动有影响，大多需要他人费时耗力确定错误的所在并做出纠正，可能导致少许工作延误、降低效率和增加开支，也可能影响到其他部门，但只要以一定的时间和精力纠正错误，仍能达成部门的总体目标。

级别3：仅影响某一部门或职能，可能造成使用不全面或不准确的信息，一般导致相当的工作延误、降低效率和增加开支。

级别4：影响部门和不同部门之间的业务活动、关系或开支，对公司总体运作可能有一定影响，员工生产率或客户态度也相应受到影响。

级别5：影响部门内部和不同部门之间的业务结果或利润，对公司业务或声誉可能有严重影响，需要公司管理层采取行动纠正失误。

级别6：对公司主要部门，以及当前和未来的状况产生严重影响，包括严重影响公司的声誉及总体财政状况。

⑥ 内部联系。

级别1：仅与直接同事有工作联系，只要求例行性日常信息交流。

级别2：工作联系只限于交换或沟通特定工作上所需要的信息或问题之澄清，并需要有技巧的应对。

级别3：通常接触频繁，需有技巧地了解及提供他人意见，并对其中有难度而有争议性的问题做讨论及建议。

级别4：在提出或讨论具有一般难度以上的问题时需要有谋略、技巧和远见，以得到他人的合作和同意。

级别5：在影响公司实际政策和程序的重大问题上，需与公司内各管理阶层人员联系、合作及协调。

级别 6：在工作上的接触及协调性质非常重大且困难，需要果断地及有效率地处理困难的内部问题并汇总及整合内部高层各种不同及多样化的意见。

⑦ 外部联系。

级别 1：很少需要与外界接触或甚至无须进行对外工作联系。

级别 2：需进行指定范围内对外的日常工作联系及接触。

级别 3：与特定类型的外界机构或限定的一些客户保持持久及良好关系，在获取或提供信息时需要一般的礼仪与技巧。

级别 4：工作上需经常开展及建立与外界的良好关系及多方面与外界接触，但联系性质相似，以使项目完成或确保其接受公司的产品或服务、增进公司商誉，并满足客户需求。

级别 5：牵涉困难或复杂的状况，必须以娴熟的人际关系技巧与判断力来处理，处理的方式会影响业务的得失或公司的信誉。

级别 6：与对公司声誉、产品质量和利润有重要影响的机构或人士进行高难度的协商，通常包括与供应商、社区领导、行政官员或其他公司以外人士，需要极强的人际关系技巧，以促成公司重大问题的解决。

⑧ 督导职责。

级别 1：负责本职位的工作，仅在偶尔情况下需要指导或督导别人。

级别 2：负责工作部署、任务分配，保持工作进程，提供培训和指导，通常从事与受督导者相似的工作。

级别 3：直接管理其下属一般标准化的工作，包括一些专业人员，其时间大部分在排除一般性困难、分配及审核工作。

级别 4：直接地或通过第一线下属督导人员进行管理、规划和安排工作，建立工作标准，诠释并实施公司政策。

级别 5：间接经由其他专业经理来管理部属，制定长期方案，预测劳动力需求，制定总体政策与程序。

级别 6：负责总体各部门管理，颁布公司规章与程序，与公司最高管理层协商，以确定、形成和实施业务的总体计划。

⑨ 督导人数。

级别 1：0。

级别 2：1～4 人。

级别 3：5～10 人。

级别 4：11～50 人。

级别 5：51～200 人。

级别 6：201～500 人。

级别 7：501～1 000 人。

级别 8：1 000 以上。

其中督导人数指直接和间接督导的员工，1 个员工单位相等于 5 名工人。

⑩ 研究分析。

级别 1：有现成的方法，根据既定的程序或上级指示收集或计算事情结果和数据。

级别 2：方法待定，调查和分析特定范围的当前活动或信息，分析包括选定适当的分析方法后，加以使用和重新组织资料。

级别 3：方法需进一步改良，分析包括进行调查，并对大量资料加以评估，资料可能包括不同种类，较为复杂，且需重新组织，从而提出合理的解释，得出逻辑性的结论。

级别 4：方法需制定及发展，对复杂的活动或信息进行研究、分析和阐释，以改善一贯沿用的分析方法，或发展新方法。

级别 5：需要创造、阐述或评估创新的活动或信息，通常涉及某些应用范围的改善或创新，并需要发展逻辑性的分析方法及结论，以评估其对公司的长远影响。

（2）确定各要素的权重并赋予要素各级别的分数值。（表 2－25）

表 2－25　要素权重和级别点数分数分配表

因素	权重分配	分数分配	点数	级别点数							
				1	2	3	4	5	6	7	8
知识	9%	90	7	9	13	19	28	42	61	90	—
经验	13%	130	7	13	19	28	41	60	89	130	—
活动范围	10%	100	7	10	15	22	32	46	68	100	—
决策责任	16%	160	6	16	25	40	64	101	160	—	—
失误后果	13%	130	6	13	21	33	52	82	130	—	—
内部联系	5%	50	6	5	8	13	20	32	50	—	—
外部联系	8%	80	6	8	13	20	32	50	80	—	—
督导责任	12%	120	6	12	19	30	48	76	120	—	—
督导人数	6%	60	8	6	8	12	16	22	31	43	60
研究分析	8%	80	5	8	14	25	45	80	—	—	—
合计	100%	1 000									

（3）确定工作等级和分数区间。（表 2－26）

表 2－26　工作等级和分数区间对照表

工作等级	分数区间	工作等级	分数区间
21	897～1 000	10	254～285
20	799～896	9	227～253
19	714～798	8	202～226
18	637～713	7	181～201
17	568～636	6	161～180
16	507～567	5	143～160
15	453～506	4	127～142
14	404～452	3	113～126
13	360～403	2	101～112
12	321～359	1	1～100
11	286～320		

(4) 操作方案及流程。

前面已经介绍，江南汽车制造有限公司是一家大型的轿车生产经营企业，涉及的职能领域广、工作多，要求工资体系改革到位的时间紧。因此，它的操作方案设计如下：先选择部分标杆工作运用上述评分法进行评估，将整个工作等级架构建立起来，在标杆工作的评估结果得到决策委员会的认可后，运用类比法将其余工作进行比较排列分等，将所有工作等级结构建立起来，在工资制度改革到位后，再组织工作评价委员会按计划对运用类比法插入的等级结果进行评估验证。

① 工作评价过程（图 2.6）。

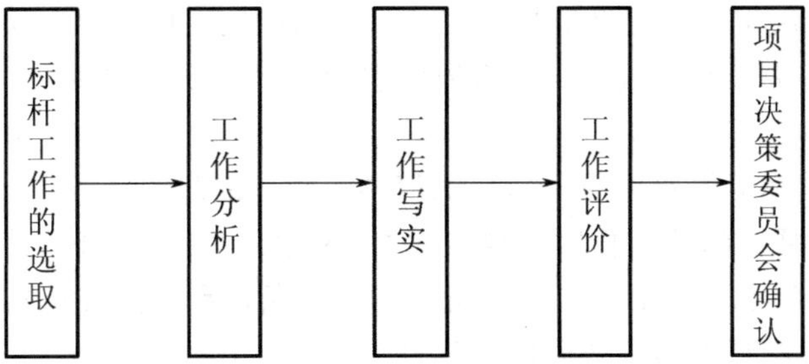

图 2.6　工作评价过程

A. 标杆工作的选取。

通过工作评价委员会对江南汽车制造有限公司所有工作进行分析，在充分考虑涉及不同的职能部门，以及不同层次的、具有广泛代表性的基础上，选择了 40 个标杆工作（表 2－28）。

B. 工作分析。

分析方法：

工作分析是通过一定的方法，对所要评估的工作进行研究，以确定该工作的内容、任务、职责，与其他工作的关系，以及该工作的工作环境和任职要求等要素，即系统准确地收集和组织工作相关信息。常用的方法有问卷调查法、访谈法、工作日志法、现场考察法。由于江南汽车制造有限公司已经建立了良好的工作管理基础即工作说明书，工作说明书上已经包含了各项工作的工作内容、职责、责任、内外联系程度、工作环境、任职条件等，基本涵盖了 10 个要素的内容。为此，建议只采用访谈法这一种工作分析方法。

工作要求：

由工作评价工作组负责，根据确定的工作评价对象，拟定工作分析方法及日程安排表，在被评估工作部门的配合下开展工作分析。

信息的收集要紧密围绕知识、经验、工作范围、决策责任、失误后果、内部联系、外部联系、督导职责、督导人数、研究分析这 10 个评分要素进行，并且尽可能准确、全面、中肯。

访谈或调查对象：被评价工作及该工作岗位上的人员；被评价工作任职人员的直接上级；相关工作岗位上的人员 2～3 名。

访谈提纲举例：

a. 该工作需要做什么？为达到这一目的，你的主要职责和任务是什么？工作的具体内容是什么？

b. 工作的性质，工作的衡量标准（人、财、物等），做好该工作需要的经验、能力、知识和技巧是什么？

c. 你们是怎么做的（完成每件工作任务的方式、方法）？使用什么原材料、工具和设备？有什么原则、规则和工作程序？工作环境怎么样？

d. 该工作如何与组织的其他工作协调关系？

e. 上级怎样把工作分配给你，如何检查和审批工作？

f. 你可以做什么决定？你向谁汇报？在什么样的情况下你需要去获得上级的批准？

g. 容易造成哪些失误？一般会是什么原因引起的（主观、客观）？会造成什么样的损失和后果？

h. 有多少员工向你汇报？你的计划是如何影响整个部门的？

i. 内部和外部需要有哪些工作联系或接触？（为什么？何时？什么性质？）

j. 该工作的其他特点（灵活性要求、特殊的物质条件和技能要求）。

k. 开展工作过程中遇到的主要问题是什么？

l. 这一工作完成了公司的哪一部分目标任务？这一工作对部门（组织）的独特贡献是什么？如果这一工作不存在，就不能做到什么？你对公司的所有设备采购总负责，你所在部门的年度预算是多少？可以批准购买的最大数额是多少？

m. 你的工作成果主要有哪些？你提供何种服务，如何进行服务？你的意思是你必须对所有的投诉在 3 天内给予应答吗？你组织了记者招待会，你还参与其他组织活动吗？

n. 工作中有多少地方无规则可循？有多少需要自己的思维和创造性？用到什么专业技术？

C. 工作写实。

依据工作评价所需确定的要素内容，对工作分析所获得的信息进行整理、归纳，并按照一定的格式记录，填写“工作评价记录表”，以作为对工作进行评价、评分的主要依据。在此之前，要求规范所有工作的工作说明书，工作说明书是工作写实的一种补充。

D. 工作评价。

依据工作分析获得的信息，对照十要素法工作评价标准，对所评价工作的各要素进行对比、分析、研究，确定其合理的对应级别，以获得相应等级的量化分值。

评价方法：

群体决策法即工作评价委员会的全体成员依据工作分析、工作写实和评价标准，对评价工作所对应的要素级别进行分析、讨论、研究，原则上以全体成员的一致意见来确定其合理的对应级别。

结果计算：

将工作评价委员会确定的各要素所对应级别的分数，输入“工作评价记分表”（表 2 - 27），运用 Excel 功能根据表 2 - 25 自动计算出该工作的总分数值、所对应的工作等级，以及该总分值所处的等级位置。

表 2-27　工作评价记分表

部门	职位名称	知识	经验	活动范围	决策责任	失误后果	内部联系	外部联系	督导责任	督导人数	研究分析	总分	工作等级	等级位置

结果验证：

将计算机统计出的工作等级结果与现行工作工资状况及非量化的重要性排列进行对比分析，对偏离较大的工作的十要素对应级别进行重新评定，对很难达成一致意见或难解释的工作予以剔除，直到产生一个满意的结果即标杆序列。

E. 项目决策委员会确认。

工作评价委员会将40个标杆工作的评价结果以及初步建立起来的结果提交至公司项目决策委员会，由项目决策委员会讨论、审议，并以项目决策委员会主任即公司总经理签字生效为准。

选择的标杆工作评估结果见表2-28。

表 2-28　标杆工作评估结果

序号	部门	职位名称	知识	经验	活动范围	决策责任	失误后果	内部联系	外部联系	督导职责	督导人数	研究分析	总分	工作等级	等级位置
1	整车销售	整车销售分部主任	4	5	5	4	5	5	5	5	6	3	494	15	77%
2	长沙/湘潭总厂	总厂厂长	5	5	5	4	4	4	3	5	7	3	448	14	92%
3	质量	质量分部主任	4	5	4	5	4	4	4	4	5	4	440	14	75%
4	直接采购	直接采购分部主任	4	5	4	4	4	4	5	4	5	3	401	13	95%
5	公关	公关分部主任	4	5	4	3	5	3	5	4	4	3	394	13	79%
6	产品工艺	产品工艺分部主任	4	5	4	4	4	4	3	4	5	4	391	13	72%
7	调度中心	调度中心主任	4	5	5	4	4	4	4	4	4	3	391	13	72%

续表

序号	部门	职位名称	知识	经验	活动范围	决策责任	失误后果	内部联系	外部联系	督导职责	督导人数	研究分析	总分	工作等级	等级位置
8	会计分部	会计分部主任	4	5	4	4	4	3	5	4	4	3	388	13	65%
9	售后服务	售后服务分部主任	4	5	4	4	4	4	4	4	5	3	383	13	53%
10	计算机	技术支持分部主任	4	5	4	4	4	3	3	4	4	4	378	13	42%
11	整车销售	大区主任	4	4	4	3	5	3	5	4	4	3	375	13	35%
12	人员管理	人员管理分部主任	4	5	4	4	4	4	3	4	4	3	365	13	12%
13	长沙/湘潭物流	分部主任	4	5	4	3	4	4	2	4	5	3	340	12	50%
14	长沙/湘潭总厂	分厂厂长	4	5	4	3	3	3	3	4	5	3	321	12	0
15	整车综合	整车定义室经理	4	4	4	3	3	3	3	3	3	4	294	11	24%
16	计算机	技术支持室经理	4	4	4	3	3	3	3	3	3	4	294	11	24%
17	材料试验	金属材料室经理	3	4	3	3	3	3	3	3	3	4	275	10	68%
18	售后服务	技术援助室助理	3	4	3	3	3	2	3	3	4	4	274	10	65%
19	直接采购	发动机采购室经理	3	4	3	3	3	3	4	3	3	2	256	10	6%
20	会计分部	综合会计室经理	3	4	3	3	3	3	3	3	3	3	255	10	3%
21	通技分部	总装维修工段长	3	4	3	3	3	2	2	3	4	2	236	9	35%
22	财务分部	成本核算室综合会计	3	4	2	3	3	3	3	1	1	3	224	8	92%
23	整车综合	零件加工工艺	3	3	3	3	2	2	3	1	1	4	221	8	79%
24	整车综合	整车定义室整车设计	3	4	3	2	2	3	2	1	1	4	217	8	63%
25	计算机	技术支持室系统支持	3	3	3	2	3	3	2	1	1	4	216	8	58%
26	公关分部	宣传总编兼宣传策划	3	4	3	2	3	2	3	1	1	3	211	8	38%
27	总经办	秘书室党委书记秘书	3	4	3	2	3	3	3	1	1	2	205	8	13%
28	通技分部	机械技术员	3	4	3	2	3	2	1	1	1	3	199	7	90%
29	营销策划	广告室广告策划	3	3	3	2	3	2	3	1	1	3	198	7	85%
30	计算机	生产应用室程序分析	3	3	2	2	2	2	2	1	1	4	192	7	55%
31	整车销售	经理部整车销售业务	3	3	3	2	2	2	4	1	1	2	187	7	30%
32	质量分部	质量标准方法	3	4	3	2	2	2	2	1	1	2	181	7	0
33	综合分部	工资管理员	3	3	2	2	2	3	1	1	1	2	161	6	0
34	通技分部	维修铝工	2	3	2	2	2	2	1	1	1	2	150	5	41%
35	焊装分厂	车身/装饰班长	2	2	2	2	2	2	1	2	3	1	148	5	29%

续表

序号	部门	职位名称	知识	经验	活动范围	决策责任	失误后果	内部联系	外部联系	督导职责	督导人数	研究分析	总分	工作等级	等级位置
36	科技分部	科技档案管理	2	2	2	1	2	2	1	1	1	2	132	4	33%
37	总务分部	总部办公楼管理员	1	2	1	2	1	2	1	2	2	1	127	4	0
38	总厂质检	油漆检查室质检员	2	2	2	1	2	2	1	1	1	1	126	3	100%
39	总务分部	机动车司机	1	3	1	1	1	1	1	1	1	1	115	3	15%
40	长沙/湘潭物流	仓库保管员	1	1	1	1	2	1	1	1	1	1	108	2	64%

在上述标杆工作等级结构的基础上，工作评价委员会对全公司所有工作进行类比插入，最终确定了所有工作的等级结构（图 2.7）。

图 2.7 不同工作类别的等级分布图

3. 日常工作评价流程

日常工作等级变更的情况有两种：一是工作内容和职责发生变化，经部门提出申请进行工作评价后，与现有工作等级不一致的；二是经公司工作评价委员会平衡后，需要变更的。部门要求工作评价或变更工作等级的工作流程如下。

（1）在各部门领导签字同意的情况下向人力资源部/工作评价办公室提出工作评价申请或工作等级变更申请，填写“工作评价申请表”，说明评价或等级变更原因，并附上原、现工作说明书。

（2）人力资源部/工作评价办公室对部门的工作评价申请或工作等级变更申请进行审核，提出是否需要进行工作评价的意见。

（3）工作评价办公室审核确认后，对于不需要进行工作评价的，直接上报公司工作评价委员会进行审议；对于需要进行工作评价的，则按下列步骤进行。

① 制订工作评价工作计划。

② 确定工作评价工作组成员，并对其进行培训指导。

③ 进行工作调查分析。

④ 按照工作评价要素进行信息归类、整理。

⑤ 按照十要素评估标准进行评价，确定各要素对应分值。

⑥ 利用计算机计算出工作评价结果，并负责填写“工作评价记录表”。

⑦ 整理工作评价结果及说明材料，拟报公司工作评价委员会审议。

（4）公司工作评价委员会审议通过后，经工作评价委员会主任签字批准生效，由人力资源部/工作评价办公室负责生效结果的执行和信息反馈。

4. 评价结果分析

首先，利用十要素评分法的工作评价方案顺利完成了对江南汽车制造有限公司 1 000 多个工作等级的划分和排序，建立起了新的工资等级架构。让管理层和员工都知道公司是采用了某种看似很科学的方法完成了工作等级的划分和排序，提升了管理层和员工对这种薪资体系的认可度。

其次，这种评价方案打破以前按资历、论工龄的陈旧工资政策，真正体现了按工作重要性计酬的理念。并且它参照了现在国际上通用的工作评价方案，它的评价结果即工作重要性的排列也体现了工作的市场价值，真正做到与外面的大市场接轨，让不同类别、不同专业的人员重新按照市场的价值规律去定位自己。另外通过建立起明晰的工作等级架构，让员工明确了自己的职业生涯发展方向。

最后，通过实施以这种工作等级架构为基础的工作工资体系，执行按工作的重要性和贡献的大小拿钱的薪资政策，并且上什么岗拿什么钱，充分调动了员工的积极性，尤其是让年轻骨干看到了自己的价值，员工的流失率也明显降低。

2.6.4 案例解析

本案例以一家大型轿车生产经营企业岗位工资制度的改革和设计为载体，介绍了岗位工资制度设计的重要基础工作——工作评价，并比较详细地介绍了一种广泛使用的工作评价方法——要素计点法的操作流程。本案例旨在让读者掌握这种方法的运用。科学的工作评价有助于确定各工作之间的相对价值、保证薪酬的内部公平性，有助于建立员工的职业晋升通道并改善劳资关系。要提请读者注意的是，尽管要素计点法可以得到量化的评价结果，可以避免主观因素对工作评价的影响，容易理解和接受，但是在要素选择和权重分配上都带有主观性，方法设计较为复杂，对企业管理水平要求较高，成本相对较高。因此，是否使用这种方法要视公司具体情况确定。

评价：岗位薪酬要素评价是岗位薪酬制度设计的基础，也是岗位薪酬制度设计的难点。本案例选用要素计点法进行工作评价，符合其特点和优势，也符合江南汽车制造有限公司当前的实际状况。因为要素计点法适合于生产过程较为复杂、岗位类别数目较多、对精度要求较高的大中型企业，处于改革中的江南汽车制造有限公司完全满足这些特点。本案例详尽地介绍了这种方法的使用过程，具有典型示范价值。

使用说明： 工作评价的重要作用是确定工作的相对价值，体现薪酬的内部公平性需求。应该说，不同的工作系列，其工作内容、工作特征相差较远，最好分别采用不同的方案进行评价，以保证评价结果的可比性，但这样会大大提高薪酬制度的设计和维护成本，加之本案例薪酬制度改革到位的时间只有6个月，时间很紧。所以采用了同一个评价方案，从结果的准确性讲，也是可以接受的。其实在管理的过程中，很多时候都像走钢丝，是平衡的艺术，怎么选择还要考虑成本收益、改革目的、企业实际等因素，任何时候都只能设计一个相对比较合适的方案而不是最优方案，这一点特别提醒读者注意。另外，本案例先选择部分标杆工作进行评估，在标杆工作的评估结果得到项目决策委员会的认可，建立起大体的工作等级结构后，再运用类比法将其余工作进行比较排列分等，将所有工作等级架构建立起来，在工资制度改革到位后，再组织工作评价委员会按计划对运用类比法插入的等级结果进行评估验证。这种操作办法也是值得读者借鉴的。

案例研讨：

1. 在选择岗位评估要素时，必须遵守哪些原则？
2. 请分析要素计点法的优缺点和适用范围。
3. 如果用海氏系统法来对本案例企业进行工作评价，你觉得是否合适？讨论要素计点法与海氏系统法各自的利弊。

第3章

招　　聘

导入案例

某人寿保险公司的“乐观测试”

20世纪80年代中期，美国一家人寿保险公司雇佣了5 000名推销员，人均支出培训费3万美元。可是，一年后一半人跳槽，四年后只剩下1 000人了。推销员跳槽的主要原因是他们在上门推销人寿保险的过程中，一次又一次地被拒之门外，十分尴尬。高额的培训费用和已培训人员的大量流失使这家公司遭受了巨大的经济损失。为解决这个问题，公司请来了宾夕法尼亚大学的心理学教授马丁·塞里格曼。塞里格曼教授认为，乐观精神对一个人的成长尤为重要，情绪乐观者往往不怕失败，不会在失败面前垂头丧气、束手无策。在塞里格曼教授的帮助下，该公司对新录用的1 500名员工进行了入围资格甄别测试和乐观程度测试，并对测试结果进行了追踪调查。一些人没有通过入围资格甄别测试但却以“超级乐观主义者”的好成绩通过了乐观程度测试。追踪调查表明，“超级乐观主义者”的工作任务完成得普遍出色。与“一般悲观主义者”相比较，他们第一年的销售额高出21%，第二年的销售额高出57%。自此以后，通过塞里格曼教授的乐观程度测试便成为该公司录用推销员的重要条件和必要程序。

资料来源：中华管理学习网.

3.1　招聘综述

3.1.1　招聘的概念

招聘是指企业为了发展的需要，根据人力资源规划和工作分析的要求，寻找、吸引那些有能力又有兴趣到本企业任职的人员，并从中选出适宜人员予以录用的过程。

发生员工招聘的一般情形有：①新公司成立；②调整不合理的员工队伍；③现有职位因种种原因发生空缺；④公司业务扩大；⑤为改造企业文化而引入高层管理人员和专业人才。

3.1.2　招聘活动的原则

1. 公开原则

公开原则是指把招聘单位、种类、数量，报考的资格条件，考试的方法、科目和时间，均面向企业和社会公告，公开进行。给各类人才以公平竞争的机会，达到择优的目标；同时使招聘工作置于公开监督之下，利于达到选优之效。

2. 平等原则

平等原则是指对所有应聘者一视同仁，不得人为地制造各种不平等的限制或条件（如性别歧视）和各种不平等的优先优惠政策，努力为有志之士提供平等竞争的机会，不拘一格地选拔、录用各方面的优秀人才。

3. 能级原则

人的能量有大小，本领有高低；工作有难易，要求有区别。招聘工作不一定要吸引最优秀的人才，但要吸引最合适的人才，要量才录用，做到人尽其才、用其所长，这样才能持久、高效地发挥人力资源的作用。

4. 经济原则

根据空缺职位的情况，灵活运用适当的招聘形式，在保证招聘质量的同时，努力降低招聘成本，最大程度地节约组织资源，用尽可能低的成本录用高质量的人才。

3.1.3 招聘渠道

1. 招聘渠道的分类

按招聘渠道的不同，企业招聘可分为内部招聘和外部招聘。企业招聘渠道分类如图 3.1 所示。

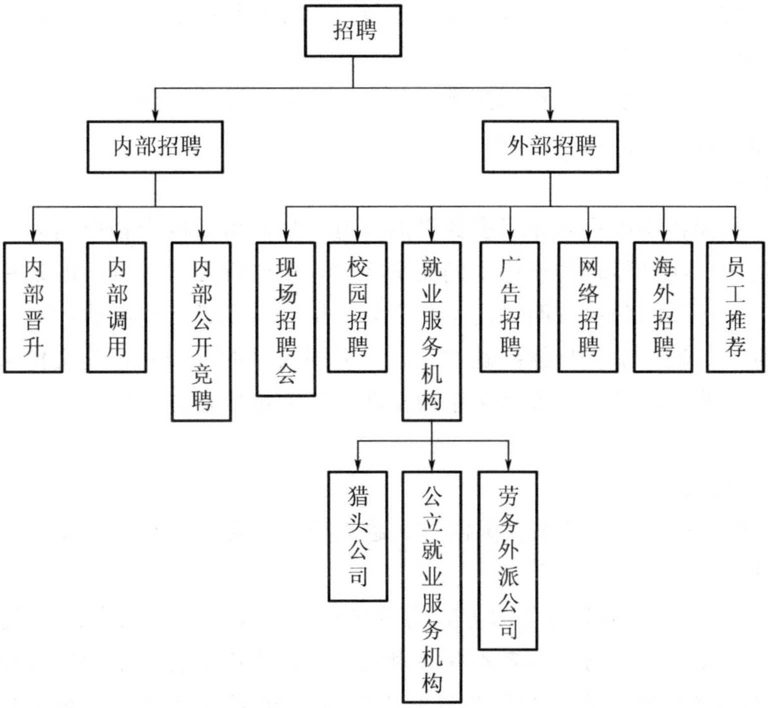

图 3.1 企业招聘渠道分类

（1）内部招聘。

从实际层面讲，内部招聘的来源主要有 3 个，一是下级职位的人员晋升，二是同级职位的人员进行工作调换或工作轮换，三是内部公开竞聘。

① 内部晋升。当企业中有些比较重要的岗位需要招聘人员时，将企业内部符合条件的员工从较低级的岗位提升到一个较高级的岗位的过程就是内部晋升。

② 内部调用。当企业中需要招聘的岗位与员工原来的岗位层次相同或略有下降时，把员工调到同层次或下一层次岗位上去工作的过程称为内部调用。内部调用分为工作调换和工作轮换。工作调换就是通过在相同或相近级别的职位间进行人员的调动来填补职位空缺，当这种调动发生不止一次时，就形成了工作轮换。

③ 内部公开竞聘。当企业内部有职位空缺时，也可以通过内部公告的形式进行公开竞聘。一般来说，可以在企业内部网站的主页、公告栏或以电子邮件的方式告知所有员工，符合条件的员工可以根据意愿自由应聘。

（2）外部招聘。

① 现场招聘会。

现场招聘会是公司招聘常用的一种渠道。在招聘会上，用人企业和应聘者可以直接进行接洽和交流，节省了企业和应聘者的时间，还可以为招聘负责人提供不少有价值的信息。随着人才交流市场的日益完善，现场招聘会呈现出向专业方向发展的趋势，如中高级人才洽谈会、应届生双向选择会、信息技术人才交流会等。由于应聘者集中，人才分布领域广泛，企业的选择余地较大，通过参加现场招聘会，企业招聘人员不仅可以了解当地人力资源素质和走向，还可以了解同行业其他企业的人事政策和人力需求情况。但通过这一渠道的应聘者多数比较适合公司的中基层职位，高级人才一般较少参加现场招聘会，所以在招聘的数量和质量上都可能受到较大的限制。

随着其他招聘渠道的发展，现场招聘会的局限日益突出，即使较优秀的基层专业技术人才和管理人才也不太愿意到现场应聘了。

② 校园招聘。

企业能够在校园招聘中找到相当多数量的具有比较高素质的合格申请者，招聘录用的手续也相对比较简便。而且年轻的毕业生们充满活力，可塑性强，对自己的第一份工作具有较强的敬业精神。但校园招聘也有明显的不足之处：毕业生缺乏工作经验，对工作和职位容易产生不现实的期望；缺乏解决具体问题的经验，需要大量的培训和企业文化的融合；招聘周期较长，从供需洽谈会的见面到人事关系的接转一般需半年左右，因此必须提前相当长的时间进行准备工作，导致成本也比较高。

③ 就业服务机构。

a. 猎头公司。“猎头”近年来在国内越来越流行，主要业务是受企业委托，搜寻中高级的管理或技术人才。

b. 劳务外派公司。采用劳务外派方式为劳务外派岗位提供代发薪酬、代买社保、代签劳动合同等服务。用人单位与劳动者不存在隶属关系，不需要管理他们的劳动人事问题。

c. 公共就业服务机构。现在的公共就业服务机构分化为劳动力市场和人才市场，企业一般在劳动力市场上招聘“蓝领”工人，而在人才市场上招聘“白领”员工。

④ 广告招聘。

广告招聘是补充各种工作岗位都可以使用的吸引方法，因此应用最为普遍。阅读这些广告的不仅有工作申请人，还有潜在的工作申请人，以及客户和一般大众，所以公司的招聘广告代表着公司的形象，需要认真实施。

⑤ 网络招聘。

互联网的飞速发展和计算机的普及为网络招聘提供了良好的基础。企业可在商业性的职业招聘网站或本公司主页上发布招聘信息。网络招聘通常要使用招聘管理系统来实现后台简历的储存、筛选等人才选拔工作。近年来又新兴了两种网络招聘方式：视频招聘和大数据招聘。

a. 视频招聘。

视频招聘是一种新兴的招聘方法，就是通过远程网络视频来完成招聘的过程。狭义的视频招聘是指招聘企业或组织直接与应聘者通过远程视频传送双方图像声音进行沟通面试的过程。广义的视频招聘指招聘企业或组织双方通过远程视频面对面洽谈的方式进行招聘的过程。

视频简历。求职者通过浏览器就能录入个人简历和登记资料，企业同样也可以通过浏览器观看求职者的视频简历。

视频面试。方案一：企业可以对求职者发起预约，求职者在获得面试室登录密码后，就可以进入相关企业的面试房间进行实时面试。在求职者比较多的情况下，可以采用排队机制。方案二：企业人力资源用短信或邮件将面试问题发给候选人，候选人就可以通过智能手机、摄像头等设备录制并上传视频答卷，然后企业人力资源就可以观看、评价、分享和比较视频，随时随地轻松完成候选人筛选。

b. 大数据招聘。

在这个数据化生存的时代，人即数据，这样的数据不同于传统简历上的“自我粉饰、自说自话”，而是具有很大的客观性和可信度。而大数据招聘要挖掘的就是在每个人的日常生活、社交、娱乐、工作中与岗位要求相关的数据，并将其与企业的细化招聘需求进行配对分析，帮助企业找到最适合某个工作岗位的候选人。从某种程度上来说，大数据招聘真正体现了招聘的核心原则——不求最优秀，但求最适合。

大数据的作用不仅仅在发掘适合的应聘者，也能简化招聘者的工作流程，即利用丰富的匹配条件和成熟的算法体系，进行渐进式的通知（包括通过私信、邮件、短信及 App 消息推送等方式发通知）。

⑥ 海外招聘。

在招聘高级管理人才或一些尖端技术的专门人才时很有可能需要在全球范围进行选择，候选人的数量及质量都与国内的招聘不同。进行海外招聘时不仅手续较为烦琐，而且核查外国人的各种证书以及背景调查等都存在很多困难。

⑦ 员工推荐。

企业内部员工推荐也是公司招募新员工时的渠道之一，在现实生活中也很常见。这是比较有效的一种渠道，主要表现在这类新员工进入公司后离职率较低，工作满意度较高，工作绩效较好。这类应聘者多数是公司内部员工熟知的亲人或朋友，所以他们对公司内部信息和岗位要求也有比较清楚和准确的认识；而在另一方面，公司内部员工对被推荐者较为熟悉，会根据岗位的要求考虑他们是否具备相应的条件；加之他们进入公司后也可以更快地融入公司内部关系网络，得到更多的帮助和指导，因而在短时间内可能会有较好的工作表现。但采用该渠道时也应注意一些负面影响：一些公司内部员工也许纯粹是为亲人或朋友争取一个职位机会而没有考虑被推荐人是否合适，更有甚者则是有些员工或中高层领导为了栽培个人在公司的势力，在公司重要岗位安排自己的亲信，形成几个小团体，这会影响公司正常的组织架构和运作。

2. 招聘渠道的优缺点比较

不论外部招聘还是内部招聘，都各有其利弊。表 3－1 概括了内部和外部招聘的优缺点。

表 3－1　内部和外部招聘的优缺点

招聘方式	优　点	缺　点
内部招聘	可提高被提升者的士气； 对员工能力有更准确的判断； 在有些方面可能节省成本； 可调动员工的工作积极性； 可促成连续的提升	易造成“近亲繁殖”； 未被提升的人或许士气低落； 易引起政治上的钩心斗角； 必须制订管理与培养计划
外部招聘	“新鲜血液”有助于拓宽企业的视野； 比人才内部培养要成本低和效率高； 在企业内没有业已形成的政治支持者小集团	可能引来商业间谍； 可能未选到“适应”该职务或企业需要的人； 可能影响内部未被选拔者的士气； 新员工需要较长的调整期和熟悉时间

大多数企业实行内外部招聘并举，根据所招聘的岗位灵活选择。一般来说，管理人员主要采用内部招聘，但必须留下 5%～10%左右的岗位从外部招聘，以给企业带来新鲜血液。在实际招聘工作中，相比内部招聘来说，外部招聘占据着更主要的地位。因此本章的案例主要针对外部招聘的具体实施策略展开论述，内部招聘可参考外部招聘实施。

3.1.4　招聘测试方法

招聘测试技术和方法有很多，下面重点介绍几种常用的招聘测试方法。

1. 笔试

对知识和能力的测验包括两个层次，即一般知识和能力与专业知识和能力。一般知识和能力包括一个人的社会文化知识、智商、语言理解能力、记忆能力等。专业知识和能力即是与应聘岗位相关的知识和能力，如财务会计知识、管理知识、人际关系能力、观察能力等。

2. 面试

面试是通过主试与被试双方面对面地观察、交谈等沟通方式，来了解应试人员素质的状况、能力特征及求职应聘动机的一种人员考核、选拔方法。它是人员选拔中最传统、最重要的测试方法。根据不同的标准，面试可划分为多种类型。

（1）根据面试标准化程度分类。

① 结构化面试，指面试题目、面试实施程序、面试评价、考官构成等方面都有统一明确的规范的面试，如公务员面试和一些银行、国企统一组织的面试。结构化面试主观性较小，提高了面试的可靠性和准确性，是目前使用最为广泛的人事评价工具。它由一系列连续向申请某个职位的应聘者提出的与工作相关的问题构成，一般包括4类问题：情景问题，提出一个假设的工作场景，以确定应聘者在这种环境下的反应；工作知识问题，探索应聘者所具有的与工作相关的知识，这些问题既可能与基本教育知识有关，也可能与复杂的科学或管理技能有关；工作样本模拟问题，设计一种场景，在该场景中要求应聘者实际完成一项样本任务；工作要求问题，旨在确定应聘者是否愿意适应工作要求。

② 非结构化面试，指没有既定的模式、框架和程序，主考官可以“随意”向应聘者提出问题，而对应聘者来说也无固定标准答案的面试形式。

③ 半结构化面试，指对面试的部分因素有统一要求的面试，如规定有统一的程序和评价标准。但面试题目可以根据面试对象而随意变化，如无领导小组讨论。

（2）根据面试对象分类。

① 单独面试，指主考官个别地与应聘者单独面谈。

② 小组面试，指多位应聘者同时面对主考官的情况，如无领导小组讨论。

（3）根据面试风格分类。

① 压力性面试，将应聘者置于一种人为的紧张气氛中，让应聘者接受诸如挑衅性的、刁难性的刺激，以考察其应变能力、压力承受能力、情绪稳定性等。

② 非压力性面试，在没有压力的情景下考察应聘者有关方面的素质。

（4）根据面试途径分类。

① 电话面试，指不需直接面对面而是以电话交流为途径的面试。

② 视频面试，指通过视频聊天的方式对求职者进行面试。

③ 现场面试，指面试官与求职者面对面直接交流沟通。

3. 心理测试

心理测试是指在控制的情景下，向应聘者提供一组标准化的刺激，以所引起的反应作为代表行为的样本，从而对其个人的行为做出评价的过程。具体地说，心理测试主要包括智力测试、人格测试、能力测试、成就测试、职业兴趣测试等。

传统的心理测试费时费力，在分析数据、撰写测评报告等过程中对人才的测评缺乏系统性、针对性，为了克服这些问题，更快捷、更高效、更全面地分析和评价组织内的各类人才，传统的心理测试和先进的计算机技术相结合的人才测评软件应运而生。目前，许多信效度较高的人才测评软件正在成为企业人力资源管理部门进行人才选拔、培训评估、绩效管理、人力开发、团队建设必备的管理工具。同时，越来越多的企业已经认识到人才测评的重要性，希望能够选择优秀的人才测评服务和优秀的人才测评软件。

4. 情景模拟测试

情景模拟测试是根据应聘者可能担任的职位，编制一套与该职位实际情况相似的测试项目，将应聘者安排在模拟的、逼真的工作环境中，要求应聘者处理可能出现的各种问题，用多种方法来测试其心理素质、实际工作能力、潜在能力的一系列方法。

情景模拟测试可以从多角度全面观察、分析、判断、评价应聘者，主要考察应聘者的实际工作能力，因此受聘者上岗快，可以节省大量的培训费用。情景模拟测试有许多方法，最具代表性的有以下几种。

（1）公文模拟测试。

向应聘者发放多份文件，通过提示引导其进入某种工作情境中，让其按照要求处理这类文件。因情景十分接近真实的现场工作环境，这种方法科学性较高；因所有应聘者都面对同样的标准化情景，对每个应聘者都很公平。但在设计文件时，除真实具体外，还应注意与待评测的各维度相联系，并考虑评分的可操作性。

（2）无领导小组讨论。

所谓“无领导”是指不指定谁充任主持讨论的组长，也不布置议题与议程，更不提要求；但需发一个简短案例，用以介绍一种管理情景，其中隐含着一种或数个待决策和处理的问题，以引导小组展开讨论。根据每人在讨论中所起的作用，测评者沿既定测评维度予以评分。这些维度通常是主动性、宣传鼓励与说服力、口头沟通能力、组织能力、人际协调团结能力、精力、自信心、创新力、心理压力、耐受力等。应注意的是，这些素质与能力是通过应聘者在讨论中所扮演的角色行为来表现的。

（3）角色扮演。

这种测评活动设置了一系列尖锐的人际矛盾与人际冲突，要求应聘者扮演某一角色，并通过观察被试在角色情境中表现出来的行为，测评其素质潜能。

（4）案例分析。

通过让应聘者阅读资料以了解并研究企业在案例中所面对的某个问题，然后要求其向高层领导提交一份分析报告。书面案例中的问题一般是财务问题、制度问题或管理过程问题。这种方法便于操作，适用于测评某种具体管理能力，如企业诊断能力。

3.1.5 招聘评估

招聘评估通过成本与效益核算能够使招聘人员清楚地知道费用的支出情况，区分应支出项目和不应支出项目，有利于降低今后招聘的费用，节省开支。

1. 成本效益评估

招聘成本效益评估是指对招聘中的费用进行调查核实，并对照预算进行评价的过程。招聘成本效益评估是鉴定招聘效率的一个重要指标。

2. 数量与质量评估

通过数量评估，分析在数量上满足或不满足需求的原因，有利于找出各招聘环节上的薄弱之处，改进招聘工作。同时，通过录用人员数量与招聘计划数量的比较，为人力资源规划的修订提供了依据。录用人员的质量评估实际上是对录用人员在选拔过程中的能力、潜力、素质等进行的各种测试与考核的延续，也可根据招聘的要求或工作分析中得出的结论，对录用人员进行等级排列来确定其质量，其方法与绩效考核方法相似。

3. 信度与效度评估

信度与效度评估是对招聘过程中所使用的方法的正确性与有效性进行的检验，这无疑会提高招聘工作的质量。信度和效度是对招聘方法的基本要求，只有信度和效度达到一定水平的招聘，其结果才可以作为录用决策的依据，否则将误导招聘人员，影响其招聘决策的正确性。

3.2 案例一：结构化面试案例
——天明眼科公司店长招聘方案设计[①]

3.2.1 公司简介

昆明天明眼科经营管理有限公司（以下简称天明眼科公司）由专业眼科、视光学医生坐诊，提供包括眼科检查咨询、视觉健康教育、专业验光配镜等服务。其在云南省范围内共有员工200余人。公司正处于快速发展的转型时期，发展势头良好。

3.2.2 公司招聘背景

在公司的用工制度中，引入竞争机制，初步形成员工能进能出、管理人员能上能下、收入能增能减的机制。公司人员招聘的来源主要是大中专毕业生、社会招聘的专业技术人员、劳务派遣人员三类，其中以大中专毕业生招聘为主；人员减少的方式主要有退休离职、死亡、辞职、辞退四类，其中以辞职、辞退流失减员为主。

公司招聘工作存在的问题总结如下。

1. 离职率有所上升，员工流动性大

短期内店长离职率较高，2009年度店长离职率较上年提高27%，不但增加了招聘的成本，而且造成了员工心理上的不稳定。这说明店长与公司契合度不高，招聘工作存在问题。

2. 招聘标准和手段不科学

公司的招聘标准比较空泛，招聘时对评判尺度难以把握，操作起来主观随意性大，难以发挥各种甄别测评工具的效用。近年来虽然也和一些人力资源咨询公司合作，但面试时大多采用的是简单的心理测试、计算机答题、简单的选择式问答等方式，面试提问随意性大，缺乏系统的招聘方案。

3. 重要岗位人员长期空缺

公司管理的主要问题表现在营销部门，公司对店长的岗位需求量很大，岗位空缺达20余人，导致公司职能层架构不完整，管理失衡，公司迫切需要从外部招聘一批优秀的店长经营各门店。

3.2.3 结构化面试招聘方案设计

1. 确定职位素质要素

天明眼科公司店长工作说明书见表3-2，由于该工作说明书对店长的职位要求不完善，因此考虑对店长进行访谈，从而得出天明眼科公司的店长职位素质要素。

---

① 本案例源于作者主持的天明眼科公司的招聘体系优化项目，案例初稿完成于2013年，本次修订于2018年3月。

表 3-2 天明眼科公司店长工作说明书

职位名称	店长	职位代码		所属部门	运营部
职系		职等职级		直属上级	运营部经理
薪金标准		填写日期		核准人	

岗位职责：

1. 按店长负责制的管理体制，对公司总部负责。在分店各部门实行层级负责制，规定各级管理人员的职权范围。完善商场运行机制，调动各级员工的工作积极性。
2. 制定分店长期发展规划和年度计划及各部门管理目标，组织完成总部下达的经营指标和各项任务。
3. 维护公司形象，提高公司声誉，领导分店经营管理活动，建立和扩大销售市场。
4. 健全分店管理体系和管理制度，决定机构设置、员工编制，任免管理人员（主管以上）并对管理人员进行考核、奖惩和晋升。
5. 审核签订分店重大合同，审批分店财务预算、决算，控制分店经营成本和各项开支，开源节流，提高分店经济效益。
6. 督促、检查分店的服务质量、卫生、安全工作，加强员工职业道德和业务培训，协调各级关系，关心员工思想和生活。
7. 布置、检查重大接待任务，参加重要活动和接待重要贵宾。
8. 与上级主管部门、政府机构和有关业务单位保持良好的关系。

任职资格：

1. 年龄 30～40 岁，大专以上文化程度，从事商场全面管理 3 年以上。
2. 具有良好的职业道德，强烈的责任心和事业心。
3. 有较强的综合管理能力，秉公办事，公平待人。
4. 熟练掌握商场管理的各项规范和操作方法。

工作场所：办公室

环境状况：舒适

危险性：基本无危险，无职业病危险

直接下属________________ 间接下属________________

晋升方向________________ 轮转岗位________________

将天明眼科公司现任店长中业绩最好的 3 位分为一组，称之为优秀组；将业绩普通的 3 位店长分为一组，称之为普通组。以问卷调查法为主，辅之以观察法和访谈法，对优秀组和普通组的店长进行行为事件访谈，记录各种人才素质在访谈中出现的频次，然后和相关的程度统计指标进行比较，根据优秀组和普通组的不同要素权重，估计出各类特征组的大致权重，总结出天明眼科公司店长应当具备的核心素质要求（表 3-3）。

表 3－3 店长素质要素访谈调查统计结果

素质要素	频度	素质要素	频度
岗位专业知识	9	理解能力	3
客户服务意识	3	人品	2
销售技巧与能力	10	人际能力	9
时间观念	2	灵活多变性与应变能力	9
处理矛盾和冲突的能力	6	基本情况（学历、仪表、举止）	6
学习发展	3	理解能力	1
责任心	2	高品质	1
钻研能力	1	模范意识	2
主动性和独立思考能力	4	严密的逻辑思维	1
提高工作效率的能力	1	计算机应用能力	1
建立合作关系的能力	4	创新能力	1
独立工作的能力	8	敬业精神	2

表 3－3 中，销售技巧与能力被提到了 10 次，岗位专业知识、灵活多变性与应变能力、人际能力分别被提到了 9 次，独立工作的能力被提到了 8 次，基本情况、处理矛盾和冲突的能力被提到了 6 次，建立合作关系的能力、主动性和独立思考能力被提到了 4 次。显然，这些素质要素是被调查者认为作为本公司店长应具备的，因此可以作为店长的素质要求和录用标准。

2. 设计结构化面试题本

根据以上素质要素，店长结构化面试题本可从应聘者的基本情况、岗位专业知识、销售技巧与能力、灵活多变性与应变能力、主动性和独立思考能力、人际能力、独立工作的能力、处理矛盾和冲突的能力、建立合作关系的能力等方面进行设计①。

店长测评问题及评分标准设计见表 3－4。

表 3－4 店长测评问题及评分标准设计

考察能力	问题设计	评分参考标准
基本情况	观察：衣着、精神状态、举止礼仪、态度	好：衣着整洁得体；态度彬彬有礼；精神状态佳 中：衣着基本符合要求，态度较好，精神状态较好 差：衣着不符合要求，态度较差，精神状态较差
	学历、专业、院校、工作经历与岗位是否符合	好：完全契合岗位要求 中：基本契合岗位要求 差：不契合岗位要求

① 涂云海，2007. 基于胜任特征的结构化面试及其应用探析 [J]. 经济论坛（6）：89－91.

续表

考察能力	问题设计	评分参考标准
岗位专业知识	能否分析一下眼镜市场的行业状况（客户、市场容量、竞争对手、产品、销售能力）？在这样的市场环境下，你以前的公司选择了怎样的业务策略？你如何获得市场信息？	好：对行业竞争状况有清晰把握，分析精辟；获取信息渠道畅通，准确性高 中：基本了解行业状况，有一定方式获取市场信息 差：不太了解行业状况，不能获取市场信息
	能否介绍一下你以前所在公司的镜架或镜片系列，不同款式如何定位？请举几个例子说明它们针对哪类顾客群？是否有顾客群具有独特需求？如何定价？与竞争对手产品相比有哪些优劣势？如果你能到我公司工作，你对我们的产品或服务有何建议？	好：对产品和市场知识有清晰的认识；介绍有重点，清晰流畅 中：基本了解产品和市场的知识，分析得当 差：不了解产品和市场的知识，分析思路模糊不清
销售技巧与能力	1. 请谈谈你遇到的最困难的销售经历，你是怎样劝说客户购买你的产品的？客户购买产品的主要原因是什么？ 2. 请谈一下你在前任工作中所使用的最典型的销售方法和技巧。	好：能很好地推销产品，说服力强，沟通能力强 中：能较好地推销产品，有一定的说服力 差：不能准确推销产品，没有说服力
灵活多变性与应变能力	讲讲这样一个工作经历：你的上级让你承担非本职工作的任务，如果接下任务，你就无法按时完成自己的本职工作，你怎么办？	好：富于弹性，既讲原则，又能把问题圆满处理 中：基本能妥善处理问题，效果一般 差：不能分清事情轻重缓急，效果差
	讲讲你曾经通过改变工作方法来应付复杂工作情况的经历。	好：很善于管理时间，能随时调整他们的办事方式和方法 中：基本能管理好时间，懂得变通工作 差：工作呆板，不懂得变通
主动性和独立思考能力	1. 假设给你分配一个项目，这个项目除了完成期限外，既没有历史，也没有操作说明，你该怎么开始这个项目？ 2. 在你以前的工作中，你曾经解决过多少本来不属于你职权范围内的一些公司的问题？ 3. 请讲述这样一个情况，为了完成某项工作，必须超出自己的权限，做一些本职工作以外的工作。	好：能主动发现问题、思考问题，提出解决方法 中：基本能按工作需要主动地做好本职工作 差：缺乏主动性，被动地做工作

续表

考察能力	问题设计	评分参考标准
人际能力	在和一个令你讨厌的人一起工作时，你是怎样处理和他在工作中的冲突的？	好：能容忍他人的一些行为，以及建立并维持富有成效的工作关系 中：基本能容忍他人的行为并妥善处理冲突 差：不能容忍他人的行为，不能处理好冲突
	你以前的店长做的哪些事情最令你讨厌？想想你共事过的店长，他们工作中各自的缺点是什么？	好：能与同事很好地相处，能妥善处理各种关系 中：基本能与同事相处，没有发生冲突事件 差：不能与同事良好地相处，发生了一些不愉快的事情
独立工作的能力	在你过去的销售工作中，有没有由你独立开拓一个新市场，当时是要达成什么目标，在什么情况下进行的，你做了什么，最终成果怎样？	好：完全能独立开展工作，并取得良好效果 中：基本能独立开展工作，并取得一定的成果 差：要在别人帮助下才能开展工作，独立性差
处理矛盾和冲突的能力	假设你是7人工作团队中的一员，7人中，有3人处得不好。如果这种局面正在危及部门的工作效率，你能想出什么样的方法来解决这个问题呢？	好：能顾全大局，恰到好处地处理矛盾与冲突 中：能采取一些冲突处理技巧，基本上能处理矛盾与冲突 差：不能处理矛盾与冲突，使工作无法正常完成
建立合作关系的能力	讲一个这样的经历：员工不喜欢你推出的某项政策或制度，但是这个政策或制度还是要推出，并且推出的时间马上就到了，你用什么方法通知员工？	好：对自己的领导能力有信心，并给每位员工发出稳定和一致的信息 中：基本能给每位员工发出一致的信息 差：缺乏对自己领导能力的信心，给每位员工发出的信息不一致

3. 确定评分标准和工具

根据眼镜行业的特点和对天明眼科公司6名店长的素质要求调查，进行了权重分配得出以下结果：岗位专业知识、销售技巧与能力、灵活多变性与应变能力、人际能力的权重分别赋予15%，基本情况、处理矛盾和冲突的能力、独立工作的能力的权重分别赋予10%，主动性和独立思考的能力、建立合作关系的能力的权重各赋予5%。店长面试评价见表3-5。

表3-5　店长面试评价

<table>
<tr><td colspan="7">基本信息</td></tr>
<tr><td>编号</td><td></td><td>姓名</td><td></td><td>年龄</td><td colspan="2"></td></tr>
<tr><td>主考官职务</td><td></td><td>考官人数</td><td></td><td>本场主考官</td><td colspan="2"></td></tr>
<tr><td colspan="7">面试信息：（9分为最高，表现极佳；1分为最低，表现极差。请面试官在适当位置打钩）</td></tr>
<tr><td colspan="2" rowspan="2">评分项目</td><td colspan="5">评　　分</td></tr>
<tr><td>9</td><td>7</td><td>5</td><td>3</td><td>1</td></tr>
<tr><td rowspan="2">基本情况（仪表，学历，经验等）（10%）</td><td>形象（5%）</td><td></td><td></td><td></td><td></td><td></td></tr>
<tr><td>岗位要求（5%）</td><td></td><td></td><td></td><td></td><td></td></tr>
<tr><td rowspan="2">岗位专业知识（15%）</td><td>行业知识（7%）</td><td></td><td></td><td></td><td></td><td></td></tr>
<tr><td>专业知识（8%）</td><td></td><td></td><td></td><td></td><td></td></tr>
<tr><td rowspan="2">销售技巧与能力（15%）</td><td>销售技巧（7%）</td><td></td><td></td><td></td><td></td><td></td></tr>
<tr><td>销售策略（8%）</td><td></td><td></td><td></td><td></td><td></td></tr>
<tr><td rowspan="2">灵活多变性与应变能力（15%）</td><td>原则性（7%）</td><td></td><td></td><td></td><td></td><td></td></tr>
<tr><td>灵活性（8%）</td><td></td><td></td><td></td><td></td><td></td></tr>
<tr><td colspan="2">主动性和独立思考能力（5%）</td><td></td><td></td><td></td><td></td><td></td></tr>
<tr><td rowspan="2">人际能力（15%）</td><td>表达理解能力（7%）</td><td></td><td></td><td></td><td></td><td></td></tr>
<tr><td>人际融合能力（8%）</td><td></td><td></td><td></td><td></td><td></td></tr>
<tr><td colspan="2">独立工作的能力（10%）</td><td></td><td></td><td></td><td></td><td></td></tr>
<tr><td rowspan="2">处理矛盾和冲突的能力（10%）</td><td>全局性（5%）</td><td></td><td></td><td></td><td></td><td></td></tr>
<tr><td>冲突处理（5%）</td><td></td><td></td><td></td><td></td><td></td></tr>
<tr><td colspan="2">建立合作关系的能力（5%）</td><td></td><td></td><td></td><td></td><td></td></tr>
<tr><td colspan="2">总评得分：将每项得分×相应权重</td><td colspan="5"></td></tr>
<tr><td colspan="2">面试官参考意见</td><td colspan="5"></td></tr>
<tr><td colspan="4">面试考官签字：</td><td colspan="3">日期：</td></tr>
</table>

注：每道题目9分制，按五段分值1、3、5、7、9，有利于应聘者档次的拉开，便于最终录用的决策①。

4. 选择合适的面试官并培训

兼顾考官的专业、职务、年龄、性别，最终形成4人面试小组，包括人力资源总监、总经理、销售总监、招聘经理。把设计好的问题分配给特定的面试官，对其进行全天培训，确定合格者才有资格作为面试官。

① 周卓华，2009. 基于胜任特征的结构化面试在招聘中的应用 [J]. 消费导刊（6）：128-129.

5. 面试实施

结构化面试流程如图 3.2 所示。

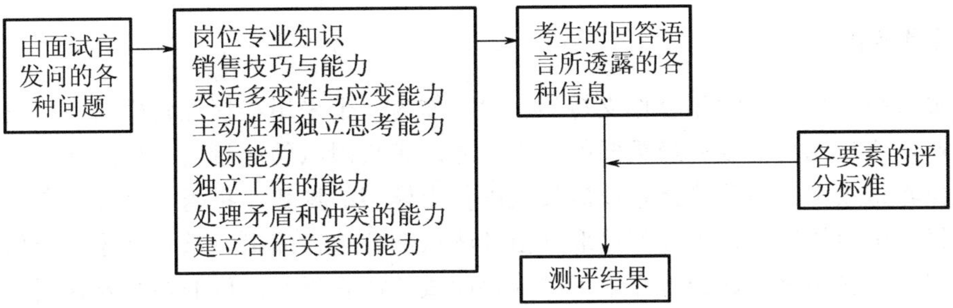

图 3.2 结构化面试流程

实施步骤分为 5 个阶段，分别为建立融洽关系阶段、导入阶段、核心面试阶段、确认阶段和结束阶段。结构化面试各阶段的主要工作和所占时间见表 3-6。

表 3-6 结构化面试各阶段的主要工作和所占时间

结构化面试步骤	主要工作和作用	所占时间
1. 建立融洽关系阶段	帮助应聘者放松心情，建立融洽的面试气氛，提一些随意的不针对工作相关的话题	2%
2. 导入阶段	缓解应聘者依然有点紧张的情绪，问一些应聘者比较熟悉的话题，如“请你介绍一下你的工作经历，好吗?”自然、亲切、聊天式地进行	8%
3. 核心面试阶段	使用预先设计好的结构化问题进行提问，测评应聘者的各项素质，并对应聘者的各项素质做出评价，是面试的核心阶段	80%
4. 确认阶段	对应聘者关键素质进行确认，使用开放式问题，不应引入新话题	5%
5. 结束阶段	面试官要确保他的提问涉及了做出聘任决定所需的全部信息，而应聘者则有一个最后展示自己的机会，可适当提问一些素质考核问题	5%

另外，考场设在相对独立、不受外界影响的会议室，经过精心的布置，室内整洁、宽敞、明亮、通风。在准备好面试人员情况表、面试评分表、面试题目等各种资料后，要求面试官统一行为规范，独立打分。

4 天内面试了 89 人，结合结构化面试评分结果和某些应聘者的特殊表现，最后确定了 20 位应聘者予以最终录用。其中前 4 名的综合打分分别为 91、90、88、87（分别简称甲、乙、丙、丁)，其中甲和丁的销售技巧与能力、人际能力、独立工作的能力均为满分，甲在岗位专业知识上比丁更为优秀，而乙的灵活多变性与应变能力尤为突出，丙在建立合作关系的能力、处理矛盾和冲突的能力上得到广泛认可。虽然都存在不同程度的欠缺，但这 4 人的综合素质都相对较优异。在 3 个月的见习期中，把这 4 位应聘者放在了 4 个最重要的经营门店，他们的能力都得到了较好的发挥，团队销售业绩较为可观。

3.2.4 案例解析

天明眼科公司是作者常年合作支持的企业，作为一个采用连锁经营模式、以技术服务为主导的企业，店长无疑是企业最重要的核心人才。店长团队的质量直接决定着公司的经营绩效，为此作者带领工作团队对该企业店长从胜任力模型的构建、招聘、培养、考核和薪酬体系方面进行了全面的设计，本案例选取其招聘测试部分进行编辑，重点描述结构化面试在招聘中的应用。本案例比较详细地介绍了结构化面试从调查研究岗位的核心要素到面试题目的设计，再到评分标准和工具的设定的全过程，具有一定的代表性。本案例基本展示了结构化面试的过程及一些细节问题，对将要采用结构化面试和欲优化结构化面试的企业而言均具有很好的借鉴意义。本案例希望能够帮助读者正确认识和使用结构化面试这一典型面试方法，招聘到适合企业的人才。

评价：招聘测试对我国企业而言日显重要，因为 2008 年《中华人民共和国劳动合同法》的颁布和实施，迫使企业将员工的甄选过程尽量在招聘环节得以完成，否则企业在解除劳动关系时将要付出更高的代价，这一法律环境的重大变化，使中国企业对招聘技术的重视程度一夜之间提高了若干倍。本案例演示了一个企业人力资源总监的招聘过程，采用的是企业在招聘过程中广泛使用的、简便而又信效度较高的结构化面试方法。该方法有两个重点：一是结构化面试的评价维度和权重设计；二是结构化面试的过程控制。本案例保持了适合该企业实际情况的简单可行的设计方法，具有典型性，对中小企业招聘方法设计尤具借鉴价值。

使用说明：本案例是一个简单实用的典型招聘案例，基本表达了招聘面试设计的思想和操作过程，比较符合我国大部分中小企业的实际需要。对于规模较大、管理基础较好的企业，招聘设计需要更加严谨和规范。建议根据招聘岗位层级和对公司发展影响重要程度，将招聘分成几个等级，对于高等级岗位人员的招聘必须先依据岗位分析做出更加详尽的任职资格分析（有条件的最好是依据胜任力模型提取可操作的关键任职要素），在此基础上设计和选用专门的招聘测试方案，有时候对于重要而又复杂的岗位招聘，可能需要选择的是测试组合方案，如用结构化面试做预选，用无领导小组讨论做部分能力和素质测试，用系统仿真技术做潜质和综合能力测度，等等。通过专业系统的招聘测试，遴选出最合适的任职人员。这种专业化的招聘测试方法，往往需要聘请专业机构来完成，成本较高，只适用于少量特别重要的岗位。常规的招聘测试，结构化面试就是一种信度较高的方法，建议读者多用这种方法，在测试维度、评价标准设计和过程控制上多下点功夫，可达到较好的效果。

案例研讨：

1. 结构化面试的实施需要注意哪些问题？
2. 如何进行结构化面试的题本设计？
3. 主面试官对结构化面试的信度、效度产生什么影响，怎样才能提高其信效度？

3.3 案例二：无领导小组讨论案例
——华钢集团中层管理人员综合管理能力测试①

3.3.1 公司简介

华钢集团有限公司（简称华钢公司）位于湖南省娄底市。经过近半个世纪的风雨历程，华钢公司不断发展壮大。“十五”以来，华钢公司投入资金100亿元进行大规模技术改造，建成了列入国家第四批国家建设重点项目的热轧薄板项目及其配套工程，公司年产钢规模从2002年的200万吨快速增长到2010年的450万吨以上，总资产达190余亿元。公司热轧、冷轧产品已打入中国集装箱集团、格兰仕等数十家国内知名企业，并出口海外。

3.3.2 招聘管理存在的问题

1. 没有设置规范的招聘流程

公司没有正式的招聘流程，招聘缺乏严格的流程控制，招聘质量没有保障，随意性强，主要依靠领导的经验与眼光选人。

2. 没有对所招聘岗位进行严格分析，没有提出明确的招聘标准

公司的工作分析基础工作不扎实，岗位描述更多是流于形式，不能真实反映每个具体岗位对任职者的能力素养要求，不能为招聘提供明确的选择依据。

3. 缺乏严格的招聘管理制度

公司没有形成规范的招聘管理制度，人员引进过程缺乏制度保障，招聘缺乏计划性，用人和辞退也缺乏计划和流程，招聘常常成为一种应急行为。

3.3.3 招聘方案设计

本次招聘共计5个中层管理岗位，分别是热轧分厂厂长、精轧分厂副厂长、动力分厂厂长、人力资源部副部长和生产部部长。进入本轮测试的共有10位候选人，他们已经通过了有关基本任职资格审核和对应的专业部门为主导的专业任职资格水平测试，本方案只涉及本环节的综合管理能力测试。经专家组综合研究决定，本环节采用无领导小组讨论方式进行测试。

无领导小组讨论实施流程可分为确定评价要素及标准、编写测评试题、确定并培训评委、讨论前分组、正式测评、选拔录用几个步骤。

1. 确定评价要素及标准

根据有关管理者能力素质模型，考虑到华钢公司的工作环境、战略目标，基于本次招聘的5个中层管理岗位的工作说明书，专家组确定主动性、沟通能力、演绎思维、自信、团队合作5个测评要素作为本次测评的评价维度。考虑到5个岗位对这些能力要求的重要性程度相差不大，为了简化招聘测试过程，将5个维度的权重进行平均处理。每个要素的评价标准

---

① 本案例源于作者主持的华钢公司招聘测试方案项目，案例初稿写作于2010年5月，本次修订于2018年4月。

设置如下。

（1）主动性，即能够辨认出问题、障碍或机会并主动地对现在或将来的问题或机会采取行动。“主动性”的评价标准见表 3－7。

表 3－7 “主动性”的评价标准

层级	评判标准	行为观察点
D 级	对当前的问题（机会）有较清醒的认识并采取行动	是否主动发言
C 级	对当前的问题（机会）有非常清醒的认识并采取行动	是否很积极地参与并帮助组员补充说明
B 级	对当前的问题（机会）有十分清醒的认识并采取行动	是否很积极地参与并帮助组员小范围打开语言思路
A 级	提前采取行动去避免未来危机的发生并且能够创造机会	是否一开始就起到了组织作用，奠定了正确的讨论框架，很好地牵引其他组员的思路

（2）沟通能力，即沟通者所具备的能胜任沟通工作的优良主观条件，包含“听、说、问”等行为的适当体现。“沟通能力”的评价标准见表 3－8。

表 3－8 “沟通能力”的评价标准

层级	评判标准	行为观察点
D 级	听、说、问 3 种行为都有出现，表达一般	是否在讨论过程中有听、说、问（主要是听说）行为出现
C 级	听、说、问 3 种行为都有出现，表达观点清晰	是否清楚并有效阐述问题，调整说话风格以符合听众需求，是否能够使用恰当的事实和数据支持自己的观点
B 级	能够理解对方的观点并进行有效的听、说、问	是否能够设身处地地为他人着想，关注并尊重他人的想法、感受和权益
A 级	能够在理解对方深层次的意图后进行有效的听、说、问	是否能够理解非语言行为，把握他人情绪和行为背后深层次的真实想法

（3）演绎思维，即能对事物进行有条理的分析，或用步步推进的方法对事物进行解剖。“演绎思维”的评价标准见表 3－9。

表 3－9 “演绎思维”的评价标准

层级	评判标准	行为观察点
D 级	能拆分问题	是否能在规定的时间内对问题进行一定正确性的分析
C 级	能看得见基本关系	是否能在规定的时间内对问题分析得有理有据，有一定结构
B 级	能看得见复杂关系	对问题的拆分和推导非常精确，速度较快，结构较完整
A 级	能做出复杂计划或分析	对问题的拆分和推导非常精确，速度较快，结构很系统

（4）自信，即敢于承担风险接受任务，或敢于提出不同的意见。“自信”的评价标准见表3－10。

表3－10　“自信”的评价标准

层级	评判标准	行为观察点
D级	只是附和他人或被动表达自己的意见，采用不积极的方法表达自己的看法	是否局促不安，紧张
C级	能够表达不同意见，能够接受一定风险的挑战	是否坦然自若，态度积极
B级	敢于冒险，能够强烈地表达自己的观点或坚持自己的行为	是否语言表达自然，稳定且富有激情
A级	敢于冒风险接受任务，或敢于提出不同的意见	是否强烈表达自己的观点并承担责任

（5）团队合作，即愿意与他人合作共同完成一项任务。“团队合作”的评价标准见表3－11。

表3－11　“团队合作”的评价标准

层级	评判标准	行为观察点
D级	具有团队合作的意识，愿意配合团队其他人员的工作，遵循团队的规范和决议	是否能注意他人的观点
C级	与成员建立合作关系，在团队中主动建立与各成员之间的良好关系，对他人表现出明显的关心和热忱，乐意协助他人的工作	他人讲话时是否注视对方并表示出关心
B级	为实现团队目标做出妥协，在合作过程中，不固执地坚守个人立场，甚至放下个人的利益来配合整个团队的活动	是否能够适当妥协自己的意见
A级	推动团队合作，积极地推动团队不同成员相互理解、认同与配合，促使团队效率的提高	是否能协调、牵引各成员的不同意见，并达成一致

2. 编写测评试题

无领导小组讨论题目类型见表3－12。为了有效选拔出中层管理人员，本次招聘设计将采用多项选择问题和资源争夺问题的形式。由于开放式问题和操作性问题不易引起应聘者之间的讨论，两难问题出题较难，且过程难以控制，因此均不予采用。

表 3-12　无领导小组讨论题目类型

题目类型	定　义	考察要点	举　例	特　点
开放式问题	答案的范围可以很广、很宽，没有固定答案	全面性、针对性、思路清晰、有新的见解	你认为什么样的领导是好领导？	容易出题；不太容易引起应聘者之间的讨论
两难问题	在两种互有利弊的答案中选择其中的一种	分析能力、语言表达能力以及说服力	你认为是以工作为取向的领导还是以人为取向的领导是好领导？	编制题目比较方便，可以引起讨论；两个答案要保持均衡
多项选择问题	多种备选答案中选择其中有效的几种或对备选答案的重要性进行排序	分析问题实质、抓住问题本质方面的能力	某信息中心收集 20 条信息，只能上报 8 条，请讨论出结果	难以出题目；较容易形成讨论
操作性问题	给应聘者一些材料或道具，设计出一个或一些由考官指定的物品	主动性、合作能力以及在实际操作任务中所充当的角色	请用报纸搭一个 1 米以上的塔，保证塔不倒下	主要考察操作能力；不太容易引起应聘者之间的讨论；对考官的要求和题目的要求比较高
资源争夺问题	适用于指定角色的无领导小组讨论，让处于同等地位的应聘者就有限的资源进行分配	语言表达能力、分析问题能力、概括总结能力、反应的灵敏性、组织协调能力	如让应聘者担当各个分部门的经理，并就有限数量的资金进行分配	可以引起应聘者的充分讨论；对出题的要求较高；要保证案例之间的均衡性

通过相关资料的搜寻，确定此次无领导小组讨论的题目及规则（表 3-13）。

表 3-13　无领导小组讨论的题目及规则

讨论主题	华钢公司一直以来都使用湘南包装厂提供的包装材料，每年的包装材料消费额达到 300 万元，双方有着稳定的协作关系，但是近年来连续发生了几次包装材料质量不过关导致产品在运输过程中损坏的退货事件，给公司带来了经济损失，而且引起了客户投诉，影响了公司的发展。根据协议损失由包装公司负责，但该公司规模太小，承受力不够，尽管努力赔付，也派了技术人员对包装产品质量进行改进，但仍未能完全挽回损失。今年下半年又发生了类似的包装质量事故，为此公司有关部门提出以下解决方案。 1. 公司自己投资组建包装材料厂，投资 2 000 万元，经测算 5 年可以收回成本。该方案能彻底解决包装问题； 2. 强化供应链管理，另选两家更优质的包装公司共同供货，降低风险。该方案投入不多，但在湖南本地找不到相应公司，而符合要求的公司又比较远，会增加相当于包装 20%～30% 的运输成本，共计增加成本 60 万～90 万元/年； 3. 完全取消该公司的供应商资格，选用某国际供应商，以国外进口的方式，将整个包装和运输过程完全外包，这样可以降低库存，提高效率，但会使公司内部 60 余名负责包装的员工失业，公司需要对其进行安置，会发生较大的安置成本，甚至带来内部管理上的很多麻烦。现请 5 名应聘者模拟总裁办工作人员，对以上方案进行讨论
要求	请首先用 5 分钟的时间，将答案及理由写在答题纸上。在此期间，请勿相互讨论；在主考官说“讨论开始”之后进行自由讨论，讨论时间限制在 25 分钟以内，在讨论开始时每个人首先用 2 分钟时间确认是否还有疑问，讨论期间，考官将不再回答任何问题
讨论任务	整个小组形成一个决议，即对问题达成一致共识；小组选派一名代表在讨论结束后向主考官报告讨论情况和结果

3. 确定并培训评委

每组评委6～7人，其中董事长、总经理、主管人力资源的副总经理和人力资源部部长是常设评委，招聘岗位的主管总经理和相关部门的负责人作为该岗位的招聘评委。这些评委对中层管理人员岗位的工作较为熟悉。对评委的培训从以下几个方面着手：熟悉整个无领导小组讨论的过程、统一测评要素的评价标准、提高评委的观察能力和方法。

4. 讨论前分组

分组方法：应聘者共10人，分成两组，每组5人。

分组原则：根据应聘者毕业院校、籍贯、工作经历、性别等按比例分组，形成分组名单，同时避免将相识的应聘者分配在一组。

现场布置：测评对象席位呈U形摆放，放标有编号及姓名的席卡。评委席与测评对象席间距4米左右，组与组之间距离拉远，避免相互干扰，每组6名面试官。无领导小组讨论时间安排见表3-14。

表3-14　无领导小组讨论时间安排

致介绍辞并解释讨论细则	1～2分钟
应聘者单独读题与完成答题	2～5分钟
讨论时间	25～30分钟
代表陈述	3～5分钟
面试官评价决策	5～10分钟
致结束语	1～3分钟
合计	37～55分钟

5. 正式测评

正式测评阶段分准备阶段、自由发言阶段、讨论辩驳阶段和总结阶段，如图3.3所示。

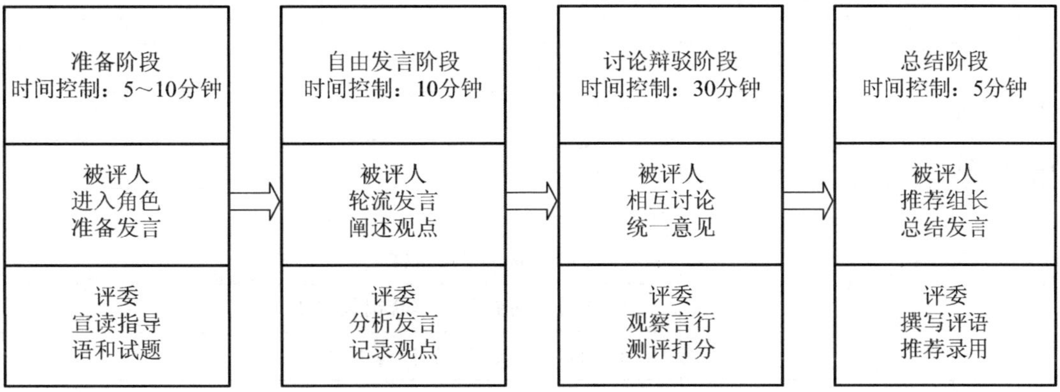

图3.3　无领导小组讨论正式测评阶段

(1) 准备阶段，主持人介绍整个测评程序、宣读指导语，同时留出几分钟时间让被评人做好充分的发言准备。

（2）自由发言阶段，要求每个人先阐明自己的观点，表明自己的立场和态度。发言顺序可以是随机的，但每人的发言时间不能超过3分钟。评委的任务是观察记录每个发言者的内容，形成初步印象。

（3）讨论辩驳阶段，被评人的各项能力高低均充分展现在评委面前，评委根据自己的观察对被评人的表现根据公正、客观的原则在评分要素上独立打分。

（4）总结阶段，各组推荐一名小组长进行总结发言。同时，评委填写评定报告，内容包括此次讨论的整体情况、所问的问题内容以及此问题的优缺点，重点说明每个被评人的具体表现、最终录用结果、自己的建议等。

当所有讨论和评分行为结束后，面试官宣布评分结果，无领导小组讨论评分表见表3-15。

表3-15　无领导小组讨论评分表

<table>
<tr><td colspan="2">组号：</td><td colspan="2">时间：</td><td>地点：</td><td>参加人数：</td></tr>
<tr><td rowspan="2">素质</td><td rowspan="2">行为观察点</td><td colspan="4">参加人员姓名及评价（以每组讨论成员为准）</td></tr>
<tr><td>李×</td><td>王×</td><td>张×</td><td>……</td></tr>
<tr><td rowspan="4">主动性</td><td>是否主动发言</td><td rowspan="4">A B C D</td><td rowspan="4">A B C D</td><td rowspan="4">A B C D</td><td rowspan="4">……</td></tr>
<tr><td>是否很积极地参与，并帮助其他组员补充说明</td></tr>
<tr><td>是否很积极地参与，并帮助其他组员小范围地打开语言思路</td></tr>
<tr><td>是否一开始就起到了组织作用，奠定了正确的讨论框架，很好地牵引其他组员的思路</td></tr>
<tr><td>……</td><td>……</td><td>……</td><td>……</td><td>……</td><td>……</td></tr>
<tr><td colspan="6">评价结果</td></tr>
<tr><td colspan="2">该组总结描述</td><td colspan="4"></td></tr>
<tr><td colspan="2">面试官签名</td><td colspan="4"></td></tr>
<tr><td colspan="2" rowspan="4">评分说明</td><td colspan="4">A（9～10分）明显超出了岗位需要</td></tr>
<tr><td colspan="4">B（7～8分）超出了岗位需要</td></tr>
<tr><td colspan="4">C（4～6分）可接受，符合岗位需要</td></tr>
<tr><td colspan="4">D（4分以下）没有达到岗位需要</td></tr>
<tr><td colspan="2">判定原则</td><td colspan="4">在5项评定内容中，综合评定无D，且C不能超过两个，最后得分“合格”，同时根据面试比例调整标准，以“就高不就低”的原则选择得分高的应聘者</td></tr>
</table>

6. 选拔录用

根据以上5个测评要素的选拔标准，从10人中评出5人进入招聘的下一环节。最终这5人全部予以录用，分别被派往5个相应的招聘岗位。经跟踪调查，录用者表现良好，与岗位的契合度很高。

3.3.4　案例解析

该案例重点解析无领导小组讨论方法测试中层管理人员综合管理能力，实践证明招聘测试的效果很好，与企业高层领导班子工作经验积累中的评价契合度很高，招聘完成后5个岗位的选拔人员履职效果理想，受到集团领导的好评。本案例比较详尽地介绍了无领导小组讨论的评价标准的制定、测试的实施过程等内容，旨在让读者学会此方法的应用。此外，案例中提供了很多测试表格及样题可供读者参阅。

评价：招聘测试是招聘过程中最重要的一个环节，它对招聘质量和招聘效果的影响极大，招聘测试也是招聘中技术含量最高的一项内容，有许多可选择的方法。本案例所选用的无领导小组讨论法对于测试管理者综合能力具有较高的信效度，同时该方法操作简便，所以在招聘管理人员时被广泛应用。本案例详细地解析了该方法的使用过程，为读者使用无领导小组招聘方法提供了较好的范例。

使用说明：值得注意的是，无领导小组讨论测试要素分析是该方法的重要基础，在设计测试方法前必须根据岗位特点，根据岗位的任职能力要求对招聘对象应该具备的能力素质进行科学的提取并按重要程度排序，在此基础上选择和设计无领导小组测试和讨论的主题。本案例出于简化的目的，用同一套研讨主题测试5个岗位的应聘者，主要是因为这5个岗位的要求和工作背景比较相似，而且在该测试的前后还有根据岗位特征要求的其他测试环节，这种简化是可行的。读者在使用无领导小组讨论时，最好是一岗一套测试方案，要进行合并就必须用其他的措施来解决岗位的差异问题。

案例研讨：

1. 如何编制无领导小组讨论的题目？请阐述其一般流程。
2. 无领导小组讨论适合测评哪类岗位？适合测试哪些能力素质？
3. 无领导小组讨论测试实施过程中应该注意哪些问题？通过怎样的过程控制才能保证测试的有效性？

3.4　案例三：公文模拟测试案例
——湖南省某厅办公室文秘招聘方案[①]

3.4.1　部门简介

湖南省某厅现有干部职工8 000余人。其中干部1 900多人（国家公务员220人，专业

① 本案例源于作者主持完成的湖南省某厅的员工招聘项目，根据该项目的招聘方案部分内容修改完成，案例完稿于2018年5月，文中对该厅的信息做了必要的处理。

技术干部 1 600 多人）。该厅设 11 个内设机构，其中办公室主要负责的工作有文电、会务、机要、档案等机关日常运转工作，信息、安全、保密和信访工作，新闻发布和政务公开工作，重大突发事件应急综合管理和行政审批综合办公有关工作，统筹厅系统和农业行业安全生产等。

3.4.2 部门招聘存在的问题

某厅对办公室文秘岗位的招聘以每年公务员考试的成绩为基本参考标准，当年公务员考试成绩达到最低分数线且符合文秘岗位基本要求者，均可在网上报名，报名后按 5∶1 的比例确定笔试人员。笔试题主要是写通知、文电、新闻稿等。面试环节由几名办公室副主任担任主要面试官，以面试官的主观感觉为评价标准。

从近几年的招聘情况来看，以主观评价标准为主的招聘方法，甄选出的文秘基本不能胜任岗位要求，撰写的公文质量不过关。有时还没到年度招聘的时间，办公室的文秘人员被辞退、辞职现象就很严重，影响了该厅的日常工作。因此，办公室急需对文秘岗位设计科学合理的招聘方案。结合文秘岗位的工作特点，该厅选用现代评价中心技术中的公文模拟测试进行选拔。

3.4.3 招聘方案

公文模拟测试流程如图 3.4 所示。

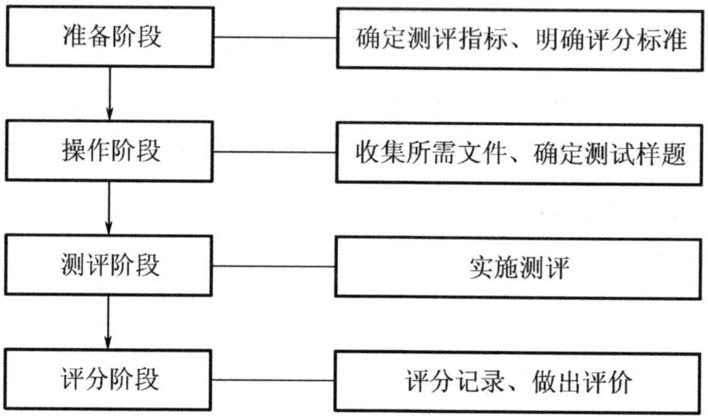

图 3.4 公文模拟测试流程

1. 确定测评指标

某厅办公室招聘的岗位为文秘，通过笔试的筛选，确定参加此次公文模拟测试的应聘者为 20 人。根据部门现有文秘的情况，参照胜任能力素质要求，所确定的办公室文秘测评指标见表 3-16。

表 3-16 办公室文秘测评指标

序号	测评指标	内涵界定
1	工作条理性	在纷繁复杂的工作中能够准确把握轻重缓急，抓住工作重点，并分阶段、分步骤、循序渐进地安排复杂的工作
2	计划能力	准确认识自己的工作责任，善于计划全局和分配工作，并能积极传授工作内容和知识，引导、督促部属高效地完成任务

续表

序号	测评指标	内涵界定
3	预测能力	对未来可能发生的事件或事情的结果进行估计和预测的能力
4	决策能力	善于对复杂问题进行审慎的剖析，能灵活地寻找各种解决问题的途径，并做出合理的评估，从而及时、果断地提出具有全局性、可行性的高质量决策意见和行动方案
5	沟通能力	能够巧妙地处理各部门之间的利益关系，合理地调配组织资源，使组织内外关系和谐，从而能将组织中各方面力量拧成一股绳，相互密切配合

2. 明确评分标准

此次公文模拟测试主要考察文秘人员的5个维度，根据文秘岗位胜任能力要求和这些维度对岗位的重要程度，确定各维度权重。

(1) 工作条理性。

理论分值区间：0～15分。设计一定的任务情境和角色情境，要求应聘者判断所给材料的优先等级。得分高的应聘者能有条不紊地处理各种公文和信息材料，能根据信息的性质和轻重缓急进行准确分类，能注意到不同信息间的关系，有效地利用人、财、物等信息资源，并有计划地安排工作。

(2) 计划能力。

理论分值区间：0～30分。得分高的应聘者能非常有效地针对工作中存在的问题，提出切实可行的方案，主要表现在能事先系统地安排和分配工作，识别问题并注意不同信息间的关系，根据信息的不同性质和紧迫性，对工作的细节、策略、方法做出合理的规划。评价应聘者计划能力时，要考虑其是否关注行为的后果。

(3) 预测能力。

理论分值区间：0～15分。得分高的应聘者能全面系统地考虑环境中各种不同的相关因素，对各种因素做出恰当的分析，并做出合乎逻辑的预测，同时对预测提出行之有效的实施方案。该维度主要考察三部分内容：预测的质量、所依据的因素、可行性分析。评价预测时，要考察应聘者为了做出预测而利用公文模拟材料的程度，即是否综合各种因素做出分析。

(4) 决策能力。

理论分值区间：0～15分。该维度得分高的应聘者对复杂的问题能进行审慎的剖析，能灵活地寻找各种解决问题的途径，并做出合理的评估，对各种方案的结果有着清醒的判断，从而提出高质量的决策意见。该维度主要考察三部分内容：决策的质量、实施的方案、影响因素。评价决策时，要细察决策背后的理性成分，考察应聘者是否考虑了短期和长期的后果，是否考虑了各种备选方案的优缺点。

(5) 沟通能力。

理论分值区间：0～25分。要求应聘者设计公文，撰写文件或报告，用书面形式有效地表达自己的思想和意见。根据评估内容，考察应聘者的思路清晰度、意见连贯性、措辞恰当性及文体相应性。得分高的文章要求语言非常流畅，文体风格与情境相适应，能根据不同信息的重要性来分别处理，结构性很强，考虑问题很全面，能提出有针对性的论点，熟悉业务的各个领域。

3. 收集所需文件、确定测试样题

文件素材从文秘的实际工作出发，通过访谈绩效较好的文秘和其直接上级，记录工作中印象深刻的事情作为素材。为了使获得的事件符合考察主旨，将测评要素及其内涵告知访谈对象，让他们围绕此测评要素进行回忆，至于征集多少关键事件则要根据所需文件的数量决定，根据收集文件得出公文实例。样题如下。

您是某厅办公室文秘之一，大家都称您小 A。此办公室是直接协助某厅几位领导工作的职能部门，目前由田主任一人负责。今天是 2009 年 5 月 23 日，某厅在远郊召开一个重要会议，田主任和办公室所有其他同事都去办理会务，只有您一个人留守。所有厅领导都在出席重要会议，您不能找他们请示，办公室其他同事也都因种种原因不能给您帮忙。最不巧的是，由于那里电信线路出现故障，您无法和在郊区开会的田主任及其他同事联系。田主任昨晚辗转托人给您带去一张便条，内容如下。

小 A：

明天（5 月 23 日）有几件事情要烦劳你。

1. 主管分房的李副厅长要了解职工对分房办法第五稿的意见。请你看一下职工的意见材料，代我起草一份 500 字左右的报告。

2. 实习生刘叶说写了一份信息。最近厅里上报的信息比较少，被采用的更少。请你看一下这份信息能否上报或经修改后上报。

3. 请你给徐扬写封信，告诉她我们已经录取了新文秘。

4. 请你根据李副厅长给马林处长来信的批示，把马处长的信处理一下。

以上几件事情都不能再拖了，明天上午无论如何要完成。下午 1:00 厅里有车来会场，你搭车前来，这里实在忙不过来。

明天上午办公室若有什么事，你见机行事。保证我不在的时候办公室正常运转。谢谢！

田主任

5 月 22 日

现在是早晨 8:30，您一上班就得到上述指示和有关材料，您的任务是遵照指示完成所有工作。以下是您在完成工作中必须遵守的程序和规定。

1. 首先，请您完成指导语自测题，回答结果构成评分的重要内容。

2. 其次，请在日程计划表上拟订一份今天的日程安排，若情况变化，日程安排可以更改，但必须在日程计划表上予以注明。

3. 最后，一切任务请按您本人对文秘工作的理解和相应的指示独立完成，并一定要说明这么处理的理由，否则要倒扣分。

---

4. 实施测评

对 20 名应聘者各施测两次公文模拟测试，每次测试由一名主考官主持，两名助手协助发放材料。测试时，发给应聘者每人一套测试材料，通过主考官的讲解和描述将应聘者带入模拟的情境，然后由应聘者对公文做出全权处理，并简要地写出处理的理由。同时，应聘者对每一份公文的重要性和紧迫性给出高中低的判断，最后填上完成测试所花的时间。

5. 评分及选拔录用

经过公文模拟测验，某厅办公室按照评分由高到低筛选出 8 名文秘，最高分 88.76 分，最低分 73.19 分。经评委讨论，这 8 名优胜者均较符合岗位标准，进入招聘的下一环节，经过薪资洽谈、资格审查和体检等环节，最终录用了 6 名文秘。经过跟踪调查，这 6 名文秘均与岗位工作契合度较高，在工作岗位中表现良好，其中 4 名表现出色，在其所在岗位做出了较突出的贡献。表 3－17 为公文模拟测验结果样例。

表 3－17 公文模拟测验结果样例

考号：101	姓名：李×	性别：女	年龄：22
序号	考察能力	得分	评 语
1	工作条理性 15％	9.81	工作还算有条理，能分清事务的主次，并能据此安排自己的工作步骤，使工作按一定的次序进行，表现出一定的计划性
2	计划能力 30％	26.49	对工作处理得当，分析能力很强，能提出有效的处理意见，主要表现在能根据轻重缓急对工作的细节、策略、方法做出较为合理的规划
3	预测能力 15％	6.11	能提出较有针对性的预测，对事件的洞察力较好，有时考虑问题稍显片面，不能综合考虑各种影响因素，但对问题有一定的预测能力，对预测的实施充满信心
4	决策能力 15％	14.09	对复杂的问题能进行审慎的剖析，能灵活地寻找各种解决问题的途径，并做出合理的评估，对各种方案的结果做出清醒的判断，从而提出高质量的决策意见
5	沟通能力 25％	18.13	书面表达方面，语言较流畅，谈起问题来很有针对性，能提出有力的论据，结构性较强，比较熟悉业务的各个领域，并能通盘考虑问题
总分及总评		74.63	综合能力良好，基本能胜任岗位，建议通过

3.4.4 案例解析

本案例运用了公文模拟测试方法对湖南省某厅办公室的文秘人员进行了招聘。经过跟踪调查，录用的文秘均与岗位工作契合度较高，在工作岗位中表现良好。本案例分析了公文模拟测试的测评指标，比较详尽地介绍了测试的实施过程等内容，旨在让读者学会此方法的应用过程。案例中提供的测试表格及样题可供读者参阅。

评价：公文处理是一种比较成熟、使用便捷的情景模拟测试方法，对于文案工作较多的岗位，如秘书、财务人员等，该项测试显得尤为重要。本案例针对政府机关文秘人员设置公文处理测试，具有典型性。本案例详细地描述了公文处理测试设计和操作的全过程，对该类招聘具有很大的借鉴价值。

使用说明：成熟的公文处理设计往往是根据某几类通行岗位设置了丰富的测试题库，被测试者只需从题库中随机抽取测试题目就能进行测试。测试过程通过计算机软件操作，以保证测试的便捷、准确和公平性，由此公文处理的测试又被称为文件包、文件筐。本案例是一个专门的公文处理设计案例，读者所在的企业如果有条件的话，可以直接和专业机构联系，对通行的文秘等岗位的测试直接引入专业的文件筐或相关测试软件进行。另外，公文处理测试方法还可作为其他管理人员专项能力的测试方法，或者和其他测试方法组合使用。

案例研讨：

1. 公文模拟测试适用于哪些招聘岗位和哪些能力要素？

2. 简述公文模拟测试题的设计程序。请在所在公司选取一个适合此测试方法的岗位设计一份测试文件。

3. 如果将本案例中的岗位换为财务部部长，如何进行公文模拟测试，该岗位与文秘岗位测试的主要差异是什么？

3.5 案例四：招聘测评软件应用案例

——一和公司总裁招聘测试[①]

3.5.1 公司简介

湖南一和公司成立于2005年8月18日，下属公司有一和生物科技公司、一和教育公司、一和医院管理公司与一和投资管理咨询公司。公司员工900余人，年销售收入1.5亿元。公司长期以来由董事长兼任总裁职务，随着公司的发展，董事会决定必须将经营者和所有者分离，决心面向社会招聘总裁。

3.5.2 公司招聘情况

一和公司总裁候选人由著名猎头公司推荐，包括通过初选进入面试程序的6个应聘者，公司决定应用引进的英国兰卡威（RtCatch）重要经理人价值管理系统对6位应聘者进行科学测试，甄选出合适人选。

3.5.3 测评系统简介

RtCatch人力资源底层技术项目于1977年设立于英国，初期是为社会人士及医院等机构提供心理及健康咨询服务，而后开始进行人力资源项目研发。由欧美22位学者及教授以心理学、组织行为学、社会学、统计学、奥尔波特人格心理学、罗杰斯人本主义心理学、赫尔新行为主义、麦克莱兰成就动机等各行为科学理论为基础，并与欧洲4所大学100名相关科系的研究生、志愿者及各国公益组织，共同进行200万名学生与社会人士情况追踪及分析。

RtCatch累积样本量超过2 100万人，在科研成果基础上，RtCatch为测评产业或企业提供底层计算技术，提供企业二次开发并结合企业需求设计专属的评量系统，目前已在底层技术上开发出人力资源管理、经营管理、员工辅导流程开发等领域的管理模板，研制出的系列诊断工具包括深海领导学、个人本我管理系统、重要经理人价值管理系统、重要经理人工

① 本案例源于作者2016年主持完成的人力资源管理体系优化咨询项目，依据该项目招聘方案的部分内容修改而来，案例初稿完成于2017年3月，本次修订于2018年3月。

作动态系统、经理人价值管理系统、经理人工作管理系统、专属个人本我管理系统等。在使用每种测评工具时，在测评师的引导下，被试填写经过心理学家、社会学家等精心设计的问卷表（6分钟内可完成），通过计算机系统分析，形成的测评报告非常精准，被人才测评界形容为“精准捕捉”。已在18个国家的众多跨国企业、组织或政府机构中广泛运用。

3.5.4 测评软件的主要维度内涵

RtCatch运用心理学及统计学原理，对人做出性格分析、学习模式、行为感知、工作期望、心情感知、满意度、行为变化、工作压力、外在的表现等诊断报告，其精准率约为94%～97%。题目设计采取形容词句的方式，题目辨识率高达95%，为企业用人及开发人才提供了科学依据。RtCatch对员工的心理辅导不只是运用工作变化的清单，更是结合压力管理深入了解员工真实的状况及心理问题。

此次测评的被试是总裁的应聘者林×，采用的是重要经理人价值管理系统，现将系统的主要维度介绍如下。

1. 本我性格

指被试自然本我的特质（天生本质的性格），与工作或生活都无关，即回答“我是谁”的问题。从全球2100万样本人数中，RtCatch归纳出了本我的5种类型，见表3-18。每种类型无好坏之分，只要放在正确的岗位上，都可以大放异彩，成就大业。

表3-18 本我的5种类型

类型	特征
控制型	勇敢的，坚决的，控制的，敢挑战的
分析型	严谨的，冷静的，重制度的，重细节的
表现型	活泼的，外向的，交流的，有审美观的
温和型	和善的，稳定的，合作的，重人际关系的
调整型	适应的，改变的，中性的，协助的

2. 行为模式

行为模式是从大量实际行为中概括出来作为行为的理论抽象、基本框架或标准，包括9个维度，见表3-19。

表3-19 行为模式的9个维度

维度	解释	类型
自信水平	自我的信念、要求或挑战度	适应型
		一般型
		坚定型
人事原则	对人与事的看法	理性型
		感性型
		平衡型

续表

维　度	解　释	类　型
学习模式	如何产生学习的动机	动机导向
		环境导向
		平衡导向
决策模式	在自然的情况下采用何种方式做决定	直觉型
		事实型
		平衡型
决策速度	做一项决定所要花费的时间	微慢型
		快速型
		一般型
敏感度	对周遭环境产生的感应力	低
		高
		一般
抗压力	个人面对环境压力或工作量在心理上所能承受的抗压力	一般型
		非动机型
		动机型
行为平衡	行为与工作模式是否平衡发展	侧重型
		平衡型
领导风格	习惯化的领导方式所表现出的特点	控制导向
		表现导向
		分析导向
		温和导向

3. 事务处理

事务处理是指被试面对事务会选择或使用何种工作方法。事务处理模式分类见表 3-20。

表 3-20　事务处理模式分类

模式分类	解　释
文案模式	具体的文案制作、执行的工作模式
现场模式	到现场立即的、改变的、随机的工作模式
行政模式	长期的或固定的支持或协助性的工作模式
规划模式	仅在大方向上进行架构、规划或重点制作的工作模式
推动模式	当问题发生如何推动改善的工作模式
喜好模式	表示对工作模式的使用是否有喜好的程度

4. 个人综合能力

个人综合能力是指个人基本的能力，包含7个能力项目，见表3-21。

表3-21 个人综合能力

能力项目	解释
控制能力	具有掌握目标或推动他人工作的能力
带动能力	具有表现及沟通的能力
改变能力	具有解决问题或设计新方案的能力
授权能力	具有宏观、开放、授权分工的能力
高自信	具有高度挑战及坚定自我信念的能力
高抗压能力	具有能付出大量精力及承受高度压力的能力
现场发挥模式	在问题来临前就可先自由想象的或立即视状况改变推动方向的模式

5. 个人竞争力

个人竞争力是指个人出色的能力，包含6个能力项目，见表3-22。

表3-22 个人竞争力

竞争力项目	解释
开创（营销）竞争力	拥有开辟疆土及冲锋陷阵的能力
创新竞争力	拥有改变及创造的能力
表达竞争力	拥有在组织里与他人随机交流的能力
挑战竞争力	拥有敢于冒险及高挑战的能力
设计竞争力	拥有创意美感及样式规划的能力
领导竞争力	拥有散发个人魅力、吸引他人跟随你的能力

6. 工作的实际表现

工作的实际表现是指被试近期（最近3个月）工作表现，与本性、企业期望或他人看法都无关，见表3-23。

表3-23 被试近期工作表现

工作模式	高分	低分
温和型模式	多合作的、协助的、配合的、有耐心的，对人支持的工作模式	快步调的、加快推动的、缺乏耐心的、讲求效率的、变通的、急速的工作模式
分析型模式	关注细节、控制流程、小心处理、掌握细节、追求规则的工作模式	不关注细节、抓重点、授权管理、开放的、追求成果的工作模式
表现型模式	与人多沟通、激励、分享、说明、交流的工作模式	安静的、不多说的、思考的、计划的、聆听的、低调的工作模式
控制型模式	直接的、控制的、要求的、管理的、目标的、讲求成果的工作模式	配合的、让他人自主的、协助的、降低控制的、授权的、对事支持的工作模式

7. 投入与损耗

投入与损耗指被试在工作中投入的程度和损耗精力、时间等的多少，见表 3-24。

表 3-24 投入与损耗

维度	解释	类型
关键行动	在工作中认为最为重要或关键的行动	控制
		表现
		温和
		分析
决策模式	在工作中采用的决策模式	事实型
		直觉型
		平衡型
文件信息	在工作中手边必须面对的文件资料整理	高
		一般
抗压力	在工作中会用多少的抗压力面对	上升
		下降
		平点
行为改变	因为工作个人整体行为的改变有多大	持平
		微高
		高
精力耗损	在工作中付出的精力或能量	高
		低
精力剩余	在工作中还可以付出的精力	高
		低
管理模式	在工作中所采取的管理风格	多元化
		目标型
		表现型
		稳健型
		标准型

8. 期望程度

期望程度指被试对自己的期望程度，见表 3-25。

表 3-25 被试对自己的期望程度

维 度	解 释	类 型
目标度	在工作中对自我的目标或期望是否能达成	高
		低
		平均
成就度	在工作中针对事务处理上能发挥自我优势的看法	高
		低
		平均
心情度	在工作中对于目前的环境、变化或做法所产生的想法	高
		低
		平均
满意度	在工作中对自我表现的评价	高
		低
		平均
压力度	在工作中因动态变化所产生的压力	高
		低
移动度	在工作中可能产生倦怠或换一种工作模式的想法	高
		微高

3.5.5 测试报告实例分析

测试报告以总裁的应聘者林×为例，基本资料见表 3-26。对其自然的性格、自然的能力与风险、工作中的实际表现、工作状态的压力与改善、外在的行为表现、外在的能力与风险、自我管理与控制 7 个方面进行评测和分析，得出详细的评价报告。

表 3-26 被试基本资料

姓名：林×	应聘职位：总裁
性别：男	年龄：37
测试日期：2009 年 4 月 9 日	毕业院校：中南大学
最高学历：博士	所学专业：企业管理

1. 自然的性格（本我）

（1）自然本我的综合特质分析。

你是一位能做事也能表达的人，喜欢自己掌握一切事务，敢冒险及挑战，能控制大局及发展，对自我目标及方向有独特见解，不喜欢被人支配或摆布，能独立自主地作业，能设立目标及愿景，可用自信及瞬间爆发力解决问题。

对人好客及外向，充满热情及活力，总有许多的点子及创意，在乎别人对自己的感受及看法，有时容易对人心软，能具体推动目标及适时沟通，也能说服他人勇往直前，做事缺乏耐心与耐力，对于不喜欢的事不妥协也不接受，当生气时会用命令或直接的方式解决问题，同时也具备了咄咄逼人的语言能力。

不喜欢墨守成规或了无新意的做法，喜欢将复杂化变为简单化，能自行创新及寻找新出路，对于细微事务能交给他人执行或授权，不愿被人干预，看问题通常只看大方向及架构，为人较为随性及开放，可边做边调整，不拘小节及豪爽，容易感情用事，做事偏冲动，不怕竞争，就怕做一些无意义的事，讨厌犹豫不决的人，只愿与理念相同的人共事。

（2）自然本我的各项特质分析。

你最主要的特质是：控制型。

你具有充满自信及较强控制欲的性格，做事情非常果断，一旦认定的事情会坚决执行，强调赏罚分明、论功行赏，不喜欢光说不练或无能力的人，只接受比自己强或欣赏有才能的人。有时会以强势或发怒的姿态与人交锋，会用高标准控制及要求他人，问题发生时喜欢按照自我的想法进行，当前面道路发生阻碍时，会竭尽所能排除万难，当实在无法取得成果时，也会急速转换目标或放弃。

重点描述：勇敢的、自信的、控制的、要求的、坚持的、积极的、自主的、目标导向的。

（3）自然本我对人与事的原则。

你对人的原则是：公平竞争、自由空间、力求表现、随心所欲、共建未来。

你对事的原则是觉得做事情应该要考虑：是否有重要性、是否有利益、是否有价值性、是否有主控性。当能满足你其中一个或多个考虑因素，你会很快决定该不该做或何时进行。

（4）自然本我的学习模式。

你的学习动机是：动机导向的学习模式。

你的学习动机是借由自我的确认，你不会去考虑此环境目前是否有这方面的需求，因此只要能让自我喜欢的、想要的、有兴趣的就可以，反之你不认为想要的，即使目前的环境有此需求或你的朋友一直热心介绍，你也会无动于衷，就算你真的为此学习也并非你的本意。

（5）自然本我的自信指数。

你自然本我的自信是：极高的自信。

充满自信及高压力的自信形象，你具有高度自信及挑战力，在多数的环境里不会有什么事情可以阻止你前进，在人群中也相信自己的能力能胜过其他人，当遇到巨大的挑战或已达到最为关键时刻，你外在的行为仍敢持续挑战，只是心里会有些谨慎。有时高度的期望或执着更有可能使自己钻牛角尖。

（6）自然本我事务处理的模式。

你自然本我事务处理的最主要模式（优势）是现场发挥模式。即在问题来临前就可先自由想象的或立即视状况改变推动方向的模式。

对事务处理模式运用的喜好程度是：强烈喜欢现场发挥模式，强烈不喜欢行政支援模式。

(7) 自然本我的决策模式。

你的决策模式是直觉型，表示你会依据个人过往的经验、想法、直觉或自我的感受等方式作为决策的参考。

你的决策速度偏快，表示你有可能在别人的话还没说完或未结束前，你已经做出决定。

(8) 自然本我的敏感度。

你有较高的自然本我敏感度，表示具有偏高的敏感，能提前感知或感受并快速做出反应。

(9) 自然本我的抗压力。

你有极强的抗压力，拥有用不完的精力和难以想象的巨大能量，可投入在工作或活动上，是精力无穷的代言人，应将多余的精力经由其他渠道加以释放，以免造成心理苦恼，可大量投入在较大活动量的运动上，如在攀岩、篮球、游泳运动上释放多余精力的压力（但必须选择符合自己年龄的活动或由专家建议）。但过度的精力付出也需要通过休息、休假、食物或心理调适才可以恢复能量。

(10) 自然本我的适应环境。

你最喜欢的环境：能自我控制的空间、具有挑战的工作环境、快步调的工作氛围、一群可共创成功的团队、一个自在的和不被人干预的环境。

你最不喜欢的环境：不被重视的环境、团队成员能力不足、经常改东改西缺乏目标、被人干预或限制、无法自主行事、专搞意识形态的环境、保守推动工作的环境、唠叨的环境。

2. 自然的能力与风险（本我）

(1) 自然本我的沟通模式。

① 直接式的——有话直说或坦白沟通。

② 简单式的——重复的话不愿多讲，但希望能直入核心话题。

③ 开放式的——谈什么都可以，只要你愿意就来和我沟通。

④ 要求式的——为达目标会用要求的方式给予他人指令。

⑤ 冒险式的——有时为了表现自我会以勇敢的语气，冲锋陷阵的语言表达。

⑥ 挖洞式的——有时会对他人冷嘲热讽，但不一定有恶意。

⑦ 严厉式的——生气时有时会用严厉或不客气的语言回敬。

你最不喜欢的方式：被他人强制的、命令式的、被胁迫的、被瞧不起的等。

(2) 自然本我的领导风格。

通常在心情好与不好时所表现出的风格或态度是不会一样的，自然本我的领导风格可区分为两种：一是“习惯的领导风格”，代表你在最自然或轻松的情况下，你会采取自然的风格；二是“反击的领导风格”，代表你在恼火或生气的情况下，你会采取反击的风格。

你习惯的领导风格是控制导向。

以权威式的、掌控全局的、控制目标的领导模式。在你的领导权力上，你具有高度想获胜的精神，充满自信同时敢于要求他人，对人互动直来直往、不避讳、不掩饰，不怕挑战，是以目标为导向的领导风格。

你反击的领导风格是强制他人的、以我为尊的。

当你生气或恼火时，最后你会采取的方式可能是以强制的手段，不听解释命令他人，并且不愿意再浪费时间等待或想其他方式，因为你会觉得采取直接强制的要求最能解决问题。

（3）自然本我的综合能力。

被试具有的综合能力见表 3-21。

（4）自然本我的竞争力。

被试具有的综合竞争力见表 3-22。

（5）自然本我主要行为提示点。

当你与环境互动时，通常可能表现出来的行为或举动。这些行为或举动无论好与不好都希望你能多加留意，以免产生自我困扰或造成个人危机。

① 不冲动，不意气用事。

② 不逞一时之快以免令自己后悔。

③ 要做好情绪管理和控制。

④ 当不顺心时要看开一些。

⑤ 不要过于主导或强制要求，这样做有时容易让他人产生压力或信心受损。

⑥ 当问题发生时不要因无法解决就轻易放弃目标。

⑦ 对人要和善以免丢失朋友。

⑧ 不要太固执以免得罪他人。

⑨ 不轻易承诺以免自我信用受损或造成他人的风险。

⑩ 跟他人定规则时千万要看清楚或了解，以免造成误解或损失。

（6）自然本我的压力来源。

自然本我性格只要经常遇到下列的事情，是最容易让你觉得心烦或不舒服而导致心理产生压力。

① 工作不顺利或难以推动。

② 不被别人重用。

③ 工作出成果需要你等待多时。

④ 不能按照自己的意愿做事。

⑤ 跟没有能力的人一起工作。

⑥ 总是处理细节或琐碎之事。

⑦ 管理者不会赏识我的才能。

⑧ 同事对我采取冷淡的互动方式。

⑨ 别人始终无法了解我说的话。

⑩ 经常不事先讨论就被强制要求工作。

这些事情中只要有一个或多个在你的身上发生，就自然而然容易产生压力或精力耗损，同时会使你深感挫折、厌倦或心理疲惫。如果无法立即改善或必须持续面对，严重时容易产生痛苦、放弃或丧失斗志。

（7）自然本我的风险管理。

最有可能会产生的行为风险，当然这些风险也不一定会发生在你身上，只要加以注意或修炼也能规避此风险，建议你做好风险管理。

被试的行为风险项目见表 3-27。

表 3 - 27 被试的行为风险项目

项次	风 险 项 目	风险的含义	规避风险的做法
1	文件与资料处理	表示你不愿意花费较多时间亲自处理文件资料及提案撰写或设计上	有时在重要的文件、合约细文、财务文件、相关提案制作等上应认真过目或翔实了解，以免造成日后的风险
2	极高的抗压力	表示你有过人的心理抗压力，压力对你不会造成负担或困扰	1. 应多注意个人休息与健康管理 2. 与他人互动应多注意降低工作时数或改变不停工作的状态，以免给他人带来压力或疲惫感

(8) 生涯规划。

你最能适应的工作是直销业务、保险业务、金融业务、快速设计开发、房地产买卖、有形商品销售、招商代表投资开发、信息开发、渠道建立、市场开拓、商务代表、业务管理、活动企划、快速开发产品、自行创业、创新技术、工业工程等。

你可加入的工作性质或范围如下。

① 可担任具有变化性、挑战性、开创性、管理性等工作。

② 可担任新兴的产业、正要冲刺、快速开发产品的工作。

③ 可担任新成立事业部或挑战性较大的管理工作。

④ 最好是每个阶段都有不同目标与奖励的工作。

⑤ 有顺畅的晋升渠道及激励制度。

⑥ 可以凭实力获得应有的报酬，而不是用年资慢慢做计算。

⑦ 尽量不从事成果是需要 3～5 年才能得到验证的工作。

⑧ 工作内容是能独立完成或是有限度的检验。

⑨ 整日的工作中，动态的时间比例要大于静态思考、订计划、写资料的时间。

⑩ 需要改革、变动的工作。

⑪ 可以做专业型的工作，但付出是要有实质回报的。

说明：以上岗位、工作性质或范围仅供参考，应与个人的专业、求学经历结合运用。

3. 工作中的实际表现（演我）

(1) 工作中最关键的行动。

在所处的工作环境里，你觉得什么行动是最为重要或关键的，同时也会以此行为作为主要表现或经常扮演的依据。以被试的性格在工作中的调整来看，其认为担任此工作最为关键的行动是以控制为主。

无论最为关键的行动是否受环境或他人影响，你觉得此职务应采取掌控的、要求的、主导的、权威的、讲求结果的行动方式，因为你认为只有如此才能达到想要的结果。

被试的工作优先顺序见表 3 - 28。

表 3-28 被试的工作优先顺序

优先顺序	投入方式	代表的行动
1	控制	掌控的、要求的、权威的等
2	表现	沟通的、表达的、交流的等
3	温和	协助的、稳妥的、和睦的等
4	分析	细心的、谨慎的、分析的等

(2) 工作的动态变化。

你在工作上目前的改变如下。

① 控制：增加控制或主导。

变化方向：增加运用以领导权、目标、控制、主导为重的工作模式。

变化说明：在过去这段工作时间里，你在承担更多的挑战，你不希望在不明确方向的情况下进行工作，你有可能采取强硬的领导或专制的方法控制目标，但也感受到有突如其来的新问题有待解决，你希望用直接或强而有力的方法换取成果，但似乎此结果不如预期，是有待观察或再突破的。

② 表现：增加沟通与交流。

变化方向：增加运用沟通、交流、说明、互动的工作模式。

变化说明：在过去这段工作时间里，你采取坦率或直接沟通的工作模式，你觉得沟通非常重要，所以会通过表现或说明强烈表达立场，只是难免会无法察觉他人的感受，容易以自我为中心，或许不是你的本意，总之此阶段你必须投入部分的精力在沟通、说服、反映问题等与人互动的事情上。

③ 温和：增加协助或耐心。

变化方向：增加运用耐心、支持、合作、看状况处理的工作模式。

变化说明：在过去这段工作时间里，你将部分的精力投入到协助或配合的工作中，但多数时间仍以快步伐或急迫的方式面对工作，有些事虽然你不愿意放慢脚步，但不是你能掌握的，所以开始采取放缓工作节奏的工作态度，对于环境的变化或面临新的问题，会看状况调整步伐，对部分人或事采取较温和的、共事的、逐步的方式推进工作，只是放慢的步调让你有些无奈及降低工作效率。

④ 分析：降低对细节的关注。

变化方向：降低关注细节、谨慎的工作模式。

变化说明：在过去这段工作时间里，你以自己的工作经验来取代判断或思考，你以非常变通的方式解决工作问题，工作时不怕改变原则甚至降低标准，只要能完成工作即可，对于细节或规划好的具体工作会授权他人解决，总之你正转向变通的、改变的、抓大放小的工作模式，但成效似乎有待提升。

(3) 工作中的决策变化。

你的工作决策模式是事实型决策者。你在实事求是或有客观依据的基础上才会做决定。

(4) 工作中文件性工作处理量。

你认为工作量是非常多的（包括文件及思考类）。这表示要投入很多的精力。

(5) 工作中的精力变化。

你目前的精力投入度为过多的投入。

你目前的精力耗损度为偏多一点，应将心情放轻松一些，保持正常的生活作息及饮食。

你目前的精力剩余度为大量可用。

(6) 工作中的管理模式。

身为管理者的你认为工作中在此阶段应该强调的管理模式是目标与控制。

在此阶段，你觉得应该以强调管理控制的方法带领团队，且以你的意见为主去执行；有时你会采取较强硬的态度或强制的方法要求他人工作，同时自己会领军作战。你不太希望别人在工作中犯错或意见过多，因为在此阶段工作效率及完成任务是你最为看重的，为了达成目标你会以强硬的方式进行团队管理。

(7) 工作中的沟通模式。

工作中常用的沟通方式是直接的、有目标的、豪爽的、开门见山的、对事不对人的。

生气时常用的沟通方式是直言不讳的、针锋相对的、命令式的。

4. 工作状态的压力与改善

(1) 工作的目标度。

你认为对多数目标或期望未能按自己的想法达成。

(2) 工作的成就度。

你觉得成就感一般。这表示你觉得有机会还能发挥得更好。

(3) 工作的心情度。

你的工作心情度是较差的。这表示工作时的心情不太舒适。

(4) 工作的满意度。

你的工作满意度是不太满意。这表示你对工作的付出及获得的成果与期望相比有差距。这也有可能是因为你个人的期望或标准较高所致。

(5) 工作中的风险管理。

被试工作的风险项目见表 3-29。

表 3-29 被试工作的风险项目

项次	工作中的风险项目	工作中的风险含义	规避风险的做法
1	极高的抗压力	表示工作中你有过人的心理抗压力，能承受很大的压力	1. 应多注意个人休息与健康管理 2. 与他人互动应多注意减少工作时间或改变不停工作的状态，以免给他人带来压力或疲惫感
2	过多文件性的工作量	表示工作中花费过多时间在决策分析、处理文件、数据整理或搜集信息上	1. 若为管理者应多授权部属执行 2. 当在做决策或处理文件时，最好能利用不受打扰的时间进行，以提高工作效率 3. 运用分段的方式处理文件，以降低压力
3	较慢的决策	表示工作中你需要花费较多时间搜集证据或信息后再做出决策	当你需要快速做出决策时，应制定有期限的决策时间表，或与他人一起分析，或分段决策，这样可以在降低风险的同时加快决策速度

（6）工作的压力度。

被试工作的压力度见表3-30。

表3-30　被试工作的压力度

项目（工作方向）	改变路线	产生压力		
		压力显示	工作因素/(%)	非工作因素/(%)
1. 控制型——控制、要求、推动等				
2. 表达型——沟通、交流、表现等	↑	.	80	20
3. 温和型——配合、协助、耐心等				
4. 分析型——细节、质量、严谨等	↓			
5. 文件与决策		.		

5. 外在的行为表现

这部分的报告是说明他人对你工作的看法，他人是指在你的工作环境里所有认识你的人。

（1）他人看你的综合特质分析。

你是一位能做事也会表达的人，喜欢自己掌握一切事务，敢冒险及接受挑战，能控制大局，对自我目标及方向有独特见解，不喜欢被人支配或摆布，能独立自主地工作，能设立目标及愿景，善于解决问题。

对人友好，充满热情及活力，总有想不完的点子及创意，在乎别人对你的看法，有时容易心软，能具体推动目标及适时沟通，也能说服他人勇往直前，但做事有时缺乏耐心，对于不喜欢的事不妥协也不接受，当生气时会用命令或强硬的方式处理，显得有点儿咄咄逼人。

不喜欢墨守成规，喜欢将复杂的事情简化，能自行创新及寻找新出路，对于细微事务能授权他人执行，不愿被人干预，看问题通常只看大方向及架构，为人较为随性及开放，可边做边调整，容易感情用事，做事偏冲动，不怕竞争就怕做一些无意义的事，讨厌犹豫不决的人，只愿与理念相同的人共事。

（2）他人看你的各项特质分析。

你最主要的特质是具有开创精神。

你的性格大胆，具有创新精神，喜欢就事论事及看重结果，你面临挑战时态度坚定，不太在意他人的目光，非常有勇气，对极高的挑战也不畏惧，喜怒哀乐不加掩饰，对于不满之事会毫不留情地加以批判。

重点性质：勇敢的、自信的、控制的、要求的、坚持的、积极的、自主的、目标导向的。

（3）他人看你对人对事的原则。

你对人的原则是：公平竞争、自由空间、力求表现、随心所欲、共建未来。

你对事的原则是：觉得做事情应该考虑是否重要、是否有利益、是否有价值、是否有主控性。当能满足其中一个或多个因素时，你会很快决定该不该做或何时进行。

(4) 他人看你的学习模式。

你的学习模式是平衡导向的。这表示你的学习动机是通过环境的影响或自我的意愿，通常你会视状况做决定，你对学习模式不会预设立场，只要有意愿、有意义，都会有学习的动力。

(5) 他人看你的自信程度。

你的自信程度是极高的。这表示你不易动摇，且容易以非常高的标准建立期望值。

(6) 他人看你处理事务的模式。

你处理事物的模式是推动改善式。这表示当发生问题时你能随机应变，提出处理方案。他人觉得你比较喜欢推动改善，不太喜欢行政干预。

(7) 他人看你的决策模式。

你的决策模式是平衡型。这表示你会根据状况依据自我经验或事实做出决策。

你的决策速度较慢。这表示你一般在正常情况下或该做决定的时候能立即做出决策，但在做较重要事件的决策时，你可能会稍加思考一下再做出决定。

(8) 他人看你的敏感度。

你的敏感度较高。这表示你能提前感知事物的发展并快速做出反应。

(9) 他人看你的抗压力。

你的抗压力是极强的。这表示你在工作中拥有用不完的精力和巨大的能量。

(10) 他人看你的环境适应能力。

你喜欢的工作环境是：能自我控制、具有挑战性、快步调的工作氛围、有一个代表的团队。其次也能接受的环境是：令人愉悦的工作氛围、被支持或鼓励、与外界互动较多。

你不喜欢的工作环境是：不被重视、团队成员能力不足、经常变换目标、被人干预或限制、无法自主行事、保守的。

6. 外在的能力与风险

(1) 他人看你的沟通模式。

你的沟通模式是控制型。你说话直接，不喜欢重复。

(2) 他人看你的领导风格。

你的领导风格较多面，所以大家觉得你会在不同的情境中呈现不同的领导风格，但大多数情况下你最主要的风格是目标推动，用不同的创意及思路解决各类问题。

(3) 他人看你的综合能力。

他人看被试的综合能力见表3-31。

表3-31 他人看被试的综合能力

项　　次	能力项目	能力的含意
1	控制能力	具有掌握目标或推动他人工作的能力
2	带动能力	具有表现及沟通的能力
3	改变能力	具有解决问题或设计新方案的能力

续表

项　次	能力项目	能力的含意
4	授权能力	具有宏观、开放、授权分工的能力
5	高自信	具有高度挑战及自我信念坚定的能力
6	高抗压能力	具有能付出大量精力及承受高度压力的能力
7	推动改善模式	当问题发生时能随机应变，提出不同的解决方案

（4）他人看你的竞争力。

他人看被试的竞争力见表3-32。

表3-32　他人看被试的竞争力

项　次	能力项目	竞争力的含意
1	开创（营销）竞争力	拥有开辟疆土及冲锋陷阵的能力
2	创新竞争力	拥有改变及创造的能力
3	表达竞争力	拥有在组织里与他人随机交流的能力
4	挑战竞争力	拥有敢于冒险及高挑战的能力
5	领导竞争力	拥有散发个人魅力、吸引他人跟随你的能力

（5）他人看你的主要行为提示点。

① 不冲动不意气用事。

② 不逞一时之快以免事后后悔。

③ 要做好情绪管理和控制。

④ 当不顺心时要看开一些。

⑤ 不要过于主导或强制要求，有时容易让他人产生压力或信心受损。

⑥ 当问题发生时，不要因无法解决就轻易放弃。

⑦ 对人要和善以免损失朋友。

⑧ 不要太固执以免得罪他人。

⑨ 不轻易承诺以免自我信用损失或造成他人的风险。

⑩ 跟他人定规则时一定要看明确，以免造成误解或损失。

（6）他人看你的压力来源。

① 工作不顺利或难以推动。

② 不被别人重用。

③ 工作成果需要等待多时。

④ 不能按照自己的意愿做事。

⑤ 跟能力不足的人一起工作。

⑥ 总是处理细节或琐碎之事。

⑦ 管理者不赏识。

⑧ 同事对你采取冷淡的互动方式。

⑨ 别人无法了解你说的话。

⑩ 经常不事先讨论就被强制要求工作。

当这些事情中的一个或多个出现，就容易让你产生压力或精力耗损，同时会使你感到挫折、厌倦或疲惫，当无法立即改善或必须持续面对这种状况时，容易放弃或丧失斗志。

(7) 他人看你的风险管理。

这些风险不一定会发生在你身上，只是他人对你的感受，只要加以注意或修炼也能规避。他人看被试的风险管理见表3-33。

表3-33 他人看被试的风险管理

项 次	风险项目	风险的含义	规避风险的做法
1	较慢的决策	表示工作中你需要花费较多时间搜集证据或信息后再做出决策	当你需要快速做出决策时，应制定有期限的决策时间表，或与他人一起分析，或分段决策，这样可以在降低风险的同时加快决策速度
2	极高的抗压力	表示你有过人的心理抗压力，压力对你不会造成负担或困扰	1. 应多注意个人休息与健康管理 2. 与他人互动应多注意减少工作时间或改变不停工作的状态，以免给他人带来压力或疲惫感

7. 自我管理与控制

在工作中如果你注意如何与人或事有效地互动，可以使你提高工作效率，同时带来良好的人际关系。他人看被试的风险见表3-34。多加注意表中的地雷区项目，可以使你的表现更加出色。

表3-34 他人看被试的风险

项 次	地雷区项目	注意与改善
1	支持力不足	要以支持的方式与人共事，而非命令式的方式
2	思考力不足	要多思考工作中可能出现的风险，同时多聆听他人的想法，或许可以得到意外的收获
3	耐心力不足	要多与同事以友善的、合作的态度交流
4	细节力不足	要多关注细节或具体的事务，细心了解工作的进展或多关心工作质量
5	过高抗压力	你目前保持高抗压状态，但对他人而言是大量的、不停的工作，容易给他人带来工作压力，要适当降压或减少工作压力
6	较慢决策速度	有时看状况可加快决策的时间，以免造成机会流失的风险

3.5.6 招聘建议

根据测评结果，林×组织能力、控制能力很强，抗压能力尤其突出，适合担任公司总裁职务，是比较理想的总裁人选。但是其个性过于强烈，自主性太强，公司在任命他为总裁时必须清晰地界定其权责，赋予其足够的工作职权空间，对他的过程控制难度较大。根据公司现在管理状况不佳，公司的发展势头很好，急需有位强势的总裁这一现实情况，建议董事会聘用林×作为公司总裁，同时提请董事会仔细界定好总裁的权责和目标，在条件成熟时，最好对林×采用股权激励，以消减其可能与董事会产生的矛盾和冲突。

3.5.7 案例解析

本案例详细解释了英国兰卡威重要经理人价值管理系统的测试维度，演绎了一和公司招聘总裁的测试过程。测试结果和该总裁上任后的表现情况契合度高，显示出该评价系统具有高的信效度，是一个很好的招聘测试系统。本案例演绎了该系统用于测试应聘者的过程，为高端人才招聘提供了新的有效方法。

评价：运用现代信息技术、心理学和人力资源管理等结合的多学科优势，构建现代化测试平台，已被广泛应用于人力资源管理招聘、考核、开发等各个领域，发挥着越来越重要的作用。本案例正是基于现代测试工具被国内企业和政府公共部门所接受和推广应用这一现实背景，选用目前公信度高、影响大的英国兰卡威测评系统，对其在企业招聘中的应用过程进行解析，旨在向读者推荐这类新的人力资源招聘测试方法和技术，提高我国企业人力资源招聘的技术含量。

使用说明：测试软件是通过多学科专家在诸多样本基础上提取出来的经验结论，显然样本数目、样本的选择地域、样本本身的构成，以及研究者的研究方法和设计思路都将影响到测试结果的信度和效度。英国兰卡威测试系统是目前国际上影响最大、普遍认为信效度较高的测评工具。该系统理论与其他测评系统相比，解析更深，内容更复杂，在国际上有着广泛影响。我们将其作为案例选用于此，希望读者关注这种新方法，但这种方法的使用成本较高，解读过程比较烦琐，主要适用于企业高级人才的招聘。建议读者运用常规的招聘方法进行前期遴选后，在最终阶段使用这类测评工具。英国兰卡威测试系统对于职业生涯规划，甚至对于个人生活与人际关系管理实用性也很强，读者可注重开发该系统这方面的功能。

案例研讨：

1. 为保证测试结果的准确性，公司在选择招聘测评软件时必须考虑哪些问题？

2. 招聘测评软件作为一种心理测试，在使用过程中需要注意哪些问题？

3. 根据本案例的测试结果，讨论为被试者配置的管理团队的特质需求，分析被试者最有可能和团队成员冲突的发生点。

第4章

绩效管理

导入案例

360度测评风波

某公司为了选拔储备干部，组织了一次360度测评，测评结果出来后，公司炸开了锅。

曹秋林是建筑所H项目组的组长，公司的业务尖子。公司建筑所所长钟一凡平时很器重他，想让他锻炼两年当副所长，所以这次报了他当储备干部候选人，参加测评。但测评结果是曹秋林的综合得分很低，不但进不了第一梯队，连进第二梯队都没戏。钟一凡发现，曹秋林在“团队贡献”和“人际沟通”两项指标上的得分尤其低，于是在进行测评反馈时，指出他平时跟大家沟通太少，使大家对他有些误会，劝他以后多加注意。谁知此话激怒了曹秋林，他认为大家的评估太不公平，说自己把大量时间用来钻研业务，还给所里揽了很多活儿，对所里和组里都做出了很大贡献，对工作这样用心却没有得到认可，曹秋林想不通。

事实上，钟一凡和其他几个部门的主管一直不看好这次测评，因为他们不相信参加测评的人能诚实作答，只要有人不诚实作答，真相就会被扭曲，他们对360度测评的公正性、客观性、有效性和可操作性提出了强烈质疑。在测评前第一次开管理会讨论时，钟一凡就提醒过人力资源总监于小溪这个问题。

但于小溪对钟一凡和其他几个部门的主管的质疑早有准备。她的解释如下 。第一，360度测评和反馈工具是从国外成功企业和世界500强企业那里引进的，实践证明这个工具在绩效管理和人才培养方面成效卓著。公司经过改制和这些年来的发展，人员结构发生了大调整，由新生代构成的主力军带来了新的企业文化，这种文化较之以往，更加开放也更加坦诚，这为360度测评提供了群众基础。第二，360度测评是由管理专家和学者多年实验研发而成的，理论基础厚实。第三，公司这次测评有具有国际声望的管理咨询公司帮助，他们会为公司量体裁衣。于小溪的话似乎无可辩驳，而且还得到了公司总经理谢涛的支持，360度测评就这样在公司开展了。

测评结果出来后，入选和没入选干部梯队的都有抱怨，认为发展计划把人分成三六九等。面对这些抱怨，于小溪只得忙着做解释和安抚工作。她回顾了一遍整个测评的计划与过程，认为整个计划与过程是缜密的，直到反馈前都很顺畅，各位中高层干部也很配合。可是，为什么到了反馈环节就跑偏了呢?

测评风波惊动了公司总经理谢涛。先是钟一凡找到他，要求公司慎重考虑选拔计划，对曹秋林这种业务尖子的选拔要有所变通。随后热力工艺所所长朱强找上门来，抱怨自己所无人入选一、二梯队，是因为不懂潜规则。有个大所的所长还透露给谢涛一个消息，说他手下的人，不管进梯队的还是没进梯队的，都要联名上书，要求公司将培养储备干部的钱拿出来，进行全员培训，他们的口号是“人人享有被培训的权利”。

真没想到一个360度测评会引起如此轩然大波，这完全背离了谢涛做这件事的初衷。他本来是想给大家创造一个好的发展环境，为公司规划一个可持续发展的未来。谁知事到如今，冒出来这么多不同的声音。一个测评弄得全公司士气低落、飞短流长，乱成了一锅粥。

资料来源：中国人力资源开发网.

4.1 绩效管理综述

4.1.1 绩效管理及其过程

要理解绩效管理，必须先认清什么是绩效。绩效是指员工在一定的环境和条件下通过努力所获得的工作成效。它包括与组织目标相关的工作行为、结果，体现员工履行工作职责的状况，反映员工能力与其职位要求的匹配程度。

绩效管理是指各级管理者和员工为了达到组织目标共同参与的绩效计划制订、绩效实施与过程控制、绩效考核评价、绩效结果应用、绩效目标提升的持续循环过程。绩效管理不是简单的一次性活动，而是一个不断循环的过程。绩效管理循环过程如图4.1所示。

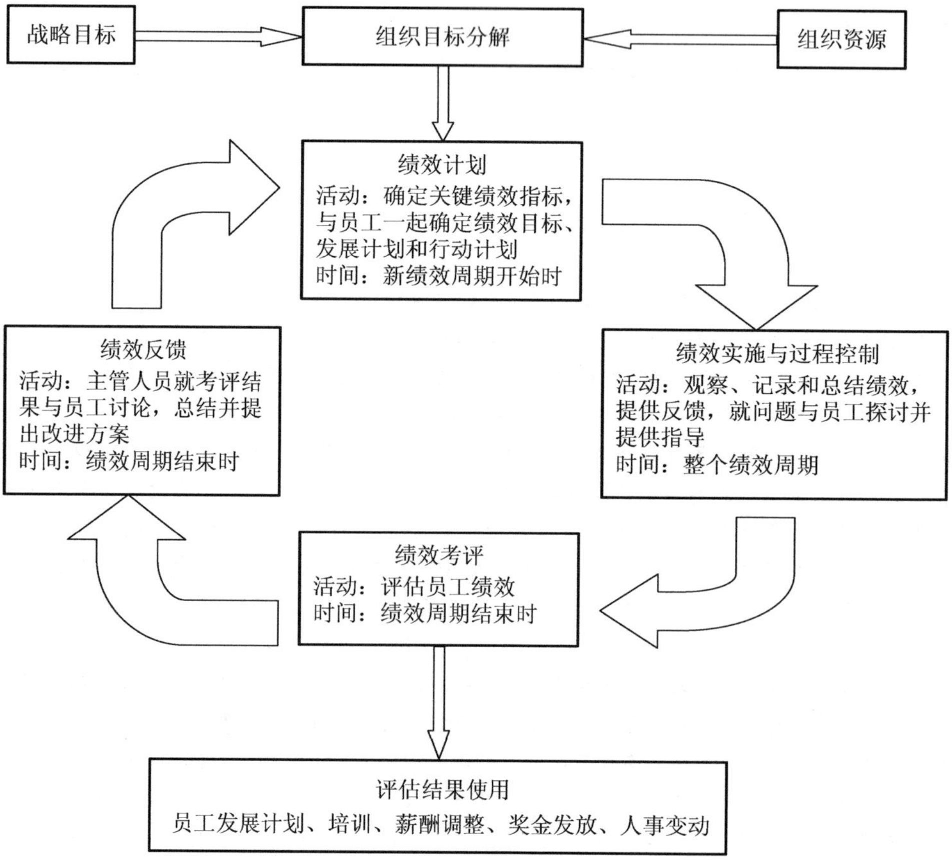

图4.1 绩效管理循环过程

4.1.2　绩效管理的目的

人们对绩效管理目的的理解有一个动态的变化过程，而且不同的企业在进行绩效管理时侧重点也可能不同。归纳起来，绩效管理主要有以下3个目的。

1. 战略目的

绩效管理系统必须将员工的行动与组织的战略目标有效统一。组织在实施战略时，绩效管理系统首先界定实现战略目标所必需的行为、结果乃至员工的特质，然后设计相应的绩效考核和反馈系统，以确保员工能够最大程度地展示出那些特质、表现出那些行为以及创造出那些结果。当战略目标发生变化时，组织所期望的结果、行为和员工特质都需要有相应的变化，因此，绩效管理系统必须具有足够的弹性，必须随着战略目标的变化进行相应的调整。

2. 管理目的

绩效管理与人力资源配置、薪酬、职务晋升、开发等职能模块具有紧密的联系，能为员工配置、培训与开发和薪酬激励等提供依据，具有重要的人力资源管理目标与功能。很多时候，组织在进行各种管理决策时也都需要使用绩效管理提供的信息，无论是生产、营销、财务、组织还是战略管理，都离不开绩效管理工作。

3. 开发目的

绩效管理具有开发和培养员工的功能。从理想的角度来讲，绩效管理系统不仅要识别出员工绩效的不足，还要确定导致其绩效不佳的原因——如技能欠缺、积极性不高或存在某些障碍因素等，只有在明确了导致绩效不佳的原因后，才能进一步帮助员工改进绩效。有效的绩效管理还能帮助员工认识自我并有助于确定其职业目标、进行合理的职业生涯规划。

值得注意的是，如果同一套绩效评价体系被设计为同时应用于管理目的（如薪酬奖金分配、职务调整）和开发目的（如员工职业生涯规划），那么有可能会发生冲突。一方面，当绩效评价是为满足人事管理决策的需要时（即所谓“考核性评价”），它关注的重点是员工在过去一段时间内的表现，并且要在员工之间进行横向比较，分出优劣；另一方面，当绩效评价是为满足员工职业发展的需要时（即所谓“发展性评价”），它关注的重点则在于员工未来的发展潜力以及目前需要纠正的缺点。承认和认识到自己的缺点和不足，是确定和实现职业发展目标的前提。但是，部分员工因为害怕承认错误可能导致即期利益的损失，而不愿意承认错误甚至掩饰错误，这不利于其改进和提升绩效水平。因此，有的组织采用两套平行的评价系统来分别满足评价的需要和发展的需要。

4.1.3　绩效管理的层次

企业组织系统具有层次性特征，组织中的员工个体是系统的基本单元或要素，构成组织的微观基础，也是组织系统的基础层面；根据职能或任务构成的组织部门或机构，构成组织的工作（或任务）单元，这是组织的第二层次；组织的整体系统则为组织的最高层次。绩效管理也针对组织的3个层次由高到低分成对应的组织绩效、部门（团队）绩效和员工绩效。另外，为应对组织的动态性变化，还产生了适应性绩效。

1. 组织绩效

组织绩效强调的是整体性绩效，是指组织整体在一定时期内所取得的绩效。人们对组织绩效内涵的理解经历了一个内容不断丰富的演进过程。早期对组织绩效的衡量往往仅限于单纯从财务角度，后来逐步把财务指标与非财务指标、短期指标与长期指标、结果性指标与驱动性指标结合起来对组织绩效进行衡量。

2. 部门或团队绩效

部门或团队绩效是指部门或团队完成自身任务目标的情况，同时也应该包括对其他部门或团队的服务、支持、配合、沟通等方面的行为表现。因此，对部门或团队绩效，一方面要从部门或团队完成工作任务的数量、质量、时限和费用等方面情况进行衡量；另一方面也需要引入内部客户的概念，对内部客户为部门或团队所提供服务、支持、配合、沟通等方面的满意度进行衡量。

3. 员工绩效

员工绩效强调的是员工个体的绩效，是指员工个体所取得的工作成果，以及工作过程的方式、方法等方面的情况。员工绩效包括任务绩效（Task Performance），即正式规定的工作职责的履行情况，也包括周边绩效（Contextual Performance），即员工在履行正式规定的工作职责的过程中所表现出的超职责行为。因此，对员工绩效的衡量不仅要关注其任务绩效，也要关注其周边绩效。

4. 适应性绩效①

随着组织的动态性日益显著，以关注员工应对变化的适应性绩效（Adaptive Performance）应运而生。该绩效指标旨在用员工对环境变化的适应能力来判断个体对现有变化的迅速反应情况和对长期形势判断的敏感程度。它可从个体、团队和组织层面进行分析，个人层面的适应性绩效按照适应能力从高到低可以分为主动性适应行为、反应性适应行为和容忍性适应行为 3 种类型，涉及员工的自我知识管理、情绪管理、知识技能迁移等能力；团队层面的适应性绩效主要指个人融入团体并减小团队冲突、影响团队的能力；组织层面的适应性绩效主要指个体能够帮助组织在多变的环境中发现机会，构建学习型组织，带领整个组织走向创新发展道路的能力。

在企业组织中，组织绩效、部门或团队绩效、员工绩效尽管处于不同的层次，但它们是密切相关的。员工绩效是基础，部门或团队绩效建立在员工绩效的基础之上，组织绩效建立在员工绩效及部门或团队绩效的基础之上；部门或团队绩效是员工绩效的整合与放大，组织绩效是员工绩效及部门或团队绩效的整合与放大。

4.1.4 绩效管理实施的保障环境

企业组织是一个多维系统，绩效管理作为企业组织系统的有机组成部分，不可能孤立发挥其系统功能。为了确保绩效管理体系的有效实施，必须构建相应的保障体系。下面分别从素质模型、组织保障、组织文化保障、相关制度保障和建立共享的管理信息系统五大体系探

---

① 吴新辉，袁登华，2010. 适应性绩效：一个尚需深入研究的领域 [J]. 心理科学进展，18 (2)：339 - 347.

讨绩效管理实施的保障环境问题。

1. 素质模型

管理大师彼得·德鲁克指出："没有任何一种错误比人事任用错误带来的负面影响更加持久且难以消除。"可见，用对人是组织绩效的根本保障，是"内因"，是组织绩效体系的首要保障环境。

素质模型是针对员工的一套潜能评价体系，它通过分析组织岗位特征，分析不同岗位对不同员工素质的要求而建立。参照素质模型挑选员工，做到人岗匹配；只有依据素质模型对员工的知识、技能等进行相应的培训和开发，才能使员工最大程度地释放潜能，充分施展才能，实现企业和员工双赢。

依据美国心理学家麦克莱兰的冰山模型，可将员工素质分为隐性和显性两大部分。行为、知识和技能属于显性素质，而隐性素质包括价值观、态度、个性、品质、内驱力、社会动机等。

2. 组织保障

绩效管理属于组织系统层面，涉及组织系统各个方面，必须从组织系统层面掌控和运作，才能保障其有效性。首先，最高领导者的态度和支持的力度从根本上决定着绩效管理实施的成败。因此，绩效管理方案必须首先获得最高领导的支持，人力资源经理必须与最高领导达成共识，获得他们持续的关心和推动，使绩效管理方案得到逐步的落实；其次，直线经理是绩效管理方案的实施者，必须让直线经理参加有关绩效管理的培训和研讨，赋予他们相关的知识、技巧和能力，使他们真正掌握绩效管理的要义和方法，用正确的方法对员工和部门实施有效的绩效管理。从组织运行的角度，必须成立专门机构如公司绩效管理委员会来推动和保障绩效管理工作，管理委员会应有定期的会议，及时发现绩效管理工作中的不足，对绩效管理体系进行持续的改进，并对绩效管理进行持续的推进。

3. 组织文化保障

规范的企业绩效管理体系和技术源于西方，其诞生的文化背景自然也是西方文化体系。绩效管理体系在中国企业存在着文化冲突矛盾，文化基础的差异会削弱绩效管理体系的有效性。为此，中国企业构建绩效管理体系时，必须诊断和评估其组织文化与绩效管理体系的相容性，对组织文化进行必要的修正和完善，建立相应的绩效管理文化，以保障绩效管理体系的有效性。

4. 相关制度保障

绩效管理体系的有效运行必须有相关制度作保障，联系最紧密的制度有薪酬管理制度、培训管理制度和晋升制度等。

（1）薪酬管理制度。

绩效管理要真正能在企业的绩效实现中发挥牵引和激发作用，必须解决好薪酬分配问题。有些企业虽然建立了一套十分详细而华丽的绩效管理体系，但员工的绩效并没有提高，究其原因，很重要的就是没有建立相应的薪酬激励机制，无法从利益上对员工的绩效差别进行区分，干好干坏一个样，最终员工对工作失去了积极性和上进心。因此，建立相应的薪酬分配机制是至关重要的。当然薪酬分配不仅仅包括经济性薪酬的分配，也包括非经济性薪酬的分配，如具有挑战性的工作岗位、发展的机会、舒适的工作条件等。经济性薪酬主要包括工资、奖金、津贴及福利保险等。在工资方面，要充分让个人的工作能力、绩效在工资构成中有所体现，并成为工资增长的主要因素。当然，更主要的还是要加强工作本身的激励，要不断为有创造性、进取心的高绩效员工创造有挑战性的工作岗位，给他们提供更大的职业生涯发展空间，使绩效管理真正成为企业组织内部成员薪酬分配的客观、合理的依据。

（2）培训管理制度。

培训作为人力资源管理的重要组织模块，不仅是人力资源开发的重要方式，也是企业激励员工的有效工具。为了保证培训的有效性，必须将培训建立在绩效管理的基础上，使培训能直接推动绩效的提升。为此，必须确保培训管理制度与绩效管理体系的一致性，同时，根据绩效评估结果分析培训需求，实现培训对员工的正确导向和有效激励。

（3）晋升制度。

晋升必须依据绩效评价结果，绩效管理体系必须依赖合理的晋升制度维护其有效性和正确导向。为此，必须根据绩效管理体系的要求，完善晋升制度，保障和维护绩效管理体系的有效运行。

5. 建立共享的管理信息系统

绩效管理体系对企业的管理信息系统有较强的依赖性。例如，绩效考核模型建立的指标体系，需要处理大量的财务、运作流程及市场方面的数据，并使信息在企业内部快速流动，才能使绩效指标及时地反映企业的经营状况，提高经营绩效反馈和调整的效率，缩短企业响应市场变化的时间。这就决定了绩效考核信息的顺利采集需要企业管理信息系统的完善和畅通，企业必须建立起自己的管理信息系统，使绩效考核与信息系统相辅相成，相互促进，逐步地得到发展和完善。

4.1.5 战略性绩效管理

较之传统的绩效管理而言，战略性绩效管理（Strategic Performance Management，SPM）更多地关注战略目标，而不是财务目标。SPM 还关注环境变化和战略选择问题，分别从个体绩效和组织绩效角度来处理绩效管理问题，更加注重绩效的提高。

1. SPM 的功能定位

（1）SPM 是实现战略目标的手段。

SPM 与早期绩效管理的一个重大差别就在于目标不同，SPM 强调的是企业如何实现其战略目标，而不是简单的财务目标。所谓战略目标，主要是让企业在竞争的市场上获得竞争优势，甚至是可持续竞争优势，可见 SPM 越来越注重目标的长期性，它是连接企业战略与员工绩效的纽带。

有效的 SPM 通常由 3 个要点组成：根据公司及业务单位的战略来确定员工的目标集合；进行绩效评估；把绩效评估与发展和报酬联系起来。

随着“战略”概念在组织中的普及，SPM 将起到更为重要的作用，具体体现为：①显示测量什么，识别关键的成功因素；②确定合适的测量方法，建立针对关键性成功因素的绩效测量体系；③强化绩效测量的责任，对产出与行为做出明确的说明，并使其与目标相关联；④指导员工的行为，使其做得更好，并给予相应的回报。

（2）SPM的分析层次与服务对象。

SPM同时从企业层面与员工个体层面的绩效进行分析，以全面提高企业的绩效[①]。绩效管理的核心问题就是要挖掘员工的潜力，提高他们的绩效，并将员工的个人目标与企业战略结合在一起，以提高企业的绩效。绩效管理需要组织对员工进行指导和支持，以使其工作能够以尽可能高的效率获得尽可能大的成果[②]。

由于绩效管理是基于战略目标，其服务对象也是立足于战略目标，企业的利益相关者就成为SPM的服务对象。在具体实施战略性绩效管理的过程中，管理者必须区分各利益相关者的优先次序以及向他们提供产出的优先次序，必须了解顾客的实际需要及所提供产出的实际有效性。

2. SPM的测评体系

测评体系的建立是绩效管理最为关键的环节。SPM在测评体系上具有以下几个特点。

（1）财务指标与非财务指标相结合。

传统的绩效管理视财务指标为绩效衡量之本，SPM则将财务指标与非财务指标结合，财务指标被视为范围更广的测评体系中的一个重要元素。

（2）方向指标与效率指标相结合。

评价绩效的指标可以分为两类：衡量“做正确的事”的指标和衡量“正确地做事”的指标，前者称之为方向指标，后者称之为效率指标。SPM指标体系包括方向指标和效率指标两大部分，这两类指标的结合使组织不仅能识别员工应做什么，还能明确指导员工怎样做才能达成目标。

（3）战略与文化相结合。

SPM指标体系设计时，还要关注组织战略与文化的匹配。一方面，企业战略类型、战略目标和战略实施路径等影响指标体系；另一方面，企业文化、企业核心价值观也同样影响指标选择和指标体系的设计。文化作为战略的背景因素不能被忽略，而应将战略和文化结合起来，综合考虑决定指标体系的设计。

（4）长期指标与短期指标相结合。

长期指标主要体现组织的战略导向，遵循从上而下的指标分解逻辑，对短期指标形成统领和总括效应；而短期经营性指标常常按照自下而上的逻辑，反映战略目标导向下的考核指标的具体落实和执行。长期指标和短期指标的结合体现战略目标和经营目标的互动和一致性，将企业战略目标和企业经营实践有效融合。

（5）过程指标与结果指标相结合。

在结果指标主导下增加过程指标，将二者有效结合大大增加了指标实现的可行性。二者的有机结合是SPM指标体系的重要特点，也是战略绩效管理体系的有效保障。

（6）定量指标与定性指标相结合。

定量指标用来测评绩效，操作便捷，颇受使用者喜爱。但这并不总是有效的，因为不是

---

① WILLIAMS R S，1997. Performance Management：Perspectives on Employee Performance ［M］. London：International Thomson Business Press.

② 贺小刚，徐爽，2007. 策略性绩效管理研究评述［J］. 外国经济与管理，29（4）：24－32.

所有的目标都可以用量化指标来测量，过分依赖定量指标会使绩效管理偏离企业运行实际，有时候甚至带来重大失误。SPM 在设计指标体系时，同时使用定量和定性的测量方法，在体系上保证了绩效管理的客观性和科学性。

4.1.6 提高员工工作投入为导向的绩效管理

工作投入（Work Engagement）是指与工作相关的积极情绪与认知状态，包括活力、奉献和专注 3 个具体维度。研究表明，工作投入度高的员工有更高的工作认知，会以积极的状态投入现有工作当中，并能显著改善员工的绩效水平，降低离职倾向，提高内在创新能力和学习能力，最终带来组织绩效的提高。基于以上思路，加拿大学者 Gruman 和 Saks① 从员工工作投入角度出发，将个体与整体、微观和宏观整合，提出了旨在改善和提高员工工作投入，并带动绩效管理效率的管理体系模型。这个模型在经典的绩效管理 PDCA（Plan，Do，Check，Action，计划、实施、检查、行动）循环的流程中整合了提高员工工作投入管理的内容，即通过驱动员工个体的工作投入，带动整个绩效管理过程的推进和目标的达成。基于提高员工工作投入的绩效管理体系如图 4.2 所示。

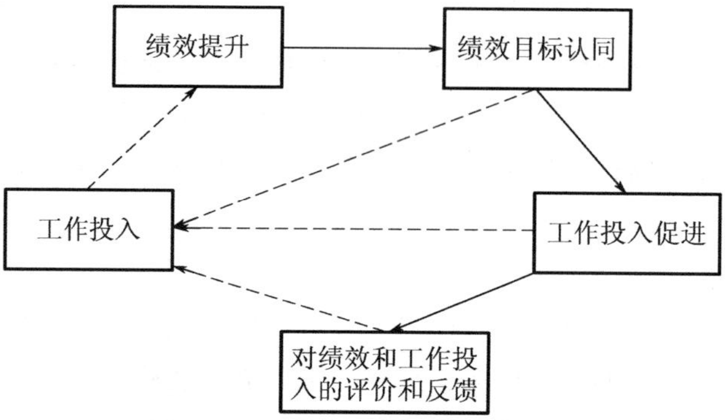

图 4.2 基于提高员工工作投入的绩效管理体系

首先，按照目标管理的过程让员工对企业的绩效计划和目标有清楚的了解，并且得到员工和企业双方的认同，这种目标一致性基础上构建稳定的心理契约是提升员工工作投入度的重要前提。

其次，在绩效管理最核心的工作执行部分，企业要动用一切资源支持和促进员工工作投入。例如，利用工作分析方法安排人岗匹配，鼓励和塑造包容性领导风格来改善领导交换质量，构建创新健康的企业文化鼓励高绩效团队建设等。

最后，在评价和反馈环节，以员工投入为导向的评价指标除包括传统客观评价指标之外，还增加了衡量员工工作投入程度这一创新指标，并将正向的结果及时反馈给员工，以此鼓励员工工作投入和绩效的进一步提升。此外，在这种以工作投入为目标的绩效管理体系中，除了基本的“计划—执行—考核评价—反馈—计划”循环流程，图 4.2 中的虚线还表示各个分流程的有效实施，又分别影响和驱动员工工作投入。例如，在绩效目标的制定和认同阶段，参与管理能够使员工构建基于积极社会交换关系上的稳定心理契约，从而增加员工的

---

① GRUMAN J A，SAKS A M，2011. Performance Management and Employee Engagement [J]. Human Resource Management Review (2)：123 - 136.

工作投入；在反馈阶段，员工对自己的付出结果有清楚、及时的认识和了解，这种开诚布公的双向交流让员工感觉自己的工作得到了上级的重视，从而激发下一阶段的工作投入和热情。

4.2　案例一：新光公司绩效管理体系[①]

4.2.1　公司简介

1. 公司基本情况

新光公司于2000年8月成立，是民营资本投资的股份制建筑企业，具有房屋建筑总承包一级、水利水电总承包二级、公路桥梁总承包三级、土石方专业施工三级资质，注册资本5 200万元，总资产1.69亿元。公司员工1 600多人，由管理技术人员、直管作业人员和外协劳务人员组成。公司在股东会下设立了董事会，负责管理各成员单位。董事会下设立了五大职能中心，即人力资源中心、策划评价中心、法律中心、培训中心、财务结算中心，负责执行董事会的决定，并对各成员单位进行监控和服务。其中策划评价中心负责下达各成员单位目标责任书、公司级业绩评价以及对经营层人员进行任用和考核评价。公司经营层聘任了总经理、副总经理、总工程师、总会计师和总经济师，公司下设行政人力资源部等4个职能部门，机械化等3个分公司及若干个项目部。

2. 公司5年战略目标

（1）5年战略目标（2005—2009年）具体内容。

公司确定在5年内年营业收入和年利润以每年超过20％的速度递增，至2009年达到公司年营业收入8.08亿元、营业利润8 080万元，具体构成见表4－1和表4－2。

表4－1　营业收入构成

单位：万元

项目名称	2005年	2006年	2007年	2008年	2009年
水电	10 000	12 000	18 000	28 000	38 000
土石方、基础工程	12 900	15 500	18 100	19 300	21 400
房屋建筑、市政	7 300	8 800	12 600	17 000	21 400
合计	30 200	36 300	48 700	64 300	80 800

表4－2　营业利润构成

单位：万元

项目名称	2005年	2006年	2007年	2008年	2009年
水电	1 000	1 200	1 800	2 800	3 800
土石方、基础工程	1 290	1 550	1 810	1 930	2 140
房屋建筑、市政	730	880	1 260	1 700	2 140
合计	3 020	3 630	4 870	6 430	8 080

① 本案例源于作者主持设计的新光公司绩效管理体系项目，案例初稿写作于2010年5月，本次修订于2018年3月。

（2）配套的职能战略。

① 市场营销战略。紧盯内部市场，开拓外部市场。以市场开发为龙头，形成强有力的市场开发队伍，提高市场开拓能力；转变观念，顺应市场的变化，紧紧盯住企业集团这个大市场，将市场跟踪任务落实到项目、落实到人；充分利用资源和合作伙伴的优势，走联营合作之路，逐步扩大外部市场占有份额，构建相对集中和固定的区域性、专业性外部市场开发与管理模式；向建筑业配套方向发展，如建筑新材料和小水电的开发等。

② 资本运营战略。第一，加强内部管理，改善公司财务状况。第二，通过产权结构调整、内部资产整合等方式，拓展资本运营渠道，走房地产联营合作之路，与内、外部房地产公司合作，形成稳定的住宅业务市场；积极参与工业厂房（火电厂房、水电厂房、普通工业厂房等）建设，逐步开拓市政工程项目，提升房建项目的盈利能力。第三，通过资本运作，兼并和收购有发展前景的企业，寻求新的利润增长点；以资产为纽带，整合一些有实力、有信誉但缺乏市场的企业，组成公司的专业化公司。

③ 质量战略。达到质量合格率100%的目标。实行全员质量管理，严格运行质量保障体系；提高掌握新技术、新材料的运用能力，不断提高施工技术水平。

④ 安全战略。实现无重大安全事故。减少和控制危害，减少和控制事故，尽量避免生产过程中由于事故造成的人身伤害、财产损失、环境污染及其他损失。

⑤ 人力资源战略。以内部培训为主，外部引进为辅，打造队伍，形成具有特色的经营管理模式，为把公司做成“百年老店”奠定坚实的基础。建立和培养项目经理、专业技术人员、后备人才3个人才库。为保证5年战略目标的实现，需加大培训投入，提升项目经理及专业技术人才的业务素质和工作能力。

4.2.2 绩效管理体系分析

公司隶属于企业集团，各分、子公司的总经理以内部提拔为主，集团对总经理培养的重要方法之一是职务轮换，公司的总经理更换频繁。公司员工来自五湖四海，具有不同的价值观和文化理念，而公司在绩效管理方面投入不足，缺少交流和沟通。高层管理人员仅仅将绩效管理视为人力资源管理方法，没有好的工具将公司的战略目标与绩效管理相连接；中层管理人员缺乏员工绩效管理的技术，在绩效管理的过程中不能掌握必要的技巧以及对不同绩效结果的处理手段；基层员工没有意识到自身的绩效和整体组织的绩效之间的关系，人力资源部将员工绩效管理局限于人力资源管理的日常工作来进行开发和实施，而且自身的专业人员缺乏应有的培训。

1. 公司级的绩效管理体系分析

公司建立了目标责任制，年初公司总经理与董事会签订目标责任书，明确年度经营目标、管理目标和可持续发展目标；年中公司进行半年度经营活动分析，向董事会报告目标完成情况及下半年的工作计划；年终由集团策划评价中心组织考评，考核评价结果直接与总经理及其他经营层人员的年薪挂钩。

存在的主要问题是：公司级目标指标选择基于过去的经营状况，而不是因公司战略发展需要；指标权重的设置基于模糊的经验总结，而不是基于专业的分析结论；将公司绩效等同于总经理绩效等。

2. 部门级的绩效管理体系分析

建立了部门目标责任制，年初公司与各部门、项目部、分公司签订了目标责任书，每月各部门报计划和总结，由公司行政人力资源部组织对上个月的计划完成情况进行评价，总经理批准下个月的工作计划。年终考核与部门经理年终奖励挂钩。

存在的主要问题是：部门年度目标指标选择不是基于战略目标的分解，指标之间缺乏关联性；各项职能分割，不能形成对公司战略实现的统一贡献；年度目标没有按月度分解，因而月度工作计划和总结与年度目标管理严重脱节；月度考核结果只是流于形式，对部门及员工不产生实质性的影响，考核目的不明确等。另外，由于工程项目的特殊性，对跨年度项目的考核难以做到客观公正。

3. 公司绩效管理体系存在的其他问题

（1）绩效管理指标的制定方式不科学。员工目标与企业目标不一致，企业年度绩效管理目标没有与公司战略相连。公司虽然制定了中长期战略，但仅仅成了一个美好的概念，没有在绩效管理中予以体现。

（2）缺乏衡量内部流程的指标。企业的业务流程涉及企业内部所有的部门，如果各部门、各职能不能有效地参与，承担相应的职责，则无法实现 1＋1＞2 的协同效应。

（3）缺乏衡量员工发展的指标。对员工绩效的评价大都是上级主管和人力资源管理人员的主观评价，没有建立长期的、客观的评价标准。公司绩效管理体系中缺乏衡量内部流程方面的指标，充斥着大量财务指标，使公司、部门、员工只关注工作任务的完成，没有重视员工能力的提高。

（4）绩效评价结果运用不充分。评价结果主要用于兑现年终或项目完工时的绩效奖金，而没有用于员工配置、培训开发等方面。公司没有建立明确的晋升通道，没有为员工设计职业发展规划，绩效评价的行为导向和培训功能也没有得到充分发挥。

（5）绩效管理中沟通不充分。直接上级大多专注于当期事项的完成，与下属的沟通主要是布置工作任务，而对于公司的期望、绩效结果形成的原因和下级进行面谈分析不够，对于如何改进绩效没有有效的引导，影响了员工的工作激情。

4.2.3 绩效管理体系的优化设计

1. 公司级绩效管理体系的优化设计

新光公司公司级绩效管理体系优化设计思路如图 4.3 所示。

（1）绩效计划。

① 指标确定。

公司级指标来源于公司战略，根据 4.2.1 节中的公司 5 年战略目标，运用平衡计分卡的思想及其评价的 4 个维度，公司级绩效指标见表 4－3。

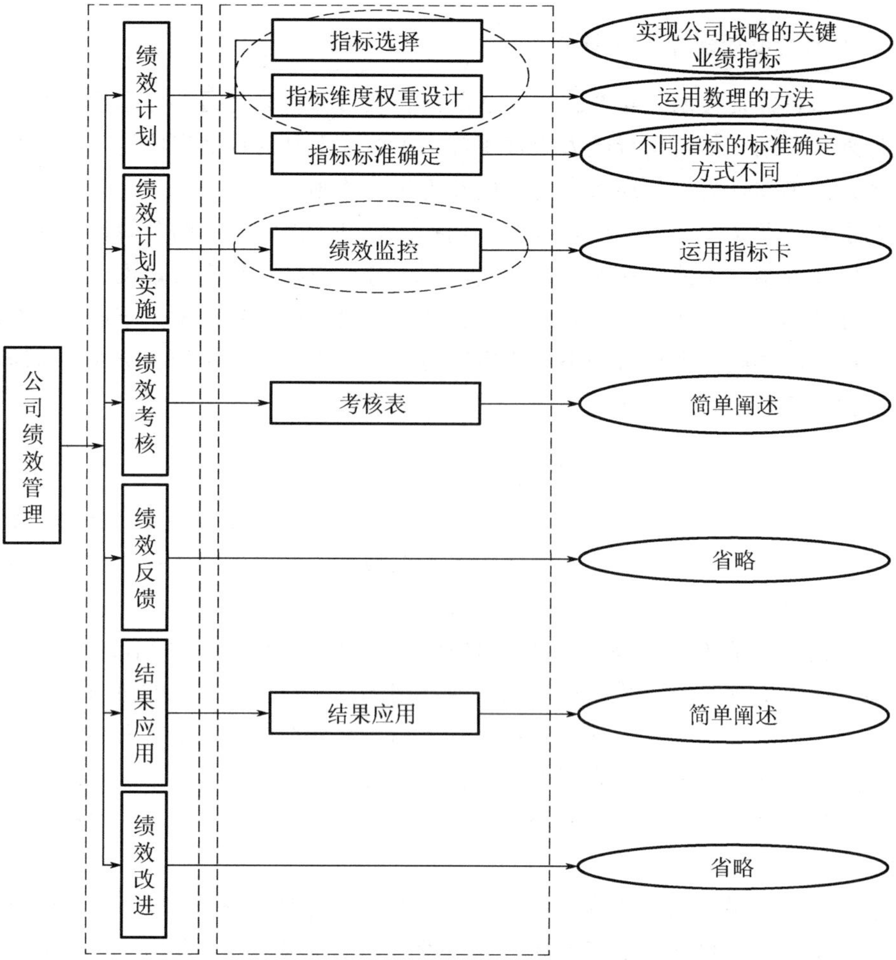

图 4.3　新光公司公司级绩效管理体系优化设计思路

表 4-3　公司级绩效指标

序　　号	指标维度	绩效指标
1	财务	销售收入、净利润
2	客户	承接新客户业务量、客户满意度、工程质量管理、工程进度
3	内部业务流程	安全管理、内部管理
4	学习和成长	资质升级、员工培训、员工满意度

② 指标维度的权重设计。

绩效指标确定后，需要对各指标赋予权重，即确定出同一层次指标相对于其上层指标的重要程度。这里采用美国运筹学家萨蒂提出的层次分析（Analytic Hierarchy Process，AHP）法。它通过构造比较判断矩阵将人们的思维判断定量化，并通过矩阵理论将相对重要的排序权值归结为判断矩阵特征根和特征向量的求解问题，并利用一致性检验来验证判断是否具有满意的一致性。采用AHP法确定加权系数，可以提高权重确定的准确性。通过对结果逻辑性、合理性进行判别和筛选，可以提高权重的可靠性。同时，整个工作过程可以通过编制计算机程序完成，可操作性强。公司评价系统中有4个维度的评价指标：财务维度、客户维度、业务流程、学习和成长。其指标权重的确定采用以下步骤。

第一步：采用问卷调查法请专家对4个维度进行两两比较，构造出反映其重要程度的判断矩阵如下。

$$\boldsymbol{R}=\begin{bmatrix}1 & 2 & 3 & 3\\ 1/2 & 1 & 2 & 2\\ 1/3 & 1/2 & 1 & 1\\ 1/3 & 1/2 & 1 & 1\end{bmatrix}$$

在这里，假定财务指标最重要，其次是顾客指标，再次是业务流程指标，最后是学习和成长。

第二步：求$\boldsymbol{R}$中各行的几何平均数，得一列向量如下。

(2.059 7　1.189 2　0.638 9　0.141 1)（其中，$2.0597=\sqrt[4]{1\times2\times3\times3}$，其他数据类推）

第三步：将已求出的列向量中每一分量分别除以其总和数，则得所求的指标权数向量如下。

(0.455 0　0.262 7　0.141 1　0.141 1)

第四步：验证权数的可信度。

$$\boldsymbol{RW}=\begin{bmatrix}1 & 2 & 3 & 3\\ 1/2 & 1 & 2 & 2\\ 1/3 & 1/2 & 1 & 1\\ 1/3 & 1/2 & 1 & 1\end{bmatrix}\begin{bmatrix}0.4550\\ 0.2627\\ 0.1411\\ 0.1411\end{bmatrix}=\begin{bmatrix}1.8450\\ 1.0546\\ 0.5712\\ 0.5712\end{bmatrix}$$

则

$$\lambda\max=\frac{1}{n}\sum_{i=1}^{n}\frac{(\boldsymbol{RW})_i}{\boldsymbol{W}_i}=\frac{1}{4}\left(\frac{1.845}{0.4550}+\frac{1.0546}{0.2627}+\frac{0.5712}{0.1411}+\frac{0.5712}{0.1411}\right)=4.0414$$

$$\mathrm{CI}=\frac{(\lambda\max-n)}{(n-1)}=(4.0414-4)/(4-1)=0.0138$$

查表得　　　　　　　　　　　　RI=0.9

$$\mathrm{CR}=\frac{\mathrm{CI}}{\mathrm{RI}}=0.0138/0.9=0.01533<0.1$$

CR<0.1，这表明对4个维度指标赋予的权重具有较高的信度，可用于实践。

③ 指标标准的确定。

新光公司采用战略目标分解法和专家评分法相结合的方法，确定了每年度每个指标的目标标准，表 4－4 为 2006 年度指标目标标准。

表 4－4　2006 年度指标目标标准

序号	维　　度	指　　标	目 标 标 准	主要责任部门	指 标 获 取
1	财务	销售收入	36 300 万元	经营部、项目部	财务部
		净利润	3 630 万元	各部门、项目部	财务部
2	客户	承接新客户业务量	增长 20%	经营部、项目部	经营部
		客户满意度	提高 5%	各部门、项目部	业主、监理
		工程质量管理	合格率 100%	工程部、项目部	业主、监理
		工程进度管理	按合同要求准时竣工	工程部、项目部	业主、监理
3	内部业务流程	安全管理	重大安全事故率为 0	工程部、项目部	项目部
		内部管理	制度有效	各部门、项目部	各部门、项目部
4	学习和成长	资质升级	水电资质晋升为一级	行政人力资源部	建设部
		员工培训	每人每月不少于 30 小时	行政人力资源部	各部门、项目部
		员工满意度	90%	行政人力资源部	员工

公司实行目标责任制绩效计划管理方法，每年年初由董事会与公司总经理签订目标责任书，见表 4－5。

表 4－5　目标责任书

新光公司 2006 年度目标责任书

一、经营目标（46 分）：实现净利润 3 630 万元；销售收入 47 800 万元。

二、客户目标（26 分）：承接新客户业务量增长 20%；客户满意度提高 5%；
工程质量合格率为 100%；工期 100%满足客户要求。

三、内部管理（14 分）：制度建设体系规范；队伍建设文化认同；
职责分明，程序清晰；重大安全事故率为 0。

四、学习和发展目标（14 分）：水电资质晋升为一级；
员工培训每月不少于 30 小时；
员工满意度达到 90%。

董事长：　　　　　　　　　　总经理：

年　月　日　　　　　　　　　年　月　日

（2）绩效计划实施。

绩效计划实施过程采用指标卡进行监控，以确保获得准确的信息，确保绩效目标的完成。指标卡主要说明以下问题：为什么选择该指标，该指标的战略意义，怎样计算该指标，谁对这些结果负责。绩效管理指标卡见表 4－6。

表4-6　绩效管理指标卡

维度：	指标号/指标名：	责任人：
战略：		目标：
描述：		
报告频率：	计量单位：	极性：
公式：		
数据来源：		
数据质量：		数据收集人：
基线：		目标分解：
各种行动		

指标卡包含指标背景、指标的各种特征、计算和数据分类、绩效信息。现分别说明如下。

① 指标背景。

a. 维度，即把各项指标归入其描述的维度；b. 指标号/指标名，对指标进行编号，财务维度代号为A，顾客维度代号为B，内部业务流程维度代号为C，学习和成长维度代号为D；c. 责任人，即对该指标负责的人，如果绩效指标下降，责任人必须对此做出说明；d. 战略，阐明该指标将正面影响的具体战略；e. 目标，即指标所要达到的具体目标；f. 描述，这一部分是整张表格中最为重要的信息部分，要简要、确切地描述指标的要点，使阅读此表的人都能够迅速地明白该指标对企业组织具有重要意义的原因。

② 指标的各种特征。

a. 报告频率，即计划用多长时间报告一次该指标的绩效；b. 计量单位，描述的是如何表达指标，通常用的计量单位包括个数、元、百分比等；c. 极性，评价一个指标的时候，明确该指标数值是高好还是低好。

③ 计算和数据分类。

a. 公式，提供计算绩效指标的具体要素；b. 数据来源，每个指标都有特定的来源，这些来源包括经营活动分析报告、顾客信息、财务账目、员工等；c. 数据质量，如果数据可以从其来源的系统里自动产生并且容易评价的话，可以认为质量为“高”，如果数据来源非常间接，则认为该数据质量“低”；d. 数据收集人，即负责实际数据收集的人。

④ 绩效信息。

a. 基线，指绩效指标下达时的最低值；b. 目标分解，指每个阶段要求达到的标准。

下面就4个维度每个维度挑选一个指标设计指标卡。财务维度选择净利润指标卡，见表4-7；客户维度选择客户满意度指标卡，见表4-8；内部业务流程维度选择安全管理指标卡，见表4-9；学习和成长维度选择资质升级指标卡，见表4-10。

表 4-7　净利润指标卡

<table>
<tr><td colspan="2">维度：财务</td><td colspan="2">指标号/指标名：A01/利润</td><td colspan="2">责任人：总经理×××</td></tr>
<tr><td colspan="4">战略：有利于股东利益实现及公司可持续发展</td><td colspan="2">目标：3 630 万元</td></tr>
<tr><td colspan="6">描述：公司利润是实现收入和相关费用的差额，表示的是财富的增加值。公司经营的短期目标就是要取得财富的增加，长期目标是股东利润的持续实现，这都依赖于公司利润。因此，该指标是实现公司战略最关键的指标</td></tr>
<tr><td colspan="4">报告频率：每季度一次</td><td>计量单位：万元</td><td>极性：越高越好</td></tr>
<tr><td colspan="6">公式：利润＝收入－费用</td></tr>
<tr><td colspan="6">数据来源：财务报表</td></tr>
<tr><td colspan="4">数据质量：直接从公司财务获取</td><td colspan="2">数据收集人：财务部李涛</td></tr>
<tr><td colspan="4">基线：2005 年为 3 025 万元</td><td colspan="2">目标分解：第一季度达到 700 万元；第二季度达到 1 400 万元；第三季度达到 2 200 万元；第四季度达到 3 025 万元</td></tr>
<tr><td>各种行动</td><td colspan="5">1. 加强市场投标力度，拓展市场，承接足够的业务；
2. 加强成本控制力度，以控制项目目标成本为中心，加强管理费用等其他成本的控制；
3. 加强工程索赔管理，增加利润</td></tr>
</table>

表 4-8　客户满意度指标卡

<table>
<tr><td colspan="2">维度：客户</td><td>指标号/指标名：B02/客户满意度</td><td colspan="2">责任人：总经理×××</td></tr>
<tr><td colspan="3">战略：收入增长、利润增长、形成品牌</td><td colspan="2">目标：提高 5%</td></tr>
<tr><td colspan="5">描述：客户满意度指标是指调查年度公司所承接项目的业主、监理、设计单位及主要供货商，他们对公司产品质量、工程进度、服务及其他客户所关心的工作的满意程度。由于在建项目的业主满意度是公司承接下一个项目的基础，因此该指标能帮助我们实现销售收入的增长</td></tr>
<tr><td colspan="2">滞前/前置指标：滞后指标</td><td>报告频率：每季度一次</td><td>计量单位：%</td><td>极性：越高越好</td></tr>
<tr><td colspan="5">公式：所有客户满意度调查表中，回答满意的数量除以总问题数量。总问题数量为调查人数×10</td></tr>
<tr><td colspan="5">数据来源：由董事会领导的策划评价中心每季度以抽样方式调查</td></tr>
<tr><td colspan="3">数据质量：直接从公司服务对象获取</td><td colspan="2">数据收集人：策划评价中心王清</td></tr>
<tr><td colspan="3">2005 年数据：客户满意度为 80%</td><td colspan="2">目标：2006 年第一季度为 81%；第二季度为 82%；第三季度为 83%；第四季度为 85%</td></tr>
<tr><td>各种行动</td><td colspan="4">1. 加强项目管理，每月总部人员必须下项目，对项目部服务、检查、指导；
2. 加强与顾客沟通，及时了解顾客的评价，每周工程部均需将顾客反馈意见报总经理；
3. 每天总部跟踪项目部重点工作，及时处理项目部遇到的困难</td></tr>
</table>

表 4-9　安全管理指标卡

<table>
<tr><td colspan="2">维度：内部业务流程</td><td>指标号/指标名：C01/安全管理</td><td colspan="2">责任人：总经理×××</td></tr>
<tr><td colspan="3">战略：对公司形成品牌和降低成本有影响</td><td colspan="2">目标：重大安全事故率为 0</td></tr>
<tr><td colspan="5">描述：安全事故不仅会给公司带来经济损失，更重要的是会使公司失去良好的口碑，让受到伤害的人员及其家庭蒙受痛苦，重大安全事故还会影响公司投标，影响公司承接新业务，因此，加强安全管理，杜绝重大安全事故，对实现公司战略具有重要的影响</td></tr>
<tr><td colspan="3">报告频率：只要出现，立即报告</td><td>计量单位：次</td><td>极性：越低越好</td></tr>
<tr><td colspan="5">公式：所有报告次数之和</td></tr>
<tr><td colspan="5">数据来源：项目部</td></tr>
<tr><td colspan="3">数据质量：直接从项目部获取</td><td colspan="2">数据收集人：安审中心刘玲</td></tr>
<tr><td colspan="3">2005 年数据：重大安全事故为 0</td><td colspan="2">目标分解：重大安全事故为 0</td></tr>
<tr><td>各种行动</td><td colspan="4">1. 落实安全生产责任制，严格执行安全管理体系；
2. 加强安全管理，特殊工种作业人员必须持证上岗；
3. 加强安全培训及三级安全教育，加强巡检，安全员认真履行职责</td></tr>
</table>

表 4-10　资质升级指标卡

<table>
<tr><td>维度：学习和成长</td><td>指标号/指标名：资质升级</td><td colspan="2">责任人：总经理×××</td></tr>
<tr><td colspan="2">战略：承接大型业务的必备条件</td><td colspan="2">目标：取得水利水电一级资质</td></tr>
<tr><td colspan="4">描述：招投标法规定，必须具备一定的资源，才能承接相应的工程。目前公司水利水电资质为总承包二级，不具备承接大型水利工程的条件，不能承接大型工程，公司销售收入和利润指标就难以完成，因此，必须将公司水利水电资质升为一级</td></tr>
<tr><td colspan="2">报告频率：年度</td><td>计量单位：无</td><td>极性：完成越早越好</td></tr>
<tr><td colspan="4">公式：取得证书</td></tr>
<tr><td colspan="4">数据来源：行政人力资源部</td></tr>
<tr><td colspan="2">数据质量：以拿到证书为标准</td><td colspan="2">数据收集人：行政人力资源部李沣</td></tr>
<tr><td>2005 年数据：无</td><td colspan="3">目标：2006 年第一季度完成资料准备；第二季度资料完善；第三季度资料上报；第四季度取得证书</td></tr>
<tr><td>各种行动</td><td colspan="3">1. 认真收集有关资质升级的资料；
2. 请专家对资料进行检查；
3. 上报建设部，并跟踪相关信息</td></tr>
</table>

（3）绩效考核。

绩效考核是绩效管理的重要环节，设计得再好的方案，如果执行不到位，也是一纸空文，因此，不仅要进行公司绩效考核，而且必须做到认真、客观、公平、公正。公司级绩效考核由集团策划评价中心组织，以年度为考核周期，以公司年度经营工作报告为基础，以平时收集的相关数据为依据，公司年度目标责任考核表见表 4-11。

表 4-11　公司年度目标责任考核表

序号	目标名称		目标分值/分		考核细则	考核得分/分
1	财务	销售收入	46	23	按标准完成得满分；每超过 1%加 1 分；每低于 1%减 1 分，直至为 0 分	
		净利润		23	按标准完成得满分；每超过 1%加 1 分；每低于 1%减 1 分，直至为 0 分	
2	客户	承接新客户业务量	26	10	按标准完成得满分；每超过 1%加 1 分；每低于 1%减 1 分，直至为 0 分	
		客户满意度		5	按标准完成得满分；超过标准加 1 分；没有达到标准的，增加值在 5%以下得 0 分，5%～9%范围内得 2 分，10%～14%范围内得 3 分，15%～20%范围内得 4 分	
		工程质量管理		6	按标准完成得满分；发生一次不合格扣 1 分，发生一起严重质量事故扣 6 分	
		工程进度管理		5	按标准完成得满分；发生一起安全事故扣 1 分，发生一起严重进度滞后扣 5 分	
3	内部业务流程	安全管理	14	7	按标准完成得满分；发生一起安全事故扣 1 分，发生一起重大安全事故扣 7 分	
		内部管理		7	制度健全，执行严格，得满分；发生一起因管理不到位而违章违纪事件，扣 2 分，发生一起严重违章违纪事件扣 7 分	
4	学习和成长	资质升级	14	6	按标准完成得满分；没有完成扣 6 分	
		员工培训		4	按标准完成得满分；没有达到标准的，每月培训课时少于 10 小时得 0 分，10～14 小时得 1 分，15～19 小时得 2 分，20～29 小时得 3 分	
		员工满意度		4	按标准完成得满分；没有达到标准的，低于 80%得 0 分，80%～84%得 1 分，85%～89%得 2 分，90%～94%得 3 分	
合计						

（4）结果应用。

公司级绩效考核结果应用于对公司经营层的业绩评价及对公司发展潜力和管理状况的分析，并作为确定下一年度目标的依据，同时也是核定员工年度绩效奖金的重要依据。

2. 部门级绩效管理体系的优化设计

公司部门级单位包括行政人力资源部、财务部、工程部、经营部、工程部 5 个职能部门，设备物资分公司、机械化分公司、机电分公司 3 个分公司及若干个直管项目部。职能部门的主要职责是监控和服务，对职能部门的管理采取基于部门职责的目标责任管理方式。分公司为独立经营单位，有较大的独立经营权，对分公司的管理类似于董事会对公司的管理。公司管理以项目管理为核心，任何管理结果最终都表现在项目管理水平上，战略的有效实施依赖于项目管理水平的不断提高，因此以项目部为例进行优化设计。新光公司部门级绩效管理体系优化思路如图 4.4 所示。

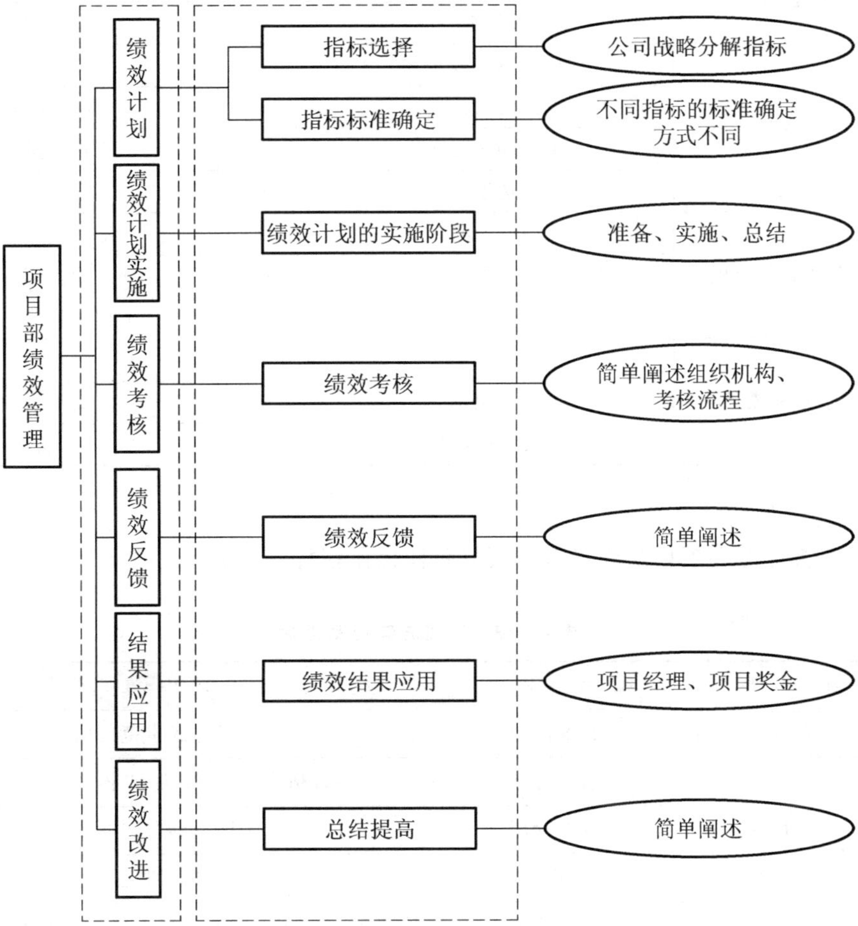

图 4.4　新光公司部门级绩效管理体系优化思路

（1）绩效计划。

① 指标选择。

职能部门依据部门职责，对公司战略相关指标承担责任。项目部职责如下：a. 负责承接工程的实施；b. 完成公司核定的成本目标；c. 执行项目管理的各项条款，在项目目标管理范围内开展施工经营活动；d. 保生命、保设备、保生产、保财产、保稳定，防水灾、防火灾、防盗窃、防失密、防破坏；e. 按照质量、安全和环境管理体系组织生产；f. 协调与业主、监理、设计单位等各方关系；g. 负责工程竣工资料的编制；h. 负责工程结算；i. 在搞好本项目管理的同时，创造品牌，协助公司捕捉新的工程信息，开拓新业务。

根据项目部职责可知，项目部承担工程施工，公司级指标中的质量、安全、进度、成本控制指标主要分解到项目部。根据公司战略目标分解和项目部职责，确定项目部指标见表 4－12。

表 4－12　项目部指标

序号	指标维度	公司级指标	序号	项目部指标
1	财务	销售收入		
2		净利润	1	工程成本控制
3	客户	承接新客户业务量		
4		客户满意度	2	客户满意度
5		工程质量管理	3	工程质量管理
6		工程进度管理	4	工程进度管理
7	内部业务流程	工程安全管理	5	工程安全管理
8		工程内部管理	6	工程内部管理
			7	工程文明施工指标
9	学习和成长	资质升级		
10		员工培训	8	员工培训
11		员工满意度	9	员工满意度

② 指标标准的确定。

根据公司级标准和项目部职责得出项目总体控制指标，见表 4－13。

表 4－13　项目总体控制指标

序号	维　度	指标名称	标　准
1	财务	工程成本控制	在目标成本范围内
2	客户	工程质量管理	合格率 100%，优良率 85%以上
		工程进度管理	工期达到合同要求
		客户满意度	90%以上
3	内部业务流程	工程安全管理	死亡事故 0 起、重伤事故 0 次、轻伤频率为 2%
		工程内部管理	职责分明，程序清晰，执行到位
		工程文明施工指标	达到 CI 标准
4	学习和成长	员工培训	每人每月不少于 30 小时
		员工满意度	90%

（2）绩效计划实施。

绩效计划实施分为 3 个阶段，即准备阶段、实施阶段和总结阶段。绩效计划实施过程见

表4－14。

表4－14　绩效计划实施过程

管理过程	序号	管理内容	责任部门
准备阶段	1	实行项目经理责任制，项目经理由公司选拔、委派或内部竞岗确认	公司各部门
	2	项目启动必须有研究策划方案，内容包括项目组织框架（含人、才、机等）、施工组织方案、技术交底、合同剖析、质量安全保证体系建立、成本控制和合同索赔等	工程部、经营部、物资公司、行政人力资源部
	3	项目班子成员由公司发文聘任，项目其他管理人员的聘用必须经公司同意，劳务人员由项目部录用并报公司备案	工程部、行政人力资源部
	4	公司对项目部下达项目目标责任，包括质量、安全、工期、文明施工、内部管理、目标成本（人工费、材料费、机械费、管理费等）	公司各部门
	5	项目经理实行风险抵押制：一级项目15万元以上；二级项目12万元以上；三级项目8万元以上；四级项目6万元以上；五级项目4万元以上	经营部、行政人力资源部、财务中心
实施阶段	1	实行财务委派制度，资金使用按企业集团财务中心规定办理	财务中心
	2	项目施工主材由公司集中采购供应，项目部负责使用和保管。其他零星、辅助材料由项目部提出申请，公司批准后项目部自行采购	物资公司
	3	施工设备（机械化分公司除外）以租赁公司设备为主，外协合作为辅；小型工器具、易损件等由项目部提出申请，公司批准后项目部自行采购	经营部、物资公司
	4	加强对项目的服务和指导，及时准确供应材料和设备，保证项目资金需求，对施工组织管理及技术方案提出指导意见，为项目部培训提供服务	工程部、物资公司
	5	加强对项目的监管、防范质量、安全、经济风险。每月对项目部进行质量、安全、工期、文明施工、内部管理、成本控制等内容考核评价，结果进入项目档案纳入最终考核，要求项目部对检查考核中发现的问题及时进行整改和处理	工程部、经营部、行政人力资源部、财务中心
	6	项目实行单独核算、成本预警制度，利益共享	经营部、财务中心
总结阶段	1	项目竣工总结评价	公司各部门

（3）绩效考核。

① 组织机构：成立以工程部、经营部、设备物资部、财务部、行政人力资源部组成的

考核小组，由分管项目管理的副总任考核小组组长。

② 考核流程如图 4.5 所示。

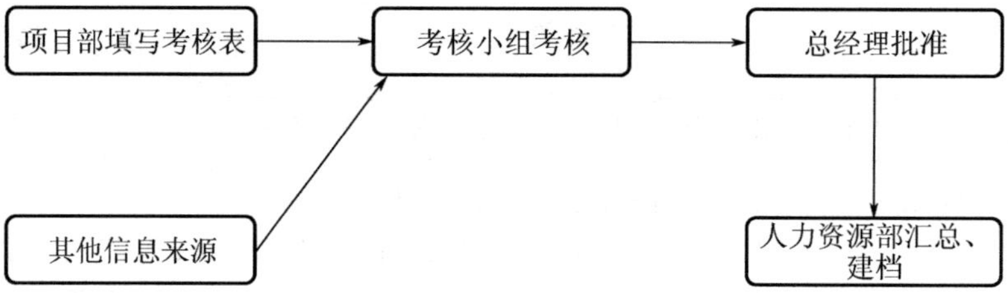

图 4.5 考核流程

③ 项目管理考核表见表 4－15。

表 4－15 项目管理考核表

项目名称		项目经理		考评日期	

考核项目	满分值/分	自评分/分	考核分/分	考核评语
工程成本控制指标	20			
客户满意度	5			
工程质量指标	15			
工程进度指标	15			
工程安全指标	20			
工程内部管理	10			
工程文明施工指标	5			
员工培训	5			
员工满意度	5			
合计	100			
考核小组成员签名				
考核小组组长				
总经理				

注：各项自评分、考核分＝各项考核表得分×满分值/100。

（4）绩效反馈。

公司每月召开月度工作考核例会，将上月每个部门、项目部的绩效考核结果进行通报，会后以督察通报的方式下发。会上充分沟通，找出绩效欠佳的原因，交流绩效提高的经验。督察通报包含以下内容：各部门、项目部上月计划工作完成情况，未完成工作及任务，考核评分，批评和表扬。

（5）结果应用。

① 累计两个月考核不合格（70 分以下）的更换项目经理。

② 根据考核结果对项目部进行奖励和处罚，项目部奖罚表见表 4－16。

表 4-16　项目部奖罚表

项 目 等 级	项目部评价等级	考核最终得分	奖罚金额/万元
一级	优秀	95 分以上	20
	优良	85～94 分	15
	合格	75～84 分	10
	不合格	60～74 分	0
	严重不合格	60 分以下	扣除风险抵押金
二级	优秀	95 分以上	12
	优良	85～94 分	8
	合格	75～84 分	5
	不合格	60～74 分	0
	严重不合格	60 分以下	扣除风险抵押金
三级	优秀	95 分以上	8
	优良	85～94 分	5
	合格	75～84 分	3
	不合格	60～74 分	0
	严重不合格	60 分以下	扣除风险抵押金
四级	优秀	95 分以上	6
	优良	85～94 分	4
	合格	75～84 分	2
	不合格	60～74 分	0
	严重不合格	60 分以下	扣除风险抵押金
五级	优秀	95 分以上	3
	优良	85～94 分	2
	合格	75～84 分	1
	不合格	60～74 分	0
	严重不合格	60 分以下	扣除风险抵押金

项目等级分类见表 4-17。

表 4-17　项目等级分类

项 目 等 级	合同金额/万元	备　注
一级	5 000 以上	对公司有重大影响的项目，可按表提高一个项目等级
二级	3 000～5 000	
三级	2 000～3 000	
四级	1 000～2 000	
五级	1 000 以下	

③ 目标成本节约奖。项目完工考核合格，根据考核结果，按照成本节约金额给项目部提取一定比例的奖励，具体奖励比例在各项目工程的目标责任书中确定。具体计算公式为：奖励金额＝节约金额×奖励比例×考核分数。

（6）绩效改进。

工程项目完工后，项目部提交竣工总结报告。公司组织相关部门对竣工项目进行审计和评价，以工程成本审计为主线，对项目的质量、安全、进度、文明施工、内部管理、成本等经济、技术、管理指标进行全面分析，形成“竣工项目审计报告”，作为项目考核兑现的重要依据。竣工项目审计报告的主要内容如下。

a. 项目内部管理、内部制度及公司制度、决议执行情况；b. 主合同执行情况；c. 目标完成情况（质量、安全、进度、文明施工、内部管理、成本）；d. 月度考核情况；e. 各项税费缴纳情况；f. 工程结算及索赔（或调价补差）情况；g. 项目盈亏原因分析；h. 尚未清理的债权债务及其清理措施；i. 廉政建设情况；j. 项目管理方面的经验和教训等其他事项。

通过对完工项目进行总结，能够有效地提高新开工项目的管理水平。

4.2.4 案例解析

本案例演示了绩效管理系统全过程主要环节，旨在帮助读者切实理解绩效管理的操作流程和方法。本案例主要摘取了公司层面和部门层面绩效管理的设计过程，详细地描述了绩效管理指标选定、权重设计、绩效管理指标卡运用、绩效考核和考核结果使用等内容，并将相应的表单列出，希望读者借此能真正掌握绩效管理的操作方法，领悟其设计技巧。

评价：本绩效管理体系设计的成功之处在于，将绩效管理纳入公司的战略管理范围，将组织目标分解落实到各个部门，体现了组织长远发展目标和即期绩效的有效统一。同时，在绩效管理体系设计中对目标管理法、量表考核法、关键事件记录法、平衡计分卡等方法使用得当，不但注重结果评价，而且关注过程控制，注重绩效管理的操作和有效性。

使用说明：本案例对象是建筑施工企业，具有明显的行业特征。考虑到绩效管理行业性、地域性特征十分显著，本书特意将此行业特征明显的案例尽可能详尽地呈现给读者，就是想提醒读者，在设计绩效管理方案时，一定要仔细考虑企业自身的行业特征、发展阶段，以及管理基础和执行能力，注意把握绩效管理的艺术性和个性化特征，所有的案例只能借鉴，决不可照搬。例如，案例中公司级绩效指标的设定是一个非常专业的过程，在一定程度上也是公司管理长期沉淀和积累的结果，将“资质升级”列为建筑施工企业的“学习和成长”类指标在某个阶段是可以的，而更多的企业往往更适合将研发投入或成果类指标列为“学习和成长”类指标。安全管理、内部管理指标还不够明确，在操作上要么将指标明细化，要么通过设计配套的考核制度予以支持，本案例中还有好几处类似的问题，都必须进一步细化工作才能实施有效操作。希望读者仔细体悟本案例中的思维方法和问题处理艺术。

案例研讨：

1. 优化后的新光公司的绩效管理体系是否完善？请根据你的理解和实践经验对此进行分析，并指出在哪些方面还可以进一步改进和完善。

2. 请结合所在企业实际，对其绩效管理体系进行诊断，并提供诊断报告和相应改进措施。

4.3 案例二：南车电机有限公司绩效考核[①]

4.3.1 公司简介

南车电机有限公司是整合了中国南车集团株洲电力机车厂，中国南车集团株洲电力机车研究所的电机、变压器业务和其他优质资产而重新组建的现代股份制企业。截至2006年年底，企业总资产4亿元，销售收入5.5亿元，员工总数1 412人，拥有各类工程技术人员144人，其中教授级高工5人，中级以上技术职称人员100余人。此外公司建有一个博士后科研工作站，专门从事绝缘领域的研究。南车电机有限公司占据中国国内干线机车牵引电机市场70%以上的市场份额，先后开发出脉流牵引电机、半叠片脉流牵引电动机、全叠片脉流牵引电动机、变频调速交流异步牵引电机，分别装配在各型电力机车及动车组上。公司在占领国内市场的同时，积极开拓国际市场。2002年，公司产品成功打入欧洲市场，向荷兰国铁出口35台TM315主牵引电机。

4.3.2 公司绩效考核存在的问题

1. 绩效考核构成要素存在的问题

（1）考核目的。长期以来，南车电机有限公司的考核目的主要是为年底奖金发放提供依据，考核目的不够清晰明确。

（2）考核对象与内容。公司的绩效考核对象包括除公司总经理和副总经理之外所有部门及各层员工。考核的内容主要包含两个方面：被考核单位的经营情况，包括该单位的财务情况、经营情况、部门目标的实现等方面；下一步工作打算，重点努力的方向。具体的考核细目侧重于经济目标的完成、政治思想品德，缺乏对于能力的专门考核。

（3）考核主体。采取主管评估法为主、自我考核为辅的考核方式，由公司行政人力资源部具体负责绩效考核制度和考核方案的制定，公司领导与相关职能部门人员组成考核小组。

部门之间的评估不平衡，有些部门的主管人员倾向于对下属员工的工作绩效做出较高的评价，而另一些部门的主管人员则倾向于给员工较低的评价。给员工高评价的主管的目的可能是保全员工的绩效工资，也可能是保护员工，避免员工的不良绩效为部门外的人了解等。给低分的主管或是为了激励员工把工作做得更好，或是为了让某个下属离开部门留下依据等。这样，部门之间的评估就呈现出过松或过紧的现象，难以体现考核部门和个人之间横向比较的公平、公正。

（4）考核周期。公司考核各层员工的周期都是一致的，即采用一个季度一次考核的方式，主要是对员工季度工作计划和工作表现情况的检查，最后会有一个年度总结，但基本上是季度考核的累计。

（5）考核工具/考核表格。公司虽然对不同类型的工作人员采用不同的绩效考核表格，但实质上表格上的考核内容没有多大的区分度。表格上所设计的一些指标除个别具体化的经

① 本案例源于作者主持完成的南车电机有限公司绩效管理体系优化项目，案例初稿写作于2010年4月，本次修订于2018年4月。

营指标，多侧重于对员工学历、行政级别、技术等级、工作年限等指标的考核，而忽略员工的实践创新能力和实际工作绩效。另外，考核表格中涉及了工作态度、思想觉悟等一系列定性的考核因素，能够从这两方面去考核是很好的，但是对于如何科学地确定绩效考核的指标体系以及如何使考核的指标具有可操作性，公司考虑得还不是很周到。同时，表格中绩效标准被规定得很模糊，如不同的主管人员只有“好”“中”“差”等级，没有尽可能地制定量化且具有可操作性的标准。

2. 绩效考核工作组织和实施存在的问题

（1）没有足够的、清晰的绩效记录资料。南车电机有限公司日常的绩效信息记录和绩效指导很不全面，没有专门的人员跟踪和记录各员工的日常绩效情况。

（2）绩效考核工作的组织和实施不够规范。南车电机有限公司由行政人事部组织实施全面考核，而其他各部门只注重业绩考察，二者独立开展，导致两种考核在时间上和内容上出现偏差或冲突，极易引起员工们的抵触情绪。公司高层领导对两个部门之间的考核结果进行平衡讨论，依据绩效考核结果做出的薪酬奖励、晋升等都具有片面性、人为性。

（3）考核成员心理特征引起的考核偏差。在绩效考核过程中，或多或少地都存在着一些考核者因为一些常见的心理壁垒影响了考核结果。①晕轮效应。根据被考核者某一方面的特征从而断定其他方面的好坏。当考核对象是那些对考核者表现特别友好或特别不友好的员工时，这种情况最容易发生。②趋中效应。不从实现出发，撇开两头，取中间状态进行考核，不好也不坏。例如，如果考核等级是第 1 到第 7 等级，若把大多数人简单地评定在第 3、4、5 这几个等级。这种过于集中的考核结果对于单位做出晋升、工资方面的决定或进行绩效反馈所起的积极作用很小。这种现象是南车电机有限公司多年的“大锅饭”分配制度留下的后遗症。③近因效应。以某人最近发生的事考核某人，可能导致片面的考核结果。④相似效应。因为工作态度的考核基本上属软性的东西，容易出现当被考核者的特征与考核者相似时，考核者对其有好感，因而给出一个较高的绩效考核分数的现象。

（4）绩效考核体系不能发挥整体效果。从南车电机有限公司的绩效考核体系运行结果来看，出现了一些脱节的情况。即部门考核和员工考核脱节，员工的考核并不是在部门考核基础上进行的，部门绩效的好坏未能对其所属员工的考核产生直接影响；目标考核和素质考核脱节，对员工的考核偏重于结果性的目标考核，忽视了对员工工作的全面客观考核；季度或年度考核与日常考核脱节，在考核时没有或很少借助日常的工作计划和汇报记录，人为增加了考核误差；绩效考核和绩效反馈脱节，考核结果未能对员工未来工作行为和业绩产生导向作用。

以上问题，首先影响考核工作的严肃性，使绩效考核工作流于形式，考核工作事倍功半，单位领导难以摸清员工队伍的真实情况，容易造成决策失误。其次影响考核的真实性和客观公正性，容易形成员工自我发展的错误导向，不利于调动员工的工作积极性。

4.3.3 绩效考核的优化设计

1. 绩效考核指标体系

关于指标体系与标准的构建方法在 4.2 节中已经详细介绍，同时在下一节还会进一步阐述，在此不再赘述。公司的中高层管理者和基层员工的考核指标体系设计结果见表 4-18～表 4-27。

表 4－18　一级指标权重分布表

部　　门	财务指标 B1	客户指标 B2	内部业务指标 B3	创新学习指标 B4
高层管理层	50%	10%	10%	30%
行政人资部、财务部经理	20%	10%	40%	30%
技术中心经理	40%	10%	20%	30%
营销中心经理	60%	20%	10%	10%
制造服务中心经理	40%	20%	30%	10%
各事业部经理	40%	20%	30%	10%

表 4－19　南车电机有限公司部门财务指标 B1 下的分层指标

二级指标和配分	三级指标和配分	计 量 分 值	标　　准	得分
流动性指标（40 分）	流动比例（10 分）	流动资产/流动负债	>1　10 分	
			≤1　6 分	
	目标任务完成率（30 分）	纯利润/目标任务	30 分	
安全性指标（20 分）	资本充足率（10 分）	实有资本/所需资本	>1　10 分	
			≤1　2 分	
	不良资产比例（10 分）	不良资产/总资产	10 分	
营利性指标（30 分）	利润率（10 分）	部门利润/公司利润	10 分	
	利润增长率（10 分）	同期利润差/上期利润	10 分	
	资产收益率（5 分）	税前利润/总资产	5 分	
	资本收益率（5 分）	税前利润/总资本	5 分	
发展能力指标（10 分）	总资产增长率（4 分）	资产增长额/上期资产总额	4 分	
	资产负债率（3 分）	负债/总资产	3 分	
	费用降低率（3 分）	同期费用差/上期费用	3 分	

注：得分＝标准×计量分值的百分比。

表 4－20　南车电机有限公司部门客户指标 B2 下的分层指标

二级指标和配分	三级指标和配分	计 量 分 值	标　　准	得　　分
客户满意度（20 分）	客户投诉频率（8 分）	客户投诉次数/业务数量	0%　8 分	
			<5%　5 分	
			≥5%　0 分	
	提供服务性价比（6 分）	客户对服务收费与服务质量在同行业中的考核	好　6 分	
			良好　4 分	
			一般　2 分	
	客户办理业务所花费的时间（6 分）	客户售后服务等待时间	无　6 分	
			小于 1 天 4 分	
			大于 1 天 2 分	

续表

二级指标和配分	三级指标和配分	计量分值	标准	得分
新、老、大客户的比例（20分）	获取的新客户的比例（8分）	新增客户/客户总量	>35% 8分	
			>20% 6分	
			>10% 4分	
	保留的老客户的比例（7分）	保留的老客户/老客户总量	100% 7分	
			>80% 5分	
			>60% 2分	
	高端大客户的比例（5分）	利润贡献在30%的客户/客户总量	>20% 5分	
			>10% 3分	
市场份额（30分）	铁路电机的市场份额占比（8分）	本部门总量/公司总量	>50% 8分	
			>30% 6分	
			>10% 2分	
	铁路变压器的市场份额占比（14分）	本部门总量/公司总量	>50% 14分	
			>30% 10分	
			>10% 4分	
	工业特种电机市场份额占比（8分）	本部门总量/公司总量	>50% 8分	
			>30% 6分	
			>10% 4分	
客户利润贡献（30分）	客户公司提供的利润（30分）	客户带来的收益减去为客户服务的成本/合同额	>30% 30分	
			>20% 20分	
			>10% 10分	

表4-21 南车电机有限公司部门内部业务指标B3下的分层指标

二级指标和分配	三级指标和分配	计量分值	标准	得分
业务处理效率（20分）	业务处理的先期时间（10分）	从客户申请业务服务到办理完毕的时间	按时10分	
			拖后一天扣1分	
	应答客户服务需求的时间（10分）	从客户申请业务服务到办理完毕的时间	按时10分	
			拖后一天扣1分	
新产品推广普及（40分）	新产品的推广时间（20分）	新产品推广的时间/先前产品推广的平均时间	每提前5天得2分	
	新产品的普及率（20分）	新产品的销售额/产品总收入	>50% 20分	
			>30% 15分	
			>20% 10分	

续表

二级指标和分配	三级指标和分配	计量分值	标　准	得分
内部管理效率（20 分）	业务成本收入比（15 分）	各项业务成本/业务总收入	<70%　15 分	
			<80%　10 分	
			<85%　5 分	
	管理费用收入比（5 分）	管理费用/总收入	<8%　5 分	
			<10%　3 分	
			<12%　2 分	
	业务差错率（8 分）	员工业务差错数/业务总量（合同个数）	<0.5%　8 分	
			<1%　5 分	
			<1.5%　1 分	
	管理决策失误率（8 分）	决策失误次数/决策项目总数	<0.5%　8 分	
			<1%　5 分	
			<1.5%　1 分	
	内部控制疏漏案件发生率（4 分）	内控失误案件数/时间（年）	0 件　4 分	
			≥1 件　0 分	

表 4-22　南车电机公司部门创新学习指标 B4 下的分层指标

二级指标和分配	三级指标和分配	计量分值	标　准	得　分
员工满意度（20 分）	员工流动率（10 分）	员工入（离）职人数/员工总数	<10%　10 分	
			≥10%　0 分	
	提出建设性意见员工比例（5 分）	提出建设性意见员工数/员工总数	>70%　5 分	
			>30%　3 分	
			0　0 分	
	激励制度与员工个人目标一致（5 分）	激励制度目标与员工个人目标一致数(调查)	>70%　5 分	
			≤70%　0 分	
电机创新速度（40 分）	电机产品开发速度（20 分）	电机新产品数/时间（年）	2 年　20 分	
			1 年　0 分	
	电机新产品的试验推广时间（20 分）	新产品试验推广实施的时间	<半年　20 分	
			≥半年　0 分	
信息系统建设（20 分）	信息系统软件更新数量（6 分）	信息系统软件更新数量	≥1　6 分	
			0　0 分	
	新信息系统投入产出效率（6 分）	新信息系统建设投入与带来的效益比例	<30%　6 分	
			≥30%　0 分	
	同行业领先技术项目个数（8 分）	领先电机同行科技项目的数量	≥1　8 分	
			0　0 分	

续表

二级指标和分配	三级指标和分配	计量分值	标准	得分
人力资源开发（20分）	员工培训频率（6分）	员工培训次数	≥1 6分	
			0 0分	
	员工培训广度（6分）	得到培训员工人数/员工总数	>70% 6分	
			>50% 4分	
	高层次专业技术及管理人才所占比例（8分）	高层次技术和管理人才数量/员工总数	>20% 8分	
			≤20% 0分	

表4-23 基层员工日常性工作考核标准

工作类型	考核维度	等级和配分	得分
日常性工作	及时性（20分）	在目标任务书规定的时间之前完成任务（20分）	
		在目标任务书规定的时间之内完成任务（18分）	
		在规定的时间之后完成任务，未产生不良后果，可解释清楚（14分）	
		在规定的时间之后完成任务，但产生了轻微的影响（12分）	
		在规定的时间之后未完成，或因拖延时间产生了一定的影响（4分）	
	工作质量（30分）	工作成果被视为单位的学习典范（30分）	
		与上期相比，工作质量有了明显提高或受到众人好评（27分）	
		按要求完成，成果被享用者接受（24分）	
		工作出现返工，但不影响成果使用（18分）	
		工作不断返工或影响成果使用（6分）	
	工作量（30分）	工作满负荷，仍全面按计划完成每项工作（30分）	
		完成了目标任务书中的工作，且完成了较多计划外的工作（28分）	
		工作量与岗位职责基本匹配（26分）	
		工作不饱满，但能在8小时以内完成工作（18分）	
		工作不饱满，且不能在8小时以内完成工作（6分）	
	工作改进（20分）	提出新的方法，彻底改变了工作流程，并取得显著的效果（20分）	
		工作流程改进导致工作效率的明显提高（19分）	
		所有工作都有明显的工作流程，并按流程工作（17分）	
		需要在上级指导下才能完成工作或流程不合理（12分）	
		工作没有流程或在上级指导下仍不能完成工作（4分）	

表 4-24　基层员工建设性和突发性工作考核标准

工作类型	考核维度	等级和配分	得分
建设性工作	创新性（40分）	创新成果在单位内被推广（40分）	
		产生了系统性的创新成果（38分）	
		完成了从无到有的过程（32分）	
		有创新，但是没有得到部门和单位的认可（24分）	
	计划完成（30分）	按计划进行，相应的制度、规定、流程等不断细化和完善（30分）	
		按时完成了目标任务书中承诺的阶段性任务（27分）	
		完成了工作，但没有将它向日常性工作转化（24分）	
		计划没有完成，但一直在努力（8分）	
	程序化（30分）	建设性成果成为单位的基本制度（30分）	
		工作成果形成了切实可行的制度性文件，且被采购和遵守（28分）	
		提出了专业范围内的制度框架，并得到单位的批准（24分）	
		提出了专业范围内的制度框架，但没有得到单位的批准（18分）	
		没有提出专业范围内的制度框架（4分）	
突发性工作	时效性（30分）	由于处理及时，避免了更大的损失或抓住了较大机会（30分）	
		处理及时，按要求完成了任务（27分）	
		没有因工作拖延处理导致不良的影响（24分）	
		因为工作拖延而导致不良影响（8分）	
	主动性（30分）	主动承担责任，并主动跟进工作进度（30分）	
		积极、主动配合他人完成突发性工作（27分）	
		作为第一当事人，没有推诿行为，积极着手解决问题（24分）	
		遇到突发性事件，有相互推诿的现象和行为产生（8分）	
	圆满性（40分）	提出合理化建议得到采纳，有利于进一步完善管理（40分）	
		工作完成，并分析产生的原因，提出切实可行的长期对策（36分）	
		工作完成，没有引起不良后果（32分）	
		工作没有完成，没有引起不良后果，但有正当的理由解释（24分）	
		工作没有完成且没有正当的理由解释或引起不良后果（8分）	

表 4-25　基层员工行为绩效考核部门权重分配表

部门	突发性工作	日常性工作	建设性工作
	时效性、主动性、圆满性	及时性、工作质量、工作改进	创新性、计划完成、程序化
行政部门	40%	30%	30%
财务部门	40%	30%	30%
技术部门	30%	40%	30%
营销部门	30%	30%	40%
制造部门	35%	30%	35%

表 4-26 基层员工工作态度考核标准

考核维度	等级和配分	得分
敬业精神（50分）	热爱本岗位的工作，以专业标准和规范化要求完成每项工作（50分）	
	积极投入每一项工作并以岗位标准完成每项工作（45分）	
	能积极投入每一项工作并以岗位标准完成工作（40分）	
	对大部分工作热情不足，对少数几项工作投入较多，影响了整体工作（30分）	
	用应付的态度参与岗位工作，对工作的要求低于岗位工作要求（10分）	
团队意识（30分）	积极主动与他人合作完成有关的工作，人际关系融洽（30分）	
	与他人的合作不够积极、主动，但能勉强完成本岗位的工作（21分）	
	与他人的合作不够积极、主动，导致有关工作滞后或质量明显下降（18分）	
	不能在工作上与他人合作，导致有关工作不能完成，人际关系较差（6分）	
组织纪律（20分）	严格遵守各项法律、法规、单位各项制度，组织观念强（20分）	
	遵守法律法规、单位各项制度，组织观念、纪律观念强，年迟到次数8次以下（18分）	
	年迟到次数18次以上，无严重违纪现象，或轻微违规10次以下（14分）	
	年迟到次数19次以上，或旷工1天以上，或严重违纪1次以上（8分）	
	年迟到次数30次以上，或旷工3天以上，或严重违纪3次以上，或受到单位通报批评（4分）	

表 4-27 基层员工工作能力考核标准

考核维度	等级和配分	得分
实施能力（70分）	有效落实工作意图和实施方案，并不断修改，工作效果比预定的好（70分）	
	在实施过程中，按工作计划和标准工作，达到预定的要求（53分）	
	在实施过程中，细节出现问题，导致实施效果与预期有差异，但完成了工作（49分）	
	对工作意图把握不明确，导致工作不能圆满完成（42分）	
	不能贯彻工作意图，对实施项目把握不准，完全达不到预期效果（14分）	
创新能力（10分）	对本岗位、部门提出合理化建议，形成方案并实施，工作得到改善（10分）	
	对新观念、知识接受能力强，对本岗位工作提出建议并实施，改进了工作（9分）	
	本岗位提出了建议，但对岗位工作改进不明显（7分）	
	本岗位提出了建议，但对岗位工作没有改进（6分）	
	对新观念、知识的接受能力差，没有提出建议或工作无创新（0分）	
专业能力（20分）	对岗位工作有关的知识、技能全面把握并熟练运用（20分）	
	全面掌握工作技能并运用于工作中，虽深度不够，但能对付岗位工作（18分）	
	掌握大部分工作技能，对一两项技能不熟，导致少数工作欠佳（14分）	
	大部分工作技能掌握不好，导致工作效果较差（12分）	
	缺乏岗位有关的基本知识、技能，导致不能完成岗位的工作（4分）	

2. 考核小组的组成

考核小组由公司总经理、副总经理、各部门经理、行政人事部相关人员以及部分基层员工代表组成。每次小组成员不得少于5人，被考核者采取回避制度，为了使绩效考核能公正合理地进行，考核者必须牢记以下几点。

（1）绩效考核是大家的事，既为你自己，也为你的部下，更为整个公司。

（2）被考核者期望着自己的工作能够得到承认，考核者必须根据日常业务工作中观察到的具体事实做出考核。

（3）被考核者期待得到公正的待遇，考核者必须消除对被考核者的好恶、同情心等因素，排除各种顾虑，在自己的信念基础上做出考核。

（4）不对考核期外及职务工作以外的事实和行为进行考核。

（5）公司对考核者充分信赖，考核者应该依据自己得出的考核结论，对被考核者进行扬长补短的指导教育。

3. 员工绩效计划和指导

员工绩效计划的制订由公司、部门绩效计划具体分解而成，根据员工职位说明书对岗位职责的描述，由考核者与被考核者在互相沟通的基础上共同制订。员工绩效计划的构成包括被考核者关键职责、关键绩效指标、工作目标、权重分配和能力发展计划等主要内容。

（1）每年年初由人力资源部将员工绩效计划及评估表、职位说明书分发给各部门负责人，由各部门负责人按照“一级考核一级”的原则分发至本部门的直接考核者（或负责人本人），各考核者根据被考核者的职位说明书填写“员工绩效计划及评估表”中的关键职责等相关信息。

（2）考核者按照绩效计划制定的流程，根据被考核者的主要职责，结合本部门的关键绩效指标和工作目标，在与被考核者沟通协商的基础上，确定被考核者的关键绩效指标和工作目标。

（3）设定各职位的关键绩效指标和工作目标的权重。根据不同职级职位关键绩效指标和工作目标编制权重分配表。

（4）考核者和被考核者沟通后设定的绩效计划，需由直接考核者上级经理审阅，并根据其指导意见做出相应修改，最终获得上级经理批准后正式确定并予以实施。为使员工明确努力方向，不断改进绩效，考核者应在被考核者的工作过程中，不断地进行绩效计划指导。绩效指导一般包括绩效日常指导和绩效中期回顾两种类型。

① 绩效日常指导。各部门相关考核者应采取多种形式，主动对被考核者进行不定期的绩效指导。绩效指导包括以下内容：了解员工绩效实施的具体情况；强调本次指导的目的性和重要性；讨论改进或提高绩效的方法与措施；设定下次沟通的时间。每月至少进行一次日常指导，并填写绩效管理日常指导记录表做好记录，存入绩效管理档案。

② 绩效中期回顾。绩效中期回顾是一次较正式的跟踪指导，绩效中期回顾应分层次进行。每年7月，各部门按照逐级考核原则，由考核者对被考核者的绩效计划完成情况进行综合分析，做出阶段性评估结论，并以书面形式向员工进行反馈，同时应将员工中期绩效回顾

的结果与绩效计划一并存入被考核者的绩效管理档案，作为年度考核分析的依据。各部门应建立员工绩效管理档案，认真做好绩效信息的数据收集及相关文档的管理工作。行政人事部将定期检查该项工作的落实情况。

4. 绩效考核结果的反馈

绩效考核结果评定后，要将考核结果告知被考核人。在面谈过程中要注意说话的方式方法，要以理服人，先表扬后批评再表扬，批评员工也批评自己，因人而异地指出员工工作中的问题，避免与员工发生冲突。有时结果如果不好当面说，可以采取手机短信的方式进行沟通。总之要以人为本，充分挖掘每一个人的长处，创造一个人人想干事、能干事、干成事、不出事、能共事的和谐集体。

5. 员工申诉

公司在进行绩效考核时应尽力完善考核制度，使员工满意。但是在绩效考核过程中，往往会因为各种原因导致员工的不满意，出现投诉是必然的。在处理员工的投诉时，有效的处理方式不仅能使绩效考核顺利推行，同时也是提高绩效考核效果的重要手段。以下是绩效考核中处理员工投诉程序的建议。

第一阶段：受理投诉。

①认真仔细地了解投诉要点；②分析对方的投诉态度；③倾听对方的可接受方式；④做好投诉记录；⑤明确告知反馈时间。

第二阶段：了解投诉动机。

①为什么要投诉，有没有特殊问题；②投诉什么，是对结果不满意，对方式不满意，还是对程度不满意。

第三阶段：投诉调查。

①不要先关注谁对谁错，应对事不对人；②关键是要找出问题发生的原因；③调查中要做好保密工作。

第四阶段：投诉处理。

①告知产生问题的原因而不是告知谁对谁错；②告知处理的结果；③告知改进的内容和方式，如改进技能、改进制度或方法、调整人员等。

4.3.4 季度绩效考核优化设计

季度绩效考核是对被考核者每季度内的绩效完成情况进行考核，考核的方法是与被考核者适应的平衡计分卡法和评级量表法。

（1）季度绩效考核时间。

每季度绩效考核时间安排如下：①第一季度绩效考核时间为 4 月 1—10 日；②第二季度绩效考核时间为 7 月 1—10 日；③第三季度绩效考核时间为 10 月 1—10 日；④第四季度绩效考核时间为 1 月 1—10 日。

各部门的具体绩效考核时间安排由行政人事部负责通知和组织。

（2）考核人员。

季度绩效考核由被考核人直接上级和相关部门上级及行政人事部人员共同参与。其中对被考核人的季度考核与被考核人的定期述职同时进行，行政人事部仅派员工记录。季度绩效考核中，被考核人的直接上级与其他人员所占的评分权重为7∶3，员工本季度绩效考核得分＝直接上级评分×70％＋其他人员评分平均分×30％。

（3）考核工具。

考核工具主要为基层员工季度绩效考核表，见表4－28。

表4－28　基层员工季度绩效考核表

考核内容	日常性工作	建设性工作	突破性工作
部门权重/(％)			
得分/分			
被考核人		部门	
考核小组		第　　季度	

（4）考核等级与薪酬关系。

依据员工季度绩效考核的总得分，将员工的季度绩效考核分成A、B、C、D、E、F六等。等级划分标准见表4－29。

表4－29　等级划分标准

等级	A	B	C	D	E	F
得分/分	90(含)～100	80(含)～90	70(含)～80	60(含)～70	50(含)～60	50以下
表现	相当出色	出色	满意	称职	有问题，需要注意	危险，不努力要被淘汰

由行政人事部负责按部门分别统计填写“员工季度绩效考核汇总表”（略），同时填写“员工绩效考核结果通知单”（略），送达各部门负责人处，由各部门负责人将“员工绩效考核结果通知单”送达员工本人。依据季度绩效考核结果的不同等级，将员工的岗位工资增加或降低相应比例，从而达到奖优惩劣、鞭策员工、激励员工努力工作的目的。岗位工资变动标准见表4－30。

表4－30　岗位工资变动标准

等级	A	B	C	D	E	F
岗位工资	上浮30％	上浮15％	上浮10％	不变	下浮20％	下浮40％

上浮或下浮的岗位工资只维持一个季度，下一季度绩效考核结束后，按照新的等级重新评定工资浮动比例。中层以上管理者由董事会根据年度经营目标完成情况实行年薪制。

4.3.5　年度绩效考核优化设计

（1）基层员工年度绩效考核是建立在季度绩效考核基础上的。年度绩效考核的评分内容包括4个季度的总得分、工作能力得分、工作态度得分和行政人事部奖惩记录评分，前3者所占的总分值为80分，行政人事部奖惩记录评分分值为20分。所用表格为员工年度绩效考核表，见表 4－31。

表 4－31 员工年度绩效考核表

<table>
<tr><th>结果</th><th colspan="2">第一季度</th><th colspan="2">第二季度</th><th>第三季度</th><th colspan="2">第四季度</th></tr>
<tr><td>得分/分</td><td colspan="2"></td><td colspan="2"></td><td></td><td colspan="2"></td></tr>
<tr><td>等次</td><td colspan="2"></td><td colspan="2"></td><td></td><td colspan="2"></td></tr>
<tr><td>行政人事部奖惩评分</td><td colspan="2"></td><td colspan="2"></td><td></td><td colspan="2"></td></tr>
<tr><td colspan="2">行政人事部奖惩评分合计</td><td colspan="2"></td><td colspan="2">年终得分</td><td colspan="2"></td></tr>
<tr><td>主考官</td><td></td><td colspan="2">考核者</td><td></td><td>部门</td><td colspan="2"></td></tr>
</table>

（2）高级管理人员的考核项目包括公司的财务指标、外部客户、内部业务流程和创新学习。不同的部门经理有不同的权重，高管人员的考核以年度考核评分和人事奖惩记录评分为准，考核人由公司高层、中层、基层员工代表组成，人数不少于 5 人，根据得分和公司效益依次确定年薪。

（3）行政人事部将所有员工本年度内的所有奖惩记录汇总后给予评分。员工年度奖惩评分标准见表 4－32。

表 4－32 员工年度奖惩评分标准

基础得分	10 分
奖励	嘉奖一次加 1 分；记功一次加 3 分；记大功一次加 6 分
惩戒	警告一次减 1 分；记过一次减 3 分；记大过一次减 6 分
功过相抵	嘉奖一次抵警告一次；记功一次抵记过一次；记大功一次抵记大过一次

（4）年度绩效考核的总得分计算公式如下：基层员工总得分＝（本年度内四个季度绩效考核得分之和＋工作能力得分＋工作态度得分）/6×80％＋行政人事部奖惩评分；中层以上管理者的总得分＝年度考核得分×80％＋行政人事部奖惩评分。

（5）所有员工年度绩效考核等级的划分。依据员工年度绩效考核的总得分，将员工的年度绩效考核分成 A、B、C、D、E、F 六等。等级划分标准见表 4－33。

表 4－33 等级划分标准

等级	A	B	C	D	E	F
得分/分	90(含)～100	80(含)～90	70(含)～80	60(含)～70	50(含)～60	50 以下
表现	相当出色	出色	满意	称职	有问题，需要注意	危险，不努力要被淘汰

（6）依据员工年度绩效考核结果的不同等级，给予员工相应的奖惩。员工年度奖惩标准见表 4－34。

表4-34　员工年度奖惩标准

等级	A	B	C	D	E	F
奖罚/元	奖 1 000×a	奖 500×a	奖 200×a	不奖不罚	罚 500×a	管理人员降职或撤职，员工予以辞退

注：系数 a 由当年的公司效益决定，中层以上管理人员与基层员工的赋值不一样。

4.3.6　案例解析

本案例详细介绍了绩效考核的主要构成要素以及绩效考核的具体实施过程，帮助读者理解考核目的、考核主体、考核周期、考核指标、考核工具等的具体含义及设计方法。本案例的主体部分是中高层管理者和基层员工的绩效考核的优化设计方案，详细描述了季度绩效考核和年度绩效考核的优化过程，旨在帮助读者切实掌握绩效考核过程中的操作方法。

评价：人类"首先是情境中的生物"。这种行为与情境的互动称为"嵌入性"（Embeddedness）。行为是一定情境下的产物，并嵌入在特定情境中，"如果充分考虑情境约束，尤其是嵌入性的约束，对于分析者来说，那些看上去无理性而言的行为就可能是相当明智的"。对绩效考核情境嵌入性的漠视使得绩效考核的战略导向作用显得苍白无力，这个人力资源管理中的"阿喀琉斯之踵"（Achilles' Heel）可能束缚组织发展、导致内部动荡①。绩效考核是一个博弈过程，越是复杂的考核体系在博弈过程中失效的可能性越大。本案例设计的绩效考核工具和方法比较细腻，所以操作起来反而容易失效。在本案例的年度和季度考核方案设计中，考核结果与员工的薪酬关联密切，考核过程实质上具有较强的利益博弈特征，考核和被考核的冲突将更为激烈。考虑到该企业的国有企业性质，其情景特征决定了考核主体更容易偏离应有的考核理性状态，考核者可能更愿意做"好人"，考核失当的可能性更大。所以本案例的关键是考核实施过程及其有效性控制，这是本考核方案的软肋所在，应该就此设计专门的防范措施，这也使本案例更有代表性。

使用说明：本案例中的企业是一个比较成熟规范的机电企业，考核指标量化设计的基础较扎实，指标标准设计可操作性强。关键是要设置一个量化指标动态优化完善的机制，使指标能在使用过程中依据企业的发展逐步调整，呈现出逐步趋向企业运行和发展实际需求的走势，体现指标的正确导向。如果企业背景和指标量化基础与本案例相差较远，可先将指标设得粗放一点，宽松一点，然后逐步完善，逐步趋向实际。考核的实施过程十分重要，无论是国有企业还是民营企业，指标优化机制是关键，都必须高度重视，防止考核体系失效。

案例研讨：

1. 你认为本案例中的绩效考核周期是否合理？考核工具是否简便可行？结合企业的实际情况，你认为该考核方案是否适用于你所在的企业，并说明原因。

2. 你认为绩效考核体系的构成要素有哪些？针对企业的实际情况，指出你所在企业绩效考核过程中的各个要素的具体情况，并思考其存在的问题，提出合理的改进措施。

---

① 马君，2009. 绩效考评的情境嵌入性研究述评 [J]. 外国经济与管理，31 (1)：58-65.

4.4 案例三：湖南隆平种业有限公司绩效考核指标体系[①]

4.4.1 公司简介

湖南隆平种业有限公司成立于2003年7月，由袁隆平农业高科技股份有限公司及国内种业界精英共同出资设立，注册资本8 000万元，是一个集主要农作物种子育、繁、推、销于一体的大型种业公司。公司下设办公室、营销中心、生产中心、研发中心、物流质监中心及财务中心6个职能部门，在全国各地拥有6个分公司，并在南方稻区设立了20多个销售点，建立了相对完善的新品种选育推广示范体系、种子生产管理体系、种子质量监控体系、市场营销网络体系、种子加工储运体系及售后服务体系。

4.4.2 行业特征

国以农为本，农以种为先。种子是农业生产特殊的、不可替代的、最基本的生产资料，种子业属于农业的产前部分，是农业生产的前提和基础。与其他行业相比，该行业具有以下特征：一是科研投入高；二是投入产出周期长，新品种从研制到成功推广需要较长的时间；三是有较高的技术壁垒，目标良种的获得均需要经过大量的探索和反复的验证，这就需要较高的育种开发条件、专业知识和技能要求，这些限制构成了种子行业的技术壁垒；四是种子行业盈利能力强，大田作物种子销售毛利率一般为15%～30%，其中蔬菜、经济作物等的毛利率多在50%以上；五是易受自然条件的影响，这是由农业本身弱质性所决定的。

4.4.3 考核方法与考核指标体系

1. 考核方法

隆平种业有限公司对不同的员工采取不同的考核方法，有18.6%的员工按计划目标评分，有13.2%的员工使用评定量表，有28.2%的员工使用主管评估法，其他的员工则采用360度考核法、述职报告等方法。

2. 公司考核的内容

公司考核内容主要包括工作业绩、管理能力、工作态度、部门之间的协作几项。其中，以工作业绩考核为主的最多，以工作态度考核为主的员工约占27.6%，以管理能力考核为主的约占22%。因此考核内容还是比较符合公司所处的环境和管理工作的具体特点。

3. 员工对公司制定的考核标准的评价

公司有50%以上的员工认为考核标准较合理，有38.89%的员工认为比较不合理，有5.56%的员工认为考核制度设置得非常不合理，只有3.33%的员工认为非常合理。总体看来标准的评价不是很高，有些考核的标准需要改进。

4. 公司考核指标体系

公司主要是通过对目标结果的考核来评估员工工作业绩。例如，生产中心主要通过产

---

① 本案例源于作者主持的湖南隆平种业有限公司人力资源项目，初稿写作于2010年5月，本次修订于2018年4月。

量、质量和费用3项指标来考核，营销中心主要通过销量和费用两项指标来考核。

5. 营销中心考核

公司对营销中心的考核主要是以业绩考核为主。以考核区域的情况来考核副经理，有窜货情况的区域要受到惩罚，区域经理也要受到相应的惩罚；费用由弹性费用和刚性费用组成，公司对差旅、交通、招待、通信四大刚性费用进行控制。

上个年度公司对营销中心的销售任务总量为900万千克，任务量的确定是以上年度为基础，再商定一个增量。由于信息不全，企业最高管理者和各中心及分公司负责人之间进行的目标产量和其他指标谈判，是一种不完全信息的博弈过程，其结果必定缺乏科学依据和准确性，这种由会议争论给出的考核指标信效度比较有限。

公司现行考核指标不规范、不完整，考核指标导向性不明晰；考核权重设计未能有效契合公司发展阶段特征；考核制度制定过程不严谨，缺乏制度的优化和调整机制；由于市场动态性特征明显，农业生产周期长，指标的合理性检验需要一年甚至多年才能进行，绩效指标更需要逐步优化和修正的过程，公司缺乏这种长远的绩效优化机制；种子营销的风险是在农作物生长周期完成后才能充分体现，公司现行的考核和绩效提成方案未能体现该风险特征。

6. 生产中心考核

生产中心年初只对大部分有具体岗位的员工进行考核，还有一些公共人员没有进行考核。主管人员一个人管一个基地，大基地则两个人管且两个都是主管级别。生产中心对基地下生产任务，并从种子的数量、质量和生产费用上进行控制。其中，费用除了自己在生产中的费用以外还包括技术人员的工资和村里的劳务费，按前几年的情况费用基本上够用，但现在就比较紧张了。公司对生产中心的费用结果没有进行考核，到年底各基地还不知道自己到底用了多少钱，是多了还是少了，费用上到底是否超标也不清楚。

各基地的任务量是根据公司的基本情况来制定的，前两年都是超额完成，原因有：基地是实行承包制的，公司会派技术员去指导工作，农户付给技术人员的工资是按一亩多少钱来算的，结果农户都少报面积，村干部那里也会少报，所以汇总到生产中总上报量比实际量少；现在对高产组合的预计不准，也会低估高产组合的产量。但公司会有10%的弹性余地。

各基地任务量的完成情况受天气的影响很大，遇到天气不好就可能达不到目标甚至影响种子的质量。但是，任务量未完成不会受到处罚，质量不达标则要由基地经理自己承担损失。公司实行了优质奖励，种子质量比国家一级标准还高的，每生产1千克奖励4分钱，这对基地经理很有激励性，一个基地经理若生产了50万千克种子，如果都达标了则可得2万元奖励。

公司对中心层面的考核是每月有一次例会，基地经理在会上汇报情况，平时的生产检查则比较少。如果计划量要改变，则会在生产目标责任状下达以前进行调整。

4.4.4　考核指标体系存在的问题

1. 考核形式相对粗放，不符合企业成长的需要

公司的考核形式虽然简单、明确、易操作，能使高层领导集中精力放在关键问题上，责任明确，容易掌控对考核结果的运用，但是考核方法简单，容易造成考核指标全面性与针对性不足的问题。对考核目标的确认易造成“零和博弈”的局面，最终的目标共识往往是妥协

的产物。重视了经营的结果，而难以对经营过程进行严格的控制，从企业管控的角度难以满足“扭偏”的功能需要。片面重视结果对责任人的激励性，考核的“激励”功能难以深化。比较适合中高层领导或部门，对于一般员工和工作难以量化的部门的考核难以取得理想的效果。

2. 考核指标形式较单一，科学性、严谨性不足

公司考核未能做到全员参与，仅在关键性部门中设置主要考核指标，只在每年年终进行考核。公司的指标主要是通过对目标结果的考核来评估员工工作业绩。例如，生产中心主要通过产量、质量和费用3项指标来考核，营销中心主要通过销量和费用两项指标来考核。这样的初步指标还不够明确和规范，缺乏过程性指标、财务类指标、人员成长类指标等。其他管理部门没有明确的考核指标，主要是靠主观评价。其余的部门则主要是进行年终述职。

3. 部门和个人绩效目标设置不规范、不合理

公司管理精细化程度还需要进一步加强，导致企业战略目标难以有效地转化为内部经营过程与活动，企业潜力还具有很大的挖掘空间；公司依靠绩效目标的牵引和拉动促使员工实现计划，建立有效激励机制，但是忽视了职能部分考核计划的制订。

4.4.5 绩效考核指标体系的优化设计

1. 整体设计思路

公司营销中心和生产中心考核体系设计的总体思路是导入平衡记分卡思想，再根据种子行业特征、企业的发展阶段和企业的实际情况设计企业的关键业务指标，即关键绩效指标。

2. 考核方法选择

常用的考核方法有平衡计分卡（Balanced Score Card，BSC）、关键绩效指标法（Key Performance Indicator，KPI）、目标管理法（Management By Objectives，MBO）、360度反馈法（360° Feedback）、主管述职评价法等，常用考核方法的特征比较见表4-35。

表4-35 常用考核方法的特征比较

考核方法	特征
平衡记分卡	BSC模式是从企业战略出发，不仅考核现在，还考核未来，不仅考核结果，还考核过程，适应了企业战略与长远发展的要求，但不适用于处于初创期公司的考核
关键绩效指标法	KPI模式强调抓住企业运营中能够有效量化的关键性指标，提高了绩效考核的可操作性与客观性
目标管理法	MBO模式将企业目标通过层层分解下达到部门及个人，强化了企业监控与可执行性
360度反馈法	360度反馈有利于克服单一评价主体的局限，但应主要用于能力开发
主管述职评价法	主管述职评价仅适用于对中高层主管的评价

根据企业的实际情况，拟选择平衡计分卡和KPI相结合的方法设计考核指标。其中借鉴了平衡记分卡的思想，主要运用KPI的方法设计指标。在KPI设计过程中，运用了主题专家（Subject Matter Expert，SME）会议法，以保证指标设计的客观性和可操作性。

（1）平衡记分卡。

平衡计分卡是一种以财务信息为基础，综合权衡短期与长期、财务与非财务、原因与结果、内部与外部指标，将企业战略目标与企业业绩驱动因素相结合的业绩评价体系和战略管理系统。平衡记分卡是可持续发展的绩效管理方法，有助于衡量、培植和提升企业核心能力，它既强调了绩效管理与企业战略目标之间的紧密关系，又提出了一套具体的指标框架体系，如图4.6所示。

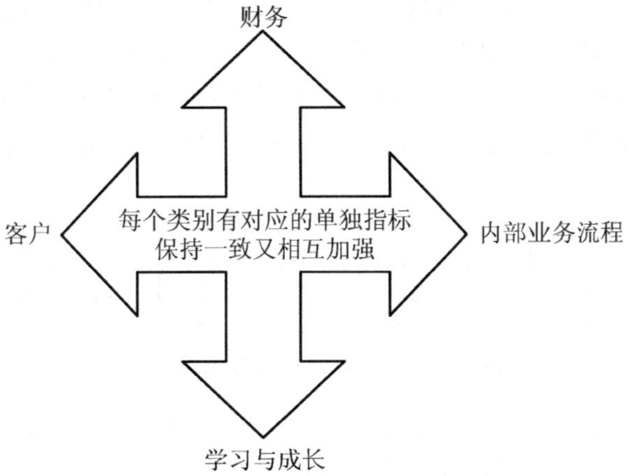

图4.6 平衡计分卡的基本框架

平衡记分卡的4个维度之间存在内在的因果关系，学习与成长→内部业务流程→客户→财务。其中，“学习与成长”是核心，“内部业务流程”是基础，“客户”是关键因素，“财务”是最终结果指标。整个体系的构建是在公司远景和战略框架统领下完成的，为企业经营战略的实施和事后结果的评估提供了系统化的思路。

① 财务方面。其目标是解决“股东如何看待我们”这一类问题。它反映了企业管理者的努力是否对企业的经济效益产生了积极的作用，因此财务方面是其他3个方面的出发点和归宿。财务指标包括销售额、利润额、资产利用率等。

② 客户方面。其目标是解决“客户如何看待我们”这一类问题。通过客户的眼睛来看一个企业，从时间（交货期）、质量、服务和成本几个方面关注客户的需求和满意程度。客户指标包括市场份额、送货准时率、客户满意度、客户留住率、产品退货率等。

③ 内部业务流程方面。其目标是解决“我们擅长什么”这一类问题。为吸引和留住目标市场上的客户，满足股东对财务回报的要求，管理者需关注对客户满意度和实现组织财务目标影响最大的那些内部过程，并为此设立衡量指标。在这一方面，平衡计分卡重视的不是单纯的现有经营过程的改善，而是以确认客户和股东的要求为起点、满足客户和股东的要求为终点的全新的内部经营过程。这方面指标有生产率、生产周期、成本、合格品率、新产品开发速度、出勤率等。内部业务流程是企业改善其经营业绩的重点。

④ 学习与成长方面。其目标是解决“我们是在进步吗”这一类问题。这个角度是关注企业未来成功的基础，涉及员工的能力和信息系统等方面。

平衡计分卡的优点是它既强调了绩效管理与企业战略目标之间的紧密关系，又提出了一套具体的指标框架体系；缺点是没有能进一步将绩效指标分解到企业的业务单元及个人。

（2）关键绩效指标法。

关键绩效指标法在分析和归纳出支撑企业战略目标的关键成功因素（Critical Success Factors，CSF）的基础上，对企业的战略目标进行全面的层层分解，从中提炼出企业、部门和岗位的关键绩效指标。其核心思想是，企业 80%的绩效可通过 20% 的关键指标来把握和引领，企业应当抓住主要矛盾，重点考评和实现与战略目标关系最密切的那些关键绩效指标。

关键绩效指标是连接个体绩效目标与组织战略目标的一个桥梁。KPI 是把企业的战略目标分解为可操作的工作目标的工具。在设计关键绩效指标时，首先明确企业的战略目标，找出业务重点，并确定这些关键业务领域的关键绩效指标（企业级 KPI）。然后，各部门的经理根据企业级 KPI 来制定本部门的 KPI（图 4.7）。绩效计划的制订过程是上下级双方就目标及如何实现目标达成共识的过程，管理者给下属确定工作目标的依据来自部门的 KPI，部门的 KPI 来自企业级 KPI 的分解。这样，就能把企业目标、部门目标和个人目标协调一致，确保每个员工都朝着企业战略方向去努力。

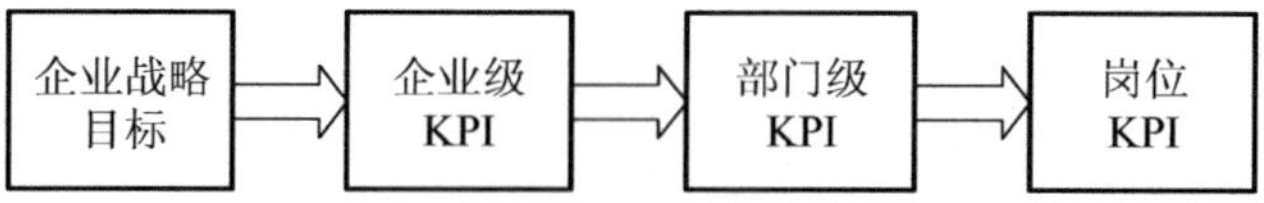

图 4.7 关键绩效指标体系的设计

关键绩效指标法的优点是把企业的战略目标分解为具体可操作的工作目标；缺点是没能提供一套完整的、对操作具有指导意义的指标框架体系。

（3）主题专家会议法。

主题专家会议法是针对某个岗位，组织对该岗位的职责和考核最有发言权的相关人员，按照规定的程序，对该岗位的绩效考核内容和权重等进行研讨，确定该岗位的绩效考核指标的一种方法。一般参加 SME 会议的有：该岗位直接领导、更上一级的主管领导、业务密切相关的平级岗位负责人和职能相关的部门负责人，再加上绩效设计专家。在 SME 会议中，主持人扮演着十分重要的角色，要求具有较高的绩效管理设计专业水平和丰富的实践经验，具有较强的表达能力、协调能力以及驾驭整个会议的能力，除此之外，还必须具备一定的与讨论的目标职位相关的专业知识。SME 会议中主持人根据其定位不同有不同的职责范围。表 4 - 36 列举了 SME 会议中主持人的职责。

表 4 - 36 SME 会议中主持人的职责

职责项目	主要范围
召集会议	按照会议计划协调并召集相关人员参加会议
调节会议进程	主持人根据会议议程逐步展开讨论，确保会议秩序
提出议题	根据会议提要提出讨论范围和讨论内容，并及时调整会议议题
决议	根据与会者讨论结果对目标职位各项特征做出最后判定
提供资料	准备并分发会议所需的相关资料、表格、问卷
复核	对讨论过程中的分歧问题进行会后调研复核，并将结果反馈给相关人员

SME会议法对于缺乏绩效指标设计基础的企业或部门十分有用，它能比较准确地确定绩效考核的维度和主要绩效指标，是绩效考核设计中常用的有效的方法。但是该方法较为烦琐，操作过程必须由具有丰富经验和专业水平的专家掌握，同时需要企业相关的领导和部门负责人全力配合，工作过程的有效控制是保证绩效指标设计的科学性和有效性的关键。

3. 营销中心指标体系设计

(1) 确定KPI。依据种子行业的特点和企业所处的发展阶段，按照平衡计分卡思想确定营销中心的关键绩效指标。在KPI的具体选择和设计过程中，我们采用了主题专家会议法。表4-37所示的SME会议的部分议程就是在选择和确定营销中心的财务类指标。在该会议开始前，会议主持人已准备好了相关材料，如表4-38所示的SME会议流程等。该会议的讨论结果为：①总公司可以取消货款回笼率，在还存在应收款的分公司中要考虑；②销售量、销售费用比率、利润率指标应保留；③增加年前预收款、销售目标完成率指标。

表4-37　SME会议对财务类指标的讨论

指标名称	指标描述	指标功能	来源	项目组意见
销售量	一定周期内完成的销售总量	检测一定周期内的营销效果	财务中心	建议保留
货款回笼率	一定周期内回笼的销售货款总额/销售收入总额	检测一定周期内的货款回笼情况，促进资金运转效率，降低运营风险	财务中心	待商榷
销售费用比率	销售费用实际数额/销售费用预算额	检测一定周期内销售费用控制情况	财务中心	建议保留
利润率	利润总额/销售收入总额	检测销售的利润状况	财务中心	待商榷

表4-38　SME会议流程

时间	会议议程	议程内容	发言人
8：30	会议开始	会议目的与流程简介	主持人
8：45	讨论指标一	销售量指标是否保留	SME成员
9：15	讨论指标二	货款回笼率是否保留	SME成员
9：45	讨论指标三	销售费用比率是否保留	SME成员
10：15	讨论指标四	利润率是否保留	SME成员
10：45	讨论缺省指标	指标是否存在缺损，需要增加补充的指标包括哪些	SME成员
11：25	会议总结	将讨论的意见和结果汇总	主持人、会议记录者
11：45	会议结束	公布会议讨论结果；安排会议后续工作	主持人

(2) 确定各指标的权重。权重在具体的形成过程中是定性判断的量化，受主观因素的影响较大。这需要在权重设定时多方征求意见，特别是让员工亲自参与数值设定过程，提高员工对考核体系的认同程度。在权重设定时，公司采取专家评定法，首先组成包括人力资源专

家、公司高层管理者、营销中心经理、财务中心经理、基层员工等在内的评定组，在充分考虑、平衡各利益相关方的意见和多次讨论后，按照重要性排序法共同确定权重分配。

（3）建立营销中心的考核标准。在确定考核标准前，先进行深入、细致的岗位分析，然后确定考核标准，标准应尽量量化。营销中心绩效考核指标体系见表4－39～表4－42。

表4－39　营销中心绩效考核指标体系之一：财务类

类别	指标名称	权重	考核标准	指标来源
财务类（70%）	销售任务完成率	80%	以公司制定的基本量任务作为基数，完成基本任务得80分。在基本量与目标量之间，每增加1%加1.5分；超过目标量后每增加1%加3分；未达到基本量，每减少1%减1.5分（四舍五入制）	财务中心
	重点品种销售比率	10%	1. 专有品种销售量占销售总量比率在70%以上得10分，每减少1%减0.5分，每增加1%加0.5分 2. 特殊品种（预警种子、清库种子、销量最大化、优质优价的品种）销售比率按照具体计划和销售政策确定增减分数（增减总分为4分，没有特殊品种销售的区域不增减分数） 3. 新品种销售比率按照具体计划和销售政策确定增减分数（增减总分为2分，没有新品种销售的区域不增减分数）	财务中心
	年前预收款	10%	按照公司确定的各区域的标准，完成任务得4分，每减少10%扣2分，多收年前预收款不加减分	财务中心
	利润率	单列（详见《利润率考核管理办法》）（略）		财务中心

表4－40　营销中心绩效考核指标体系之二：内部流程类

类别	指标名称	权重	考核标准	指标来源
内部流程类（10%）	营销计划准确率	10%	1. 各区域单个品种销售完成情况与上报计划误差不超过正负25%得5分，波动正负每超过1%减0.5分 2. 各区域所有品种销售完成情况与上报计划误差不超过正负20%得5分，波动正负每超过1%减0.5分	营销中心
	退货率	90%	退货数量在年度销量的10%以内得90分，每增加1%减10分，每下降1%加30分	财务中心
	危机处理	单列（详见《危机事件管理办法》）（略）		市场部
	窜货管理	单列（详见《窜货管理办法》）（略）		市场部

表 4-41　营销中心绩效考核指标体系之三：客户与市场类

类别	指标名称	权重	考核标准	指标来源
客户与市场类（20%）	市场维护	10%	1. 规范执行公司的价格体系得 5 分，接到一次乱价销售投诉经查实减 2 分，依此类推 2. 根据区域维权工作的配合情况进行打分，总分为 5 分	市场部
	示范与促销	50%	1. 按照公司制订的示范方案要求，面积落实到位得 5 分，每减少 1%减 0.5 分 2. 按照公司制订的示范方案要求，通过市场部验收，达到召开示范会要求得 5 分，未达到得 0 分 3. 按照公司制订的示范方案要求，召开了示范展示会，根据实际效果进行打分，总分为 20 分 4. 按照公司的宣传促销方案要求，根据市场部的调研打分，总分为 20 分 5. 经销商自己组织宣传、示范、促销（经费自理），并能够达到对公司和产品进行良好宣传促销效果的，根据市场部的调研额外加分，分值范围在 10～20 分	市场部
	经销商管理	25%	1. 根据公司的战略要求对经销商进行选择、培训与考核，参照经销商管理办法的要求和标准对实际情况打分，总分为 15 分 2. 根据对客户信息资源的建立、维护、完善、更新和存档的实际情况进行打分，总分为 10 分 3. 专营经销商实行额外加分，提供 1 个确认的专营经销商加 1 分	市场部
	售后服务	10%	按照公司售后处理办法根据实际情况进行打分，总分为 10 分	市场部
	客户满意度	5%	由市场部门进行市场调研，根据实际情况打分，80%以上的被调查者反馈良好可得 5 分	市场部

注：（1）每类指标标准满分为 100 分，根据实际完成情况指标得分可以低于或高于 100 分；（2）各类指标经加权换算的标准满分为 100 分，根据实际完成情况指标得分可以低于甚至超出 100 分。

表 4-42　营销中心绩效考核指标体系之四：单独考核指标

类　　别	指　　标
财务类	利润率
内部流程类	危机处理
	窜货管理
学习与成长类	培训次数、研发投入

注：单独指标不列入 100 分之内，采取额外加（减）分制，实行单独考核。

4. 生产中心指标体系设计

（1）生产中心的指标来源。生产中心的绩效考核指标主要有3个来源。一是公司发展战略以及相应的战略目标。公司战略规划的实施实际上就是通过战略导向的绩效指标的设计来实现的。二是工作分析。工作分析是设计绩效考核指标的基础依据。根据考核目的，对被考核者的岗位的工作内容、性质以及完成这些工作所具备的条件等进行研究和分析，以确定指标的各项要素。三是公司生产岗位的生产流程。绩效考核指标必须从生产流程中去把握。

（2）明确适当的绩效考核指标数量。绩效考核指标并不是越多越好，因为绩效管理是有成本的，指标越多，企业投入绩效管理的成本相应也越多，所以在提取指标时，需要遵循20/80原理，选取出最需要考核的指标。同时，建立KPI时还要从以下两个方面考虑：一是对工作业绩产生重大影响的工作内容；二是占用大量工作时间的工作内容。在进行指标建立时尽可能量化、过程化、细化，能够量化的指标首先量化，不能量化的指标，将这个工作内容过程化，对工作过程进行控制并考核；不能量化，也不能过程化的指标，进行细化，到不能再细化为止。

（3）生产中心指标体系主要采取岗位职责与关键绩效指标相结合的方法。指标选择主要采用SME会议法完成，项目组每次派出两名专家和公司相关岗位负责人进行研讨，SME会议由项目组责任专家和企业总经理共同主持，按照项目组设计的规范流程进行，指标权重与标准的确定方法与营销中心的相似。生产中心绩效考核指标体系见表4-43。

表4-43 生产中心绩效考核指标体系

对象	指标名称	权重	考核标准	指标来源
自制基地	种子数量	20%	合格种子入库量与计划量对比变幅控制在目标责任书规定内的计20分；每超过规定范围正负1%，扣0.1分（以单个组合生产量为单位）	生产中心
	种子质量	40%	合格率达到100%的计40分，每出现一个不合格综合样扣5分（以综合样结果考核）	物流质监中心
	生产成本费用	10%	生产成本费用（包括收购结算价格和基地管理费用）控制在合同和年初预算范围之内的计10分，每增加1%扣1分，每减少1%加5分	财务中心
	生产过程管理	20%	1. 生产技术方案和技术实施得当，计10分。凡因技术指导不当，造成制种低产，需加价或补偿而给公司带来损失的，每100亩扣2分 2. 有完整可行的基地、技术员、村干部管理办法，计3分，缺一项扣1分 3. 种子生产收购过程中，对种子质量状况进行分类（纯度存疑、种子质量差和优质种子3类），标记清晰，单收单放入库，计5分，一项未完成扣2分 4. 基地生产财务管理，账目清晰，账物相符，票据齐全，应上交给公司的物资款按时上交，计2分。凡出现账目不清，账物不符，扣1分；每有10%的物资款不按时上交，扣1分	生产中心 财务中心
	信息管理	10%	按照《生产管理办法》和生产中心的规定按时上交所有生产信息资料，计10分，每缺一项扣1分	生产中心

续表

对象	指标名称	权重	考 核 标 准	指标来源
代制基地	种子数量	20%	合格种子入库量与委托代制量对比变幅控制在合同规定范围内的，计 20 分；每超过规定范围正负 1%扣 0.1 分（以单个组合生产量为单位）	生产中心
	种子质量	40%	合格率达到 100%的计 40 分，每出现一个不合格综合样扣 5 分（以综合样结果考核）	物流质监中心
	生产过程管理	20%	1. 监督、督促生产商，确保各项制种技术及时有效到位，异常事件发生后及时向直接上级报告，并督促生产商及时采取整改措施，计 10 分；漏报、延时报告或没有及时采取措施整改，一次扣 2 分 2. 督促生产商对种子质量状况进行分类（纯度存疑、商品质量差、优质种子 3 类），标记清晰，单收单放入库，计 5 分，一项未完成扣 2 分 3. 确保生产商使用的制种专用物资按合同规定履行，计 5 分；凡出现一种专用物资（亲本种子除外）未按合同规定履行的扣 1 分；凡出现生产商使用非公司提供的亲本种子而未报公司的扣 5 分	生产中心 物流质监中心
	信息管理	20%	生产过程中必须按时向公司提交《生产管理办法》和生产中心规定的生产信息资料，计 20 分，每缺少一项扣 5 分	生产中心
亲本基地	种子数量	20%	合格种子入库量在公司规定的范围内，计 20 分；每超过规定范围正负 1%扣 0.1 分（以单个亲本生产量为单位）	生产中心
	种子质量	60%	1. 水分、净度达到 100%合格，计 10 分；若未达到 100%则承担因水分、净度不合格再加工造成的损失，并扣 5 分 2. 发芽率的合格户率≥90%，加权平均达到合格，计 20 分；每降低 1%扣 1 分，每增加 1%加 1 分 3. 纯度≥99.5%的户率≥95%，加权平均值>99.5%，计 30 分；户率每降低 1%扣 1 分，每增加 1%加 1 分；纯度加权平均值每增加 0.1%加 2 分，每降低 0.1%扣 2 分（以分户样为单位）	物流质监中心
	信息管理	20%	1. 生产技术方案和技术实施计 10 分。凡因技术指导不当，造成低产，需加价或补偿而给公司带来损失的，平均一千克每增加 0.2 元成本扣 2 分 2. 按照《生产管理办法》和生产中心的规定按时上交所有生产信息资料，计 10 分，每缺一项扣 1 分	生产中心

注：(1) 生产中心考核指标根据不同性质分为自制基地经理、代制基地经理以及亲本基地经理；

(2) 每类基地经理考核指标标准满分为 100 分，根据实际完成情况指标得分可以低于或高于 100 分。

4.4.6 案例解析

本案例运用平衡记分卡、KPI 等方法设计了绩效考核指标体系，有利于读者深化这些常见绩效考核方法的理解。案例重点介绍了公司营销中心和生产中心的考核指标体系的设计过程，介绍了如何运用 SME 会议法对生产中心和营销中心的考核指标进行选择和确定，希望读者能借此掌握运用 SME 会议法确定有关的指标或指标的权重的关键。

评价：由于隆平种业有限公司是国内种子行业的龙头企业，是杂交水稻产业的开拓者和领先者，其绩效考核指标体系基本上没有成熟的同类企业可供参考。本案例采用了经典的 SME 会议法，项目组主持召开了 30 多场 SME 会议，确定了杂交水稻制种和销售企业的生产和营销考核关键指标体系，为企业建立规范化绩效管理体系奠定了基础，开创了该类企业量化管理之先河。本案例设计的有关指标充分考虑了种子企业生产和销售的行业与季节性特征，在指标权重和周期设计上，特别考虑了种子生产销售后风险表现滞后（一般跨年度）的特征，这些都是基于 SME 会议法所得。本案例具有典型的行业性特征，希望读者从中体悟绩效考核方法运用的灵活性，关注绩效考核方法和企业实际状况及行业特征的有效融合。

使用说明：本案例基于平衡记分卡思想，重点在于设计 KPI，这是根据隆平种业有限公司绩效考核基础差的特征，兼顾了即期绩效考核有效性和长期导向科学性。读者在借鉴本案例方法时应从企业实际出发，对于绩效考核基础较好的企业而言，可将考核指标设计的重点定在非财务指标设计上，尤其是应该符合企业发展阶段性需求，在指标选择和权重设计上形成正确的导向。本案例的职能管理部门采取关联系数法处理：即将生产紧密相关的职能部门与生产中心考核指标挂钩，将营销紧密相关的职能部门与营销中心考核指标挂钩，将综合部门与公司总体考核指标挂钩，运用系数方法简单处理则符合公司当时的实际状况，案例中将此部分内容省略，特此说明。本案例指标设计基础较差，指标量化标准取值偏松，有待于考核指标优化机制逐年完善。案例中的 SME 会议运用较繁杂，对于缺乏参照资料的新的行业、企业和部门或岗位比较适用，而对于有丰富资料和考核基础的企业、部门或岗位则可借鉴 SME 会议法的思想，通过研讨会的形式或其他简单方法设计指标和确定指标权重。

案例研讨：

1. 请结合你的经验，说明你所在行业与本案例中行业的特点的异同之处，并详细说明在绩效考核指标中，哪些是种子行业所特有的，理由是什么。

2. 请分析运用 SME 会议法设计指标体系的优点。

4.5 案例四：CSAI 公司营销人员绩效考核指标体系[①]

4.5.1 公司简介

CSAI 公司是中国领先的 IT 教育和互联网技术公司，在 IT 人才培养、行业信息化、互联网服务及其他技术方面，CSAI 始终保持 IT 业的领先地位。CSAI 公司的业务模式比较复杂，业务品种繁多，但都是建立在互联网网站——“CSAI 网”基础之上的，利用这个网站来积聚人气，推广产品。截至 2015 年 6 月 30 日，CSAI 网拥有注册用户 60.1 万人，并以每月 2.5 万人左右的速度增长。CSAI 网为用户提供 IT 专业资料服务和软件外包服务等，采

---

① 本案例源于作者主持的 CSAI 公司绩效管理体系优化项目，案例初稿写作于 2016 年 8 月，本次修订于 2018 年 5 月。

取的方式是VIP制度，根据等级不同，收取不同的年费。CSAI网访问群体的类型、层次(中高层，具有一定决策或建议能力)以及网站的内容和焦点，很适合各种IT公司进行广告宣传。

4.5.2 公司营销人员工作说明书

1. 营销部主要岗位

CSAI公司营销部人员有40人，其中，男职员18人，女职员22人。年龄大部分在25～35岁，共33人。学历分别是中专、大专、本科、研究生，其中，中专12人、大专16人、本科6人、研究生6人，分别达30%、40%、15%、15%。根据公司业务分工，共分为3个部门，分别是广告营销部、培训市场部以及内容营销部，由营销总监直接管理。

(1) 广告营销部由广告营销经理管理，现有9人，主要负责公司商业性广告的设计、策划及广告市场的推广。

(2) 培训市场部由培训市场经理管理，现有18人，主要负责公司培训产品的销售、推广及市场调研等工作。

(3) 内容营销部现由内容营销经理管理，现有13人，主要负责公司网站内容的编辑、宣传推广及联络客户，了解客户需求等工作。

2. 营销部工作说明书

营销部工作说明书见表4-44～表4-46(以广告营销部为例)。

表4-44 营销部工作说明书

部门名称	营销部	文件编号	
直接领导	营销总监		
部门结构设置	营销部受营销总监直接领导 下设部门：广告营销组、培训市场组及内容营销组3个部门		
职能范围	营销计划、内容管理、市场策划、销售管理、市场预测、客户管理、员工培训、沟通协调		
主要工作职责	1. 制订企业营销计划。根据公司的长远战略规划以及对市场的预测制定相应的年度营销战略。制定年度营销目标及目标分解，并制订细化的季度、月度营销计划 2. 内部管理。根据营销计划确定营销部组织架构、设计及人员配备。组织制定营销部各项规章制度，报批并实施、监督及检查 3. 市场推广及策划。根据营销战略发展方案，组织开辟新的目标市场，制订产品开发推广计划。巩固完善原有市场，提高品牌形象，包括网站的推广和运营、会展活动的策划、选择市场推广和营销工具、广告设计等 4. 销售管理。制定销售目标、年度营销预算、预算分解及销售合同的签订和履行等 5. 市场调研与市场预测。包括市场调查、分析和预测，市场信息的搜集、分析和反馈，掌握市场动向，拓宽业务渠道等 6. 客户管理。建立客户档案，做好售前售后服务。与消费者、客户保持沟通，出现问题及时处理 7. 员工培训。制订营销本系统内人员培训计划并实施 8. 沟通协调。与公司内相关部门做好产销、研销等相关工作		

表 4－45　广告营销部经理工作说明书

<table>
<tr><td>职位名称</td><td>广告营销部经理</td><td>所属部门</td><td>广告营销部</td><td>职务类别</td><td>部门负责人</td></tr>
<tr><td>职级</td><td>3 级</td><td>职位编号</td><td>0015</td><td>编制时间</td><td></td></tr>
<tr><td>直接上级</td><td colspan="2">营销总监</td><td>直接下级</td><td colspan="2">广告营销组营销人员（9 人）</td></tr>
<tr><td>工作概要</td><td colspan="5">全面负责营销部的网络广告营销工作</td></tr>
<tr><td>主要
工作
职责</td><td colspan="5">1. 与各家网络传媒洽谈合作，互换广告
2. 与客户联系进行网络广告营销
3. 制作网站首页及各频道使用的广告条、标语、论坛帖子
4. 为公司的培训、会展业务制作和发布广告
5. 控制广告营销部门费用预算以及按时完成本部门目标任务</td></tr>
<tr><td rowspan="4">工作条件</td><td>工作场所</td><td colspan="4">以办公室为主</td></tr>
<tr><td>环境状况</td><td colspan="4">环境舒适</td></tr>
<tr><td>工作时间</td><td colspan="4">正常工作时间为五天八小时制，需经常加班</td></tr>
<tr><td>危险性</td><td colspan="4">无危险性</td></tr>
<tr><td rowspan="4">任职资格</td><td>教育背景</td><td colspan="4">大专以上学历</td></tr>
<tr><td>工作经验</td><td colspan="4">有两年以上从事营销管理工作经验</td></tr>
<tr><td>知识要求</td><td colspan="4">有市场营销管理知识、有计算机专业知识</td></tr>
<tr><td>能力要求</td><td colspan="4">领导能力、应变能力、决策能力、社交能力等</td></tr>
<tr><td>备注</td><td colspan="5"></td></tr>
</table>

表 4－46　广告营销代表工作说明书

<table>
<tr><td>职位名称</td><td>广告营销代表</td><td>所属部门</td><td>广告营销部</td><td>职务类别</td><td>营销人员</td></tr>
<tr><td>职级</td><td>4 级</td><td>职位编号</td><td>0029</td><td>编制时间</td><td></td></tr>
<tr><td>直接上级</td><td colspan="2">广告营销部经理</td><td>直接下级</td><td colspan="2">无</td></tr>
<tr><td>工作概要</td><td colspan="5">广告营销工作</td></tr>
<tr><td>公共职责</td><td colspan="5">1. 每人每天至少在自己负责的相关栏目中发 3 个帖子。每人所发帖子的月阅读量必须超过 5 000 人次（不包括内部 IP）
2. 每人每月原创文章不少于 3 篇，每篇字数不少于 1 000 字，内容仅限 IT 技术、IT 管理、IT 信息化、IT 教育、考试经验、学习心得、业界观察、行业思考等
3. 每人每月至少出 1 篇《CSAI 顾问》电子杂志文章
4. 所有文章必须符合编辑规范</td></tr>
<tr><td>主要工作职责</td><td colspan="5">1. 每月至少联系 8 家各大网络传媒，洽谈广告业务
2. 每月为客户设计、发布广告
3. 按照部门规定，为公司定期制作广告宣传软文
4. 每月至少更新一次专题广告设计
5. 协助培训及内容营销部门制作广告设计样本</td></tr>
</table>

续表

工作条件	工作场所	以办公室为主
	环境状况	环境舒适
	工作时间	正常工作时间为六天八小时制，需经常加班
	危险性	无危险性
任职资格	教育背景	中专以上学历
	工作经验	有两年以上从事广告策划工作经验
	知识要求	设计专业或市场营销专业
	能力要求	广告策划能力、文字撰写能力、社交能力
备注		

4.5.3 绩效考核指标体系存在的问题

(1) 营销人员的日常工作与公司的营销战略目标紧密相关，但是他们对公司的营销战略不太了解。

(2) 互联网企业为了在激烈的竞争中取得成功，其关键因素是公司的市场开拓能力、技术研发能力、商业敏锐能力、营销战略制定及执行能力、高素质的人才队伍和服务等。与竞争对手相比，CSAI公司具有的优势主要表现在技术研发能力、服务和人才3个方面，而其劣势主要表现在营销能力、管理能力和人才3个方面。人才优势主要是基于其科研人才队伍，即强大的后备科研教育人才，而其人才劣势则主要表现在缺乏有经验、综合能力强的营销人员，特别是具有管理能力的营销主管等。

(3) 综合营销人才缺乏，培训不到位。CSAI公司营销系统36名营销人员中本科及以上人员仅占整个营销系统的30%，其大专以下（含大专）占70%。同时，其专业所学为营销管理或相关管理专业的营销人员仅占到整个营销系统的10%。对于营销人员，既要有效使用，又要不断培训，方可“取之不尽，用之不竭”。CSAI公司营销人员对培训的需求很大，但无论是培训的次数还是专业水平都满足不了公司要求，其中60%的营销人员表示培训次数不够，30%的营销人员表示从来没有参加过任何培训，大部分的培训集中在新员工培训和营销政策培训方面，很少进行诸如旨在提高营销知识、营销技能和业务熟练程度等方面的高水平培训，75%的营销人员认为其培训效果不好。

(4) 考核与激励单一，与公司业务发展脱节。很多员工都误认为绩效考核的目的是抓住那些绩效低下的员工。绩效考核成了对员工的一种“秋后算账”式的控制手段，成了一种不受员工欢迎的例行公事。员工认为，绩效考核就是惩罚，就是公司扣工资的一个手段。这种观念直接影响了绩效考核的开展。考核不仅仅是为了奖惩，奖惩只不过是强化考核功能的手段，更是为了调整员工的待遇，调整待遇是对员工价值的不断开发的再确认。绩效结果运用无非是激励绩效好的员工，督促绩效差的员工，为提供公平的薪酬标准提供依据，为员工晋升、淘汰提供依据，但是CSAI公司营销人员绩效考核却仅仅侧重于奖惩，没有将其与人员调配、考核晋升、奖金分配等方面的管理有效结合，导致在调查过程中有60%的营销人员认为其管理不能适应业务的发展。

考核成绩与工资挂钩，一定时间内，大家都非常紧张，害怕自己的成绩不好，一是影响收入，二是影响同事对自己的评价，工作成绩可能在一段时间内能够得到提升。但是，经过了一段时间运作后，员工在面对糟糕的绩效结果时，很少会反省自己，总会不自觉地寻找外部理由进行辩解，试图将其低下的绩效归因于客观因素，而不是积极主动地改进工作方法和技能以提高工作效率。到最后，要么敷衍了事，要么干脆走人，员工对绩效考核已经麻木。有70%的营销人员认为公司的工作业绩考核方法不合理，甚至有15%的营销人员表示公司对其工作业绩无考核。有80%的营销人员认为业绩考核的结果不公正。另外，有60%以上的营销人员表示年底奖金与工作业绩没有关系，这也就说明了营销系统绩效考核的指标、标准及权重设置与营销人员工作联系不紧，不能满足公司业务发展的需要。

（5）考核沟通流于形式。目前，公司通过制定制度的方式来推行绩效沟通，目的就是“发现问题，解决问题”。但在执行过程中，管理人员认为，绩效沟通是一件多余的事情。然而，从某种意义上来讲，沟通是管理的本质，同样，绩效沟通在绩效管理中也起着举足轻重的作用，既要解决问题又要维系和改进关系，绩效沟通是保证工作按预期计划进行、及时纠正偏差的保障措施。员工在实施绩效计划的过程中，通过沟通了解其执行情况，加以分析和辅导，可以预先控制导致影响绩效目标完成的因素，排除干扰。

（6）营销人员流失很大，稳定性欠佳。由于营销工作的特性决定营销人员工作相对独立性很强，公司大部分的客户资源和营销渠道都直接掌握在一线营销人员手中，其流失将对整个企业的采购、营销活动产生极大的负面影响，给企业造成损失。通过CSAI公司的调查问卷可以明显看出，近85%的营销人员认为其在目前岗位上才能没有得到发挥。与本地相同行业的其他企业相比，有50%以上的营销人员对其收入水平不太满意，认为其前途与公司的前途不太相关。所以CSAI公司在人员配置方面要做到知人善任，力求把最合适的人分配到最合适的区域、岗位上，让其发挥所长。同时，还要根据人员的性格特点，进行互补搭配，形成团队凝聚力。

4.5.4 绩效考核指标体系的优化设计

1. 整体设计思路

运用平衡记分卡对CSAI公司的战略目标进行分解，运用定性和定量的方法提取岗位的关键绩效指标，以构建该公司营销人员绩效考核指标体系。

2. 指标体系的具体设计思路

通过对公司所有高层的管理者的访谈和信息收集，了解到公司外部面临的主要挑战以及公司内部的各种挑战。帮助中高层管理人员了解平衡计分卡的概念，使他们认识到由财务、客户、内部业务流程、学习与成长4个方面组成的平衡计分卡，能够有效地把公司战略和个人绩效与经营结果联系在一起。同时，针对公司目标的设想确定公司的重要目标以及各角度中不同目标之间的联系。通过对多个重要因素进行因果关系的分析，管理层想达到原定目标就不再是一句空话。因果关系的分析是平衡计分卡系统的开发基础，这对于公司绩效考核方案的改革是个有效的方法。CSAI 公司平衡记分卡如图 4.8 所示。

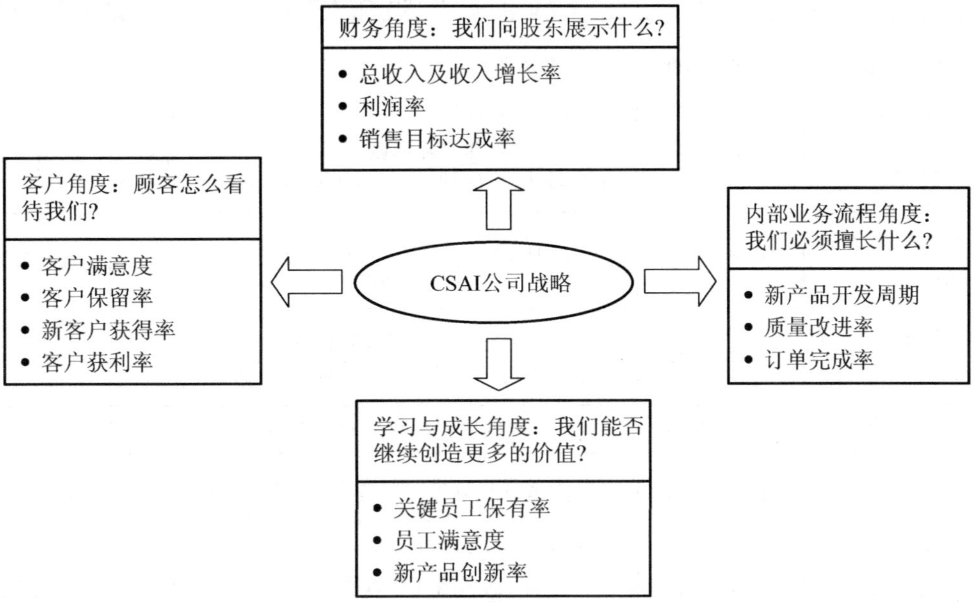

图 4.8　CSAI 公司平衡记分卡

以公司级的平衡计分卡为依据，按公司级绩效指标、部门级绩效指标和员工级绩效指标 3 个层次自上而下逐层分解，自下而上相互支撑，形成对公司战略目标和经营目标的有效分解。关键绩效考核指标的设计如图 4.9 所示。

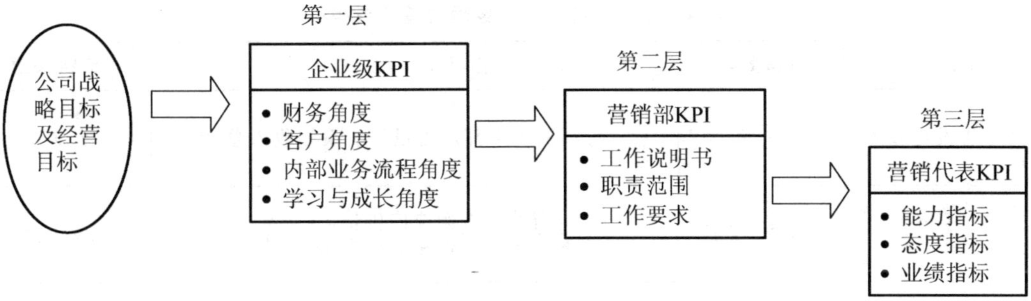

图 4.9　关键绩效考核指标的设计

3. 营销总监关键绩效指标设置

通过对公司战略及经营性指标的分解，部门经理给下属确定工作目标的依据来自营销部的 KPI，营销部的 KPI 来自企业级 KPI 的分解，这样就能把企业目标、部门目标和个人目标协调一致，确保每个营销人员都朝企业战略方向去努力。

通过确定营销部关键绩效指标，从而确定营销总监关键绩效指标，见表 4－47。

表 4-47 营销总监关键绩效指标

KPI	考核周期	指标定义/公式	资料来源
1. 广告设计收入	月/季/年度	考核期内全部广告设计、策划收入总计	营销部
2. 实际回款率	年度	$\left(\frac{\text{当前实际回款金额}}{\text{同期计划合同回款}+\text{往期应收欠款}}\right)\times100\%$	财务部
3. 宣传品广告设计完成率	月/季/年度	$\left(\frac{\text{当前实际完成的广告设计数}}{\text{计划完成数}}\right)\times100\%$	综合管理部
4. 广告推广的有效性	月/季/年度	$\left(\frac{\text{广告后当月销售额或销售量}}{\text{广告前当月销售额或销售量}}-1\right)\times100\%$	财务部
5. 客户满意度	月/季/年度	根据客户满意度调查表的评分	综合管理部
6. 客户保有率	月/季/年度	$\left(\frac{\text{当前客户数量}-\text{新增客户数量}}{\text{去年同期客户数量}}\right)\times100\%$	综合管理部
7. 新客户增长率	月/季/年度	$\left(\frac{\text{当前新增客户数量}}{\text{去年同期新增客户数量}}-1\right)\times100\%$	综合管理部

4. 各部门经理关键绩效指标设置

通过分解营销部关键绩效指标，分别明确广告营销部、培训市场部、内容营销部的关键绩效指标，从而确定各部门经理关键绩效指标。表 4-48 为广告营销部经理关键绩效指标。

表 4-48 广告营销部经理关键绩效指标

KPI	考核周期	指标定义/公式	资料来源
1. 广告设计收入	月/季/年度	考核期内全部广告设计、策划收入总计	营销部
2. 广告设计增长率	月/季/年度	$\left(\frac{\text{当前广告额或广告量}}{\text{去年同期广告额或广告量}}-1\right)\times100\%$	营销部
3. 部门管理费用控制	年度	在广告销售过程中发生的、为实际收入而支付的各项费用	财务部
4. 实际回款率	年度	$\frac{\text{当前实际回款金额}}{\text{同期计划合同回款}+\text{往期应收欠款}}\times100\%$	财务部
5. 宣传品广告设计完成率	月/季/年度	$\left(\frac{\text{当前实际完成广告设计数}}{\text{计划完成数}}\right)\times100\%$	综合管理部
6. 广告推广的有效性	月/季/年度	$\left(\frac{\text{广告后当月销售额或销售量}}{\text{广告前当月销售额或销售量}}-1\right)\times100\%$	财务部

续表

KPI	考核周期	指标定义/公式	资料来源
7. 客户满意度	月/季/年度	根据客户满意度调查表的评分	综合管理部
8. 客户保有率	月/季/年度	$\left(\frac{\text{当前客户数量}-\text{新增客户数量}}{\text{去年同期客户数量}}\right)\times 100\%$	综合管理部
9. 新客户增长率	月/季/年度	$\left(\frac{\text{当前新增客户数量}}{\text{去年同期新增客户数量}}\right)\times 100\%$	综合管理部
10. 部门员工任职资格达标率	月/季/年度	$\left(\frac{\text{部门员工任职资格达标人数}}{\text{部门员工总数}}\right)\times 100\%$	综合管理部
11. 培训计划完成率	月/季/年度	$\left(\frac{\text{当前培训实际完成量}}{\text{计划完成量}}\right)\times 100\%$	培训部

5. 营销代表关键绩效指标设置

通过分解营销部关键绩效指标，分别明确广告营销部、培训市场部、内容营销部的关键绩效指标，从而确定各部门营销代表关键绩效指标。表 4－49 为广告营销部营销代表关键绩效指标，见表 4－49。

表 4－49 广告营销部营销代表关键绩效指标

维度	KPI	考核周期	指标定义/公式	资料来源
财务	1. 销售收入	月/季/年度	考核期内全部销售收入总计	营销部
	2. 销售增长率	年度	$\left(\frac{\text{当前销售额或销售量}}{\text{去年同期销售额或销售量}}-1\right)\times 100\%$	营销部
	3. 费用控制	年度	在销售过程中发生的、为实际销售收入而支付的各项费用	财务部
	4. 回款率	年度	$\frac{\text{当前实际回款金额}}{\text{同期计划合同回款}+\text{往期应收欠款}}\times 100\%$	财务部
内部业务流程	1. 发展战略目标达成率	年度	$\frac{\text{当前实际完成发展战略目标数}}{\text{计划完成发展战略目标数}}\times 100\%$	营销部
	2. 营销策划活动完成率	季/年度	$\frac{\text{营销策划实际完成量}}{\text{计划完成量}}\times 100\%$	综合管理部
	3. 营销策划方案成功率	月/季/年度	$\frac{\text{成功方案数}}{\text{提交方案数}}\times 100\%$	综合管理部
	4. 市场推广的有效性	月/季/年度	$\left(\frac{\text{活动后当月销售额或销售量}}{\text{活动前当月销售额或销售量}}-1\right)\times 100\%$	综合管理部

续表

维度	KPI	考核周期	指标定义/公式	资料来源
客户	1. 客户满意度	月/季/年度	根据客户满意度调查表评分	综合管理部
	2. 客户保有率	月/季/年度	$\left(\frac{\text{当前客户数量}-\text{新增客户数量}}{\text{去年同期客户数量}}\right)\times 100\%$	综合管理部
	3. 新客户增长率	月/季/年度	$\left(\frac{\text{当前新增客户数量}}{\text{去年同期新增客户数量}}-1\right)\times 100\%$	综合管理部
学习与成长	1. 核心员工保留率	月/季/年度	$\left(\frac{\text{当前核心员工总数}-\text{新增核心员工总数}}{\text{原核心员工总数}}\right)\times 100\%$	综合管理部
	2. 培训计划完成率	月/季/年度	$\left(\frac{\text{当前培训实际完成量}}{\text{计划完成量}}\right)\times 100\%$	综合管理部

6. CSAI公司营销人员能力指标体系

能力是产生绩效的基础。能力分为通用素质能力与专业素质能力。通用素质能力适用于企业所有员工，是企业核心能力在管理能力、企业价值观等方面的要求和体现；专业素质能力是企业各职类、职种、职层对员工专业知识、技能、经验和行为标准要求的总和。由15位专家、管理者组成工作小组，通过与营销系统各层管理人员及职员进行沟通调查，深入讨论后确定了CSAI公司营销人员的能力指标体系，见表4-50～表4-52。

表4-50　营销总监主要能力指标

指标名称	指标描述	考核维度
通用素质能力	职业道德	是否具有应有的职业道德，不泄露公司商业秘密及客户资料
	责任感	是否对工作有高度的责任感，能主动承担责任
专业素质能力	团队领导力	能否率先示范，受下属信赖；有计划，有魄力
	商业敏锐性	是否有国际视野，眼光长远；能预测未来，拟定决策；对情报、市场利益敏锐
	执行力	能否朝着公司战略及部门目标坚决执行计划
	社交能力	与下属、同事关系融洽；与重大客户、合作伙伴密切交涉

表4-51　部门经理主要能力指标

指标名称	指标描述	考核维度
通用素质能力	职业道德	是否具有应有的职业道德，不泄露公司商业秘密及客户资料
	责任感	是否对工作有高度的责任感，能主动承担责任
专业素质能力	团队领导力	能否率先示范，受下属信赖
	决策能力	是否当机立断
	应变能力	能否采取有效办法及时处理突发事件
	社交能力	与下属、同事关系融洽；与重大客户、合作伙伴密切交涉

表 4-52 营销代表主要能力指标

指标名称	指标描述	考核维度
通用素质能力	职业道德	是否具有应有的职业道德，不泄露公司商业机密及客户资料
	责任感	是否对公司对工作有高度的责任感，能主动承担责任
专业素质能力	学习能力	是否能主动积极学习专业知识，完善自我、提高自我
	文字撰写能力	是否能正确、有效地编写帖子及文稿
	社交能力	与上级领导、同事关系融洽

7. CSAI公司营销人员态度指标体系

能力反映了个人达到某一绩效水平的可能性，是潜在绩效表现形式，而态度是对绩效实现过程的反映，是工作主体工作过程的绩效行为表现。也就是说，能力反映了员工“能做什么”，态度反映了“怎么做”，态度是能力转化为业绩的过程，是连接能力和业绩的纽带，所以态度也称为过程绩效。通过专家组与员工以及直接上级进行面谈，确定了CSAI公司营销人员的态度指标体系，见表4-53～表4-55。

表 4-53 营销总监主要态度指标

指标名称	指标描述	考核维度
敬业精神	不搞本位主义，坚持全局观点；为公司的目标和利益不计较个人得失	程度
纪律性	是否能严格遵守公司日常管理规范；是否积极参加公司组织的各类活动	数量
团队协作性	是否能协助其他部门的工作	程度
服务意识	是否有良好的服务意识	程度

表 4-54 部门经理主要态度指标

指标名称	指标描述	考核维度
纪律性	是否能严格遵守公司日常管理规范；是否积极参加公司组织的各类活动	数量
团队协作性	是否能协助其他部门的工作	程度
服务意识	是否有良好的服务意识	程度

表 4-55 营销代表主要态度指标

指标名称	指标描述	考核维度
纪律性	是否能严格遵守公司日常管理规范；是否积极参加公司组织的各类活动	数量
学习主动性	是否积极参加公司组织的各类培训	数量
团队协作性	是否能与上级、同事保持融洽关系，主动协助上级及同事的工作	程度
服务意识	是否有良好的服务意识，对客户热情、礼貌	程度

在筛选营销人员绩效考核指标时，应该以定量及定性指标相结合的方式，以业绩考核指标为主，适当引入能力指标、态度指标，将 3 类指标有机结合。针对不同部门岗位的员工，应根据管理实际需要，结合其工作说明书，对其指标进行筛选，选择相适应的绩效考核指标，构建合理的绩效考核指标体系。CSAI 公司营销人员绩效考核指标体系构建图如图 4.10 所示。

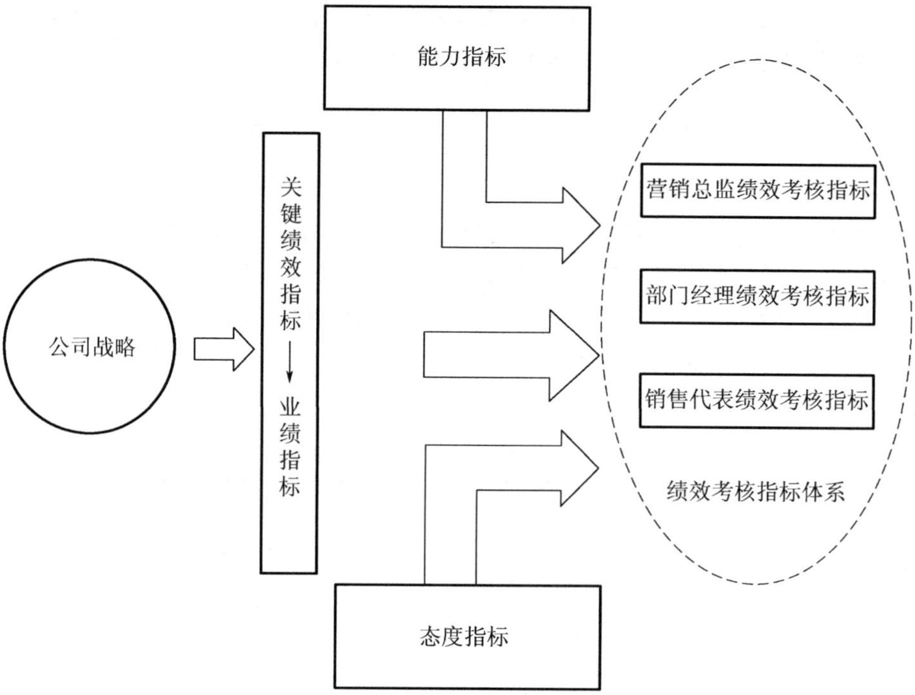

图 4.10　CSAI 公司营销人员绩效考核指标体系构建图

4.5.5　绩效考核标准和指标权重的设计

CSAI 公司各级营销人员绩效指标体系主要由 3 类指标构成，即业绩指标、能力指标和态度指标。其中，业绩指标较易量化，下文中主要采用目标管理评价法对业绩指标进行量化，但是能力指标和态度指标很难量化和考核，因此这里采用行为锚定法将其转化为具体指标进行量化。

1. 指标标准设置

相关指标标准设置见表 4－56～表 4－58。

表 4－56　CSAI 公司各级营销人员定量指标标准设置一览表

指标名称	适用范围	评分等级标准				
		5 分	4 分	3 分	2 分	1 分
收入指标	营销总监、部门经理及营销代表	120%以上	100%～120%	80%～100%	60%～80%	不足 60%
收入增长指标	营销总监、部门经理及营销代表	50%以上	40%～50%	20%～40%	10%以上	0

续表

指标名称	适用范围	评分等级标准				
		5分	4分	3分	2分	1分
费用控制	营销总监、部门经理及营销代表	60%以下	80%以下	100%以下	120%以下	120%以上
回款率	营销总监、部门经理及营销代表	100%	80%～90%	60%～80%	50%～60%	不足50%
活动、目标或计划完成率	营销总监、部门经理及营销代表	120%以上	100%～120%	80%～100%	60%～80%	不足60%
方案或活动的成功率	营销总监、部门经理及营销代表	90%以上	80%～90%	60%～80%	50%～60%	不足50%
方案或活动的有效性	营销总监、部门经理及营销代表	90%以上	70%～90%	60%～70%	50%～60%	不足50%
媒体转载率	营销总监、部门经理及营销代表	90%以上	80%～90%	60%～80%	40%～60%	不足40%
客户满意度	营销总监、部门经理及营销代表	90%以上	70%～90%	60%～70%	50%～60%	不足50%
客户保有率	营销总监、部门经理及营销代表	90%以上	80%～90%	60%～80%	50%～60%	不足50%
新客户增长率	营销总监、部门经理及营销代表	50%以上	40%～50%	20%～40%	20%以下	0
核心员工保留率	营销总监、部门经理及营销代表	90%以上	80%～90%	70%～80%	60%～70%	不足60%
部门员工任职达标率	部门经理	90%以上	80%～90%	70%～80%	60%～70%	不足60%
团队协作性	营销总监、部门经理及营销代表	90%以上	80%～90%	70%～80%	50%～70%	不足50%

表4-57　CSAI公司各级营销人员定性指标标准设置一览表

指标	等级	绩效标准描述
职业道德	4分	爱岗敬业、廉洁奉公、诚实守信、维护公司利益、不泄露公司机密
	3分	公私分明、诚实守信、维护公司利益、不泄露公司机密
	2分	爱岗敬业、诚实守信、不泄露公司机密
	1分	公私分明、不泄露公司机密

续表

指标	等级	绩效标准描述
责任感	4分	有远大理想和抱负，工作一丝不苟，勇于承担责任
	3分	有理想，有抱负、工作勤奋、责任心较强
	2分	有一定理想、工作努力、责任心一般，满足于完成日常的工作
	1分	缺乏理想或理想浅薄、工作敷衍马虎、责任心差
文字撰写能力	4分	根据对自己所负责的业务方向来编写营销方案、工作总结，能迅速为客户编写高质量的广告方案、科技软文
	3分	能编写营销方案、工作总结，能较好地为客户完成广告方案、科技软文
	2分	能编写工作总结，能制作简单的广告和技术软文
	1分	能编写工作总结，能转载或修改别人写作的技术软文
策划能力	4分	能为客户量身定制广告方案、内容宣传方案，能很好地策划大中型营销活动
	3分	能为客户制作广告方案、内容宣传方案，能较好地策划大中型营销活动
	2分	能为客户制作广告方案，能策划小型营销活动
	1分	能策划小型营销活动
敬业精神	4分	对工作有强烈的事业心、责任感，能很好地发挥表率作用，工作认真负责，有较高的职业修养
	3分	对工作有较强的事业心、责任感，能发挥表率作用，工作认真负责，有一定的职业修养
	2分	有责任意识，能按领导的要求做好本职工作，但有时工作中有急躁情绪，进取精神不强，缺乏工作的主动性
	1分	责任意识不强，工作不注意方式方法，不负责任，推诿扯皮，缺乏进取精神，工作滞后，对整体工作已造成影响
纪律性	4分	认真执行公司政策、公司规章制度和组织纪律，不迟到、不早退；工作中坚持原则，服从组织决议，保守组织秘密
	3分	执行公司政策、公司规章制度和组织纪律，极少迟到、早退；工作中坚持原则，有令则行，有禁则止
	2分	对上级指令、规章执行不及时，有时对自身要求不够严格，迟到、早退现象比较频繁；违反营销政策，但未造成不良后果
	1分	对公司规定贯彻执行不及时，甚至违反原则，对自身要求不够严格，经常迟到、早退；违反营销政策，甚至造成不良后果
服务意识	4分	对所有顾客热情大方，规范服务，对无理客户能晓之以理，客户满意度为优
	3分	对所有顾客热情大方，规范服务，对无理客户态度平和，客户满意度为良
	2分	对所有顾客态度和蔼，不消极应付，举止大方，说话使用文明用语，客户满意度为合格
	1分	对顾客态度恶劣，消极应付，语言粗鲁，客户满意度为差

表 4-58　CSAI 公司营销人员年度绩效考核等级

考核等级				
A	B	C	D	E
优秀	良好	称职	基本称职	不称职
90～100 分	80～89 分	70～79 分	60～69 分	<60 分

2. 指标权重设置

采用德尔菲法（专家调查法），来对 CSAI 公司营销人员绩效指标进行权重确定。考核的一个目的是拉开档次差别，奖优罚劣。所以考核的过程实质是一个比较的过程。打分时，应注意被考核人在考核期内的表现，同时更应注重比较。考核的等级应满足正态分布，规定 A 级占 5%，B 级占 15%，C 级占 60%，D 级占 15%，E 级占 5%。

德尔菲法本质在于集中了专家们对于问题的认识及经验，依靠人的经验知识和综合分析能力进行预测，集思广益，取各家所长。通过实验修正，往往可以得到较好的效果。运用德尔菲法的具体实施步骤如下。

(1) 由组织者就拟定的问题设计调查表，将调查表与资料一并寄给专家组。

(2) 专家组的每个成员匿名地、独立地对其发表自己的意见，进行问卷调查。

(3) 组织者回收调查表进行数理统计处理，找出专家意见的倾向性和一致性，再将处理结果总结出来，作为下一轮的设计依据。

(4) 专家组成员据此反馈结果再匿名交流意见，在充分考虑他人意见后，修正自己的意见，提出下一轮的方案。

(5) 需要时重复步骤 (2)、(3)、(4)，如此经过非面对面地反复多轮征询、反馈和统计后，专家意见逐渐趋于集中，取得大体一致的意见，组织者整理最终调查报告，获得具有统计意义的专家集体判断结果。

相关指标权重设置见表 4-59～表 4-62。

表 4-59　营销系统权重设置一览表

职务	业绩指标	能力指标	态度指标
营销总监	70%	20%	10%
部门经理	80%	15%	5%
营销代表	90%	5%	5%

表 4-60　广告销售部营销总监权重设置一览表

考核维度	KPI	绩效目标值	权重
业绩指标 (70%)	销售收入	考核期内销售收入达到______以上	20%
	销售增长率	考核期内销售增长率达到______%以上	10%
	费用控制	考核期内费用控制在预算之内	10%
	回款率	考核期内实际回款率达到______%以上	10%

续表

考核维度	KPI	绩效目标值	权重
业绩指标（70%）	发展战略目标达成率	考核期内发展战略目标达成率达到_____%以上	15%
	营销策划活动完成率	考核期内营销策划活动完成率达到_____%以上	5%
	营销策划方案成功率	考核期内营销策划方案成功率达到_____%以上	5%
	客户满意度	考核期内客户满意度达到_____%以上	5%
	客户保留率	考核期内客户保留率达到_____%以上	5%
	新客户增长率	考核期内新客户增长率达到_____%以上	5%
	核心员工保留率	考核期内核心员工保留率达到_____%以上	5%
	培训计划完成率	考核期内培训计划完成率达到_____%以上	5%
能力指标（20%）	职业道德	在员工大会上，由员工对领导者打分	15%
	责任感	在员工大会上，由员工对领导者打分	15%
	团队领导力	在员工大会上，由员工对领导者打分	20%
	决策能力	在员工大会上，由员工对领导者打分	20%
	商业敏锐性	在员工大会上，由员工对领导者打分	10%
	执行力	在员工大会上，由员工对领导者打分	10%
	社交能力	在员工大会上，由员工对领导者打分	10%
态度指标（10%）	敬业精神	在员工大会上，由员工对领导者打分	30%
	纪律性	在员工大会上，由员工对领导者打分	20%
	团队协作性	在员工大会上，由员工对领导者打分	30%
	服务意识	在员工大会上，由员工对领导者打分	20%

表 4-61　广告营销部经理权重设置一览表

考核维度	考核指标	绩效目标值	权重
业绩指标（80%）	广告设计收入	考核期内广告设计收入达到_____以上	20%
	广告设计增长率	考核期内广告设计增长率达到_____%以上	10%
	部门管理费用控制	考核期内部门管理费用控制在预算之内	10%
	实际回款率	考核期内实际回款率达到_____%以上	10%
	广告推广有效性	考核期内广告推广有效性达到_____%以上	5%
	宣传品广告设计完成率	考核期内宣传品广告设计完成率达到_____%以上	10%
	客户满意度	考核期内客户满意度达到_____%以上	5%
	客户保留率	考核期内客户保留率达到_____%以上	5%
	新客户增长率	考核期内新客户增长率达到_____%以上	5%
	部门员工任职资格达标率	考核期内员工达标率达到_____%以上	10%
	培训计划完成率	考核期内培训计划完成率达到_____%以上	10%

续表

考核维度	考核指标	绩效目标值	权重
能力指标（15%）	职业道德	在中层管理者会议上，由直接领导评分	15%
	责任感	在中层管理者会议上，由直接领导评分	20%
	团队领导力	在中层管理者会议上，由直接领导评分	20%
	决策能力	在中层管理者会议上，由直接领导评分	15%
	应变能力	在中层管理者会议上，由直接领导评分	20%
	社交能力	在中层管理者会议上，由直接领导评分	10%
态度指标（5%）	纪律性	在中层管理者会议上，由直接领导评分	25%
	团队协作性	在中层管理者会议上，由直接领导评分	50%
	服务意识	在中层管理者会议上，由直接领导评分	25%

表 4-62 广告营销部营销代表权重设置一览表

考核维度	考核指标	绩效目标值	权重
业绩指标（90%）	广告设计收入	考核期内广告设计收入达到______以上	60%
	实际回款率	考核期内实际回款率达到______%以上	15%
	宣传品广告设计完成率	考核期内宣传品设计完成率达到______%以上	5%
	广告推广的有效性	考核期内广告推广有效性达到______%以上	5%
	客户满意度	考核期内客户满意度达到______%以上	5%
	客户保留率	考核期内客户保留率达到______%以上	5%
	新客户增长率	考核期内新客户增长率达到______%以上	5%
能力指标（5%）	职业道德	在中层管理者会议上，由直接领导评分	15%
	责任感	在中层管理者会议上，由直接领导评分	30%
	学习能力	在中层管理者会议上，由直接领导评分	30%
	文字撰写能力	在中层管理者会议上，由直接领导评分	15%
	社交能力	在中层管理者会议上，由直接领导评分	10%
态度指标（5%）	纪律性	在中层管理者会议上，由直接领导评分	40%
	学习主动性	在中层管理者会议上，由直接领导评分	20%
	团队协作性	在中层管理者会议上，由直接领导评分	20%
	服务意识	在中层管理者会议上，由直接领导评分	20%

4.5.6 案例解析

本案例依据CSAI公司的具体情况与特点，结合该公司各部门职责和岗位职能，分析现有考核指标体系的不足之处，运用平衡记分卡对CSAI公司的战略目标进行分解，运用定性和定量的方法提取岗位的关键绩效指标，以构建该公司营销人员绩效考核指标体系。希望读者通过本案例能进一步理解平衡计分卡思想，掌握KPI法在具体公司绩效考核中的运用，能够灵活运用这两种方法或将二者的结合来设计绩效考核指标体系。

评价：本案例的成功之处是将平衡计分卡和KPI法有效结合使用，将公司目标分解到各个部门和岗位，体现了组织长远发展目标和即期绩效的有效统一。无论是考核指标还是标准都紧密结合了工作说明书，使得指标和标准具有合理的基础，另外，在设置各指标权重时使用了德尔菲法，集思广益，充分发挥各组织成员的作用，这点值得读者借鉴。在绩效指标和标准设置中，常见的困惑和难题是，不知道如何去设计指标、设计哪些指标以及各指标的相应权重及标准，而德尔菲法以及其他调查法都可以为解决这一难题发挥很好的作用。

使用说明：本案例中的公司是一家网络公司，具有很强的行业性特征，而且，案例中只是摘取了工作说明书、指标和标准设计的部分过程和结果，有一定程度的简化。绩效管理具有很强的行业性和个性化特征，而且指标设计还要考虑企业所在的发展阶段，以及最重要的企业战略目标。因此，即使是同一个行业、同一个企业的不同发展阶段，合适的指标体系也是不一样的，因此，绩效管理体系需要随企业发展动态优化。提醒读者在阅读本案例时要注意到这一点。

案例研讨：

1. 平衡计分卡和关键绩效指标法相结合使用具有哪些优点？
2. 请结合所在企业特点，利用关键绩效指标法为某部门某岗位设计一套考核指标体系。

第5章

薪　　酬

导入案例

收入水平由什么决定

管理类、信息工程类等热门专业教师收入水平较高，甚至出现这些专业的讲师收入比其他专业的教授收入水平还高的现象，尤其是数学、物理、哲学等纯理科、文科专业的教师收入水平和他们的落差很大，这引发了学校教师的抱怨和不解，也带来了较多的矛盾。Y教授及其他商学院的同事就因此常常受到学校其他同事的“攻讦”而感受到沉重的压力。有些同事原来就一起住在单身楼里，是老邻居、老朋友，大家见面都感到不自在。面对嘲讽，很多商学院的同事只能尴尬地笑一笑，无言以对，好像自己做错什么似的。有一次Y教授向几个数学、哲学专业的同事就这一问题做了一个回答。

到底什么因素决定个人的收入水平？这是问题的核心。Y教授认为大家之所以有抱怨和不平衡感是因为大家在内心里默认了一种由学术水平、工作能力决定薪资水平的标准。其实这种标准是不准确的。在市场经济模式下，决定薪资水平的最主要因素是人力资源的稀缺性。犹如其他商品一样，在纯市场竞争的前提下决定价格的主要因素是供求状况，也就是稀缺性。比如乌龟，由于其生长缓慢，加上突然之间人们饮食观念的变化，导致其稀缺性大增，造成价格高涨，而高价格又反过来调节供求，使乌龟的养殖产业不断发展，甚至其科研开发也成为热点，高产量又将价格下拉。人才在市场上的价格及薪资水平在原理上与此相同，其知识、能力、素养的市场稀缺程度决定其价格水平。在中国这种非规范的人力资本市场中，有些专业的人才供求短缺性大，其价格在一定时期偏高，这种高回报会刺激这方面人才的数量增多、质量提高，使其价格回落到正常水平，甚至低于正常水平。从长远的市场运行走势来看，真正能够维持高收入和具有强势的市场讨价还价能力的人，其能力、素养较高，达到其素质水平难度较大。因此其稀缺性能在较长时间内保持，“难做到的才是贵的”这一基本市场规则仍然有效。提高自己的稀缺性不仅可以通过能力、知识的深度积累实现，也可以通过提高自己的品格素养来实现，这一点对各层次的人才具有普遍的启示性。Y教授发现：无论哪个企业哪一级组织的领导者，在其所配置的核心管理团队中，总有个别能力水平被大家认为低于职级要求而被任用的人，这些人肯定是以其诚实、可靠等素养上的优势提高了自己的稀缺性而被重用。“稀缺”是竞争力所在，是收入水平所在。为什么数学教授、哲学教授知识能力的稀缺性很强而收入水平也不高呢？这里有个市场失灵的问题，他们研究的是基础学科，其知识和能力具有公共产品的特征，其市场供求和价值不能直接在市场中体现，应由政府通过二次分配予以调剂。他们收入不高的根源是政府职能未能有效履行，并不是商学院的同事竞争所致。

资料来源：颜爱民，方勤敏，2018. 人力资源管理［M］. 3版 . 北京：北京大学出版社 .

5.1 薪酬综述

5.1.1 薪酬基本概念

薪酬（Compensation）是员工因向所在组织提供劳动或劳务而获得的各种形式的酬劳或酬谢。薪酬是劳动力的价格在市场经济环境下的表现，同时又是人力资本竞争的价格表现。

薪酬分为经济性薪酬（Extrinsic Compensation）与非经济性薪酬（Intrinsic Compensation）。薪酬基本形式如图5.1所示。

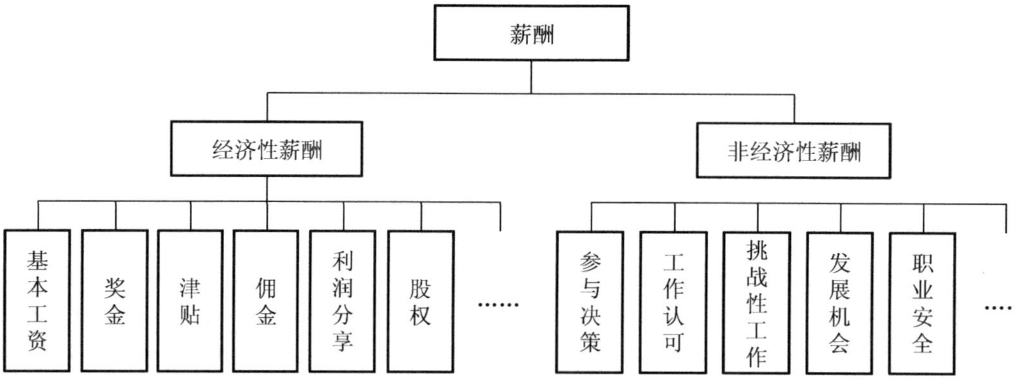

图5.1 薪酬基本形式

1. 内在薪酬

非经济性薪酬又称内在薪酬。内在薪酬是员工自身心理上感受到的来自工作的回报，包括工作保障、身份标志、给员工更富有挑战性的工作、对突出工作成绩的认可、培训和晋升、弹性工作时间等。哈克曼（Hackman）和奥德海姆（Oldham）（1975）的工作特征模型描述了这些主要的心理状态，认为当员工的工作在技能多样性、任务同一性、任务重要性、工作自主性和反馈5个方面的程度都很高时员工的心理状态就会得到改善。相反，这些核心特征缺乏的工作所提供的内在薪酬就很少。图5.2为工作特征模型，体现了高核心工作特征对内在薪酬的影响及其给组织带来的相应结果。

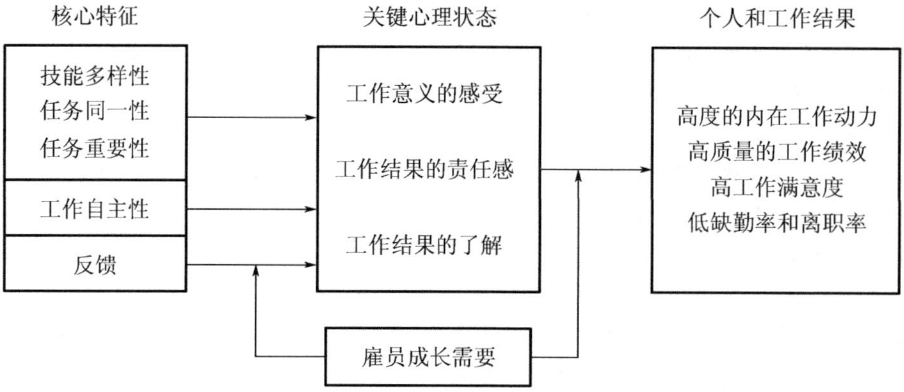

图5.2 工作特征模型

2. 外在薪酬

经济性薪酬又称外在薪酬。外在薪酬是薪酬管理的主要内容，指员工从自身以外得到的各种形式的回报。在外在薪酬的具体构成上各学者的观点并没有取得完全的统一。比较典型的观点是认为外在薪酬包括直接薪酬和间接薪酬。其中，直接薪酬包括基本薪酬、绩效薪酬(Merit Pay)、各种激励性薪酬和延期支付薪酬，间接薪酬包括各种员工保护项目、非工作薪酬和服务与津贴。总体来说，外在薪酬的主要形式如图 5.3 所示，下面依次予以介绍。

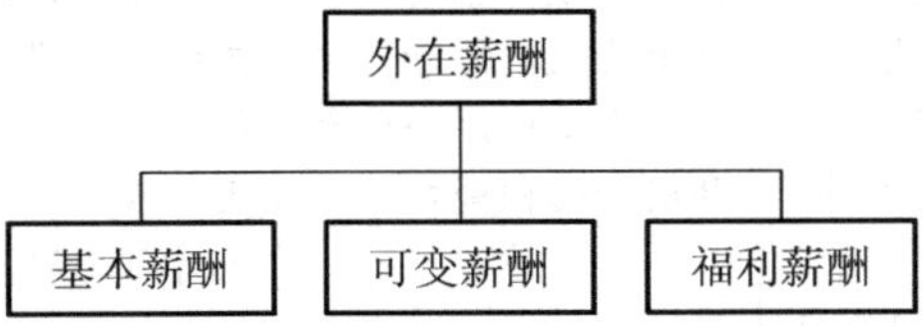

图 5.3 外在薪酬的主要形式

(1) 基本薪酬。

基本薪酬（Basic Pay）也称标准薪酬或基础薪酬，分岗位薪酬和技能薪酬两种。

(2) 可变薪酬。

可变薪酬（Variable Pay）也称浮动薪酬，是薪酬系统中与绩效直接挂钩的部分。

(3) 福利薪酬。

福利薪酬（Benefits）也称间接薪酬，主要指组织为员工提供的各种物质补偿和服务形式，包括法定福利和组织提供的各种补充福利。

企业既要保证薪酬能吸引、激励和保留人才，又要控制人工成本，因此在确定薪酬时必须考虑众多因素。影响员工薪酬的因素包括个体因素、企业因素和外部环境因素，如图 5.4 所示。

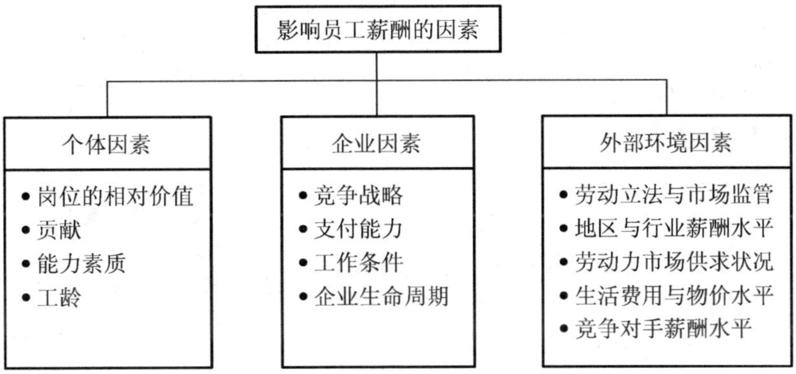

图 5.4 员工薪酬影响因素分析图

5.1.2 薪酬模式

1. 常用的薪酬模式

在确立企业薪酬体系时有多种模式可供选择，常用的薪酬模式及其特征、优缺点和适应范围见表 5-1。

表 5－1 常用的薪酬模式及其特征、优缺点和适应范围

薪酬模式	特征	优点	缺点	适应范围
以岗位为基础的薪酬模式	主要根据岗位技能的复杂程度、责任大小、劳动强度和劳动条件等因素来确定薪酬。它更多地强调任务而不是能力。工资结构常采用传统工资结构。薪酬等级多，各等级薪酬幅度小，呈金字塔型，员工工资随个人岗位级别往上发展而提高	①真正实现同岗同酬，内部公平性比较强；②职位晋升，薪级也晋级，调动了员工努力工作以争取晋升机会的积极性	①晋升受阻则收入难以提高，也就影响了其工作的积极性；②由于该薪酬模式的内向性而满足不了稀缺人才的薪酬要求，无法吸引急需的专业人才和管理人才	主要适合专业化程度较高、分工较细、工作内容比较固定且责、权、利比较明确的岗位，如管理人员、职能业务岗位、行政后勤岗位、工作产出不能量化的生产岗位等
以能力为基础的薪酬模式	根据员工本身所具有的知识、技能和潜力的大小来确定员工薪酬。它更多地强调能力而不是工作任务。工资结构采用宽带工资结构。采用更少的薪酬等级，每一等级之间的范围扩大，将企业原来十几甚至二三十个工资等级压缩成几个级别，各等级薪酬幅度较大，员工工资既可以随个人岗位级别向上发展而提高，也可以随横向工作调整而提高	①员工注重能力的提升，就容易转换岗位，也就增加了发展机会；②不满足于自我现状的员工可以在专业领域深入下去以获得好的待遇，对企业来说留住了专业技术人才；③员工能力的不断提升，使企业能够适应环境的多变，企业的灵活性增强	①由于能力不同，会产生同岗不同酬，易造成不公平感；②高技能的员工未必有高的产出，即能力工资的假设未必成立；③界定和评价能力较难，管理成本高；④员工着眼于提高自身能力，可能会忽视组织的整体需要和当前工作目标的完成	适应于工作技术复杂、工作成果难于衡量且个人能力对绩效影响较大的岗位，如研发岗位、技术岗位、技术要求高的技术工人岗位等
以绩效为基础的薪酬模式	根据组织、团队、个人的绩效来确定员工薪酬。它更多强调工作产出，员工工资主要根据其近期劳动绩效决定，起伏变化较大	①员工的收入和工作目标的完成情况直接挂钩，易让员工感知到公平感，激励效果明显；②员工的工作目标明确，通过层层目标分解，组织战略容易实现；③企业不用事先支付过高的人工成本，在整体绩效不好时能够节省人工成本	①员工收入在考虑个人绩效时，会造成部门或团队内部成员的不良竞争，可能会减少合作；②绩效评估往往很难做到客观准确；③绩效付酬假设金钱对员工的刺激作用大，长期使用后会产生不良的导向，在企业困难时，员工很可能会选择离职或消极工作	适合工作绩效容易衡量、绩效能自我控制、员工可以通过主观努力改变绩效的岗位，如营销岗位、工作产出能量化的生产岗位等

续表

薪酬模式	特　征	优　点	缺　点	适应范围
以市场供求为基础的薪酬模式	根据劳动力的市场价格以及组织对人员的需求程度来确定员工薪酬	①企业可以通过薪酬策略吸引和留住关键人才；②企业也可以通过调整那些替代性强的人才的薪酬水平，从而节省人工成本，提高企业竞争力；③参照市场定工资，易让员工接受，减少企业内部矛盾	①市场导向的工资制度要求企业具有良好的发展能力和盈利水平，否则难以支付和市场接轨的工资水平；②这种薪酬模式对薪酬市场数据的客观性提出了很高的要求，对员工的职业化素质也提出了要求；③完全按市场付酬，企业内部薪酬差距会很大，会影响组织内部的公平性	适应于组织急需引进的关键人才、紧缺人才

从表5-1可以看出，没有哪种薪酬模式是尽善尽美的，也没有哪种薪酬模式是毫无价值的。在企业薪酬实践中一般采用几种薪酬模式或以一种薪酬模式为主并结合其他模式来设计企业薪酬体系。除了以上4种常用的薪酬模式，宽带薪酬和团队薪酬也日益受到学者关注。

2. 宽带薪酬

随着现代组织管理体系的逐渐建立，薪酬理论也在不断地完善和发展。相比传统的薪酬体系，现代薪酬设计并不简单地认为薪酬只是员工对组织所做贡献的认可和回报，而认为薪酬是实现组织战略目标的重要工具，也是企业文化的体现，更注重调动员工的主动性和积极性。正是基于现代薪酬管理思想及现代组织的发展变化，宽带薪酬管理模式应运而生。

根据美国薪酬管理学会的定义，宽带薪酬是指对多个薪酬等级以及薪酬变动范围进行重新组合，从而变成只有相对少数的薪酬等级，以及相应较宽的薪酬变动范围的一种薪酬管理体系。宽带薪酬是相对传统薪酬结构来说的，薪酬等级少，每个等级又包括多个薪酬档次，因此又称"一岗数薪"。作为一种全新的薪酬结构，某基本上克服了传统薪酬结构"等级多、级差小、无重叠、级别严"等种种弊端。它在企业内用少数但具较大工资幅度的岗位级别来代替原来工资幅度很小甚至是只有一个薪酬标准而导致的数量较多的岗位级别。

3. 团队薪酬

企业为了降低成本和适应快速变化的环境，不断进行流程再造、组织结构调整，组织扁平化、柔性管理和团队管理已成为现实，以工作团队为基础的结构已经逐渐成为组织结构的一种重要形式。团队薪酬是指组织根据团队的工作业绩或成果来确定对团队的整体奖励，然后团队成员再按照一定的规则和标准分享报酬的薪酬体系。

传统以个体绩效为基础的薪酬体系是以牺牲集体的目标和利益为代价的，它会强化个体之间的竞争和差异，可以最大程度地调动个体的积极性和主动性，比较适合以效率为中心、所处环境相对稳定的组织。然而，在外部环境快速变化的今天，成员之间的合作成为组织快速回应市场需求的关键，以个体绩效为基础的薪酬体系对合作行为的削弱作用决定了其不再适应组织的要求，而以团队为基础的组织结构能够将组织外在环境的压力通过战略目标在团队层面的分解而迅速传递到团队成员层面，促使个体行为与团队目标相一致，进而保证团队目标对组织战略的支持。团队薪酬以团队绩效为基础，借助组织中团队之间以及团队内部目标的互依性，通过激励合作行为，来保证团队目标与组织战略的一致，以及组织应变能力的提高①。

5.1.3 薪酬管理

1. 薪酬管理的概念

薪酬对于员工和组织的重要性决定了薪酬管理的重要性。组织的薪酬管理（Compensation Management）就是一个组织根据所有员工提供的劳动或劳务确定员工报酬的支付标准、支付水平、支付结构并随实践不断合理调整的过程，或者说，就是确定和调整基本工资、奖金、佣金和利润分成等具体薪酬构成的过程。

2. 薪酬管理的原则

在进行薪酬管理时，应该遵循以下 6 条原则。

（1）公平性原则。

公平是薪酬系统的基础，只有在员工认为薪酬系统是公平的前提下，才会产生认同感和满意度，从而产生薪酬的激励作用。在进行薪酬水平和薪酬结构设计时，要注意员工可能会对薪酬进行 3 种公平性的比较，即外部公平、内部公平、自身公平。

（2）竞争性原则。

企业要在激烈的市场竞争中取得优势，人才的竞争将是关键，为吸引、保留和激励人才，企业需提供富有市场竞争力的薪酬。竞争性原则分为外部竞争性和内部竞争性。外部竞争性是指企业的薪酬体系应该使企业在行业内的其他企业中具有竞争性，而内部竞争性体现为薪酬体系的构成与分配机制的合理性。

（3）激励性原则。

有效的补偿能够刺激员工努力工作，提高效率。企业内部员工的薪酬与个人对企业的贡献应当匹配，反对平均主义，薪酬分配应适度向高岗位、关键人才、市场供给短缺人才倾斜，同时，要适当拉开薪酬差距，对绩效高的员工提供更好的薪酬，增大变动薪酬所占比例，发挥薪酬的激励效用。

（4）认可性原则。

企业的薪酬系统必须要为员工所认可和接受，要让员工明白现行的薪酬决策是怎么做出的，工资结构为什么设计成某种形式等。可以采用让员工参与到薪酬决策中来或运用有效的方式与员工进行沟通等方法来使员工认可和赞同薪酬系统。同时，要根据不同岗位的特点制定不同的工资结构，针对不同的工作性质和员工不同的特点和喜好选择支付薪酬的内容结构。

（5）平衡性原则。

平衡性原则强调企业设计薪酬时必须充分考虑企业自身发展的特点和支付能力，同时实现薪酬的最大效用。在进行薪酬设计时，要注意在保持有竞争力的薪酬水平与控制高额的人

---

① 赵海霞，龙立荣，2010. 团队薪酬激励效果影响因素研究现状剖析与未来展望 [J]. 外国经济与管理，32（4）：40-46.

工成本之间进行适当的平衡，也要注意薪酬的各个组成部分保持怎样的比率，以及如何平衡才能更好地满足员工的需要。

（6）战略性原则。

企业薪酬设计应考虑对企业战略的支持，企业薪酬制度要在价值导向和行为导向上符合企业的发展战略。若企业实施成本领先战略，则在薪酬水平设计时应更多地关注人工成本，对于企业成本控制和节约的行为应给予鼓励。若企业实施产品差异化战略，则在薪酬水平设计时应更多地考虑对高素质人才的吸引，薪酬的支付应鼓励创新和员工技能的提高[①]。

3. 薪酬管理的内容

（1）薪酬计划。

薪酬是企业人工成本的主要组成部分，因而企业每年应根据人力资源规划制订企业薪酬预算以有效控制人工成本。制订薪酬计划时可制作薪酬计划表以便于统计分析。

（2）薪酬等级。

薪酬等级主要有两大类：一种是分层式薪酬等级类型，其特点是企业包括的薪酬等级比较多，呈金字塔型，员工薪酬水平的提高是随着个人岗位级别向上发展而提高，这种薪酬等级类型常见于成熟的、等级型企业中；另一种是宽泛式薪酬等级类型，其特点是企业包括的薪酬等级少，呈平行线排列，员工薪酬水平的提高既可以因为个人岗位级别向上发展而提高，也可以随横向工作调整而提高，这种薪酬等级类型常见于不成熟的、业务灵活性强的企业。薪酬等级是薪酬结构的基础，不同的企业类型，以及同一企业的不同发展阶段，薪酬等级的划分也将有所不同。

（3）薪酬构成。

薪酬构成是指员工薪酬的构成项目及各项目所占比例。薪酬构成应随行业、企业和岗位特征的不同而变化，不同的薪酬构成在支付相同的人工成本的前提下会产生不同的激励效果，因而薪酬构成的有效设计将提高企业人工成本效率。

（4）薪酬水平。

薪酬水平是薪酬管理的核心内容，薪酬水平的高低直接影响到企业吸引、激励和保留人才的能力，但薪酬水平不能过高，否则将影响企业在产品市场上的竞争力。因此，企业需同时考虑员工薪酬水平的外部竞争力和企业在产品市场上的竞争力，因而企业应经常关注市场薪酬水平的变化，并结合企业的实际情况进行薪酬水平的调整。

（5）薪酬日常管理。

薪酬方案确定后的薪酬日常管理将是一项长期工作，企业招聘员工、员工岗位异动都将面临薪酬确定问题。另外，员工年度考核后部分员工的薪酬会产生相应的异动、核算和支付，这也是一项经常性的工作。

（6）薪酬诊断。

企业薪酬确定后不是一成不变的，随着企业外部环境和内部环境的变化，原有的薪酬体系将会不适应企业的发展，需要定期对薪酬体系进行诊断，找出存在的问题并对原有薪酬体系进行完善或重新设计。

---

① 颜爱民，方勤敏，2018. 人力资源管理［M］. 3版. 北京：北京大学出版社.

5.1.4 战略性薪酬管理

20 世纪 80 年代末到 90 年代初，以爱德华·罗勒为代表的一批美国学者提出了战略性薪酬体系的理论。所谓战略性薪酬管理，是指在做薪酬决策时要对环境中的机会及威胁做出适当的回应，并且要配合或支持组织全盘的、长期的发展方向及目标，将薪酬管理作为企业构建竞争优势的工具。但是并非所有薪酬管理都是战略性的，米尔科维奇认为，“战略性薪酬管理”应该界定为“对组织绩效具有关键性影响的薪酬决策模式”。也就是说，能对组织绩效产生重大影响的薪酬决策模式才具有战略性。米尔科维奇将战略性薪酬概括为以下几个方面①。

（1）企业薪酬体系的设计必须基于企业的战略来展开。企业的战略可以区分为两个层面：一个是企业层战略，包括整个企业的愿景、价值观、战略目标和计划等；另一个是业务单元战略，它是建立在整个企业战略的基础之上的针对每项业务的竞争战略。

（2）根据战略的不同层面来决定企业的人力资源战略。在确立企业层战略和业务单元战略的基础上，需要根据这两个层面的战略来安排企业的人力资源战略，即思考人力资源在企业战略规划中的作用，以及企业通过什么样的人力资源系统来支撑企业的战略与目标。

（3）薪酬战略是人力资源战略的重要组成部分。薪酬战略建立在人力资源战略的基础之上，属于人力资源战略的一个组成部分，即在整个企业的人力资源系统设计中把薪酬系统作为其中的一个子系统来思考如何支撑整个人力资源战略的实现。

（4）应将薪酬战略转化为具体的、可操作的薪酬制度、技术和薪酬管理流程。在确立了薪酬战略以后还需要通过进一步的薪酬系统设计来落实薪酬战略，即将薪酬战略转化为具体的薪酬制度、技术和薪酬管理流程。只有这样才算完成了战略性薪酬管理体系的设计。

米尔科维奇认为成功的薪酬战略应当随着企业战略和人力资源战略的改变而改变。基于战略的薪酬体系设计步骤如图 5.5 所示。

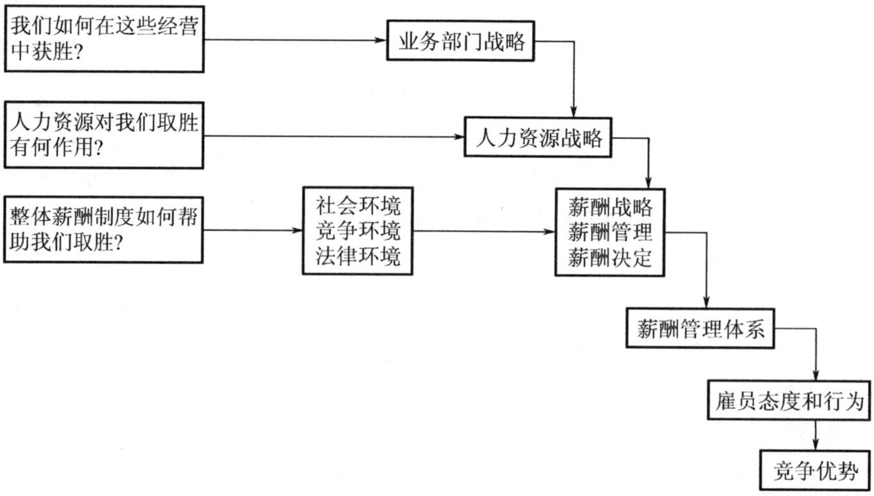

图 5.5 基于战略的薪酬体系设计步骤

① 米尔科维奇，纽曼，2014. 薪酬管理［M］. 6 版. 董克用，等译. 北京：中国人民大学出版社.

5.1.5 薪酬设计

1. 薪酬等级设计

薪酬设计的核心是薪酬的内部公平性，合理的等级设计体现了薪酬的内部公平性。等级设计是薪酬设计的骨架，而等级设计又依赖于工作评价。现介绍以岗位为基础的薪酬模式的设计步骤。

（1）工作评价。

工作评价（Position Appraisal）又称工作评估，是指在工作分析的基础上充分收集工作岗位各方面的信息，以工作岗位的工作内容和对组织的价值贡献为依据对岗位的责任大小、工作强度、所需任职条件等特性进行评价，以确定岗位间相对价值的过程。其结果是形成企业内部岗位的相对价值体系，最终确定岗位的薪酬等级。常用的方法有岗位排列法、岗位分类法、要素比较法、要素计点法、海氏系统法等。

（2）薪酬等级设计步骤。

在薪酬等级设计中不仅要设计等级，还要确定等级之间的级差以及每个薪酬等级的宽度等。

① 薪酬等级数量。根据企业的规模大小、行业特点、组织结构及岗位的数量确定薪酬等级的数量。传统的工资结构一般采用10～20个等级，在宽带薪酬结构中一般采用6个等级或更少。

② 薪酬级差。划分了薪酬等级后还要确定薪酬级差。薪酬级差指相邻两个薪酬等级薪酬标准的差距，实际操作中经常采用中点差异，即相邻薪酬等级中位值之间的差距。在实践中可以将不同的等级间级差大小设为相同，但更多的是根据不同的薪酬等级将级差差别化，一般根据经验数据来确定级差的数值。传统结构中的级差一般为5％～60％，宽带薪酬结构则一般为100％～300％，甚至达到400％。工资的级差反映了岗位之间的差别。

③ 薪酬幅度。薪酬幅度与薪酬等级的划分方式和数量有直接关系。传统薪酬结构由于等级较多所以薪酬幅度相应较小，而宽带薪酬结构由于等级少所以薪酬幅度较大。

④ 薪酬重叠。薪酬重叠指相邻两个薪酬等级之间的相互重叠或交叉。由于企业的岗位等级一般都是金字塔型，岗位级别越高可提供的岗位越少，员工的岗位升迁机会相应减小。为了弥补由于岗位数量少而给员工薪酬晋升带来的障碍，薪酬等级之间的工资标准可以重叠，一般低级别之间重叠小，高级别之间重叠大。

在设计薪酬结构时需综合考虑各种因素。图5.6是一个薪酬结构示意图。

2. 薪酬构成设计

有效的薪酬设计可以将员工的利益和企业的目标与发展前途有机结合，因此企业在进行薪酬管理的时候要遵守公平性、竞争性、认可性、平衡性、激励性和战略性的原则。在薪酬体系确定后需要进行薪酬构成设计，不仅需要考虑固定薪酬与浮动薪酬之间、短期薪酬与长期薪酬之间的构成比例，还应当考虑非经济性薪酬和经济性薪酬的组合优化。

（1）薪酬结构。

在薪酬的构成中，固定薪酬主要起保障功能，而可变薪酬与绩效指标的完成情况紧密挂

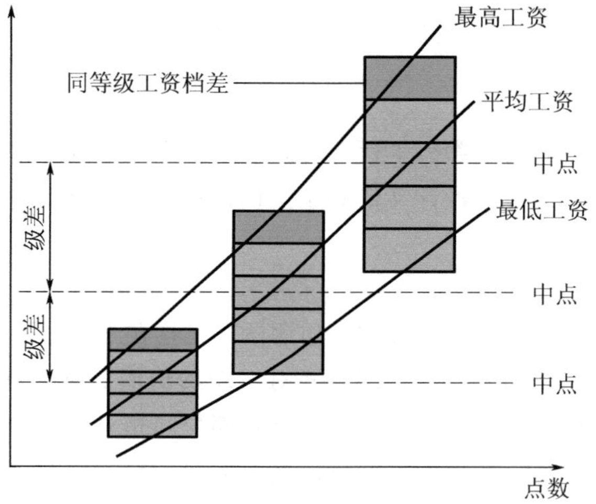

图 5.6　薪酬结构示意图

钩，主要起激励作用。固定薪酬主要包括基本工资、津贴等，浮动薪酬主要包括绩效工资、奖金等部分。企业常用的浮动薪酬有销售提成、计件工资、年薪制等。根据企业界薪酬管理的实践经验，岗位在组织架构中的级别越高，其工作内容中日常事务性工作越少，而战略性工作越多，对企业总体经营业绩的影响越直接也越大，因此，该岗位薪酬中的浮动比例也越大，反之则越小。

在现代战略性人力资源管理的过程中，员工是企业发展的参与者和决定力量。为了保持企业的可持续发展必须对员工特别是高级管理人员和核心技术人员进行长期激励，主要包括员工持股、模拟股票期权等延期支付计划，从而建立其将短期激励与长期激励相结合的薪酬构成。即在薪酬构成中，除了有固定工资和效益工资、奖金等短期激励薪酬外，还有股票期权、员工持股计划等长期激励薪酬。一般地，高级管理人员的薪酬构成中长期激励部分比重较大，而中级管理人员的薪酬构成中长期激励部分较小，基层员工则更小。不同等级岗位的薪酬构成如图 5.7 所示。

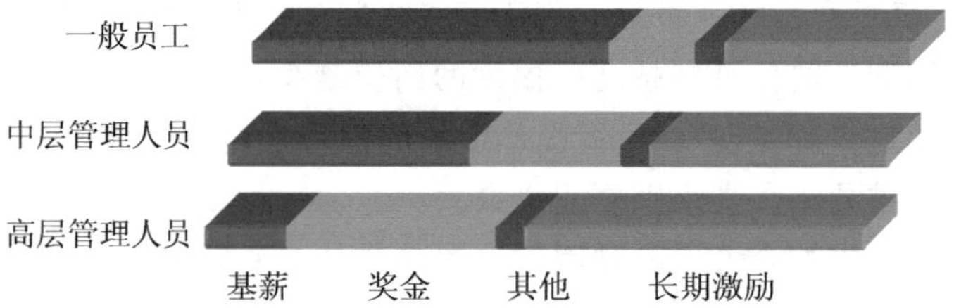

图 5.7　不同等级岗位的薪酬构成

（2）薪酬组合优化。

薪酬组合指薪酬各构成要素的相对重要性。薪酬的构成要素一般包含基本工资、绩效工资、奖金、福利，这些要素既可以以货币、实物形态派发，也可以是非经济性薪酬。随着社会发展和生活水平的提升，非经济性薪酬开始变得更加重要。这部分薪酬要素一般包括工作本身和工作环境两个部分。工作本身是指工作乐趣、责任感、荣誉感、挑战性、个人影响力、褒奖的机会、发展的机会等；工作环境是指自然环境及团队环境，包括弹性的工作时间、舒适的工作条件、便利的通信、合理的薪资发放、积极的工作氛围等。

当前许多学者的研究表明，不少员工表示出对带薪休假、技能培训、集体活动等非经济性薪酬的兴趣，许多员工表示当前较大的工作强度和工作压力使他们获得了较为满意的经济性薪酬，但是长期高强度的工作使得他们感觉较为疲乏，精神和身体上都面临不小的压力，缺少生活乐趣，甚至有一些员工表示愿意舍弃部分货币报酬来换取好一点的工作环境、工作氛围以及休息的时间。由此可见，把一些非经济性薪酬纳入企业当前的薪酬组合当中是非常有必要的，而且合理使用非经济性薪酬在提高员工积极性和满意度的同时一定程度上还能帮助企业控制成本，如赋予员工一定的工作自主权，对表现出色的员工予以表彰、认可等，这些非经济性薪酬施行成本很低，但往往效果却很不错。

在具体操作上可以先罗列出常见的非经济性薪酬要素，结合本企业员工的需要和公司的财力、物力，选取合适的要素纳入公司薪酬组合中。表 5－2 罗列了常见的非经济性薪酬要素，公司可以通过问卷调查等方式在进一步了解员工需求的基础上酌情选出若干要素加入薪酬体系中，作为对当前薪酬要素的补充，提高薪酬的多样性，从而使本企业提供的薪酬更具吸引力和激励性。

表 5－2　常见的非经济性薪酬要素

薪酬类别	薪酬要素	具体措施
工作要素	工作条件	提供良好的工作条件和工作环境
	工作自主	给企业内部员工更多参与到中小企业管理的事务中的机会，增加他们的责任感和归属感
	工作认可	褒奖工作出色的员工或做出突出贡献的员工，如开职工大会时进行嘉奖或在公告栏张贴优秀员工名单
	工作保障	提供稳定的工作回报，及时披露公司动态
	工作责任	明确企业内部员工的具体职责
个人发展	职位晋升	给企业内部员工制定合理的职位晋升路线
	技能晋升	给企业内部员工提供正式或非正式的培训，以掌握新的知识和技能
生活质量	生活质量	能够满足企业内部员工的一些特殊个人需求，如提供弹性的工作时间
		改善企业内部员工的生活质量，降低生活压力，如改善宿舍条件、设立帮扶基金
特殊假期	假期工资	提供非工作时间报酬、公休及法定节假日、其他带薪休假

5.2 案例一：薪酬模式设计案例

——力拓新材料有限公司薪酬模式设计[1]

5.2.1 公司简介及薪酬制度

1. 公司简介

力拓新材料有限公司（以下简称力拓公司）于 2001 年 6 月 8 日注册成立，是一家专业研究开发、生产、销售氢镍、镉镍、锂离子可充电电池，铅布材料及高能铅布电池，稀土贮能材料等系列产品的高新技术企业。2010 年，力拓公司实现销售收入 6 亿元，其中出口创汇 4 000万美元，被评为宜昌市出口创汇优秀企业；同年，力拓公司在交易所挂牌上市，成功进入资本市场，核心竞争力得到了进一步的巩固和加强。公司的核心团队为国家新能源材料行业的一批知名专家学者和归国留学人员。截至 2015 年年底，公司员工共 4 100 人，其中博士和教授级专家 20 余人，各类管理、营销、技术人才 400 余人。力拓公司组织结构如图 5.8 所示。

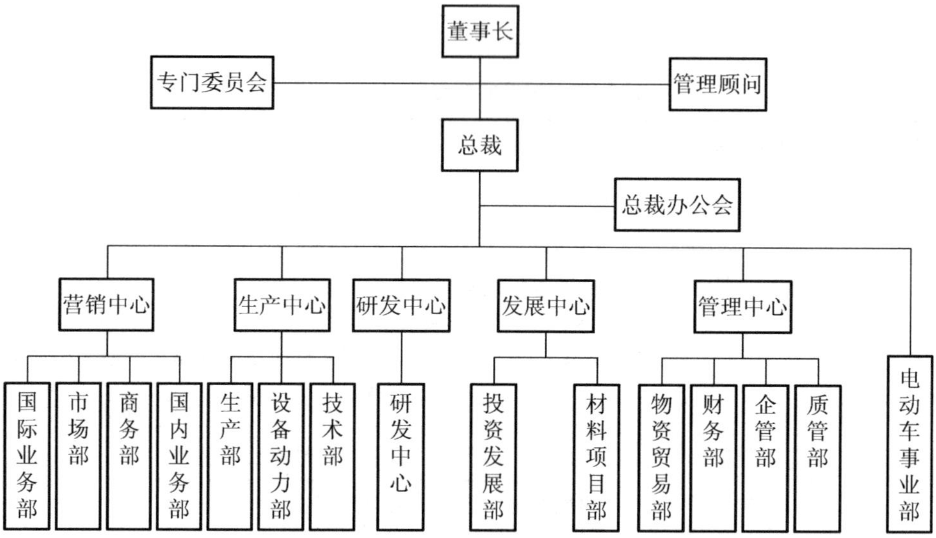

图 5.8　力拓公司组织结构

2. 公司薪酬制度

公司有一个基本的薪资框架，薪资水平分成 9 级，每级内又分为三个档次，实行一岗一薪的岗位工资制。原来工资是固定不变的，从 2016 年年初开始采用浮动工资制，70%为基本工资，30%为浮动工资。但是由于缺乏考核作为计发浮动工资的依据，浮动工资难以准确执行。

生产部生产人员采用基本工资加提成的薪资模式。一般员工的平均工资为 1 500 元/月，试用期员工工资为转正后的 80%。公司为员工提供免费的午餐、晚餐和住宿（非当地员工）。生产线上的员工月收入都在 1 800 元以上。

---

① 本案例源于作者主持的力拓新材料有限公司薪酬管理项目，案例写作于 2016 年 4 月，本次修订于 2018 年 4 月。

5.2.2 公司薪酬存在的问题

通过对力拓公司员工的调查访谈，结合相关的资料分析，我们发现公司的薪酬模式存在以下几个问题。

（1）力拓公司的员工平均收入在当地属于中高水平，但公司的地理位置较为偏僻，需要更高的薪酬成本来弥补其竞争劣势。

（2）老员工的工资采用的是协议价格，工作内容发生较大改变后工资水平没有及时得到修正，显示出力拓公司的薪酬制度动态性不足，这与处于创业阶段的企业动态性薪资要求不相匹配，不能满足公司的发展要求。

（3）薪酬水平的市场竞争力不足，影响优秀人才的引进。公司在引进高级人才时，由于待遇洽谈的人员和执行操作的人员不统一，造成了一定的混乱，不利于引进优秀人才。

（4）一岗一薪的岗位工资制忽视了任职员工的个人特质，力拓公司的薪酬模式设计缺乏针对性，对不同岗位、不同人员无法达到差别对待，激励效果不具有针对性。

5.2.3 公司薪酬的优化设计

结合公司薪酬体系存在的问题、公司人力资源战略和公司发展状况，对力拓公司的薪酬优化如下。

1. 薪酬方案设计的指导思想和原则

（1）薪酬设计与企业的特点及企业的成长阶段相适应。

力拓公司处在企业的创业阶段，企业也不可避免地会有较大和较为频繁的调整，所以十分复杂和严谨的薪酬制度会对动态变化的力拓公司造成一定的束缚和操作上的困难。灵活、简单的薪酬制度更能满足力拓公司现实的需要。

（2）综合考虑企业的人力资源战略和薪酬战略。

企业的快速发展决定了企业不能仅依靠内部培养来迅速补充人力资源的缺口，必须大力引进外部人才，所以在人力资源战略中应当突出薪酬的外部竞争性。同时人才的内部培养也是支撑企业后续发展的关键点，在薪酬设计中应体现员工的成长空间。

（3）针对不同岗位系列的特点设计其薪酬模式。

力拓公司的岗位设置十分完备，岗位数量多，类别跨度大，对员工的技术及专业要求差别也很大，如果采用一个统一的薪酬模式，很难兼顾各岗位的工作特点，做到有针对性的激励。因此，新的薪酬体系的构建应针对不同岗位系列的特点进行有针对性的设计。

2. 薪酬模式设计

（1）岗位归类。

将高管类、管理类、技术类、销售类、生产类、后勤类等不同的岗位类别，分别归到各自的所属部门。

（2）薪酬模式的选择。

根据公司岗位的性质和特点，把公司的所有岗位分为高管、管理、技术、销售、生产和后勤六大类，并根据各类岗位特点设计相应的薪酬模式。

① 高管人员薪酬模式。

a. 模式选择：年薪制。

b. 年薪构成：年薪收入＝基本年薪＋浮动年薪。建议基本年薪占60%，浮动年薪占40%。

c. 年薪的发放：基本年薪平分到月，每月在公司的工资发放日发放；浮动年薪在年度结束后根据公司整体业绩和个人工作业绩确定。其考核指标分为财务业绩指标和非财务业绩指标，具体见表5-3。

表5-3 考核指标分类

财务业绩指标	非财务业绩指标
总资产报酬率（利润总额/平均资产总额）	客户满意度
资本保值增值率（期末所有者权益总额/期初所有者权益总额）	技术创新投入与产出
成本费用利润率（净利润/成本费用）	市场份额增长
全员劳动生产率（经营收入总额/平均员工人数）	员工满意度
流动比率（流动资产/流动负债）	员工保持率
速动比率（速动资产/流动负债）	—

考核指标和相应的考核标准在实行年薪制前应由年薪收入者和公司的薪酬管理机构进行协商确定。如果市场发生重大变化，或者公司的发展战略进行了较大调整，考核的指标及其标准可以相应调整。

② 管理系列薪酬模式。

a. 模式选择：岗位（为主）工资制。

b. 薪资构成：薪资收入＝岗位工资＋绩效工资＋年功工资＋福利＋奖金。

管理系列是涵盖岗位数量、涉及部门最多的一类。该系列选择岗位工资制，即员工的薪资收入主要根据所处岗位来确定。管理系列一般会随着岗位的提升而对员工的知识、管理技能、承担责任与压力等方面的要求提升，因而根据岗位在组织中的地位确定薪酬是比较合适的。

为了弥补一岗一薪的岗位工资制对任职员工个人特质忽视的缺陷，我们设计采用一岗多薪制，在岗位决定工资档的基础上结合任职员工的个人特质再确定工资级别，同时给员工以一定的薪酬晋升空间。

例如，管理岗位工资档分为9档，其中部长岗位由公司领导根据表5-4进行价值评价，然后进行强制排序，均匀分布到第7～9档中。

③ 技术岗位薪酬模式。

a. 模式选择：技能（为主）工资制。

b. 薪资构成：薪资收入＝技能工资＋绩效工资＋年功工资＋福利＋奖金。

设立研发奖对研发技术人员进行奖励，其奖励由总裁根据研发项目的进度和成果确定。力拓公司是一家高科技企业，技术人才是公司的重要资源。为了给技术人才提供一条职位以外的晋升通道，我们设计了技能工资制，为了有效实现技能工资制，公司应尽快建立起内部的职称评聘制度。工资定档定级以公司评聘的技术职称为准。

表5-4 部长岗位付酬要素评价

岗位付酬要素	要素指标	水平刻度											权重设置	得分
		很好		较好			一般			较差				
		10	9	8	7	6	5	4	3	2	1	0		
A. 职位所要求工作经历与经验丰富程度	A1. 工作经历丰富程度													
	A2. 从事本职位或相关职位的工作时间													
	A3. 专业训练难度或专业等级要求													
	A4. 职位的工作灵活性与创新难度													
B. 工作复杂程度	B1. 工作内容复杂程度													
	B2. 工作协调难度													
	B3. 工作任务繁重程度													
	B4. 工作中突发事件频度													
C. 职位涉及人际关系的难度与频度	C1. 与外界人士交往频度与重要性													
	C2. 与其他部门人员配合频度与重要性													
	C3. 管理幅度与难度													
D. 对组织目标的影响程度与工作中的责任与压力	D1. 职位在公司运作中的重要程度													
	D2. 职位对其他部门工作完成情况的影响													
	D3. 工作压力大小													
	D4. 职位责任的考核明晰													
	D5. 决策的责任压力													

④ 销售系列薪酬模式。

a. 模式选择：绩效（为主）工资制。

b. 薪资构成：薪资收入＝基本工资＋绩效工资＋年功工资＋福利＋奖金。

基本工资给予销售人员一定的生活保障和支持，但是基数不会很高。建议基本工资占销售人员个人总收入的40％～50％，以后逐步提高奖金比例。

力拓公司的电池产品具有一定的科技含量，有技术营销的特点。把销售人员都培养成技术专家是很好的思路，但是培训需要较长的时间，因而在现阶段可能更适合采用组建跨部门的团队方式进行市场开发。

奖金可分为市场开拓奖、销售任务完成奖等。公司把奖金作为对整个团队或整个销售部门的奖励，由团队或部门进行第二次分配，落实到人。

⑤ 生产系列薪酬模式。

a. 模式选择：计件工资制。

b. 薪资构成：薪资收入＝计件工资＋年功工资＋福利＋奖金。

如果出现生产任务不饱满的情况，应给予生产人员基本的收入保障，可以采用每天给予一定补贴的方式，包括仓库保管和仓储搬运等普工岗位套用管理系列第一档工资。

⑥ 后勤系列薪酬模式。

后勤系列是公司比较容易招募的一类，其薪资可以采用较为简单的一岗一薪制，辅以一定的奖金。对于公司的正式员工，可以享受公司提供的基本福利和年功工资，而临时工则只享受公司的统一福利，没有年功工资。

3. 薪酬构成设计说明

各岗位类别的工资均采用了结构工资，基本上各类岗位的工资由以下几部分构成。

（1）岗位工资/技能工资/基本工资。

这一部分工资是固定的收入，是对员工在公司的基本价值的认可，提供员工生活必须的需求满足。其根据员工所在的岗位或公司评聘的职称等级、员工个人的特质确定。

（2）绩效工资。

绩效工资是浮动的收入部分，与员工的工作业绩有关，根据月度考核成绩核发。浮动工资体现了员工工作业绩差别导致的收入差别，激励员工努力提高工作绩效，从而提升公司的整体绩效。

绩效工资占总收入的25%～43%不等。岗位级别越高、职称级别越高，则绩效工资的比例也越高，部长、高级工程师的绩效工资为（1）的43%左右，其他员工的绩效工资为（1）的25%左右。

（3）年功工资。

年功工资的设计目的是稳定公司的队伍，增加员工对公司的归属感，加强公司与员工的情感纽带。在公司工作一段时间后，员工适应了公司的氛围，熟悉了岗位，工作业绩将会在一段较长时期内处于稳定的高水平，公司应该想办法把这部分员工留下来。年功工资可以在稳定收入增长方面起到一定的作用。

年功工资根据岗位级别和内部职称的级别进行确定，级别越高，年功工资越高。为了简化计算，年功工资采用直线型，即每年增加固定的数额。年功工资8年封顶，超过8年后年功工资不再增加。

年功工资从进入公司起满一年后开始发放。为方便计算，上半月进入公司者当月算一个月司龄，下半月进入公司者当月不计司龄。

（4）福利。

法定福利，由公司按照所在地社保机构的要求进行办理。

公司统一福利，包括工装、食宿补贴、生日礼金、公司培训等。

公司特别福利（部分员工享有），包括通信补贴、补充保险、带薪休假、住房补贴等。

（5）奖金。

各岗位类别都享有和岗位工作性质相符合的奖金，重要的有研发奖、市场开拓奖、销售任务完成奖、满勤奖等。

4. 薪酬标准设计

（1）管理系列工资标准（表5-5）。

根据岗位级别确定管理人员的工资档次，根据人事权限表由相关人员和部门依据个人的工作经验、学历等特征进行定级。部长7～9档，主管4～6档，办事员1～3档；刚达到岗位最低要求的员工一般定为1级；如在学历、工作经验等方面超出了岗位要求，可以定为2或3级；同时应参考员工以前的收入，原则上不能有太大的差距。

表5-5 管理系列工资标准

管理系列工资档次及技能工资、绩效工资标准（模拟）																
档次	1级		2级		3级		4级		5级		6级		7级		8级	
	岗位	绩效	岗位	绩效	岗位	绩效	岗位	绩效	岗位	绩效	岗位	绩效	岗位	绩效	岗位	绩效
9档	2 100	900	2 310	990	2 520	1 080	2 800	1 200	3 080	1 320	3 360	1 440	3 710	1 590	4 060	1 740
8档	1 750	750	1 890	810	2 030	870	2 240	960	2 450	1 050	2 660	1 140	2 940	1 260	3 220	1 380
7档	1 540	660	1 680	720	1 820	780	2 030	870	2 240	960	2 450	1 050	2 730	1 170	3 010	1 290
6档	1 440	360	1 600	400	1 760	440	2 000	500	2 240	560	2 480	620	2 800	700	3 120	780
5档	1 200	300	1 320	330	1 440	360	1 600	400	1 760	440	1 920	480	2 160	540	2 400	600
4档	960	240	1 080	270	1 200	300	1 360	340	1 520	380	1 680	420	1 920	480	2 160	540
3档	640	160	720	180	800	200	920	230	1 040	260	1 160	290	1 360	340	1 560	390
2档	480	120	520	130	560	140	680	170	800	200	920	230	1 120	280	1 320	330
1档	400	100	440	110	480	120	560	140	640	160	720	180	880	220	1 040	260

（2）技术系列工资标准（见表5-6）。

根据内部职称确定技术人员的工资档次，根据人事权限表由相关人员和部门依据个人的工作经验、学历等特征及所处的岗位进行定级。

表5-6 技术系列工资标准

技术系列（一）工资档次及技能工资、绩效工资标准（模拟）																
档次	1级		2级		3级		4级		5级		6级		7级		8级	
	技能	绩效	技能	绩效	技能	绩效	技能	绩效	技能	绩效	技能	绩效	技能	绩效	技能	绩效
高级工程师	2 100	900	2 310	990	2 520	1 080	2 800	1 200	3 080	1 320	3 360	1 440	3 710	1 590	4 060	1 740
工程师	1 600	400	1 760	440	1 920	480	2 160	540	2 400	600	2 640	660	2 960	740	3 280	820
助理工程师	960	240	1 080	270	1 200	300	1 360	340	1 520	380	1 680	420	1 920	480	2 160	540
技术员	640	160	720	180	800	200	920	230	1 040	260	1 160	290	1 360	340	1 560	390

续表

技术系列（二）工资档次及技能工资、绩效工资标准（模拟）

档次	1级		2级		3级		4级		5级		6级		7级		8级	
	技能	绩效	技能	绩效	技能	绩效	技能	绩效	技能	绩效	技能	绩效	技能	绩效	技能	绩效
高级技师	1 960	840	2 100	900	2 240	960	2 450	1 050	2 660	1 140	2 870	1 230	3 150	1 350	3 430	1 470
技师	1 200	300	1 320	330	1 440	360	1 600	400	1 760	440	1 920	480	2 160	540	2 400	600
高级工	800	200	880	220	960	240	1 080	270	1 200	300	1 320	330	1 520	380	1 720	430
中级工	560	140	640	160	720	180	840	210	960	240	1 080	270	1 280	320	1 480	370
初级工	400	100	440	110	480	120	560	140	640	160	720	180	880	220	1 040	260

刚取得职称晋升的员工一般定为第一级，相同职称条件下研发岗位一般可以比其他岗位高一级，以吸引优秀技术人员进行研究开发工作。对于承担了管理职能的技术人员给予一定的管理津贴。

（3）生产系列计件工资标准（表5－7）。

生产系列采用超额累进计件制。超额计件标准大于一般计件标准；测算出各工序的定额，定额以内采用一般计件标准，超过定额的部分采用超额计件标准，同时结合生产质量进行考核。

表5－7　生产系列计件工资标准

工序序号	工序名称	定额/个	一般计件标准/(元/个)	超额计件标准/(元/个)
1				
2				
3				
…				
30				
合计	—	—		

（4）试用期员工工资标准。

应届毕业生不论专业与岗位采用统一的工资标准，转正后再根据岗位类别进行工资定级。非应届毕业生在试用期内只拿取岗位工资或技能工资这部分固定工资。试用期生产员工采用固定工资，试用期结束后日产量必须达到定额标准，达不到定额标准的则予以淘汰。

5. 薪酬计算

（1）高管人员薪资收入的计算。

月薪＝基本年薪÷12

年终实际浮动年薪＝浮动年薪×年终经营业绩考核系数

（2）管理系列、技术系列薪资收入的计算。

薪资收入＝ 岗位工资/技能工资＋绩效工资×月度绩效考核系数＋年功工资＋福利＋奖金

（3）生产系列薪资收入的计算。

薪资收入＝ 定额内合格件数量×一般计件单价＋超额合格件数量×超额计件单价－扣

款+年功工资+福利+奖金

(4) 销售系列薪资收入的计算。

薪资收入= 基本工资+绩效工资×月度绩效考核系数+年功工资+福利+奖金

6. 薪酬的调整

薪酬调整在考虑企业承受能力的前提下进行，主要有以下3种类型。

(1) 针对地区物价水平或行业平均收入水平的调整。

对于这类调整，公司原则上应只针对工资标准进行调整，维持员工薪资等级，且公司应适当控制调整的频率和幅度，避免形成惯例，给员工以错误的期望。

(2) 与企业利润或成长相关联的调整。

可考虑设置利润增长率目标，当实现这一目标之后，从税前利润中提取一定比例作为员工薪资增长的资金来源。此类调整既可改变工资等级，亦可只针对工资标准进行调整。

(3) 个别奖励性调整。

这类调整一般在年度进行，是对工作表现出色的员工的一种奖励。因此公司应适当控制受众比例，一来有利于控制企业人工成本，二来突出激励效应，避免“大锅饭”现象发生。此类调整一般只针对工资等级进行调整，工资标准不得随意改动。

5.2.4 案例解析

本案例根据力拓公司的薪酬制度结合公司的发展阶段特征及行业特点分别设计了高层管理者、管理系列、技术系列、销售系列、生产系列及后勤系列等不同类别岗位的薪酬方案。根据不同岗位特点分别有针对性地选择了相应的薪酬模式，并详细介绍了薪酬标准设计、薪酬计算过程等。可以说，本案例比较全面地介绍了薪酬设计的核心内容，具有一定的典型性，本案例旨在让读者认识针对不同岗位类型选择适合的薪酬模式的重要性，并掌握不同薪酬模式的设计方法。

评价：本案例针对不同的岗位类别采用了不同的薪酬设计模式，使用了6种设计方法，几乎涵盖了所有常见的有代表性的薪酬方法，很有典型意义。读者可以通过本案例理解这些主要的薪酬方案的设计思路和方法，掌握不同方法的特点和适用性。本案例详尽地提供了部分薪酬的具体操作表单、计算方法，同时考虑了薪酬的内部平衡性和应用弹性，将相关的年功工资、福利问题也考虑在内，体现了薪酬设计的全面系统性特征，希望引起读者重视。

使用说明：除了全新的企业，对一般企业而言，薪酬设计是一种优化设计。这种设计实质上是在原薪酬体系的基础上进行改进和完善。本案例限于篇幅对原薪酬只做了简单的介绍和问题分析，实际操作时必须将新设计的方案与原方案进行比照，测算出新方案针对不同群体（管理人员、技术人员等）的收益变化状况，并对新的薪酬方案实施后的利益格局调整进行测算和评估，对可能出现的问题进行预测并提出解决对策。如果方案中绩效和奖励性收入份额较重，还必须针对不同的绩效假设测算其收益变化以预测薪酬方案随着公司经营效益波动带来的波动状况①。总之，薪酬方案设计的政策性、系统性非常强，前期工作必须精细，对有关问题进行充分的模拟测算和预测，这样才能确保薪酬方案的可操作性。本案例只将设

① 颜爱民，2010. 人力资源管理经济分析［M］. 北京：北京大学出版社.

计的中心内容展示出来，而将其他过程省略，特别提醒读者注意。

案例研讨：

1. 不同的岗位系列各有什么特点？其适用的薪酬模式有什么差别？

2. 请结合本案例内容，选取你所在公司某类岗位的薪酬体系进行评估和优化设计，并组织研讨。

5.3 案例二：薪酬管理体系优化设计案例
——达实智能公司薪酬管理体系优化设计[①]

5.3.1 公司简介及薪酬管理

1. 公司简介

达实智能公司于1995年在深圳成立，公司于2010年6月在深交所成功上市。该公司致力于建筑智能化和节能发展，通过物联网及智能技术，提供全生命周期建筑智能化及节能服务与智慧城市顶层规划设计和总体解决方案。公司拥有国家博士后科研工作站、深圳市自动化工程技术研究开发中心，以及多项服务产品，是国家高新技术企业，承担并完成了国家高技术产业化示范项目、国家科技成果重点推广计划项目、国家级火炬计划项目、建设部科技计划项目以及多项省市级科技计划项目，具有原始创新能力，拥有自主知识产权，已经获得28项国家专利及15项软件著作权。2015年公司共有9个事业部、5个子公司、9个日常管理部门，公司共有各类员工768人，其中专科技术和管理类员工占58%，硕士及以上学历人员67人。公司年销售额20余亿元，利润1.8亿元。

2. 公司薪酬管理

公司以贡献计酬，鼓励人才充分发挥个人的聪明才智，公司已经形成了以营销、技术开发、工程服务为一体的人才倒三角结构，90%以上的人员拥有大学本科学历。公司的职位等级分为6级，分别对应公司上下的各个岗位员工，具体见表5-8。达实智能公司2015年组织结构如图5.9所示。

表5-8 达实智能公司的职级岗位对应表

序号	职位等级	对应岗位
1	A	总裁办公会成员
2	B	事业部总经理、总工程师、职能部门经理
3	C	事业部区域总经理、总工程师、二级部门经理、职能部门副经理、博士后研发人员
4	D	项目总监、项目经理、职能主管
5	E	销售经理、技术支持工程师、项目工程师、职能专员
6	F	其他辅助岗位，含保安、司机、前台、文员等

① 本案例源于作者指导研究生完成的达实智能公司人力资源项目，案例初稿写作于2016年5月，本次修订于2018年4月。

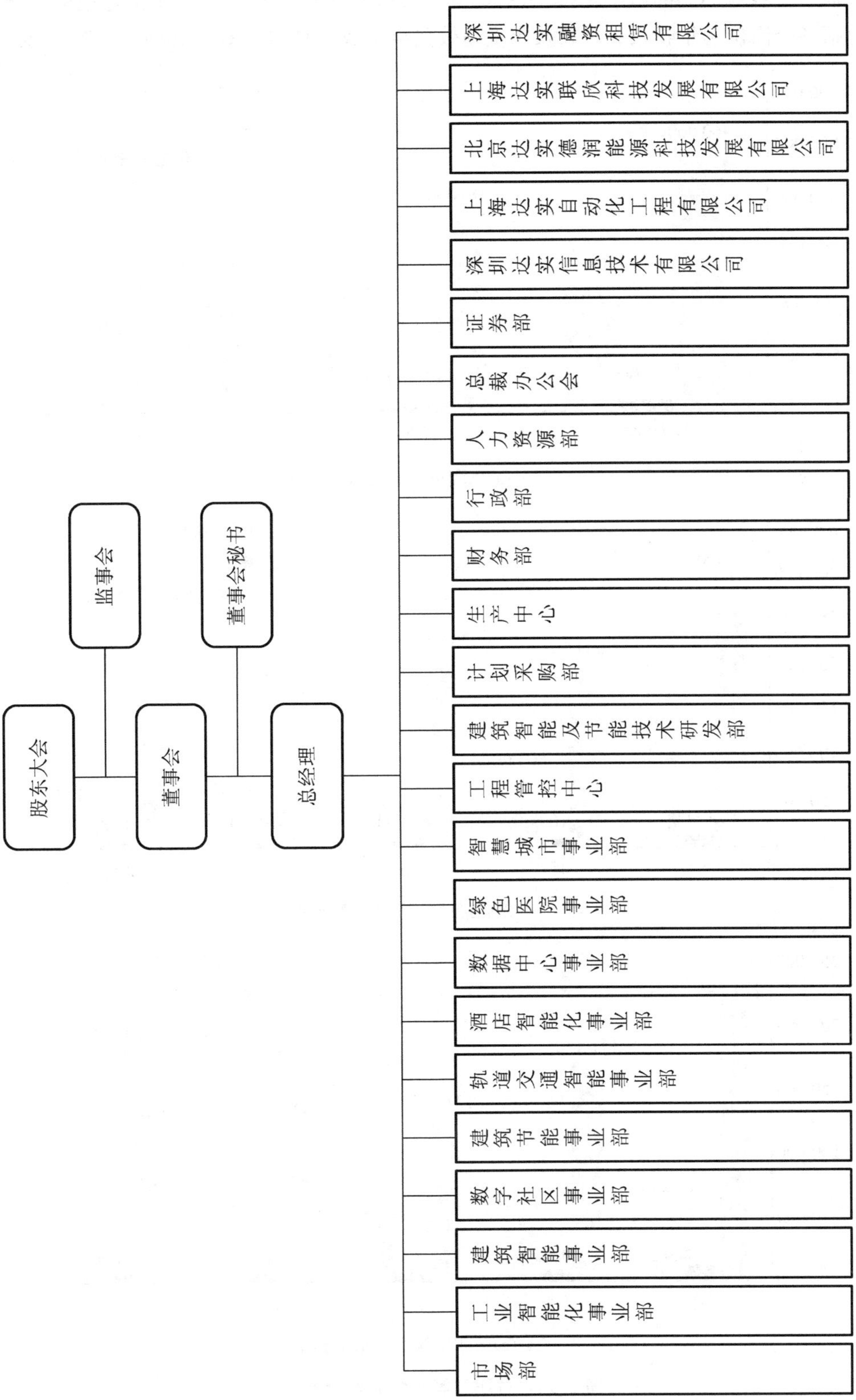

图5.9　达实智能公司2015年组织结构图

每个职位等级有不同的薪酬标准，图 5.10 主要分析了 A～F 共 6 个职位等级的薪酬标准状况，包括各个岗位的年收入、月薪及年度绩效奖金基数，具体如图 5.10(a)～(f) 所示。

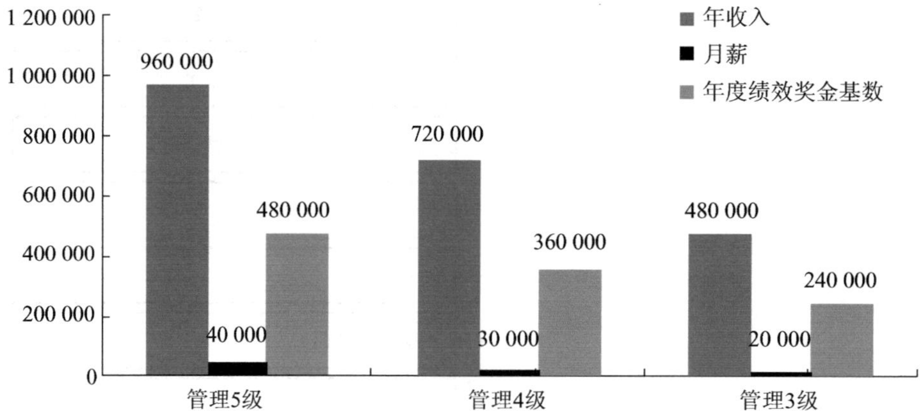

(a) A职位等级的薪酬标准

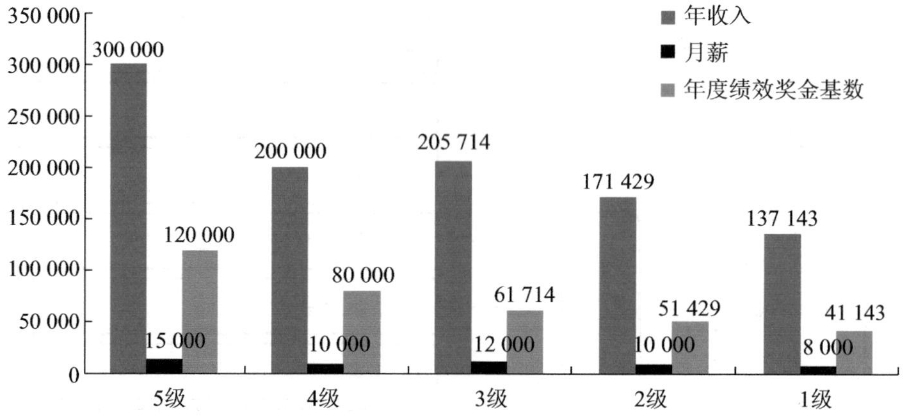

(b) B职位等级的薪酬标准

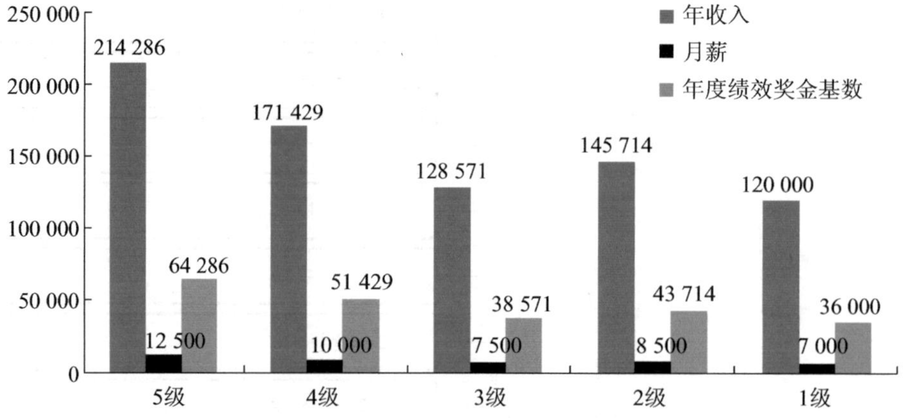

(c) C职位等级的薪酬标准

图 5.10 各职位等级的薪酬标准

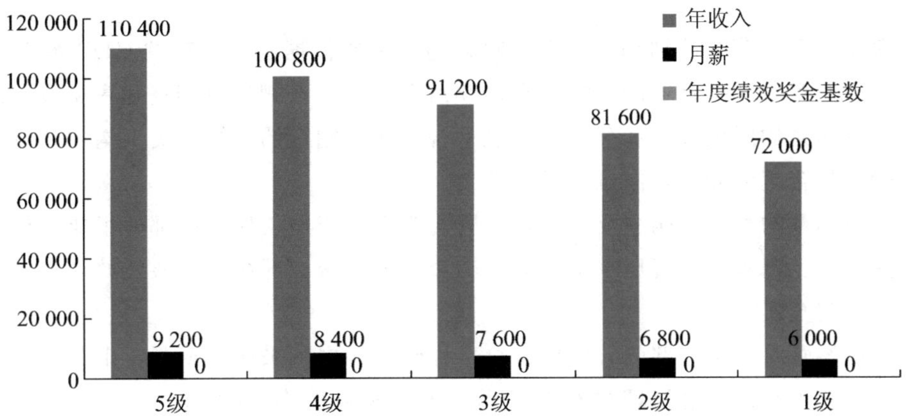

(d) D职位等级的薪酬标准

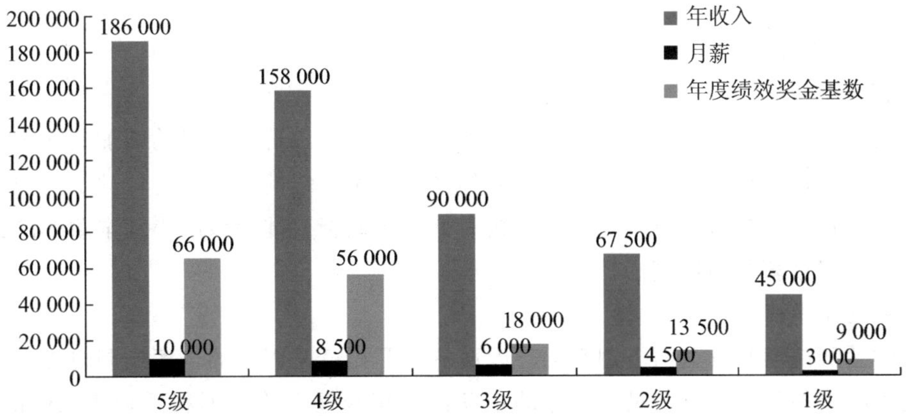

(e) E职位等级的薪酬标准

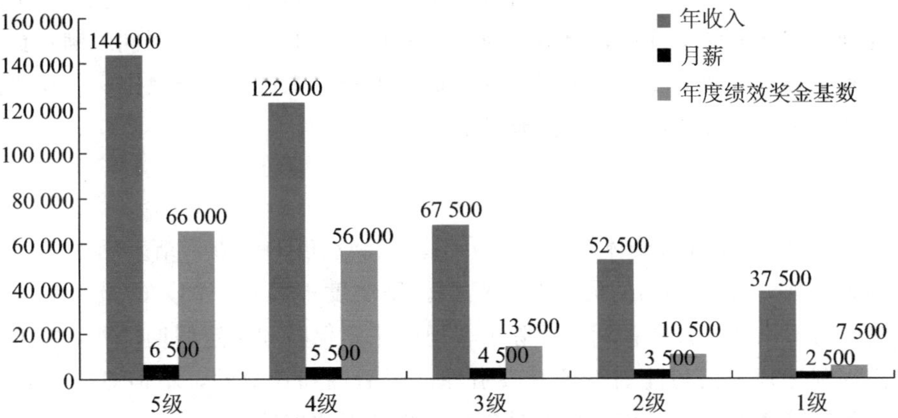

(f) F职位等级的薪酬标准

图 5.10（续）

公司员工薪酬主要以奖金为主，基本工资较低。具体的薪酬体系表现为以下 4 个方面。

（1）薪酬体系的薪酬计划是自上而下制订的，主要依据是深圳市的 GDP 水平及 CPI 水平，以及同行业竞争对手企业的薪酬水平，并没有对员工薪酬进行调查和意见收集。

（2）薪酬体系的岗位等级和分类标准也是自上而下制定的，缺少员工沟通，没有对员工的岗位进行科学合理的分类，岗位分类不细致。

（3）薪酬体系的薪酬结构主要由基本工资、奖金、津贴、保险等部分组成。员工工资与岗位工资挂钩，工资水平与资历水平相关。奖金由人力资源部统一考核发放，未针对不同岗位的员工设立奖金机制。

（4）公司经营管理层（部门总经理、总工程师）的报酬采用年薪制，由基本工资＋年度奖金组成，年薪水平部门总经理约为 80 万元，总工程师约为 50 万元。

5.3.2 公司薪酬管理存在的问题

1. 薪酬结构不合理

（1）薪酬结构单一。

公司的薪酬与岗位和职位挂钩，而职位相对稳定，员工晋升不成功则加薪无望，其工作积极性必然受挫，甚至出现消极怠工或离职的情况。生产线的员工实行计件工资制，销售人员只有提成工资，薪酬形式单一。薪酬结构有待继续改善，即应该减小基本薪酬的比例，加大可变薪酬和间接薪酬的比例。

（2）缺乏调整机制。

公司的薪酬制度是自上而下制定的，因而从一开始就是固定的，薪酬调整机制十分不完善。缺乏薪酬调整将严重打击员工工作的主动性和积极性，并且不利于企业队伍的稳定性，难以引入高端人才。

（3）忽视非经济性薪酬。

由于公司采用的是基于岗位的薪酬管理体系，故缺乏非经济性薪酬的设置。但是根据全面薪酬管理理论和薪酬激励理论，要对企业员工实行充分的激励，就要同时满足员工的经济性薪酬要求和非经济性薪酬要求。公司忽视了员工本身对工作环境与氛围、工作满意度和职业发展机会的要求，导致难以保留和激励核心人才。

2. 薪酬满意度不高

公司在 2014 年对原有薪酬体系进行了员工薪酬满意度的调查，结果见表 5－9。通过薪酬满意度调查发现，公司 68％的员工对企业的薪酬制度不满意，75％的员工对原有的整体薪酬体系吸引力不满意。公司福利设计除了普通的法定保险和法定假期之外，没有针对不同员工的灵活福利计划，福利计划不具有吸引性、灵活性和针对性，不但打击了员工的积极性，降低了员工满意度，还损害了员工对公司薪酬管理的忠诚度。

表 5-9 达实智能公司员工薪酬满意度调查结果

调查指标		薪酬满意度		
		满意	一般	不满意
整体薪酬体系吸引力	基本工资水平	11%	72%	17%
	绩效奖金水平	23%	56%	21%
	福利津贴水平	17%	50%	37%
岗位等级评价方法		12%	33%	55%
整体薪酬制度		5%	27%	68%

3. 薪酬的激励效应不足

公司知识型员工比例较高，员工的需求层次较高、多元化特征明显，但公司未能根据员工的特征关注长期激励与短期激励的有效结合，未对高层管理者、核心技术人员和有突出贡献的员工推行年薪制、期权和股权计划等长期激励制度。员工的工资收入大都来自基本薪酬，只有少部分公司高管的薪酬收入与公司利润及股票绩效等风险性因素挂钩。奖金分配存在不同程度的平均主义，企业的激励约束机制不完善。此外，内在薪酬激励不足，公司主要依靠外在的货币激励，忽视培训机会、工作满意度、工作环境改善等内在激励措施。

调研显示，非经济性薪酬在企业薪酬管理中产生的激励作用是不同的，各类薪酬对员工的影响程度见表 5-10。

表 5-10 各类薪酬对员工的影响程度

薪酬的构成要素	薪酬对员工的影响程度		
	吸引作用	保留作用	激励作用
基本工资	高	高	中
短期激励薪酬（奖金）	高	中	高
长期激励薪酬（股权/期权）	中	高	中
福利与津贴	低	中	低
非经济性薪酬（晋升、地位、表彰、荣誉、影响力等）	低	中	高

4. 考核制度

公司缺乏对薪酬体系和绩效体系的系统性考虑，存在着大量的薪酬与考核不匹配的问题，未能使考核体系对薪酬形成有效的支持。甚至存在绩效评估随意化（管理层“拍脑袋”进行），考核的公平性不足等问题。

5.3.3 公司薪酬管理体系的优化设计方案

1. 薪酬管理体系设计流程

对公司进行薪酬管理体系设计的步骤大致可以分为以下 6 步：明确企业薪酬战略、工作分析、岗位评价、薪酬调查、薪酬结构/水平设计、薪酬体系实施与保障。薪酬管理体系设计的流程如图 5.11 所示。

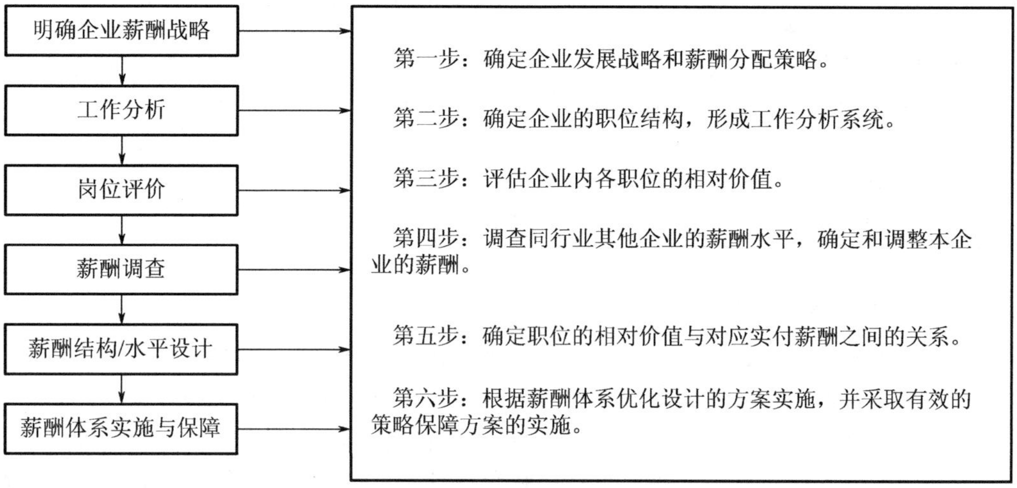

图 5.11　薪酬管理体系设计的流程

2. 薪酬结构的优化设计

（1）构建全面薪酬管理体系。

针对薪酬结构单一问题，改进的方案采用全面薪酬管理体系，包括薪酬、福利、学习发展和工作体验 4 个部分，具体见表 5 - 11。

表 5 - 11　全面薪酬管理体系

项　目	内　容
薪　酬	岗位工资、绩效工资、奖金、津贴
福　利	健康保险、退休福利、储蓄计划、非工作时间付薪
学习发展	职业生涯管理、学习机会、继任计划、培训课程
工作体验	组织文化、同事关系、工作与生活的平衡、工作地点

以上关于薪酬部分，岗位工资是在考虑岗位责任、贡献、技能要求、工作强度、工作环境、社会劳动力价格等因素的基础上设置的，它实行动态管理，岗变薪变。绩效工资是根据企业效益情况与员工本人工作业绩挂钩的工资收入部分，体现了“多劳多得”的原则，促进了员工之间的公平竞争，激励员工努力提高工作效率，改善工作绩效。奖金是针对员工对公司和岗位工作做出突出贡献而设立的，包括年终奖和项目奖，年终奖是根据公司年度利润情况进行发放的，项目奖与个人业绩考核的结果挂钩。津贴简化归并发放，根据政府相关规定或岗位特殊性，按一定的基本工资比例，随岗位变动而做出相应调整。

这种薪酬管理体系能充分发挥薪酬在吸引、保留和激励人才方面的作用，有助于实现公司的经营目标。根据公司员工的工作特点，以及全面薪酬结构，优化后不同类型岗位的薪酬结构见表 5 - 12。

表 5 - 12 优化后不同类型岗位的薪酬结构

序号	类 别	结 构	适用岗位
1	年薪制	岗位工资＋绩效工资＋福利	高级管理（高级技术）
2	绩效工资制度	岗位工资＋绩效奖金＋津贴＋福利	技术
2	绩效工资制度	岗位工资＋绩效奖金＋福利	职能
3	佣金制度	岗位工资＋销售提成＋福利	销售
4	产量工资制度	岗位工资＋产量奖金＋福利	生产

（2）建立薪酬调整制度。

针对薪酬结构中缺乏薪酬调整的问题，综合薪酬调整的内容、依据和时间提出薪酬调整优化方案。薪酬调整包含基本薪酬调整和绩效加薪。基本薪酬增加的途径包括普遍加薪和生活成本加薪；绩效加薪是指按照员工的贡献增加相应的薪酬水平。薪酬调整的时间分为定期调整和临时性调整。每年设置两次定期薪酬调整，调整适合整体基本薪酬增加与减少；临时性调整适合员工入职转正、岗位变动及特别奖励等。

简单的绩效加薪方案不能体现公司薪酬调整的科学性，绩效加薪的幅度不仅要依据员工个人的年度绩效考核结果，还要考虑企业经营状况和市场薪酬差距。优化市场化绩效加薪方案见表 5 - 13。

表 5 - 13 优化市场化绩效加薪方案

市场薪酬差距	绩效考核等级				
	差	优	良	中	合格
＋15％以上	6％	5％	3％	1％	0
＋8％以上	8％	6％	4％	2％	0
0	10％	8％	5％	4％	0
－8％以上	14％	10％	8％	5％	0
－15％以上	18％	15％	10％	8％	0

（3）增加非经济性薪酬。

针对薪酬结构中忽视非经济性薪酬的问题，根据员工对工作环境、团队氛围、工作满意度、自我学习和职业发展机会的要求，增加相应的非经济性薪酬，以保留和激励人才。这种方式是用较低的成本来刺激员工为企业创造最大的价值，表 5 - 14 为优化设计后的非经济性薪酬。

表 5-14　优化设计后的非经济性薪酬

序　号	非经济性薪酬项目	成本核算/元
1	定期发送激励/关怀短信	0.1
2	员工生日/纪念日/节假日短信与卡片	2
3	杂志/书籍	50
4	推荐员工做活动/会议主持人	0
5	员工旁听会议/安排发言	0
6	特殊培训申请	2 000
7	条件性组织公开竞聘	300
8	其他	—

3. 加强薪酬激励功能

相对于其他的薪酬构成，非经济性薪酬对保留和激励人才的作用是更加显著的，且与奖金等短期激励薪酬相比能节约公司人力成本。所以在对薪酬激励进行优化改进时，必须结合经济与非经济的薪酬。公司为员工设置了内部职称晋级的通道，每年进行一次内部评审，共计 5 级，达到 4 级或 5 级水平的，除了享受与公司管理人员相同的待遇水平，还配置了对应的限制性股票来进行长期激励。

4. 优化绩效考核

公司的薪酬优化体系包含了宽带薪酬战略，这就要求公司以业绩和贡献为导向对员工进行有效的考核，对业绩优秀的员工进行奖励。因此，公司要建立一套完整的、体现公平公正的绩效体系，建立有效的考核指标，以此评价公司所有人员的工作表现和业绩完成情况。

（1）针对管理人员。

针对中层管理人员，考核流程为：根据月度考核＋季度考核结果计算绩效工资及改善方案、年终考核（员工自评、领导评分、下级评分及业绩考核）、人力资源部汇总处理、考评人讨论和审批、总经理面谈及反馈、改善绩效方案。

（2）针对普通员工。

针对普通员工，考核流程为：根据日常考核＋月考核结果计算绩效工资及改善方案、年终考核（员工自评、部门经理考核）、人力资源部汇总处理、管理人员审批、部门经理面谈及反馈、改善绩效方案。

在对管理人员和普通员工进行了绩效考核之后，要进一步实施月度和年度考核，各职位类别的月度、年度考核比例见表 5-15，并建立申诉和反馈机制。

表 5-15 各职位类别的月度、年度考核比例

职位类别	考核对象	月度总额占比	月度固定工资占比	月度考核工资占比	年度考核工资占比
高级管理（含高级技术）	副总经理及以上	年薪 60%	60%	40%	年薪 40%
	高级技术人员	年薪 70%	70%	30%	0
技术	专业技术岗位	月工资	主管、专员 80%	主管、专员 20%	0
职能	职能管理岗位	月工资	主管、专员 80%	主管、专员 20%	0
销售	销售岗位	月工资	项目总监 70% 销售工程师 80%	项目总监 30% 销售工程师 20%	0
生产	生产操作岗位	月工资	计件员工 75% 非计件员工 85%	计件员工 25% 非计件员工 15%	0

5. 奖金与福利津贴的优化设计

根据新的薪酬体系构建和优化思路，新方案设计了一套完整的福利津贴制度，以弥补原薪酬体系的缺陷。

（1）奖金。

公司员工的奖金奖励包括年终奖金、绩效奖金和特殊贡献奖金。

① 年终奖金。公司的年终奖金是以岗位性质和实际任务完成情况为依据确定分配数额，每年对各岗位有突出贡献的人员实施奖励，最高可达 20 万元。总体上看，公司加大了奖金分配力度，进一步拉开了薪酬差距。公司实行 KPI 的员工是按照工作目标的完成度来计算奖金的（以 5 分制为标准），拿项目奖金的员工则是依据项目的利润水平和工程进度来计算奖金的。

② 绩效奖金。公司的项目奖金只针对工程技术人员，然而绩效奖金针对全体员工。为保证激励的及时性，绩效奖金是对员工的表现进行考核而在每个季度发放，总额纳入薪酬预算管理系统，对绩效不同的员工实施奖励办法。将绩效考核的成绩折算成五分制，不同绩效等级员工的奖励方案见表 5-16。

表 5-16 不同绩效等级员工的奖励方案

绩效总评分	绩效等级	激励与奖惩	
		物质激励与惩罚	精神激励与惩罚
4～5	优秀	1. 超额奖金（最高可达 150%） 2. 通过公开竞聘、择优提职 3. 加薪晋级	1. 请家属参与公司荣誉活动 2. 荣誉表彰 3. 培训交流机会
3～3.9	良好	1. 全额奖金的 100%起 2. 加薪晋级	1. 集体表彰 2. 培训交流机会
2～2.9	合格	年度全额奖金按对应关系递减	培训
1～1.9	改进	年度全额奖金按对应关系递减	请家属参与公司活动
1 以下	处理	无奖金、降低薪酬等级	限期改进，如未改善辞退

③ 特殊贡献奖金。公司的特殊贡献奖是一种以一次性奖励的方式发放给企业特殊员工的特殊奖金，包括管理创新奖、技术创新奖、年度杰出员工奖，对应的奖金额度分别为 50 000～100 000 元、20 000～50 000 元、1 000～20 000 元。这里的特殊员工是指为企业做出了巨大贡献和特殊绩效的员工。

（2）福利。

公司福利包括法定保险、法定假期、企业补充保险、员工服务福利和政府科研福利 5 个主要的部分。

① 法定保险。公司坚决遵守国家规定和标准，为员工购买法定五险一金。

② 法定假期。公司严格按照法律有关规定为企业员工提供相关假期，如法定节假日、带薪年假、其他假期。其中，关于带薪年假，员工在公司工作满 1 年可以享受 5 个工作日的带薪年假，以后在公司工作满一年增加 1 个工作日的带薪年假，最多不超多 20 个工作日。

③ 企业补充保险。公司除了为员工提供国家法定社会保险外，还补充了养老保险、意外伤害保险及健康医疗保险，为员工提供全方位的保险护航。

④ 员工服务福利。公司为企业员工提供了一系列服务福利，如员工援助计划、咨询服务、老人儿童看护帮助、爱心基金捐助等。

⑤ 政府科研福利。深圳博士后科研站的所有研究人员享受深圳市政府规定的博士后生活津贴和研发补助，用于科研启动经费及搭建实验平台与科研团队；符合条件的员工，享受政府配租给企业的人才安居房及补贴。

（3）津贴。

公司的津贴包括交通补助、制装费、教育培训费、旅游费、节日津贴、通信津贴等。

① 交通补助。首先，对于享受公司配车和私车公用补助的员工，公司提供购车补助和燃油补助。具体来说，领导个人承担购车费的 10%，其他员工个人承担购车费的 20%～30%，其余部分由公司负担。所有配车员工均享受补助燃油费 300～1 500 元/人·月。其次，对于不享受公司配车和私车公用补助的员工，为其提供公司补助 180 元/人·月。

② 制装费。公司为每个已经转正的员工，按月以现金的形式为其支付 50 元的制装费，全年共计 600 元。

③ 教育培训费。公司为每个已经转正的员工，以现金形式为其支付 500～3 000 元（按内部职称等级）的教育培训费用。

④ 旅游费。公司为每个已经转正的员工，以现金形式为其支付 600 元的旅游费用。

⑤ 节日津贴。公司为每个已经转正的员工提供的节日津贴如下，春节 600 元/人、端午节 300 元/人、中秋节 300 元/人，全年共计 1 200 元。

⑥ 通信津贴。公司为集团总经理及以上的员工提供 500 元/人·月的通信津贴，为集团副总经理提供 300 元/人·月的通信津贴，为集团其他员工提供 180 元/人·月的通信津贴。

5.3.4 案例解析

本案例企业是一家典型的以技术开发和技术服务为主导的高技术企业，一半以上员工属于知识型员工，他们是公司的最大资产，也是最容易流失的人力资源，有效的薪酬和激励机制设计显得十分重要。本案例在选编过程中，尽可能保持了原貌，包括一些做得不到位的地方，以利于读者学习和分析。本案例呈现了对薪酬体系评估和优化设计的全过程，提供的薪酬优化方案还是比较完整的，概括了面对薪酬问题需要解决的路径和操作流程，对新兴的技术型企业具有很好的借鉴意义。

评价：本案例的主题是“薪酬管理体系优化设计”，特别提醒读者注意的是，涉及“体系”时，一定要理解“体系”包括哪些内容，必须有完整的内容来支持该“体系”，作者在指导学生撰写论文时一般尽量回避这种“体系”，因为它很容易遗漏，也很难深入。而本案例选用“体系”倒有独特的好处，它可为读者呈现薪酬管理的“全景图”。如前所述，本案例的“体系”还是基本健全的，主要问题是深度不够。“体系”上仍然存在以下遗漏：①没有考虑“付酬理念”，尽管许多企业都没有明确表达“付酬理念”，但作为专业分析则必须考虑，即便企业没有文字表达，也需从体系之中、制度之内提取出来，尤其是这种民营控股企业，“付酬理念”对整个薪酬的制度设计起着至关重要的基础性作用；②并未真正突出该企业知识型核心员工的薪酬理念和设计方案，这是该企业的重点所在，理应做更深入的分析和专门的设计；③未能真正从市场角度对薪酬体系进行专业性分析，包括缺乏区域性和行业性薪酬比较分析，尤其是缺乏行业性、专业性人才的市场竞争分析，未能为读者呈现出该企业在市场环境下的人才竞争状况，也就很难判断其薪酬设计的竞争力和市场风险。以上是特别提醒读者注意的地方，当然也请读者通过该案例重点关注薪酬的结构，尤其是长期性激励薪酬和非经济性薪酬、福利制度和支持薪酬的绩效考核体系等内容。

使用说明：注意本案例涉及的以下知识要点：①针对薪酬结构提出了全面薪酬；②绩效奖金及可变薪酬；③薪酬调整机制的优化和设计；④非经济性薪酬的有效作用和设计；⑤与薪酬匹配的绩效考核优化设计；⑥福利津贴；⑦关注知识型员工的薪酬特征。

案例研讨：

1. 请你绘制薪酬体系“地图”，根据“地图”找出本案例诊断和优化设计的缺陷。

2. 请你指出本案例操作过程中因依据不足而最缺乏说服力的地方，并提出你的解决方案。

3. 根据本案例给出的信息，分析该企业可能的企业文化特征，谈谈企业文化对薪酬的影响。

5.4　案例三：高管年薪制案例

——中新公司高管年薪制优化设计[①]

5.4.1　公司简介

中新公司是中国长城铝业公司的控股公司，创办于1998年，现有职工156人。经营范围包括碳素产品、矿石购销、建筑安装等。中新公司的主要业务是按中国长城铝业公司河南分公司的要求为其提供矿石原料产品和配套的建筑安装服务，中新公司生产的碳素块主要提供给中国长城铝业公司河南分公司的电解铝分厂和其他两家大电解铝厂使用。

① 本案例源于作者主持完成的中新公司的薪酬体系优化项目，初稿写作于2006年，本次修订于2018年5月。

5.4.2 中新公司现行年薪制存在的问题

中新公司在年薪制实施过程中，存在着许多问题：公司考虑到内部平衡，发放给高管人员的年薪收入大体相当，造成许多高管人员不满，认为公司还沿用计划经济时代平均主义的分配模式；高管人员对考核指标的科学性表示怀疑，且对评分的公正性质疑；考核指标过多，无法集中资源和精力完成主要指标。公司对高管人员实行年薪制是为了更好地调动高管人员的积极性，结果却使年薪制成为一种形式，没有发挥应有的作用。

1. 薪酬结构单一，缺乏长期激励

年薪制是以公司年度经营绩效为依据来确定高管人员年度薪酬的一种分配制度，它所遵循的是市场化分配的效率原则。丰富激励形式是完善年薪制的必然要求，有利于激励经营者，提高企业效益，所以，年薪制方案应是一种既包括短期激励（如基本年薪、年度考核年薪）也包括长期激励（如股票期权、虚拟股票期权）的多元化模式。

中新公司对高管人员实行的年薪制只包括基本年薪和考核年薪，缺乏长期激励，这不可避免地会造成高管人员的短期化行为，如回避利润丰厚但周转时间较长的项目、减少投资等，这将会影响企业的长远发展。

2. 薪酬结构比例设置不合理

根据现代人力资源管理理论，职位越高的管理者，薪酬中考核薪酬所占的比例越大，这也是年薪制激励作用的重要体现，高管人员要想拿高薪，必须全力将企业效益搞上去。

中新公司高管人员的基本年薪与考核年薪的比例大致在 1∶1 左右，而且现在的基本年薪与原来所拿工资总额差不多，所以虽然考核年薪能起到一定的激励作用，但程度有限。

3. 风险传递不到位

实行年薪制后，经营者的收入有了较大的提高，在收入提高的同时，经营者所承担的风险也应相对提高。根据国家年薪制试点经验，为了实行责、权、利对等，企业一般都相应建立了风险抵押制度。风险抵押金作为经营者向企业提供的一种保险金，不仅能够增加企业所有者和职工对经营者的信任程度，而且还是经营者个人收入高于一般职工收入的重要依据。

中新公司对高管人员实行年薪制使高管人员收入提高的同时，却没有采取任何措施来增加高管人员的风险。

5.4.3 高管人员的年薪模式优化设计

1. 年薪制的实施对象

中新公司年薪制的实施对象是公司高管人员，包括总经理、党委书记、副总经理、工程师和专家等。

2. 年薪模式优化设计思路

本案例采用三元结构年薪模式，即将年薪收入分为基本年薪、风险收入和奖励年薪 3 部

分。(年薪＝基本年薪＋风险收入＋奖励年薪)

(1) 基本年薪是对核心团队成员基本能力和价值的一种肯定，以及所付出劳动的基本回报，是其生活必需的基本保障。

(2) 风险收入是对核心团队年度经营绩效的一种奖励或惩罚，其标准值是基本年薪总额的 2/3。

(3) 奖励年薪视年底超额完成考核指标的幅度而定，实际上相当于超额完成指标达到一定幅度后才享有的额外奖金。

3. 基本年薪

薪资标准的确定主要考虑薪资水平的外部竞争性，企业的人工承受力，岗位的相对差异和经营者的基本需求等因素。采用以市场水平为主的薪资标准可解决外部竞争性的问题；以岗位测评确定相对薪资水平可解决内部岗位的差异性和相对公平问题。

(1) 市场定位。

① 参照中新公司职工平均工资：2004 年职工年平均工资为 23 300 元。

② 参照郑州地区中等规模企业经营者年收入：2004 年经营者年收入平均为 7 万元左右。

③ 参照中国长城铝业公司中层干部年收入：中层干部 2004 年收入平均为 8 万元左右。

(2) 基本需求测算。

本地区的生活费用：家庭生活费为平均 2 000 元/月，根据郑州市的住房及价格状况，估算出每家用于按揭的房贷大概在 1 300 元/月，其他基本生活费用为 700 元/月。总体基本需求为 4 000 元/月。基本年薪最低为 48 000 元。

根据公司的行业、地域收入水平以及母公司的平均收入水平作为参考，将高管层的最低基本年薪确定为 4.8 万元，根据比例，总年薪最低为 8 万元，具有一定的比照性和市场竞争力及合理性。根据岗位差别运用排序法进行岗位测评，如果总经理的系数为 1（董事长由产权公司指定，不在范围内），高管最低系数应为 0.5，由此可推算出高管人员年薪标准及构成，见表 5 - 17。

表 5 - 17 高管人员年薪标准及构成

岗位	系数	年薪标准/万元	基本年薪/万元	风险收入标准值/万元	基本月薪/元
总经理	1	16	9.6	6.4	8 000
副总经理（党委书记）	0.9	14.4	8.64	5.76	7 200
副总经理（财务、人事）	0.8	12.8	7.68	5.12	6 400
副总经理（销售）	0.8	12.8	7.68	5.12	6 400

续表

岗　　位	系　　数	年薪标准/万元	基本年薪/万元	风险收入标准值/万元	基本月薪/元
总工程师	0.8	12.8	7.68	5.12	6 400
总经理助理	0.7	11.2	6.72	4.48	5 600
子公司经理 1	0.8	12.8	7.68	5.12	6 400
子公司经理 2	0.8	12.8	7.68	5.12	6 400
子公司经理 3	0.8	12.8	7.68	5.12	6 400
副总工程师	0.6	9.6	5.76	3.84	4 800
法律专家	0.5	8	4.8	3.2	4 000
合计	—	136	81.6	54.4	68 000

4. 风险收入和奖励年薪

公司高管人员风险收入和奖励年薪发放以年度考核作为依据。高层管理人员薪酬考核指标分为经营指标、管理指标和综合素质的评定。经营指标的考核标准在实行年薪制前由年薪收入者和上层部门进行协商确定。在确定考核指标的权重时，对不同岗位所负责部门的直接相关的经营指标要加大权重。如果市场发生重大变化，或者公司的发展战略进行了较大调整，考核的指标及其标准可以根据实际情况协商调整。

（1）风险收入 A 的计算公式为

$$A=A_0\times K_1$$

其中：A_0——风险收入标准值；

K_1——公司绩效综合评价系数。

公司绩效综合评价系数 K_1 的取值见表 5-18。

表 5-18　公司绩效综合评价系数 K_1 的取值

考核结果	优	良	称职	基本称职	不称职
系数（K_1）	1	0.9	0.7	0.5	−0.3

绩效考核结果等级标准：优，得分＞90；良，80＜得分＜90；称职，70＜得分＜80；基本称职，60＜得分＜70；不称职，得分＜60。

（2）奖励年薪 B 的计算公式为

$$B=B_0\times K_2$$

其中：B_0——基本年薪；

K_2——公司绩效综合评价系数。

公司绩效综合评价系数 K_2 的取值见表 5-19。

表 5-19　公司绩效综合评价系数 K_2 的取值

考核结果	A	B	C	D	E
系数（K_2）	2	1	0.6	0.3	0.1

绩效考核结果等级标准：等级 A，得分＞100；等级 B，80＜得分＜100；等级 C，50＜

得分＜80；等级 D，20＜得分＜50；等级 E，0＜得分＜20。

5. 年薪的发放

（1）基本月薪按 80％当月发放，剩余 20％转为风险基金。

（2）短期风险收入如果超过基本收入，其超过的部分按高管人员年度考核表规定提取。如果企业出现增亏，则直接按负位计算，从基本收入中扣除，但扣除最多不能超过基本收入的 20％。短期风险收入的 40％即期支付高管人员，剩余的 60％采取延期支付的方式，存入公司企业家基金。

（3）长期风险收入采取全额延期支付的方式，为管理者立户存入企业家基金，在任职期间，如果出现长期风险收入为负值，则从已经存入的基金的收入中抵扣。风险收入年薪延期发放的部分，兑现期为管理者正常离职后满一年，存入基金的全部款项按存入期内各阶段的银行利率计算，兑现时本息一次付清。

（4）年度考核结束一个月内，奖励年薪根据超额完成考核指标幅度对应的等级和系数，计算出具体数值，由董事会核定后发放。

（5）对于同一人员身兼两职以上，则其年薪的确定按照就高不就低的原则执行。

6. 年薪的调整

（1）企业经营环境的重大变动。例如，受产品市场价格的剧烈波动而进行的调整。

（2）岗位变化。若高管人员岗位发生变动，则基本年薪标准变动为相应岗位当前的标准。

（3）间隔时间。基本年薪标准每两年一调。具体调整时由董事会比照经营业绩和市场水平，以及高层人员需求的变化及郑州市生活指数的变化确定。

5.4.4　案例解析

本案例以中新公司为载体，在诊断得出中新公司高管年薪制激励动力和高管人员风险压力不足问题的基础上，在该公司的现行年薪制诊断基础上将高管年薪设计为三元结构（年薪＝基本年薪＋风险收入＋奖励年薪）模式，并对具体设计的过程进行详细介绍，最后给出年薪的发放和调整方案。本案例解析了企业经营者年薪制设计的过程，旨在让读者掌握经营者年薪制方案设计的要点和方法，并灵活运用于自身企业。

评价：企业核心人力资源是对公司绩效影响起关键作用的群体，其工作内容复杂，工作过程考核难度很大，运用岗薪模式不利于其考核和有效激励。年薪制是一种绩效导向、具有风险收益特征的薪酬模式，是企业核心员工的重要有效激励工具。然而，许多公司在年薪制的操作过程中，将年薪制演变成了“高薪制”，旱涝保收，失去了其风险和压力激发特征，也失去了应有的激励效应。中新公司原有的年薪制主要问题就在这里，尽管因篇幅所限删除了其详细的诊断过程，但该公司的问题却有典型性，值得读者关注。本案例详细解析了该公司年薪的优化设计过程，重新构建了年薪制应有的功能和特征，帮助读者准确把握年薪制的思想，掌握其操作方法。

使用说明：该案例源自中小企业，年薪的设计方法比较简洁，比较适合于成长性好，需要进一步稳定和激励核心团队的中小企业参考。对于大型的较成熟的企业而言，年薪标准的设计过程需要更进一步严格规范，需要分别对区域和行业人力资源市场价格及走势进行分析，根据人力资源战略思路确定其相对价格定位。特别需要根据岗位类别（层级和职能特征，如总经理和部门经理，高管和核心技术专家等类）形成不同的年薪结构构成。通常情况下，总经理等高职位员工其风险收入和奖励年薪比例应该高一点，而低职位员工基本年薪的比例应高一点。年薪制的设计具有非常强的情景依赖性，应根据公司的历史沿革、薪酬制度及文化特征选择具体的设计思路和方案，设计过程中企业家和核心团队之间的目标和出发点是不一样的，需要综合平衡。在推动企业发展、实施有效激励的同时保持和谐有序。

案例研讨：

1. 高管人员的年薪收入和一般员工的收入差距是年薪制关注的一个重要问题，在确定收入倍数时一般要考虑哪些因素？

2. 年薪制方案一般包括哪些内容？实施年薪制对高管人员来说有什么优势与劣势？

3. 基本年薪和激励年薪（风险收入＋奖励年薪）之间的构成比例是年薪设计的重要内容，请结合本企业的实际情况组织讨论。

5.5 案例四：福利薪酬应用案例

——洞庭机电有限公司福利方案设计①

5.5.1 公司简介

洞庭机电有限公司是经营机电仪器设备安装与维护及相关产品研制与开发的综合性企业。公司于 2006 年 5 月 10 日改制，组建成由内部职工持股、中部投资股份有限公司参股的有限责任公司。公司下辖电气、机修、自控、安装等 8 个分公司，另有 3 个全资子公司。公司共有职工 360 人，年销售额 9 000 万元。

5.5.2 薪酬体系及存在的问题

公司经历了几年的发展之后，现正处于高速发展时期，但薪酬管理水平却未能跟上公司的发展速度，仍然处于公司发展初期的基础水平。职工的薪酬主要是由人力资源部统一制定，试用期工资为转正后的 60%。公司几乎全体职工领取固定的薪酬，每半年发放一次奖金，决定该奖金能否获得的唯一标准是公司的整体经营情况，与个人业绩几乎没有任何关系。纵向比，近年来公司整体平均薪酬水平逐年有所增加，但增幅不大；横向比，相较于国内近百家同行，属于中流水平。洞庭机电中层管理人员的薪酬构成十分相似，也就是说，不管他们各自工作岗位与公司经营成果的紧密程度如何，其基本薪酬构成大致相同。洞庭机电有限公司实行岗位等级工资制，薪酬体系构成如图 5.12 所示。

公司的薪酬体系主要存在以下两个问题。

1. 间接薪酬形式较为单一

公司现有福利主要由社会保险（基本养老保险、失业保险、医疗保险）、住房公积金，以及固定的过节费、防暑费、劳保用品等组成，占公司成本份额不算小，但对员工激励作用

① 本案例源于作者主持完成的洞庭机电有限公司组织和人力资源优化项目，本案例依据该项目福利薪酬诊断与优化设计方案内容写作而成，完稿于 2018 年 5 月。

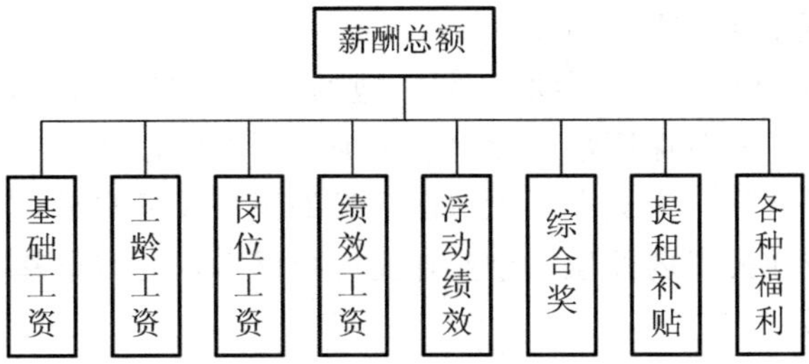

图 5.12　薪酬体系构成

不大。例如，福利计划，企业承袭传统的福利保险计划，提供统一的福利保险，忽略了员工需要的差异性，缺乏一些在西方国家开展得如火如荼的诸如顾问服务、教育培训福利、家庭关爱福利、家属福利等人性化的福利项目。

2. 福利缺乏柔性，激励效果不足

洞庭机电有限公司提供的福利都是固定的，员工几乎没有选择的余地，也就无从谈到对员工的重大激励作用。对此，洞庭机电有限公司陷入两难境地，福利保险计划要提供，但提供后又起不到明显的激励作用。最终，这些计划只能是流于形式，一方面增加了公司巨大的实施成本，另一方面员工的积极性也没有得到很大提高。

5.5.3　薪酬设计

1. 设计思路

为提高员工的整体薪酬水平，增加激励效果，在公司工资总额增幅较小、员工直接薪酬增资较少的情况下，完善福利计划，使公司间接薪酬的形式更加多样化，内容更加丰富，这是薪酬设计的思路。

一般而言，福利只是一种补充性报酬，它往往不以货币形式直接支付给员工，而是以服务或实物的形式支付给员工。由于人与人之间在具体的需要方面存在着较大差异，最大程度地为每个员工提供与其需要相适应的差异性福利项目，是保证福利计划成功的关键。那么公司一定要设计出很多的福利项目让员工优先选择，这样既能满足员工需要，又能有效控制公司的成本，这就是激励性福利制度设计的出发点。

考虑到固定项目福利方案针对性不强，自助项目福利方案操作比较复杂，不利于成本准确计算，结合洞庭机电有限公司的实际情况，此次福利方案的选择为固定项目加自助项目的福利方案，原因如下。

（1）固定部分的福利项目体现了大部分员工的福利需求。

（2）自助部分的福利项目体现了员工的参与，增加了福利项目的有效性和针对性，增加了员工的薪酬满意度。

（3）固定项目加自助项目的福利方案可在固定福利项目的享受对象的基础上，方便地应用于公司的全体员工。

2. 福利方案设计

（1）固定部分的福利设计。

洞庭机电有限公司除采用已有的固定福利项目，还需增加以下几个方面的固定福利项目。

① 制定配套的补充医疗保险政策。

2006年按照属地化原则，公司参加了所在地的基本医疗保险。基本医疗保险只保障基本的医疗需求，较之原来的劳保医疗，参保后不但公司的医疗费用支出大幅度增加，且参保人员的医疗待遇也显著下降。为提高广大参保人员的医疗保障水平，根据公司自身经济能力结合人员结构特点，可在公司内部建立企业补充医疗保障，与本市基本医疗保险一起共同构筑公司的医疗保障体系。

补充医疗保障所需资金由公司负担，按公司上一年度职工工资总额的一定比例提取补充医疗保障费。按照职工工龄划分标准，分别比较参保前后所享受的待遇差额，予以适当的门诊、急诊发放补贴。考虑到基本医疗保险报销比例偏低，住院报销也可以按照工龄划分不同标准，公司给予适当比例的报销。

② 推行企业年金。[①]

企业年金是指企业及其职工在依法参加基本养老保险的基础上，自愿建立的补充养老保险制度。符合下列3个条件的企业，可以建立企业年金：依法参加基本养老保险并履行缴费义务、具有相应的经济负担能力、已建立集体协商机制。洞庭机电有限公司以上条件均符合因此可以推行。企业年金由企业缴费、职工个人缴费、年金基金投资运营收益组成。基金实行完全积累，采用个人账户方式进行管理。个人缴费遵循自愿的原则，本人提出书面申请，并按规定缴费，企业按比例予以补充。企业补充要充分体现效益原则和激励机制，根据职工岗位和劳动贡献的积累等实行差别给付。洞庭机电有限公司企业年金标准见表5-20。

表5-20　洞庭机电有限公司企业年金标准

连续工龄/年	个人缴费/（元/月）	公司补充/（元/月）
1～5	80	80
6～10	120	120
11～15	180	180
16～20	240	240
21～25	320	320
26～30	380	380
31及以上	400	400

注：标准应随企业经济效益的增长逐步调整。

国家规定企业缴费每年不超过本企业上年度职工工资总额的1/12，2009年洞庭机电有限公司缴费的上限为600万元。而根据此标准，经测算2009年公司缴费为506万元。职工调出时，企业年金个人账户资金可以随同转移。职工达到国家规定的退休年龄时，可以从账户中一次或定期领取企业年金；职工或退休人员死亡后，其账户余额可由其指定受益人或法定继承人一次性领取。职工未达到国家规定的退休年龄的，不得提前提取资金。

③ 将员工培训纳入福利计划。

洞庭机电有限公司按规定每年可按上年工资总额的3%提取培训经费，用于职工培训。首先给职工树立“培训是员工福利”的概念，其次公司必须结合这一概念进行培训计划与实施。

---

① 孙宗虎，宗立娟，2009. 薪酬体系设计实务手册［M］. 北京：人民邮电出版社.

结合员工转岗、岗位竞聘、职务晋升的需求，提供各种技能培训包括管理技能、沟通技能、生产技能等；作为奖励的一种形式，为劳动模范、先进生产（工作）者、突出贡献者提供适宜的培训。

（2）自助部分的福利设计。

洞庭机电有限公司在进行自助部分的福利设计时，从员工的角度出发，对各项自助福利设计进行分类，如“温馨家居”“幸福生活”等，一方面不仅表达出公司设置该福利项目的意图与作用；另一方面也使得员工容易理解各项福利项目的内容及意义，提高福利的激励作用。表5－21介绍了该公司部分自助福利项目，员工可以根据自身需要在每一大类中任意选取其中的两项。

表5－21　洞庭机电有限公司部分自助福利项目类别

员工温馨家居	员工幸福生活	员工亲情无限	员工健康人生	员工个人成长
商品房首批供房计划	解决当地户口计划	生育祝贺金	定期健康检查	外送短期培训
商品房供房津贴	购车津贴	托儿补助	重大疾病资助金	就读在职研究生
员工宿舍夫妻房	资深员工礼品	子女教育补助	人身健康保险计划	外语培训
员工租房津贴	资深员工出国旅游	员工结婚礼金	心理咨询	……
……	年度旅游	员工丧葬慰问金	健身运动	
	旅游津贴	春节探亲路费补助	……	
	带薪年假	……		
	……			

5.5.4　案例解析

本案例通过结合固定项目福利方案和自助项目福利方案对洞庭机电有限公司的福利薪酬进行了再设计，旨在让读者重视福利薪酬在薪酬管理中起到的重要作用。一套良好的福利薪酬体系，可以让企业在不增加太多成本的情况下提高员工对薪酬的满意度，这是大多数企业都愿意做的。员工福利不仅可以满足人们在生理和安全上的低层次物质需要，而且能满足人们在情感上的社会需要，一些项目甚至可以使员工在一定程度上获得公平感和成就感。

洞庭机电有限公司在薪酬结构中适度引入福利，在一定的政策法规空间内于企业、于员工都有益处，实属双赢选择。企业可在不改变成本预算的前提下通过薪酬构成调整更好地激励员工，对员工而言，薪酬的实际效用水平得到了提高。此外，福利薪酬在营造一种富有人情味的、融洽的团队合作氛围，维系员工与企业关系等方面都具有很重要的意义。

评价：福利是薪酬的重要组成部分，能增强员工的职业安全感和团队归属感，提升企业员工的幸福指数和满意度，有利于员工稳定和群体氛围的优化，有利于化解因过度竞争而形成的组织成员之间的对立和矛盾，好的福利模式设计还能发挥特有的激励功能。本案例单独描述了福利诊断和设计过程，旨在帮助读者关注福利的特殊功能和重要性，掌握福利设计的基本思路和方法。

使用说明：随着经济的发展，社会成员总体收入水平持续上升，福利的重要性将日益凸显。从长远的趋势看，对于越来越多的员工而言，货币收入给其带来的效用将逐步降低，即存在一个上凸的收入效用曲线；收入的边际效用随着收入的增加逐渐降低[①]，而福利给其带来的效用则逐步增加，是一个反向的效用曲线。当经济收入达到一定水准后，休假的边际效益将大大增加，员工更愿意在长时间的紧张工作之后调整生活节奏，放松身心，与家人、朋友相处，丰富感情生活，满足亲情和友情的需要。福利的重要性对于经济发达地区、效益好的企业、企业高收入阶层而言，将成为薪酬组合中更受关注的内容。本案例所提供的福利设计思路和基本方法只能起到抛砖引玉的作用，读者在具体操作过程中应该根据企业实际情况、社会发展特征及员工的需求以开阔的思路设计出形式更多、内容更丰富的福利产品，如对某些员工来说外出旅游是好的福利形式，而有些企业的购车补贴和购房补贴对员工很有吸引力，在福利的选择上可灵活运用。

案例研讨：

1. 福利薪酬在整个薪酬体系当中处于什么地位？如何才能发挥福利的激励作用？
2. 不同层次的员工所倾向的福利形式有何不同？请结合所在企业的实际情况进行讨论。

5.6 案例五：宽带薪酬体系设计案例
——中原钢铁公司宽带薪酬体系设计[②]

5.6.1 公司简介及薪酬管理

1. 公司简介

中原钢铁公司系国家特大型钢铁联合企业，是国家重点500强企业之一。以生产能力年产钢600万吨在全国冶金钢铁企业排序前30位。中原钢铁公司的组织结构基本采取直线职能制框架，设置17个职能部室，下辖多个钢铁主业单位、产业单位和控股子公司，如图5.13所示。近年来，随着企业ERP的实施，公司先后对市场、生产、财务、人力资源、质量监督等职能部门实行了扁平化改革，并按照横向结构一贯管理、主业纵向结构集中管理的思路，组建了高线制造部、宽厚板制造部，进行了二级单位机关扁平化改革试点、人力资源一级管理等多项组织结构改革试点，组织扁平化的改造初具雏形。截至2005年年末，共有职工19 494人，其中专业技术人员4 163人。公司力争成为世界一流的线棒材和宽厚板材生产企业，努力将钢铁主业保持适度规模并力求做精做强，将非钢产业做大做强的战略目标。

2. 公司薪酬管理

1999年，中原钢铁公司为逐步适应社会主义市场经济和建立现代企业制度的需要，在原有的岗位技能工资制的基础上，借鉴国内同行业先进的薪酬制度，结合自身的生产经营特点，将企业整体效益和岗位劳动要素、劳动贡献作为工资分配的基本要素，建立起了以岗位

---

① 郭志辉，2009. 员工福利的形成及其作用机理 [J]. 经济研究导刊 (4)：126-127.

② 本案例源于作者主持完成的中原钢铁公司组织和人力资源优化项目，依据该项目宽带薪酬诊断与优化方案修改而成，本案例完稿于2018年5月。

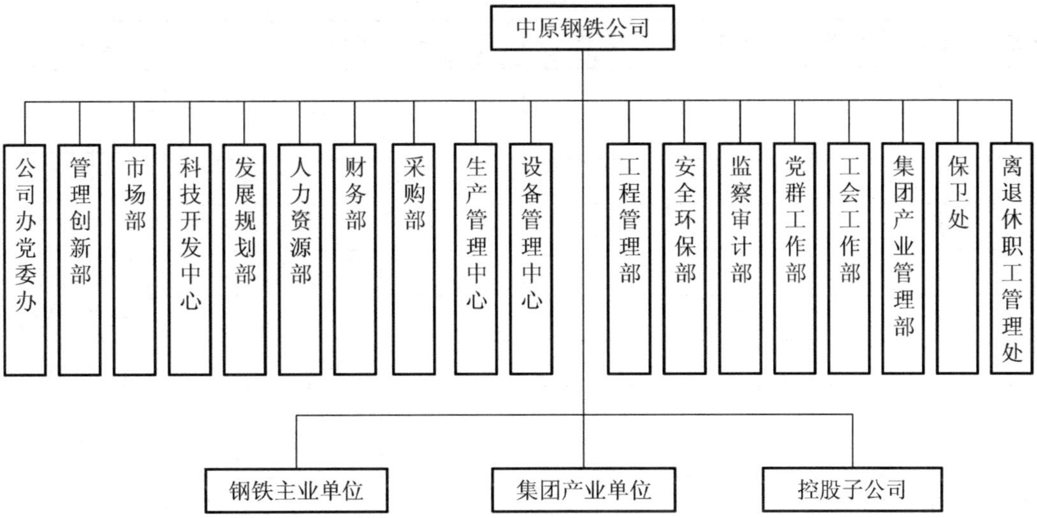

图 5.13 中原钢铁公司组织结构

绩效工资制为核心的内部工资分配制度。

岗位绩效工资制是以岗位劳动和实际劳动成果为主体，考虑岗位责任、技能、负荷、环境等劳动要素，以劳动效率和经济效益为主要依据的工资分配制度，主要由基本工资、岗绩工资、津贴和效益嘉奖 4 个单元组成。

(1) 基本工资由最低保障工资和工龄工资组成，是保障职工基本生活需要，反映职工劳动积累贡献的工资单元。

(2) 岗绩工资是体现岗位效益和劳动差异的主体工资单元。岗绩工资设置 33 个岗级(表 5-22)，每类职务或工种对应若干级，每级设置 1～4 档，岗位定员及人数只有一人的，只设 1 档，一人以上的岗位设 2～4 档，简易操作岗位设 1～2 档，复杂技术岗位设 2～4 档。岗绩工资系数设置在 1.0～4.2 范围内。岗绩工资系数的高低根据岗位责任、技能、负荷、环境和职工业绩考核结果来确定。职工个人的岗绩工资档次和系数在规定的岗级内根据考核结果实行动态管理。岗绩工资的标准值的高低取决于单位的经济效益状况并上下浮动。职工岗绩工资由岗绩工资标准值乘以岗位系数。

(3) 津贴包括生产操作和专业技术关键岗位津贴、技师津贴、教龄津贴、护龄津贴和中夜班津贴。

(4) 效益嘉奖是指对做出特别效益和贡献的集体和个人的一次性奖励。

中原钢铁公司每月对各二级单位进行以成本和利润为主要指标的考核，以此为依据确定各二级单位月工资总额。然后，二级单位根据该单位的岗绩工资总系数确定本月岗绩工资的标准值。岗位绩效工资制实施的基础是岗位价值，对所有岗位根据岗位责任、技能、负荷、环境等劳动要素进行综合测定、评价，依据综合测评的结果确定每个岗位的系数。分配的原则是使工资向高技术含量、直接影响企业效益，以及脏、苦、累、险等关键岗位倾斜。岗位绩效工资制的运行建立在四级业绩考核机制上，首先是公司对每个二级单位的生产经营状况的考核，各个二级单位的业绩和效益与工资总额完全挂钩。其次是各二级单位对所属车间、科室的考核，以及车间对班组的考核和班组或科室对个人的考核。

表 5－22　岗绩工资表

等级	系数	公司	处级		科级		专业技术				操作			
1	1.0													勤杂服务岗位
2	1.1													
3	1.2									员级			生产辅助熟练岗位	
4	1.3											技术维修岗位		
5	1.4								助理					
6	1.5													
7	1.6										主要生产技术岗位			
8	1.7													
9	1.8													
10	1.9													
11	2.0					其他厂车间科室		中级						
12	2.1													
13	2.2				主体厂车间									
14	2.3													
15	2.4						高级							
16	2.5													
17	2.6													
18	2.7													
19	2.8		主体厂	非主体										
20	2.9													
21	3.0													
22	3.1													
23	3.2													
24	3.3													
25	3.4													
26	3.5													
27	3.6													
28	3.7													
29	3.8													
30	3.9													
31	4.0	正副职												
32	4.1													
33	4.2													

5.6.2　公司薪酬管理存在的问题

1. 薪酬主要以岗位为基础，忽视个人业绩和能力提升

中原钢铁公司的岗位绩效工资制主要是以岗位为基础的，也就是说，岗位系数越高，薪酬的水平越高。这种制度下，员工只有获得职位提升，才有提薪的机会。每年的业绩考核对于来年的薪酬影响不大，几乎成为形式。这种以岗位为基础的薪酬系统导致的结果之一就是员工对于个人能力和业绩提升没有积极性，干的活只要满足岗位需求就可以了。由于加薪的途径只有一条，大家都往一条通道上挤，而组织可以提供的职位又有限，势必造成内部不公平现象。

2. 过于注重内部体系，忽视与外部市场水平的衔接

内部公平性和外部竞争性是现代企业薪酬系统的两个基本原则。而以岗位为基础的岗位绩效工资制是以内部岗位系统为基础的薪酬体系，强调的是各个岗位在整个企业组织中的相对价值。薪酬水平的确定是从过去的薪酬总额换算过来的，虽然根据企业的经济效益有所增长，但并没有跟外部市场薪酬接轨。整个岗位体系中有些市场上稀缺的技术人才因为所在岗位在整个公司中的系数不高，所以拿到的薪酬水平并不高，而市场上人才供给充足的岗位却能拿到高于市场平均水平的工资。在人才流动日益加剧的市场经济环境下，不重视外部竞争性的薪酬体系必然会导致优秀人才跳槽、企业过剩的岗位人员不能精简的局面。

3. 缺乏考核基础，无法达到良好的激励效果

中原钢铁公司建立的考核体系是对员工的月考核，直接与员工当月工资挂钩。但年度考核的结果因为与薪酬挂钩不明显甚至无关，导致年度考核流于形式，并没有发挥应有的促进员工绩效提高和激励良好业绩的作用。而理想的薪酬体系需要良好的绩效管理系统作为支撑，两者之间有着极强的联系。缺乏绩效考核做基础的薪酬体系不但不能发挥薪酬的激励功能，还会破坏薪酬的内部公平性和竞争性原则。

5.6.3　薪酬管理体系的优化思路

1. 中原钢铁公司应用宽带薪酬的适用性分析

2005 年我国的钢铁企业正处于快速发展的阶段，表现在产能不断扩大，国家统计局公布 2005 年粗钢产量 34 936.15 万吨，比上年增加 6 887.6 万吨，是“十五”时期我国增量最多的一年，同比增长达到 24.56%。生产规模不断扩大已经基本形成了规模经济所需要的核心能力，面临的风险主要是管理风险和市场风险。本阶段需要进一步完善组织结构、梳理工作流程，并且本阶段需要大量高科技人才以支持企业的快速发展，因而薪酬制度的激励功能至关重要。宽带薪酬对于中原钢铁公司的适用性表现在以下几个方面。

（1）产品科技含量不断提升的要求。与过去相比，我国的钢铁企业用于产品研发的资金比例有较大增长，大部分钢铁企业正逐步淘汰过去低技术含量、旧工艺的产品。为了提高产品的研发效果，提高企业的竞争能力，企业对高科技人才的引进和激励非常重要。此时，钢铁企业传统的岗位薪酬制度显现出不适用性，而宽带薪酬由于其自身的优点，能够起到较好的激励作用。

（2）组织结构变革的要求。我国的钢铁企业在2005年前后产能不断扩大，企业规模也随之扩大。传统的多层次、职能性、金字塔型的等级体制严重阻碍了企业对外部的快速反应和迅速决策。如此庞大的企业要适应竞争激烈、变化多端的市场，唯有完善组织结构，向扁平化方向发展，才能提高组织效率。而宽带薪酬正是适应扁平化组织结构而出现的薪酬体系，2006年正是我国钢铁企业引入宽带薪酬的良好时机。

（3）人力资源战略的要求。随着钢铁企业竞争不断加剧，建立核心竞争优势对企业来说至关重要，而员工的专业能力和主动创新能力往往是企业核心竞争能力的重要组成部分。钢铁企业为了建立核心竞争优势而确立的人力资源战略需要在分配机制和激励机制上体现，对在专业能力等方面具有优势的员工予以支持，而宽带薪酬制度恰恰在这方面具有优势。

由此可见，中原钢铁公司作为国有特大型钢铁企业，在现阶段引入宽带薪酬具有一定的适用性。

2. 宽带薪酬设计思路

（1）支撑公司人力资源战略规划。

中原钢铁公司人力资源规划的总体思路非常明晰，主要是围绕创建世界一流的线棒材和宽厚板材生产企业和将钢铁主业保持适度规模并力求做精做强，非钢产业做大做强的发展战略。以公司主业人力资源一级管理和专业化人力资源管理为手段，以企业核心文化建设为支撑，以“建世界一流线棒、宽厚板材生产企业”“主业做精做强、适度规模”及“非钢产业做大做强”发展战略规划为指导，以人力资源结构调整优化为主线，建设一支与企业生产经营发展相适应的高素质管理和技术人才与高技能人才队伍，实现员工和企业的和谐发展。作为人力资源战略规划的重要组成部分，宽带薪酬的设计也必须着重向高素质的管理和技术人才倾斜，因此，宽带薪酬的针对范围主要为公司管理和技术人才。

（2）体现对员工的能力和业绩要求。

新的宽带薪酬设计要打破过去以岗位为主的分配体系，要能客观地体现员工的个人能力和职位要求，以科学的绩效考核为依据引导员工积极提升个人能力素质和业绩表现。

（3）与市场薪酬水平挂钩。

在平衡内部公平性的基础上要充分考虑薪酬体系的外部竞争性。企业之间优秀人才的竞争日益激烈，企业要做大做强必须做好人才储备工作，而薪酬体系是吸引外部优秀人才的最直接和有力的手段。

（4）体现宽带理念，创造内部合理流动的机制。

宽带薪酬的设计要与员工职业生涯规划结合起来，改变所有员工往行政一条道上挤的状况，鼓励员工在专业之间流动，发展多样化技能。

根据宽带薪酬的特点，考虑薪酬设计的变迁成本，加上中原钢铁公司的高层实行的是年薪制，不适宜划入宽带薪酬的范畴。因此，此次薪酬设计主要针对公司中层及以下的管理、技术和操作人员。宽带薪酬制度设计流程如图5.14所示。

5.6.4 宽带薪酬设计方案

1. 工作评价

因为主要是针对管理、技术和操作人员的宽带薪酬设计，选取海氏系统法比较合适。因

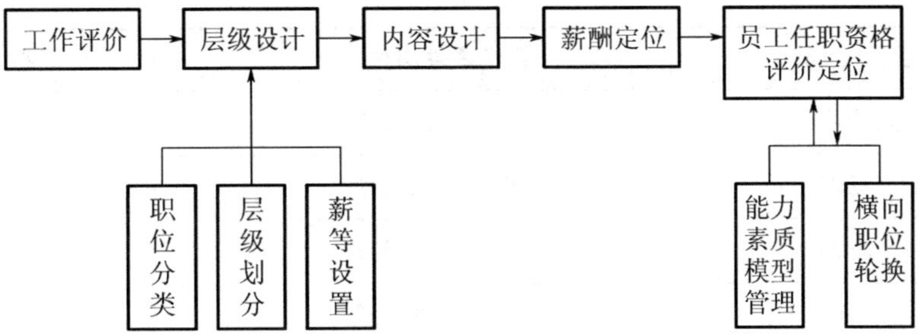

图 5.14　宽带薪酬制度设计流程

篇幅所限，在此只举出中原钢铁公司代表性岗位评价结果（表 5-23），对工作评价予以说明，测算过程省略。

表 5-23　中原钢铁公司代表性岗位评价结果

序号	部　门	代表性岗位	得　分
1	公司办党委办	秘书	262
2	公司办党委办	外事管理	219
3	发展规划部	战略规划	962
4	发展规划部	投资管理	769
5	财务部	资金管理	548
6	财务部	财务部部长	1059
7	财务部	成本核算	481
8	财务部	进出口核算	481
9	科技开发中心	线棒深加工研究	1 138
10	科技开发中心	宽厚板研究	1 262
11	科技开发中心	新产品开发	1 521
12	科技开发中心	新材料使用研究	1 364
13	科技开发中心	标准管理	806
14	人力资源部	人力资源规划与分析	849
15	人力资源部	培训管理	637
16	监察审计部	经济合同审计	422
17	监察审计部	经营审计	422
18	安全环保部	安全管理	290
19	安全环保部	钢系统安全监督管理	333
20	安全环保部	辅助系统安全监督管理	290
21	安全环保部	环境监测主管	262
22	采购部	燃料采购	450

续表

序号	部　门	代表性岗位	得　分
23	采购部	设备备件采购	429
24	市场部	板材市场策划	817
25	市场部	原燃料市场管理	572
26	市场部	综合供方管理	499
27	管理创新部	组织绩效管理	816
28	管理创新部	ERP、EAM 系统应用管理与开发	758
29	管理创新部	系统管理	593
30	工程管理部	合同招标	354
31	工程管理部	机械质量工程师	290
32	工程管理部	施工管理	282
33	生产管理中心	生产调度	542
34	生产管理中心	生产计划监控	464
35	生产管理中心	原料质量管理	403
36	生产管理中心	设备管理	395
37	设备管理中心	电气设备运行管理	371
38	设备管理中心	物资供应及备品备件管理	345
39	设备管理中心	建筑及炉窑管理工程师	345
40	党群工作部	党建管理	273
41	党群工作部	电视制作	320
42	党群工作部	团委工作管理	279

2. 层级设计

所有工作评价完毕后，根据岗位价值评估的结果和公司的薪酬政策，将各岗位的薪酬水平用不同的等级体现出来，即薪酬层级划分。

（1）职位分类。

对于不同的职位应该采取不同的薪酬等级和薪酬幅度，所以首先应该根据中原钢铁公司的人力资源状况和岗位设置情况，按员工的岗位工作性质将具有相似工作性质及任职素质要求的一类职位归为一类。

通过对部门岗位的评估，可以将中原钢铁公司的各职位划分为技术类、行政类、操作类和管理类（不包括高层人员）四大类，见表 5-24。

表 5-24 中原钢铁公司职位分类

职位类别	划分标准	主要专业岗位
技术类	负责工程、项目的管理和技术开发	铁前、炼钢、轧钢、电气、机械、动力、其他通道
行政类	负责行政、党务、工会等管理	党群、工会、团委、行政
操作类	负责操作机械、现场管理	铁前、炼钢、轧钢、通用
管理类	负责企业经营管理的职能部门	生产管理、规划投资、人力资源、营销、采购、财务、工程管理、综合管理

(2) 层级划分。

一般来说，层级的划分应与企业的组织结构相一致。在 4 个大类的基础上依据企业原来的组织结构，结合企业扁平化改革的趋势，中原钢铁公司可将员工划分为 3 个层级，即部门经理级、主管级、职员级，薪酬层级也相应地变为 A、B、C 这 3 个等级。结合中原钢铁公司的职业通道，中原钢铁公司薪酬层级见表 5-25。

表 5-25 中原钢铁公司薪酬层级

		技术类	行政类	操作类	管理类
A	部门经理级	专家级工程师	分厂厂长、副厂长、书记、副书记、各职能部门负责人	专家级技师	专家级管理师
B	主管级	高级工程师	各分厂职能科室科长、职能部门主管	高级技师	高级管理师
C	职员级	专业工程师	主办	技师	管理师

然后，根据岗位价值评估的结果将岗位套入上述层级中。岗位价值 1 000 分以上的划入部门经理级别，岗位价值 500 分以上 1 000 分以下的划入主管级别，岗位价值 500 分以下的划入职员级别。就表 5-23 代表性岗位评价结果来说，得出中原钢铁公司部分代表性岗位分层情况，见表 5-26。

表 5-26 中原钢铁公司部分代表性岗位分层

单位	岗位名称	级别	分值	类别
科技开发中心	新产品开发	A 级	1 521	技术类
科技开发中心	新材料使用研究	A 级	1 364	技术类
科技开发中心	宽厚板研究	A 级	1 262	技术类
科技开发中心	线棒深加工研究	A 级	1 138	技术类
财务部	财务部部长	A 级	1 059	行政类
发展规划部	战略规划	B 级	962	管理类
人力资源部	人力资源规划与分析	B 级	849	管理类
市场部	板材市场策划	B 级	817	管理类

续表

单　位	岗位名称	级　别	分　值	类　别
管理创新部	组织绩效管理	B级	816	管理类
科技开发中心	标准管理	B级	806	管理类
发展规划部	投资管理	B级	769	管理类
管理创新部	ERP、EAM系统应用管理与开发	B级	758	管理类
人力资源部	培训管理	B级	637	管理类
管理创新部	系统管理	B级	593	管理类
市场部	原燃料市场管理	B级	572	管理类
财务部	资金管理	B级	548	管理类
生产管理中心	生产调度	B级	542	管理类
市场部	综合供方管理	C级	499	管理类
财务部	成本核算	C级	481	管理类
财务部	进出口核算	C级	481	管理类
生产管理中心	生产计划监控	C级	464	管理类
采购部	燃料采购	C级	450	管理类
采购部	设备备件采购	C级	429	管理类
监察审计部	经济合同审计	C级	422	管理类
监察审计部	经营审计	C级	422	管理类
生产管理中心	原料质量管理	C级	403	管理类
生产管理中心	设备管理	C级	395	管理类
设备管理中心	电气设备运行管理	C级	371	管理类
工程管理部	合同招标	C级	354	管理类
设备管理中心	建筑及炉窑管理工程师	C级	345	技术类
设备管理中心	物资供应及备品备件管理	C级	345	管理类
安全环保部	钢系统安全监督管理	C级	333	技术类
党群工作部	电视制作	C级	320	行政类
安全环保部	安全管理	C级	290	技术类
安全环保部	辅助系统安全监督管理	C级	290	技术类
工程管理部	机械质量工程师	C级	290	技术类
工程管理部	施工管理	C级	282	管理类
党群工作部	团委工作管理	C级	279	行政类
党群工作部	党建管理	C级	273	行政类
公司办党委办	秘书	C级	262	行政类
安全环保部	环境监测主管	C级	262	技术类
公司办党委办	外事管理	C级	219	行政类

（3）薪等设置。

设置完层级后，即可在每个层级内划分若干薪等。根据工作评价的分值和层级的性质，层级越高的，岗位责任越大，能力要求越高，可发展的空间也越宽广，所以依次把A、B、C这3个层级划分为8等、6等和4等。部分岗位薪等见表5-27。

表5-27 部分岗位薪等

层级	薪等	薪点（工作评价分值）	操作类			行政类			技术类			管理类		
			炉前工	连铸工	吊车工	财务部部长	电视制作	党建管理	新材料使用研究	钢系统安全监督管理	机械质量工程师	投资管理	系统管理	经营审计
A级部门经理级	A8	1 701及以上												
	A7	1 601～1 700												
	A6	1 501～1 600												
	A5	1 401～1 500												
	A4	1 301～1 400							*					
	A3	1 201～1 300												
	A2	1 101～1 200												
	A1	1 001～1 100				*								
B级主管级	B6	921～1 000												
	B5	837～920												
	B4	753～836										*		
	B3	669～752												
	B2	585～668											*	
	B1	501～584												
C级职员级	C4	401～500												*
	C3	301～400		*			*			*				
	C2	201～300	*		*			*			*			
	C1	200及以下												

我们根据工作评价的分值将岗位套入表5-26，可以得到它的原始薪等（表中以*表示），也就是标准薪等。在同一层级内，把比标准薪等高3个档次的薪等设为它的最高薪等，将比标准薪等低两个档次的薪等设为它的最低薪等。但最高薪等不能高于同一层级的最高档次，最低薪等不能低于同一层级的最低档次。由于每个员工在任职资格评价的阶段会对应每个岗位的任职要求得到一个评价，该评价也许高于标准薪等要求，也许低于标准薪等要求，评估小组可以在最高与最低薪等之间确定一个相应的值。设置最高薪等和最低薪等也正是体现宽带薪酬的理念。

3. 内容设计

根据薪酬设计原则，新的薪酬构成内容设置为基本工资、岗绩工资、津贴、效益嘉奖 4 个部分。其中，效益嘉奖仍按照原岗位绩效工资制中的效益嘉奖部分执行，不过新制度体系下的效益嘉奖必须与个人绩效挂钩，避免出现过去“大锅饭”的现象，以免嘉奖起不到应有的激励效用。效益嘉奖包括季度效益奖和年度效益奖，季度效益奖是对公司员工在一个季度内取得的明显业绩的一种激励，年度效益奖是在公司整体经营效益的基础上对员工的一种激励。

为了体现薪酬方案的激励导向，在进行设计时既要顾及员工的基本利益实现，也要引导、激励员工创造更多的价值，既要达到岗位之间的公平性，也要体现差异性。因此在确定各工资单元比例时要充分考虑岗位的特性，如管理类岗位浮动工资所占的比例应比操作类岗位浮动工资的比例大。

参照同行业企业和中原钢铁公司的具体情况，设计各类岗位的浮动收入与固定收入比例构成，如图 5.15 所示。

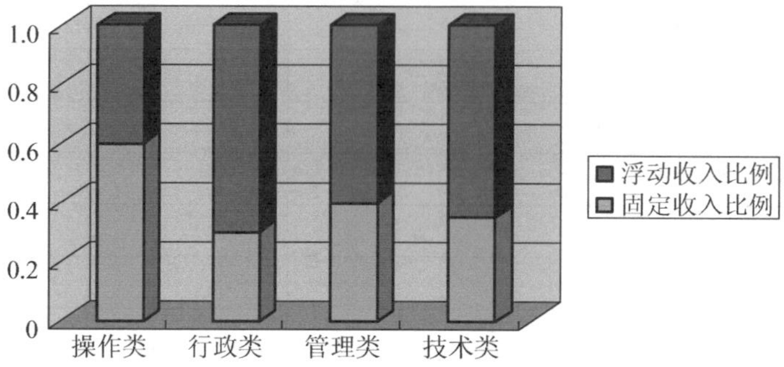

图 5.15　各类岗位浮动收入与固定收入比例构成

4. 薪酬定位

岗位分类、层级设置及工资构成单元确定以后，接下来就必须确定岗位的薪酬标准。在确定岗位薪酬标准之前，必须做好以下几项工作。

（1）外部薪酬市场调查。

为保证薪酬设计的外部公平性，在进行宽带薪酬设计时开展科学的市场薪酬调查十分必要，通过市场调查掌握市场薪资水平可为设计宽带内的薪资基准奠定良好基础。

为获得薪酬的市场数据，考虑到时间和成本的问题，中原钢铁公司采用组织其他企业参加工资调查的方法。这种方法成本比较低，但需要公司投入大量的精力，并且其他企业可能会考虑到工资保密的问题，较难确保数据的准确性。同时，这种做法的数据量有限，数据分析的作用也是有限的。

（2）内部薪酬满意度调查。

员工薪酬满意度调查能够帮助公司管理层发现现行薪酬体系中存在的问题，可以监控公司薪酬体系运行的成效，可以及时预知公司人员的流动意向，是公司了解员工需求的有效方法，在薪酬体系改革之际，还能够为改革后的新制度提供参考和指导。

（3）薪酬策略确定。

薪酬策略有3种基本形式：领先型、追随型、滞后型。根据中原钢铁公司的人力资源战略规划，未来企业着重保留和发展的人才是科技型人才和高技能型人才，因此对这两类人才可采取市场领先的薪酬策略，而其他人才可采取追随型薪酬策略，对于企业富余的人力资源可采取滞后型薪酬策略。

（4）薪酬测算。

① 薪酬总额测算。

薪酬总额是企业控制人工成本增长的主要指标。薪酬总额的测算可采取以下公式。

$$\text{本年度薪资总额}=\text{本年度薪资标准总额}\times[1+(\text{利润增长率}\times K_1+\text{市场薪资增长率}\times K_2)\times K] \quad (5-1)$$

其中：

本年度薪资标准总额——本年度核定的在岗员工薪资标准总额；

利润增长率——(本年度实现利润－上年度实现利润)÷上年度实现利润；

市场薪资增长率——同行业企业本年度薪酬中位数÷本企业本年度薪酬中位数－1；

K_1——利润增长引起的薪资变化权重，$K_1<1$；

K_2——市场薪资增长程度引起的薪资变化权重，$K_2<1$，且 $K_1+K_2=1$；

K——调节系数，$K<1$。

② 岗位薪酬测算。

a. 个人岗位薪酬总额＝单位薪酬总额÷单位所有人员薪点总值×个人岗位薪点　(5－2)

b. 个人岗位基本工资＝个人岗位薪酬总额×固定部分比例　(5－3)

c. 个人岗位岗绩工资＝个人岗位薪酬总额×浮动部分比例　(5－4)

经过测算，可以得到各岗位的标准值。接着推算出每一层级内上限和下限之间的区间变动比率。根据宽带薪酬原则，每一层级内上限和下限之间的区间变动比例可以达到100%～300%。低薪等的上限可以比高薪等的下限还要高，相应地，层级低的员工如果业绩优秀、能力强可以拿到比高一层级还要高的工资。各单位的每个工资层级浮动的范围和薪等的标准根据式(5－2)、(5－3)、(5－4)计算出初步的测算结果之后，应根据宽带薪酬原则和每个单位的原有实际薪酬情况进行调整、确定。在此只提供测算的方法和原则。

5. 员工任职资格等级评价

在建立了宽带薪酬的框架之后，所要做的工作就是对员工的任职资格等级进行评价，并将其在宽带薪酬体系中予以定位。

任职资格评价是企业对员工是否具备岗位任职资格要求、任职能力是否提升的评价认证过程。任职资格评价包括能力评价和行为业绩评价两个部分，如图5.16所示。

能力评价是根据能力标准要求确定员工任职资格等级的过程。能力评价包括知识技能认证和专业经验审查。行为业绩评价是对照行为标准检查员工是否按要求开展工作的过程，行为业绩评价的目的是确保员工工作过程规范有效。中原钢铁公司实施行为业绩评价与绩效考核相结合的制度，其中行为业绩由员工直接主管评价，具体做法由绩效管理制度规定，它是员工任职资格等级评定及调整的重要条件之一。

6. 能力素质模型的建立

由于宽带薪酬为员工能力和业绩的增长提供了广阔的空间，企业必须提供对员工的能力

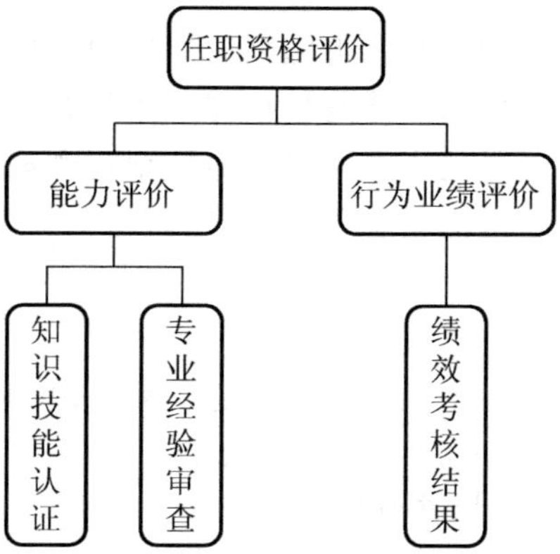

图 5.16 任职资格评价内容

增长进行动态管理。例如，建立能力素质模型，以实现宽带薪酬的激励功能。

根据哈佛大学麦克莱兰的研究，我们设计的能力素质模型包括基础能力和专业能力两种。基础能力是针对组织中所有员工的、基础且重要的要求，它适用于组织中所有的员工，无论其所在哪个部门或是处于何种岗位。专业能力是依据员工所在的岗位不同而需要的专业知识、技巧及能力。能力素质分为四个层次，其划分标准见表 5－28。

表 5－28 能力素质层次划分标准

专家级	➢ 能被征询意见解决与该方面能力相关的复杂技术问题 ➢ 能够对其所掌握的知识、流程或工具提出战略性的建议或做出调整 ➢ 能对事物的发展趋势及隐含的问题有足够的预见性和洞察力
高级	➢ 能精通某一方面的知识、流程或工具的使用 ➢ 能够应用该方面能力处理富有挑战性的和复杂的事项 ➢ 能够指导小范围的团队展现该方面的能力
中级	➢ 能熟练、独立地进行工具操作或运用所掌握的各方面知识，完成一般复杂难度的事项 ➢ 能够认知在应用该方面能力时可能遇见的潜在风险和机会 ➢ 能够在做出决定的时候参考应用自己在该领域的过去经验
初级	➢ 展示最基本的、有限的能力 ➢ 在充分的帮助下可以开展与此能力相关的事项 ➢ 能够描述基本的与该能力相关的概念

下面以财务管理这一岗位为例，划分能力素质模型的 4 个层次。其级别设定及行为描述如下。

（1）初级。

① 了解会计实务一般流程和会计处理一般原则，以及如何运用 ERP 系统进行会计实务操作。

② 能在一定的指导下按规定办理营运资金调拨、外汇结算等业务。

③ 熟悉会计档案管理规定，能按规定办理会计档案的收集、交接、归档及查询等工作。

（2）中级。

① 熟悉运用会计实务操作流程，能有效地提炼会计凭证及其他重要会计信息，遵照国家财税政策及公司规定及时正确地进行账务处理，编制相应的会计报表。

② 了解资金运作一般规律，能及时对公司资金状况（如应收、应付及现金使用等）提出报告并能对公司资金管理提出建设性意见。

③ 熟悉并掌握国家会计档案管理政策，熟练运用档案分类原理归集、管理会计档案，及时周到地提供会计文档信息及资料查阅。

（3）高级。

① 能指导并监督他人进行会计核算和报表编制工作，确保财务报告真实地反映公司实际财务状况与经营成果。

② 较好地理解国家不同会计政策对财务数据的影响，能对新发生经济业务提出具体会计处理意见。

③ 熟悉公司各项业务收入流程，能协助业务部门对公司收入管理提出建设性意见。

④ 熟悉国内资本和资金市场的规则和状况，对资金的筹措和运用方式有深入的认识。

⑤ 能够根据公司的经营特点和财务状况，制定切实的资产管理政策，对执行中出现的重大偏差进行分析和整改。

（4）专家级。

① 精通财务会计理论和实务，能全面考虑公司的长短期战略目标，以准确、充分的公司历史财务数据为基础配合和确保公司预算的编制。

② 能指导财务人员建立财务管理报告系统，多角度、多层次地提出有效支持公司管理及战略发展的财务分析报告。

③ 深入了解国内外同行业的会计标准与财务政策特征，能代表公司参加社会或企业界对财务政策的研讨。

7. 横向职位轮换

由于实施宽带薪酬，组织的层级减少了，同时员工晋升的机会也少了。为避免员工对工作产生倦怠情绪，保持宽带薪酬的激励性，企业应将横向职位轮换的措施作为宽带薪酬体系的一部分。

横向职位轮换指的是在同一工资带中鼓励不同职能部门的员工跨部门、跨工种流动。例如，安全环保部的安全监督管理人员横向流动到炼钢厂担任现场调度。横向职位轮换可以增强组织的适应性，提高员工多角度思考问题的能力，增强员工对各项工作、各个部门之间的相互依赖关系的认识，有利于打破部门隔阂，发挥人力资源整体效能。因此企业应制定有计划的、有组织的横向职位流动规划。

图 5.17 展示了在管理类和行政类、技术类和行政类之间的横向职位轮换关系。

8. 宽带薪酬实施的注意事项

（1）正确认识引入宽带薪酬体系对企业产生的影响。

宽带薪酬是企业薪酬设计体系思想的一次转变，引入宽带薪酬意味着对中原钢铁公司旧的薪酬体系的重大改革，在新旧体系的变更和过渡中势必会引起人力资源管理各方面的一些

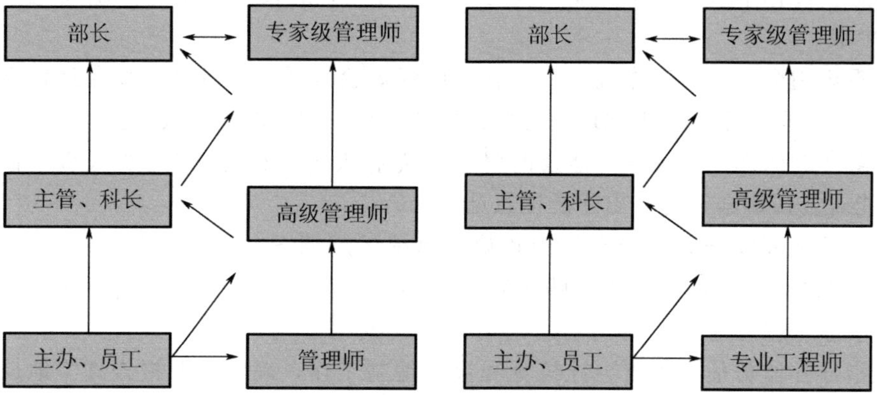

图 5.17 横向职位轮换关系

波动，如员工接受能力、企业文化支持程度及管理人员角色转换等方面。中原钢铁公司应推崇创新、尊重个人才能及内部公平等理念，以降低更替的时间成本。这样，新的宽带薪酬才能够很快地被企业组织和员工所接受，同时因交替中出现的不协调而导致的摩擦成本也会降低。另一方面，宽带薪酬会给企业人力资源管理带来其他方面的连带影响，如员工职业生涯规划、企业晋升制度的改革等。只有正确认识到这些外部性影响，适时调整人力资源管理的重心，才能使宽带薪酬体系真正地融入中原钢铁公司之中。

（2）建立配套的制度体系。

宽带薪酬制度是企业人力资源管理的一个重要组成部分，它与其他的人力资源管理制度是相互支撑、相互依赖的关系。例如，绩效考核制度，绩效考核的结果是宽带薪酬实施的依据之一，如果没有科学的、准确的考核体系作为基础，必然导致薪酬核算的混乱，破坏薪酬的内部公平性。培训制度也是宽带薪酬实施的必不可少的基础之一。中原钢铁公司在实施宽带薪酬之前需要对广大员工进行宽带理念、评估原则、岗位分类等的宣传，尽量将新薪酬体系对企业带来的冲击减到最小。在实施过程中应注重培训的作用，在培训中要让大家明白新的薪酬制度提倡的是什么样的行为和价值导向，才能保证新的薪酬制度实施取得明显的效果。员工在宽带薪酬体系中的能力提升、职位轮换也离不开培训的作用。

（3）做好薪酬控制的动态管理工作。

由于薪酬的刚性特征，只能涨不能降，企业对具有不断上涨趋势的薪酬总额必须加以控制。在以岗位为基础的薪酬体系下，薪酬总额在企业效益增长的有限范围内基本上是固定的。而在宽带薪酬体系下，由于员工薪酬变动的范围大大加宽，员工的薪酬标准变得难以确定，企业薪酬总额很容易失去控制，因而薪酬的动态管理工作变得相当重要。要做好薪酬的动态控制，首先要加强对薪酬总额的定期核算，缩短核算周期，及时分析薪酬总额上涨的原因。其次要密切关注对员工的任职资格的动态管理，制定有计划的员工等级评价和晋升措施。薪酬归根结底是为企业的战略服务的，对员工的评价和激励要建立在员工为企业效益增长所做的贡献上，要将员工薪等晋升和企业效益增长结合起来考虑，避免两者之间出现不协调发展的现象。

5.6.5 案例解析

本案例展示了对中原钢铁公司宽带薪酬体系设计的全过程。公司的薪酬等级由原来的

33个减少到18个，共减少了15个等级；岗位系数浮动范围由原来的不超过60%到现在的超过了100%。宽带薪酬的结构支持中原钢铁公司扁平化的组织结构，打破了传统薪酬结构那种严格的等级制，增大了薪酬弹性，提高了薪酬激励的有效性，利于企业提高运营效率。本案例旨在让读者掌握宽带薪酬的适用性、设计过程及实施的注意事项。

评价： 相对于传统的岗位薪酬而言，宽带薪酬增加了薪酬的弹性，增大了企业绩效导向和激励功能。作为一家大型的老牌钢铁企业，其薪酬改革是一个非常敏感的问题，涉及利益格局和利益机制的调整，一般跨度不能太大。宽带薪酬只是对原有薪酬体系的功能优化，是一种可接受的薪酬改革方案，随后薪酬改革的实施和运行状况也证明了宽带薪酬模式选择的正确性和有效性。本案例对于很多采取谨慎的薪酬优化设计思路的企业具有现实的借鉴价值，案例详尽地解析了宽带薪酬优化设计的全过程，其具体操作方法也有示范性。

使用说明： 薪酬管理是人力资源管理的核心内容，也是最具艺术性特征的一块内容。可以说每个企业的薪酬方案都有问题，每个企业也不能够完全照搬任何其他的"优秀"薪酬方案，而且，薪酬管理是一个持续而无止境的优化过程。读者必须充分理解薪酬优化设计的这些关键特征，切忌过分追求理想模式，切忌陷入教条主义。本案例详细地展示了一家大型钢铁企业的薪酬优化过程，针对该企业而言，宽带薪酬突破了原来僵化的科层职能组织模式的束缚，增加了组织的弹性，有助于企业刚刚推行的组织扁平化改革，也有助于增强薪酬的激励功能。整个方案既是稳健的又有足够的提升空间，希望读者能品味选择和设计过程中的管理艺术。薪酬模式很多，希望读者可以参考更多的资料，更希望读者从本案例中读出薪酬的情景化特征和薪酬设计的艺术性。

案例研讨：

1. 请讨论宽带薪酬的适用对象及优缺点，你所在的企业是否适合采用宽带薪酬体系？为什么？

2. 请结合本案例宽带薪酬的设计过程，讨论怎样确定薪酬的层级和相应的薪酬幅度。

第6章

开发与培训

导入案例

培训是一种信息优化机制

Y教授在给国内一家著名的钢铁企业做发展战略方案时，针对该企业地理位置偏僻、远离大中城市、信息不畅、观念落后的劣势，提出用培训构架信息通道，优化企业区位状况的思路。

通过分析，Y教授认为，该企业不可能大举搬迁，但是企业的地理位置劣势时刻从方方面面制约着企业的发展和战略优势的发挥。如何从管理技术中找到办法解决这一难题已成为企业战略对策的重要内容。由该企业作为上市公司打通对资本市场融资通道，促进了企业快速发展中得到启示，Y教授提出架设一条有效的信息通道，变区位劣势为区位优势的思路，就是运用培训技术保持企业管理层信息新颖性和思维活力。基本要点是：制订长期计划、拨付专项基金针对企业中高层管理者定期开展管理知识讲座，将国内外著名经济和管理专家、政府官员、企业家请到企业做专题报告，使国内外最先进的管理思想和信息不断冲击企业管理者的头脑，以维持整个企业管理者接收信息的新颖性，保持管理者的思维活力。为了保证信息的数量和质量，企业明确规定每年讲座不少于12次，并对每年的专题进行专门设计，对讲座者设置合理的甄选机制以保证信息的覆盖面和前沿性。

自该方案实施4年以来，企业受益极大，该企业老总曾自豪地向外界宣称，该项投资是他最得意的一项投资，是真正的一本万利的投资。Y教授现在经常向企业家们推荐这种简便可行的信息优化机制。

资料来源：颜爱民，宋夏伟，袁凌，2004. 人力资源管理理论与实务［M］. 长沙：中南大学出版社.

6.1 开发与培训综述

6.1.1 概念与内涵①

1. 人力资源开发

人力资源开发是现代人力资源管理的重要组成部分，其定义很多。较权威的是美国培训与开发协会（American Society for Training and Development，ASTD）给出的定义：人力

① 颜爱民，2010. 人力资源管理经济分析［M］. 北京：北京大学出版社.

资源开发（Human Resource Development）是综合利用培训开发、职业生涯开发、组织开发等手段来改进个人、群体和组织的效率。

基于对人力资源开发及其应用的感悟和理解，综合国内外各种不同的定义，我们将人力资源开发定义为：人力资源开发就是开发人力潜能、提升人力资源质量、增加人力资源运用效能的过程；它包括宏观和微观两个层次，涵盖生理、心理、伦理、智力、技能和环境6个方面。

具体而言，人力资源开发的两大层次的内涵如下。

(1) 人力资源开发的宏观层面。其开发主体是国家或地区的政策制定者，开发客体为特定地域范围内的全部人口，主要是通过文化构建、政策制定、机制设计和人力资源生态环境的优化，实现国家和地区的人力资源合理流动和优化配置，以提升人力资源整体效能。

(2) 人力资源开发的微观层面。其包括用人组织人力资源开发、学校人力资源开发、家庭人力资源开发及个体人力资源开发，主要是通过用人组织有目的的培训开发、学校和家庭的教育开发及个体的自身努力，挖掘组织和个体人力资源潜能，提高效能的过程。

人力资源开发6个方面的具体内容如下。

(1) 生理开发是按照人体的生理规律，研究机体的运动结构及劳动能量的转换机制，以达到保护人力资源、提高人力资源健康水平的目的。现代人力资源测评中的职业倾向、职业能力的测试均基于此。

(2) 心理开发是针对人力资源的需求和动机等心理特点，调动人力资源的积极性和主动性，增强其行为动力。行为学中关于需求动机分析、人性论的阐释，以及相关的激励理论、激励模式设计均为心理开发提供了依据。

(3) 伦理开发是培养和激发人力资源的道德精神，使其从事健康、有益的创造性劳动，消减人与人之间的冲突和矛盾，提高协作水平和团队效率。

(4) 智力开发是提高人力资源的知识水平和逻辑推理判断能力，培养其创造意识，开发其创造力。

(5) 技能开发是提高人力资源的操作能力和技术水平，提升其工作效率。

(6) 环境开发是改善人力资源所处的社会、经济、制度、文化等环境，为人力资源充分发挥能量创造一个自由、宽松、有益的背景条件。

2. 人力资源培训

所谓培训（Training)，是指组织或员工本人为达到既定目标，围绕提高学习和工作能力而开展的有组织、有计划、有目的的培养和训练活动。

培训的概念比较简洁，争议不多，在此不再赘述。从内涵分析，相对于开发和教育而言，培训的侧重点在于训练，这也是培训的本意。培训主要包括知识的传授、技能的训练，也包括良好的工作习惯和职业规范的学习和训练，它以达到组织目标、达到预期的技能和行为能力为标准，强调可操作性和实用性。

从企业管理角度看，培训的主要作用为：①增加员工收入和职业发展机会；②激发员工的积极性、主动性与创造力；③增加员工对组织的归属感和忠诚感；④更好地营造组织文化；⑤缓解甚至解决组织对人才的需求压力；⑥提高组织的绩效。

3. 开发与培训的差异

通常的人力资源开发指改善和提升企业员工的知识、技能和能力过程，即 KSA（Knowledge，Skills，Abilities）。这个概念涵盖了开发（Development）和培训两方面的内容，因为知识和技能的提升主要可以通过培训完成，而能力的提升则主要依靠开发完成，尤其是影响 KSA 的更深层次心理和社会动机性因素，如态度、动机、价值观、积极性等，更需要依靠开发去改变。根据胜任力的冰山模型①（图 6.1），冰山露出水面部分的知识和技能，可主要通过培训提高，而冰山水面之下部分的价值观、社会动机等则需要通过开发挖掘。

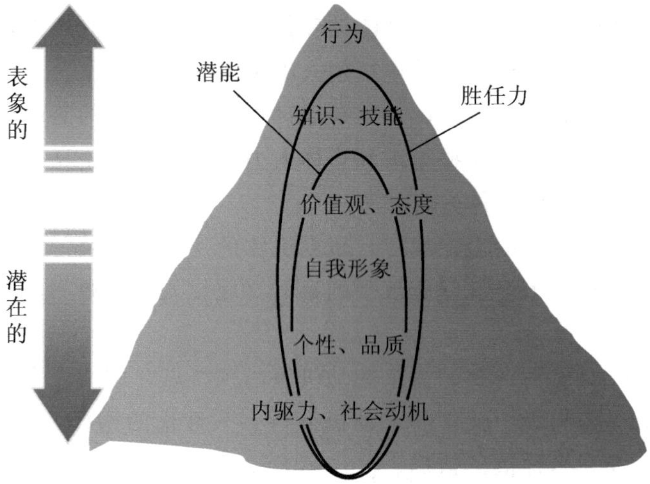

图 6.1　冰山模型

6.1.2　开发与培训的效能分析

人力资源开发与培训活动涉及人的知识、技能和能力，也就是通常说的 KSA。然而认为人力资源开发与培训仅仅是改变员工的知识、技能和能力，这远远是不够的。KSA 的变化并不直接给组织带来绩效的变化。后来人们又认识到了一系列的变量都会对员工的行为有很大的影响力。这些变量包括动机、态度、积极性等。由于这些变量很复杂，不仅数量多，而且对不同的职务，这些变量可以是不同的，人们用“其他”（Other，O）来概括，所以就有了 KSAO 分析框架的说法。

6.1.3　开发与培训过程分析

1. GB/T 19025—2001 体系和步骤

GB/T 19025—2001 是我国根据 ISO 9000 国际培训标准转化而成的国家标准质量管理培训指南。ISO 9000 是由国际标准化组织（International Organization for Standardization，ISO）于

① SPENCER L M，SPENCER S M，1993. Competence at work：models for superior performance [M]. New York：John Wiley & Sons，Inc.

1999年发布的，专门用于规范具有培训人力资源职能的组织的国际标准。由它转化成的GB/T 19025—2001指南覆盖了影响组织提供产品的质量的培训战略和体系的开发、实施、保持和改进，适用于任何类型的组织。

GB/T 19025—2001从确定开发与培训需求分析、开发与培训设计与策划、开发与培训支持或实施、开发与培训效果评估4个阶段来完善公司的培训体系，使公司培训形成体系化、系统化的运作。

（1）开发与培训需求分析。

开发与培训需求分析是指在规划与设计每项活动之前，由培训部门、主管人员及相关工作人员等采取各种方法和技术，对组织及其成员的目标、知识、技能等方面进行系统的鉴别与分析，从而确定开发与培训的必要性及活动的内容和过程。开发与培训需求分析是确定开发与培训目标、设计开发与培训规划的前提，也是进行开发与培训评估的基础，因而它是搞好开发与培训工作的关键。其主要包括组织层分析、任务层分析和人员层分析。

（2）开发与培训设计与策划。

这一阶段是针对确定的能力差距而对采取的措施进行设计和策划，分析和确定制约开发与培训过程的主要因素，选择开发与培训的方式，制订切实可行的开发与培训计划，确定开发与培训提供者。

（3）开发与培训支持或实施。

开发与培训支持或实施主要包括：培训前支持，如向培训提供者介绍有关情况，向学员介绍培训的性质和准备弥补的能力差距，使双方有效地沟通；培训中支持，主要是为双方提供服务，如为培训双方提供有关的工具、设备、文件、软件或食宿，为学员提供恰当的和充分的机会以获得发展的能力等；培训后支持，主要是收集反馈信息，向管理者和所有参与培训过程的人员提供反馈信息。

（4）开发与培训效果评估。

评估的目的是确认组织目标和培训目标是否实现，它包括近期评估和长期评估。近期评估主要看学员的反馈，看学员知识、技能的变化；长期评估主要是绩效评估，对学员返回工作岗位后的工作业绩和生产率改进做出评估。开发与培训循环如图6.2所示。

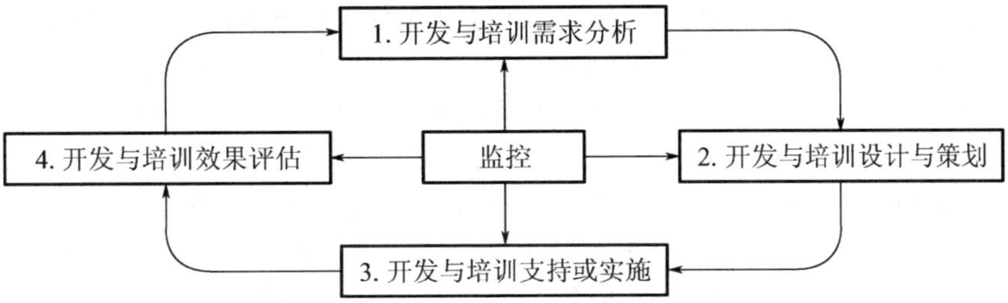

图6.2　开发与培训循环

2. 开发与培训过程的监控与改进

这一步骤贯穿于开发与培训过程的始终，且涉及包括组织者、管理者、培训提供者及被培训对象在内的所有人员，这样有利于培训转化。监控工作应该在规范的程序下组织进行，通过磋商、观察和资料收集分析评价，完成各个阶段的评审工作，发现不合格的问题及时采取纠正和有效的预防措施，以达到开发与培训目标。

6.1.4 开发与培训方式新趋势

1. 体验式开发与培训

体验式开发与培训有别于传统讲授方式，是个人首先通过参与某项活动获得初步体验，然后在培训师的指导下，与团队成员共同交流、分享个人体验并提升认识的培训方式[①]。经过十几年的发展，体验式开发与培训热正在我国形成，成为企业进行人力资源开发和团队建设的有效方式。表6-1中对几种不同的体验式开发与培训方式的概念、优缺点和适用性进行了详细比较。

表6-1 几种不同的体验式开发与培训方式比较

方式	概念	优点	缺点	适用性
角色扮演	通过扮演某个与工作相关的角色，感受角色心态和行为，以帮助自我发展和提高行为技能	激发解决问题的热情；增加学习的多样性和趣味性；激发热烈的讨论，各抒己见；提供换位思考的机会；吸取前人经验教训	观众不宜太多；演出效果可能受限于学员过度羞怯或过深的自我意识	适用于以改变受训者态度与提高人际交往能力为目的的培训
案例分析	通过典型案例的描述或录像回放，引导学员进行讨论	提高分析问题和解决问题的技巧；确认和了解不同解决问题的可行方法	耗时；可能同时激励与激怒不同的人；相关资料的质量影响分析的结果	是促进学习和提高教学的有效方法，适用于专业技术学习和业务培训
情景模拟	根据对象可能担任的职务，在模拟的工作情境中测评其心理素质和潜在能力	增加学习多元化和趣味性；以团队的方式处理问题，更接近真实情况；可为学员提供冒险犯难的机会	与现实仍有一定差距；可能过度强调竞争，破坏学习经验；需投入相当的时间、金钱和精力去发展	适用于以提高处理工作的实际能力为目的的培训
沙盘模拟	运用独特直观的教具，使学员在虚拟的市场竞争环境中，全真体验企业数年的经营管理过程和情景	具有互动性、趣味性、竞争性；对所学内容形成深度记忆，并能够将学到的管理思路和方法在实际工作中很快实践与运用；有助于学员形成宏观规划、战略布局的思维模式	对指导老师要求很高；占用场地且耗时，一种运作方案要几天才能完成并检验出结果，一旦方案失败则无法更改	适用于对企业中高层管理人员的培训

---

① 比尔德，威尔逊，2003. 体验式学习的力量［M］. 黄荣华，译. 广州：中山大学出版社.

续表

方　式	概　念	优　点	缺　点	适用性
拓展训练	在户外通过精心设计的活动磨炼意志、陶冶情操、完善人格、熔炼团队	有限的空间，无限的可能；有形的游戏，锻炼无形的思维；简便，容易实施	易变成走马观花的旅游；培训师素质、培训基地水准普遍欠佳；培训项目单一	适用于提高员工自身素质、团队合作能力和企业文化认同度，以及开发与团队效率有关的技能
魔鬼训练	通过魔鬼式的训练帮助学员树立强者风范，成为有坚强意志的人	挖掘受训者思想、体力和意志力的潜能，追求突破个人极限；超常规、超强度的训练内容，令人印象深刻	易忽略培训与实际工作的联系；不同的受训者需求完全不同，设计训练方案需要很强的能力	适用于侧重培育团队合作精神和合作技巧的培训
心智培训	通过某种方式改变人们的思维习惯、思维风格、思想方法和心理素质	突破固有思维、情绪、行为反应模式；调节长期高压下紧张焦虑的情绪；洞察、调整、完善心态与心智模式	脱产培训的成本较高；因经费限制较难在全员范围内开展；不一定适合所有人	适用于对企业中高层管理者和企业家的培训

2. 虚拟化开发与培训

虚拟化开发与培训具有方便、快速更新知识与观念，以及双向互动等优点。不同虚拟化开发与培训方式的优缺点比较见表6-2。

表6-2　不同虚拟化开发与培训方式的优缺点比较

方　式	优　点	缺　点
多媒体培训	自我控制进度；内容具有连续性；互动式学习；反馈及时；不受地理位置限制	开发费用高昂；不能快速更新
网络培训	自我控制培训传递；信息资源共享；简化培训管理过程；培训项目更新快速；多人同时培训；节约费用；不受空间限制	受网络速度与空间限制；开发成本高；培训成果转化一般；缺乏沟通；受传输设备影响大
虚拟现实	适合危险或复杂工作培训；培训成果转化率高；反馈及时	比较缺乏真实感
智能指导系统	模拟学习过程；自我调整培训过程；及时沟通与回应；培训成果转化率高	开发费用高

6.2 案例一：培训管理体系设计案例
——临湘集团广州分公司员工培训体系设计[①]

6.2.1 公司简介

临湘汽车工业（集团）股份有限公司（简称临湘集团）成立于1990年，主要从事乘用车、商用车和汽车零部件的生产、销售、开发、投资及相关的汽车服务贸易和金融业务。2008年，该集团整车销售超过150万辆，在国内汽车企业排名中处于领先地位，其广州分公司整车销售达40万辆。

6.2.2 公司培训背景

该集团广州分公司的培训工作存在以下问题：第一，培训的目的性与针对性不强，未与总公司、员工的发展、员工个人的现状密切挂钩；第二，培训后无跟进、评估、反馈措施，不利于改进；第三，公司各部门在培训过程中缺乏沟通和相互支持。

针对以上问题，公司成立了专家组，计划从以下方面着手，构建较为完善的培训体系：第一，建立明确的员工培训计划流程，在结合岗位要求和全面征询培训需求的基础上，制订目标明确且针对性强的培训计划；第二，加强培训后的评估、跟踪措施，确保培训取得实际效果；第三，培训工作由人力资源部牵头，各部门加强沟通与配合。

6.2.3 公司培训体系设计

为该公司重新设计的培训流程如图6.3所示。

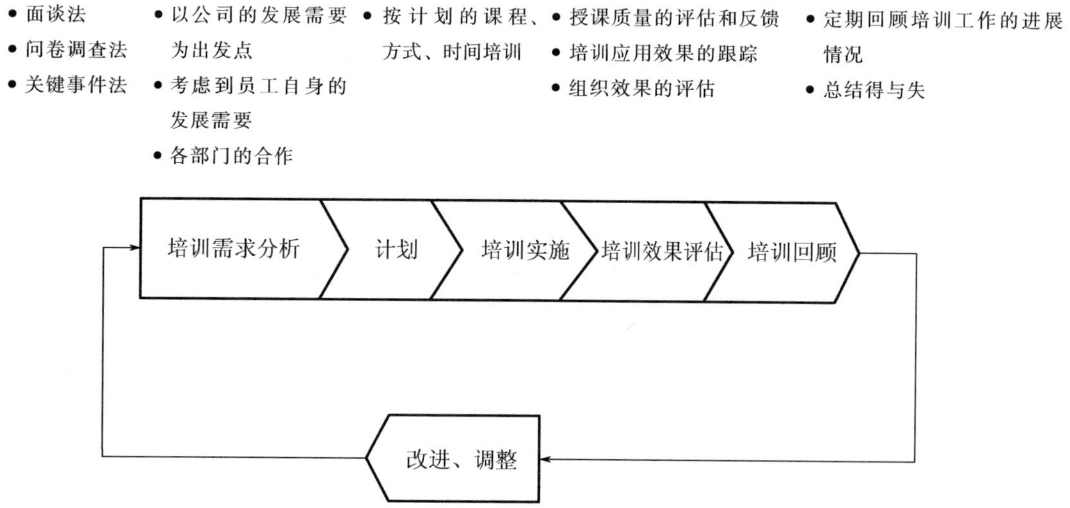

图6.3 培训流程

① 本案例源于作者主持完成的某汽车公司培训开发项目设计与实施方案，案例初稿完成于2013年，本次修订于2018年3月，文中对公司的信息做了必要的处理。

1. 培训需求分析

专家组运用面谈法、问卷调查法、关键事件法等方法，从组织、任务、人员 3 个层面，结合总公司和分公司的发展状况、员工的资质水平进行系统的培训需求分析，确定具体的培训内容、培训对象和培训方式等。培训需求分析过程如图 6.4 所示[①]。

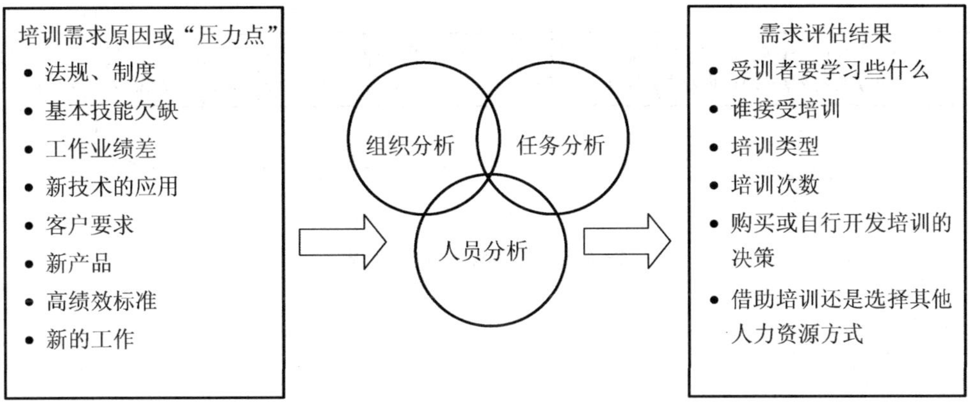

图 6.4 培训需求分析过程

2. 制订培训计划

在公司整体发展计划的指导下，充分考虑员工个人的发展要求，在各部门的共同努力和配合下，由人力资源部负责制订出符合公司实际需要的培训计划表（表 6 - 3），培训计划制订流程如图 6.5 所示。由于本案例侧重介绍培训体系的设计，因此具体的培训计划内容在此予以省略。

表 6 - 3 培训计划表

培训计划表						
培训类别：		填表日期：		填表人：		经理签名：
培训内容	培训时间及跨度	培训类型	培训对象	预计人数	费用预算	备注

注：培训类别指培训是由人力资源部负责的正式培训还是由各有关部门负责的非正式培训。

① SHREEVE T W，1992. How to train employee [J]. Training (6) .

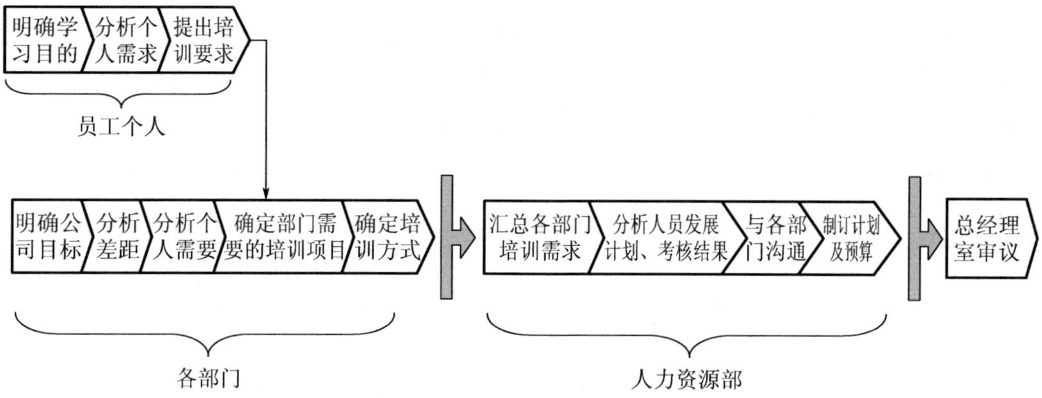

图 6.5　培训计划制订流程

3. 培训实施

（1）培训目标。

从公司整体的角度看，培训目标是建立双赢式的培训体系，提升员工队伍的整体素质，提高公司的整体管理水平，把公司建成一个学习型组织，为实现公司战略目标做贡献。从各部门的角度看，培训目标是把因员工能力不足、态度不积极而产生的机会成本浪费控制在最小限度。从员工自身的角度看，培训目标是提高员工的知识水平和工作能力，从而提高工作的能动性，达到自我实现的目的。

（2）基本原则。

预先制定培训后期望达到的目标，对培训的组织者、授课人、参加培训者都有及时的考核和评估，参加培训者能从培训中得到收获和满足，培训的方式多样化，不同目的、不同层次、不同类别的培训采用不同的方法等。

（3）培训内容。

① 态度培训：建立起公司与员工的相互信任，培养员工对公司的忠诚度，培养员工应具备的职业精神和职业心态。

② 技能培训：使员工掌握完成本职工作所必备的技能。

③ 知识培训：通过培训使员工基本具备完成本职工作所必备的知识。

（4）培训形式。

① 集中授课式培训。

集中授课式培训的实施由人力资源部负责进行，各部门在实施过程中予以积极支持并大力配合。

人力资源部的工作包括：下发培训通知并确认，负责授课人的准备工作（内部讲师或外聘），准备好教室、教具、教材、教案、试卷，用“员工培训记录表”（表 6-4）记录参训人、时间、地点和培训内容，做好培训的考勤、结训考核及积分的记录并归档。

各部门则要配合做好以下工作：接到培训通知后，通知有关人员准时参加培训，参训人员安排好日常工作并做好参训准备和参训记录。

表 6-4　员工培训记录表

培训记录表

编号：	课程名称：		
时间：	地点：	讲师姓名：	讲师来源：
培训内容：			

参训人	签名	考核成绩	参训人	签名	考核成绩	参训人	签名	考核成绩

② 岗位培训。

岗位培训由各部门负责实施，人力资源部至少在岗位培训开始前两周将“岗位培训计划通知书”（表 6-5）递交到有关部门，使负责培训的部门做好充分准备。

人力资源部在岗位培训中的责任包括将跨部门的岗位培训计划交给各部门，并通知参训人员，督促各部门做好岗位培训工作，同时做好岗位培训的记录工作和档案管理工作。

各部门则要做好岗位培训的准备工作，为培训对象配备辅导员。在完成岗位培训后，有培训任务的各部门必须立刻填写“岗位培训报告书”（表 6-6），并交给人力资源部归档保存。

表 6-5　岗位培训计划通知书

岗位培训计划通知书

日期：		总经理签名：
受训部门：	负责培训部门：	培训名称：

受训学员名单	受训岗位名称	起始/结束时间	内容具体要求

表 6-6　岗位培训报告书

岗位培训报告书			
填表部门：	培训辅导员：	培训名称：	所在岗位：
受训学员姓名：	受训人所在部门：	培训时间：	
培训内容：			
受训人在培训中的表现：			
辅导人签名：	部门负责人签名：	日期：	

（5）培训方式。

公司采用以下多渠道的培训方式进行培训，各种培训方式的说明和实施部门见表 6-7。

表 6-7　多渠道的培训方式

序　　号	培 训 方 式	说　　明	实 施 部 门
1	课堂教学	集中授课，专题讲座	人力资源部
2	远程培训	卫星电视，电化教学	人力资源部
3	岗位培训	指导、带教，基层实习	各部门
4	交叉换位	短期，轮换交流	分公司、各部门
5	自我开发	业余时间自我安排学习	员工自身
6	客座深造	国外同业，公司培训	总经理室
7	开发下属	命令式，指导式，帮助式，授权式	各级领导

4. 培训效果评估

培训效果评估包括对培训有效性和效益性的评估反馈和跟踪，其中人力资源部和各部门的职责如下。

人力资源部根据“教学效果反馈表”（表 6-8）进行授课质量评估，组织学员利用此表进行授课质量评分，并将综合评分结果反馈给讲师，向其提出改进授课质量的建议，将综合结果归档后作为对讲师的考核依据。同时整理学员的意见，收集整理各部门的“培训计划进度及应用效果跟踪表”（表 6-9）。根据上述整理结果，分析培训效果及应用状况，提出改进措施。

各部门负责根据“培训计划进度及应用效果跟踪表”进行培训结果的应用效果跟踪，将该表交给人力资源部存档，在培训过程中督促培训效果的应用及应用评价。

表 6-8　教学效果反馈表

考核指标	评分标准	分数	得分	做得最好的地方	需要改进的地方
台风及肢体语言	仪表端庄得体，有讲师风范	8～10 分			
	大方自然，基本得体	5～7 分			
	有不好的习惯性动作，影响教学	1～4 分			
语调声量及口头禅	抑扬顿挫，娓娓道来，无不良口头禅	8～10 分			
	词调平缓，声量适中，无明显口头禅	5～7 分			
	语调声量低，有明显不良口头禅	1～4 分			
内容的顺序	逻辑性强，严谨有序	8～10 分			
	有一定的表达顺序	5～7 分			
	混乱无序，不知所云	1～4 分			
表达精彩度	妙语连珠，观念新颖，十分精彩	8～10 分			
	比较平淡，偶尔有些亮色	5～7 分			
	平淡无奇，无法提起听者兴趣	1～4 分			
内容熟练度	通篇顺畅，丝丝相扣，驾轻就熟	8～10 分			
	基本连贯，还算熟悉	5～7 分			
	对内容不熟练，经常看讲稿	1～4 分			
内容准确度	内容正面积极，学有所得	8～10 分			
	内容基本正面准确	5～7 分			
	不知所云，内容脱离主题	1～4 分			
时间的控制	与计划相符，时间掌控好	8～10 分			
	时间控制较好，偶尔超时	5～7 分			
	完全脱离预先计划，严重失控	1～4 分			
板书教具使用	辅助教具使用得当，提高教学效果	8～10 分			
	有使用，但不太熟练	5～7 分			
	完全不使用或一直在使用，影响教学	1～4 分			
教室气氛控制	有张有弛，气氛和谐，控场能力强	8～10 分			
	教室气氛一般	5～7 分			
	完全没有调动气氛，或气氛无法控制	1～4 分			
教学效果控制	教学相长，充分回馈	8～10 分			
	有一定的教学回馈	5～7 分			
	自顾自讲，完全不理会教学效果	1～4 分			

表 6－9　培训计划进度及应用效果跟踪表

培训计划进度及应用效果跟踪表

姓名：　　部门：　　岗位：　　职务：

年龄：　　性别：　　学历：　　专业：　　负责人：

培训内容	月份												目标分数	培训形式	负责人
	1	2	3	4	5	6	7	8	9	10	11	12			
硬技术															
财务会计		*											85	岗位培训	
经济法				*									80	岗位培训	
精算			*										85	岗位培训	
软技能															
沟通能力					*								90	集中授课	
领导能力					*								85	集中授课	
合作能力					*								90	集中授课	

计划参加的培训课程及时间、地点：

精算解析　2008.3　湖北

沟通技巧　2008.5　湖北

领导力　2008.5　北京

5. 培训回顾

除培训效果评估外，公司还应定期召开培训回顾工作会议（培训回顾工作会议相关说明见表 6－10），经常对培训工作进行回顾，并及时调整培训计划。

表 6－10　培训回顾工作会议相关说明

会议名称	明细项	明细项说明
公司年初培训工作会议	时间	每年初
	参加者	总经理室、人力资源部和各部门负责人
	内容	回顾前一年的培训工作成果； 总结存在的问题并提出改进措施； 分析公司发展对培训工作的要求； 提出培训工作的新目标并讨论和通过新一年的培训计划和预算
公司年中培训工作会议	时间	每年中
	参加者	总经理室、人力资源部和各部门负责人
	内容	回顾前半年的培训工作成果； 总结存在的问题； 提出改进措施； 修改和调整年度培训计划及预算

续表

会议名称	明细项	明细项说明
部门季度培训工作会议	时间	每季度
	参加者	各部门内部，人力资源部派人参加
	内容	总结部门内培训工作的成绩及存在的问题； 表扬杰出表现者； 指出需要改进之处

经过 3 个月的培训实施，该公司的培训体系设计方案得到了公司高层和大部分员工的肯定，员工普遍反映此次培训很有针对性，效果良好。

6.2.4　案例解析

本案例通过某汽车公司的培训管理体系设计较为详细地介绍了有效的培训管理体系设计的流程。本案例中企业员工培训存在的问题在当前中国众多企业中都不同程度地存在，而该公司经过标准化的流程设计，较好地解决了这个问题。由此可见，培训管理体系设计的技术性强，必须设计规范的流程，才能确保培训目标的实现和质量，这是本案例现实意义之所在。本案例另一重要目标是让读者掌握基本的培训流程设计方法。

评价： 员工培训管理体系对企业的员工培训与开发具有重要作用，只有合理有效的培训管理体系才能保证培训效果落到实处。通过流程去构建一个实用的培训管理体系，提升培训效果是众多企业都急需解决的现实问题。本案例所提供的方法简单明了，比较适合中小企业借鉴和参考。

使用说明： 本案例是针对某汽车公司当时的培训问题而设计的优化方案，而培训方式选择、培训的具体内容等都有较强的行业性和个性化特征，读者在借鉴使用时一定要结合所在企业的具体情况进行调整，关键是利用该案例提供的思维方法，建立培训操作的规范和流程意识，形成按流程操作培训的制度。针对许多企业培训操作不系统、不规范，且普遍存在的临时性、随机性和应急性问题，本案例的现实意义显而易见。本案例在介绍规范的培训管理体系流程的同时，还提供了具体的相关操作表单，可供读者参考使用。

案例研讨：

1. 本案例的培训管理体系设计还有哪些需要完善之处？
2. 本案例介绍的是操作层面的培训管理体系，那么广义的培训管理体系包括哪几个层面的重要内容？

6.3　案例二：培训方案设计案例
——普瑞温泉酒店员工年度培训方案[①]

6.3.1　酒店简介

普瑞温泉酒店是湖南省首家五星级生态酒店，地处青山绿水之中，拥有 294 间/套客房，

① 本案例源于作者主持完成的普瑞温泉酒店组织和人力资源优化方案部分内容，依据项目中的员工年度培训方案改写而成，案例完稿于 2018 年 3 月。

14 栋别墅，大小会议室 11 个，餐饮、娱乐等项目一应俱全，是湖南省首家推出商务休闲经营理念，把商务型酒店和休闲度假型酒店有机结合起来的酒店，并针对市场定位，设计了一系列人性化、个性化的服务。例如，酒店独创的会议金钥匙服务，把为会议客户服务的理念提升到了文化的高度，体现了一种更高的服务境界。

6.3.2 酒店员工培训背景

1. 培训内容与渠道单一，枯燥乏味，过于单调

对培训需求的问卷调查和访谈中，员工普遍认为主要依靠企业自身培训师的培训渠道过于单一，员工对培训的兴趣不高，满意度偏低。员工最期盼引进外部行业资深管理人员和专家进行当前行业资讯、最新管理理念与方法的培训，对销售技巧、沟通艺术、人际关系处理等培训内容也有浓厚的兴趣，特别期盼外派至其他酒店学习管理模式。

2. 培训课程的质量有待提高

员工对培训的兴趣不高严重影响了培训效果，而影响员工培训兴趣的主要因素是培训内容的实用性、培训方式及讲师的水平。所以在今后的培训中，应有针对性地对各部门进行定制化培训，将培训内容与工作的实际需求相结合。

3. 部门培训专员的专业素质与培训能力较低

有的部门培训专员并不具备全面的专业知识、技能及语言表达能力，无法教授部门员工工作流程中的可操作性与专业性技能，因此迫切需要对部门培训专员进行培训。

4. 培训评估与激励机制不健全，落实效果不好

从问卷调查中发现，影响培训效果的因素中，考核奖惩方法居第三位。酒店应该健全培训开发体系，与绩效考核、员工的晋升和职业生涯发展挂钩，与建设企业文化、建立学习型企业密切结合，彻底变“要我学”为“我要学”。

6.3.3 酒店员工年度培训方案

1. 需求分析

用问卷调查法对企业前厅部、工程部、财务部、保安部、总办、管家部、销售部、温泉 SPA 馆、餐饮部等各职位员工进行抽样培训需求调查，统计结果见表 6－11（以前厅部、温泉 SPA 馆为例）。

（1）部门。

部门实施培训的最佳频率调查中，多数员工建议一周 2 次。培训工作需要酒店提供的支持与帮助中，呼声较大的是培训资料、培训经费、培训设施、部门培训专员自身素质的提高，分别占 23％、22％、21％、14％。

酒店开展的培训课程中较受欢迎的是：知识类——服务质量管理、督导能力、职业资格认证、客户关系管理、岗位专业理论；技能类——人际关系处理、领导能力、团队建设、沟通技巧；规划类——职业生涯设计。提高部门员工职业素养并增进对酒店忠诚度的有效途径调查中，比重较大的是为员工进行职业生涯规划、公平公正的奖惩与晋升制度、部门的专业

化培训、企业文化建设与团队建设。

表6-11 普瑞温泉酒店前厅部和温泉SPA馆员工培训需求调查示例

部门 需求	在以前的培训中，哪些内容对你是有帮助的，印象最深的?	你最不满意什么样的培训课程?	现在最大的障碍是什么，希望怎样改变?	建议
前厅部	专业培训	培训不对口	英语不好	请不要在我们休息的时候强制我们参加培训
	多方位实践培训	培训教程毫无实用价值，提高不了培训者的兴趣	实践知识不够	培训的时间不在长短，次数不在多少，重要的是培训的质量
	专业知识实践培训	培训老师的授课方式呆板	专业知识不够扎实，跟人沟通欠缺	不安排重复培训
	专业技能培训	照本宣科式的培训无太大意义	不太善于与人沟通，团队活动	注重培训课程的多样性
温泉SPA馆	执行力，受到深刻的启发，但仍只是一种形式，有些管理人员仍参不透它	一些摸不着边际的、不知所云的课程	服务人员的权限；部门员工素质越来越低，培训没效果；管理人员人性化意识及行为需到位	增加培训的次数
	酒水培训、健身培训	参加不感兴趣的英语培训	与外界同行业的沟通太少，行业趋势了解得太少。请行业内知名人士多做专业知识培训	增加一些难的案例分析，并进行实操模拟，让员工多体验、交流
	礼仪培训	普通话不标准的课程、内容重复的培训	工作时间之外的培训让人很疲倦，效果不佳，建议脱岗培训1～2天	希望邀请的培训讲师能较熟悉行业情况，增强培训的实用性

部门对培训的意见或建议主要是：实施有效的考核与奖励机制；少上大课；结合部门的实际需要设定培训计划并落实，适当将基层中的业务骨干纳入管理层的培训范畴，拓宽其知

识面；外请知名专家进行客服知识的培训；不能占用员工的休息时间进行培训等。

（2）员工。

员工希望参加的培训：知识类——岗位专业理论、客户关系管理、营运管理、职业资格认证等；技能类——创造性解决问题、领导能力、推销技巧、沟通技巧、人际关系处理；态度类——职业生涯规划。同传统的讲授、讲座相比，大部分员工希望培训增加些案例分析。

根据酒店的特点，员工希望不占用中午休息的时间培训。每次课程员工能接受的培训时间为：2～3个小时最适宜，占73%；而2～3天则只占2%。员工希望所在部门的业务知识与技能培训的频率为一周一次。员工希望提高职业素养的途径中，受欢迎的有：外请行业知名专家，占34%；由培训部外送进行专题培训，占28%；酒店中高层的公开课，占16%；而外请学院教授及培训部老师的公开课各只占11%。

2. 培训目标

通过培训不断提高员工的知识水平、工作能力和能动性，使酒店员工业务素质和技能满足酒店发展战略对人力资源的需求，提高酒店的整体运营质量和市场竞争力。

3. 培训内容

根据需求分析调查，结合企业实际情况，确定培训内容为知识、技能、态度3个方面。其中，知识培训包括服务质量管理、督导能力、职业资格认证、客户关系管理、岗位专业理论等培训；技能培训包括创造性解决问题、领导能力、客服技巧、人际关系处理、团队建设等培训；态度培训包括职业生涯规划及心理培训。

4. 培训形式

（1）正式培训。

① 入职培训。凡酒店新员工均应参加入职培训，使新员工了解酒店的企业文化、经营理念、酒店发展历程、产品概要、管理规范等方面的内容。入职培训由人力资源部负责统一组织、实施、评估。

② 岗位技能培训。由人力资源部协同各部门共同进行规划与执行，由各部门提出月度岗位技能培训计划，人力资源部将各部门的计划汇总后，呈报给总经理核准，然后根据需求统筹安排实施。

③ 培训专员培训。通过有计划地派主管及业务骨干外出培训或参与相关课题的研讨，并对管理人员进行深层次的专业知识培训，从上至下提高整体服务质量和管理水平。

④ 转岗培训。根据工作需要，酒店原有从业人员调换工作岗位时，按新岗位要求，对其实施岗位技能培训。转岗培训可视为员工入职培训和岗位技能培训的结合。

⑤ 外请培训。酒店根据经营和员工培训的需求，定期邀请酒店行业或其他学科的专家、教授来店以讲座、访问、讨论等方式进行授课。

⑥ 外送培训。培训地点在酒店以外，包括国内外短期培训、高级经理人员海外考察，以及MBA课程进修培训、博硕士企业经理人培训等各种学历培训，以储备后备人才，开阔员工视野，增长见识。

⑦ 晋升培训。针对绩效考核优秀、培养潜力大的员工拟进行职位升迁前所做的管理基

础知识、沟通技巧、团队建设、自我管理等知识理论及技能技巧的培训。

⑧ 语言培训。这是指酒店为提升服务质量而开展的各类语言能力培训，如普通话、英语、韩语培训，以及语言服务技巧等方面的培训。

(2) 非正式培训。

员工在进行职业生涯设计的过程中，结合酒店及个人发展的需要对自身进行各类培训与开发，包括学历教育与其他个人自选教育。酒店鼓励员工在不影响本职工作的前提下，参加各种业余教育培训活动。员工因考试需占用工作时间时，经部门负责人批准可办理请假手续。

5. 培训方式

常见的培训方式比较见表 6－12。

表 6－12　常见的培训方式比较

培训方式	具体内容	适用性
课堂教授	演示做什么 教别人怎么做 观察其他人做 辅导学员以提高能力	填写表格 操作某些仪器 技巧演示
多媒体教学	课前准备能够支持学习观点的视听教程	看，做记录，讨论，解释
案例分析	设计与课程相关的案例 安排时间进行讨论 介绍要达到的目的 每组要演示讨论的结果 回顾并讨论学习要点	练习运用学习要点 经验分享 从不同的角度解决问题
角色扮演	三个人一组 一个人观察并给出反馈 其他两个人练习，轮换角色 发现三四个优点和三四个可改进之处	运用学习要点，特别是一些技巧 分享经验 形成习惯
游戏	描述相关细节 解释活动目的 回顾学习要点	控制环境 使学习观点深入浅出
小组讨论	根据讨论的观点进行分组 解释讨论的目的 控制讨论的时间 保证讨论的方向是一致的	与学习的内容相关联的问题 一些复杂有争议的问题 有代表性的问题 每个人都会有自己观点的问题 可以从不同角度看的问题

根据比较，主要采用课堂教授、多媒体教学、案例分析和角色扮演法进行酒店员工岗位培训，游戏、小组讨论等方法穿插使用，各部门根据酒店培训的特点和成人学习的特点采取灵活多样的培训方式，以增强培训效果。

6. 培训师资

技能、知识培训的师资从酒店内部择优选取，要求培训师普通话等级必须为二乙以上。职业生涯规划及心理培训聘请外部特邀专家，专家的选择由人力资源部把关，邀请声誉好、培训效果优良的专家给员工进行培训。

7. 培训费用

培训费用采取“统一管理、重点使用”的原则，专款专用，纳入酒店年度预算。各部门支取、使用、报销培训经费，需经人力资源部审批后，按规定的程序入账。经酒店批准的全脱岗培训、半脱岗培训期间发放全薪。学历教育人员经酒店同意批准，且保留酒店人事关系者，学习期间工资停发，改发一定的生活费补助，具体由酒店根据当时物价水平确定。聘请教师的费用中，外聘讲师按合同执行，内部培训师具有培训下属提高下属专业技能的义务，不再额外发放授课津贴，但每年由人力资源部组织一至两次团队活动和发给书籍费。参与培训的人员发生的交通费、食宿费，按照必须发生的最低标准报销。

8. 培训激励

有下列情形之一者，酒店予以奖励：员工通过自选、自修、自学等途径，取得大专（含）以上学历的；开展岗位培训较好、效果显著的部门和个人。奖励的方式：表扬、表彰；一定数量的奖学金；增加培训的机会；提供晋升的机会及其他奖励方式。

有下列情形之一者，酒店予以处罚：员工参加岗位培训时学习不认真、无故旷课、考试舞弊、考试不及格，每次培训效果评估、考核结果不佳者；员工因个人原因造成全年参加岗位培训不足酒店规定课时的；对岗位培训工作重视不够、措施不力，以及因部门原因造成员工岗位培训不足酒店规定课时，年度培训目标考核效果不佳的部门。处罚的方式：批评、教育；影响个人平时的绩效考核奖及部门年终绩效考核奖；其他如现金处罚，从工资中扣除。

培训奖惩由酒店人力资源部和各部门根据员工培训表现情况提出建议，报人力资源总监和分管副总批准后执行。

9. 培训评估

每项培训都要进行评估，以判断培训是否取得预期效果。培训结束后给受训员工发放员工培训有效性评估表（表 6 - 13），员工对接受培训的效果进行自评，然后由培训部门和见习部门考评。

人力资源部对培训有效性评估表进行及时总结和归纳处理，作为开展下次培训的重要依据之一，对提出意见中肯的员工将予以表扬。员工考评得分在 60 分以下的为不合格，除了扣除绩效考核奖金外，还应计划重新培训或予以辞退。

表 6-13　普瑞温泉酒店员工培训有效性评估表

内　容		标　准	评价内容		得分		
			要点	分值	自评	考评	平均
业绩考评（50分）	重点工作完成（25分）	认真负责、保质保量，按时完成见习单位分配的重点工作	数量	5分			
			性质及难度	5分			
			工作进度	7分			
			实际效果	8分			
	合理化建议（25分）	主题鲜明，内容创新，有助于见习部门或公司各项工作改进	数量	5分			
			主题	5分			
			内容	7分			
			影响	8分			
能力考评（30分）	协作能力（10分）	严于律己，宽以待人，与上级和同事和睦相处，人际关系和谐	工作上	2分			
			活动上	2分			
			与上级	3分			
			与同事	3分			
	学习能力（5分）	快速、准确获取所需知识或信息，能根据环境变化，提高自己的适应性	业务测试	2分			
			工作表现	2分			
			业余阅读	1分			
	组织能力（5分）	有效沟通和协调，保证各项工作或活动顺利开展和进行	开展活动	2分			
			规模	1分			
			效果及影响	2分			
	表达能力（10分）	以口头或书面形式准确、恰当地表达自己的观点或想法	普通话	3分			
			文笔	3分			
			思路	4分			
态度考评（20分）	遵章守纪（10分）	遵守各项规章制度，积极响应公司或见习部门各项活动，主动维护公司及见习部门	考勤	3分			
			工作表现	3分			
			遵章守纪	4分			
	个人形象（10分）	衣着整洁，举止文明，言谈有修养，待人接物有礼有节	衣着	3分			
			言谈	2分			
			举止	2分			
			待人接物	3分			

6.3.4 案例解析

本案例演示了一个完整培训方案的设计，有助于读者切实理解培训需求分析、方案设计和实施、培训效果评估的操作流程和方法。本案例从酒店部门层面和员工层面两个角度展开需求分析，综合得出切合酒店实际需要的培训方案，此外还列出了一些测评表格，帮助读者更好地领会培训体系的制订和培训方案的实施重点。

评价：作为服务行业典型的酒店，培训在管理和运营过程中扮演着极其重要的角色，在一定程度上，可以说酒店是靠培训支持和维护其服务质量的。本书选择酒店培训作为培训案例，就是针对酒店行业培训的特殊需求而设置的。本案例中的普瑞温泉酒店是一家五星级的高档酒店，培训基础较扎实，培训的体系设计也较严谨。本案例以其人力资源部组织的对酒店培训年度评价与新年度方案设计为背景，演示了服务行业培训方案设计过程，对酒店及其他相关服务行业培训诊断、设计与管理具有借鉴价值。

使用说明：本案例是针对酒店企业而言，具有明显的行业性特征。酒店企业培训投入的人力、物力大，有些酒店明确规定了员工每个月的培训总天数，酒店设置了专门的培训机构，通过轮班制确保员工有足够的培训时间。服务行业培训一方面是知识技能的培训，另一方面也是服务态度、服务习惯和服务行为的强化过程。高端酒店培训的行为和职业习惯强化功能十分重要，这需要持久的、规范的培训得以实现。酒店的这种行业培训思想和模式对其他行业也很有借鉴意义，通过该案例，我们希望读者理解到培训是企业管理的一个重要工具，是一个慢功夫，需要持久坚持，而不是一蹴而就。

案例研讨：

1. 进行年度培训方案设计时，最可能出现的难点是哪些？如何解决？

2. 请结合您所在企业的实际情况，分析如何选择培训内容、培训方式和培训师。

3. 有人说“计划不如变化”，年度培训方案设计后，在运行过程中面临很多新变化和新问题，如何解决年度培训方案的有效实施问题？

6.4 案例三：培训效果评估案例

——鑫衡房地产公司新员工入职培训[①]

6.4.1 公司简介

湖南鑫衡房地产公司注册资本1.2亿元，总资产4.8亿元，下辖3个房地产开发子公司和鑫衡物业管理有限公司、鑫衡园林绿化有限公司，近两年的销售总额保持在8亿元左右，现有职工650余人。公司成立以来，立足于“超值奉献，优质创新”的企业精神，以“诚实做人，精明做事”为企业原则；以“让一切工作成为精品”为企业口号，以“追求最好，追求最大”为企业目标。坚持实施品牌战略，保持高速发展，成功开发了“鑫衡小区”“鑫衡世纪花园”“鑫衡紫藤茗园”等大型房地产项目。

① 本案例源于作者主持完成的鑫衡房地产公司人员招聘与培训项目，案例完稿于2018年3月。

6.4.2 公司新员工培训背景

2008 年，公司共招聘新员工 60 人，招聘岗位主要是售楼员。新员工学历主要为大专及本科，大专以下及本科以上的较少，以营销、运营和管理专业为主，主要来自湖南省及周边省市。

每年新员工上岗前召开欢迎仪式，在仪式上由公司总裁对公司情况做简单介绍后，便安排新员工进行为期半个月的军训和企业文化学习。企业文化的学习采用课堂教学，由人力资源部人员给新员工进行 4 个课时的讲解。由于不同岗位的能力要求差别较大，岗位技能的培训由各部门自主完成，售楼部组织为期半个月的销售技巧培训，其他部门则给新员工安排部门导师，进行半个月的“师带徒”培训。

入职一个月后，新员工分配到各工作部门开始为期 3 个月的试用期。此阶段，各部门都运用“师带徒”的方法培训新员工。如果试用期出现 3 次以上部门主管认为较严重的工作失误，就对该名新员工予以辞退。

综合以上情况，鑫衡房地产公司的新员工培训存在的问题总结如下。

1. 培训缺乏针对性

培训前没有对新员工学历、专业、籍贯等基本情况进行分析，培训缺乏针对性，所有新员工均采用相同的培训方式，培训效果欠佳。

2. 培训方式陈旧乏味

公司对新员工的培训一直沿用军训加企业文化的方式进行，整个过程缺乏新意，军训以强度、体能训练为主，企业文化以讲师讲授为主，整个培训内容安排不符合成人学习的特点，导致新员工反感和抵制培训，以至培训效果不好。

3. 缺少部门间交叉培训

新员工缺乏对其他部门的了解和交流，入职培训结束后对其他部门一无所知，不利于以后日常工作的顺利开展。

4. 缺乏有效评估，培训没有与奖惩挂钩

员工完成培训后，公司没有对培训结果进行系统、有效、持续的调查评估和反馈工作，缺乏对培训及培训效果的评估反馈机制。

6.4.3 新员工培训方案设计

新员工培训流程如图 6.6 所示。

1. 培训目标

通过培训使新员工全面了解公司，培养新员工的归属感，同时增进管理者和新员工的互相了解，打消他们的不安和疑虑心理，使其尽快适应环境，尽早进入工作角色。

2. 培训内容

培训内容包括企业文化制度、综合素质、岗位素质、职能交叉 4 个方面的培训，见表6－14。

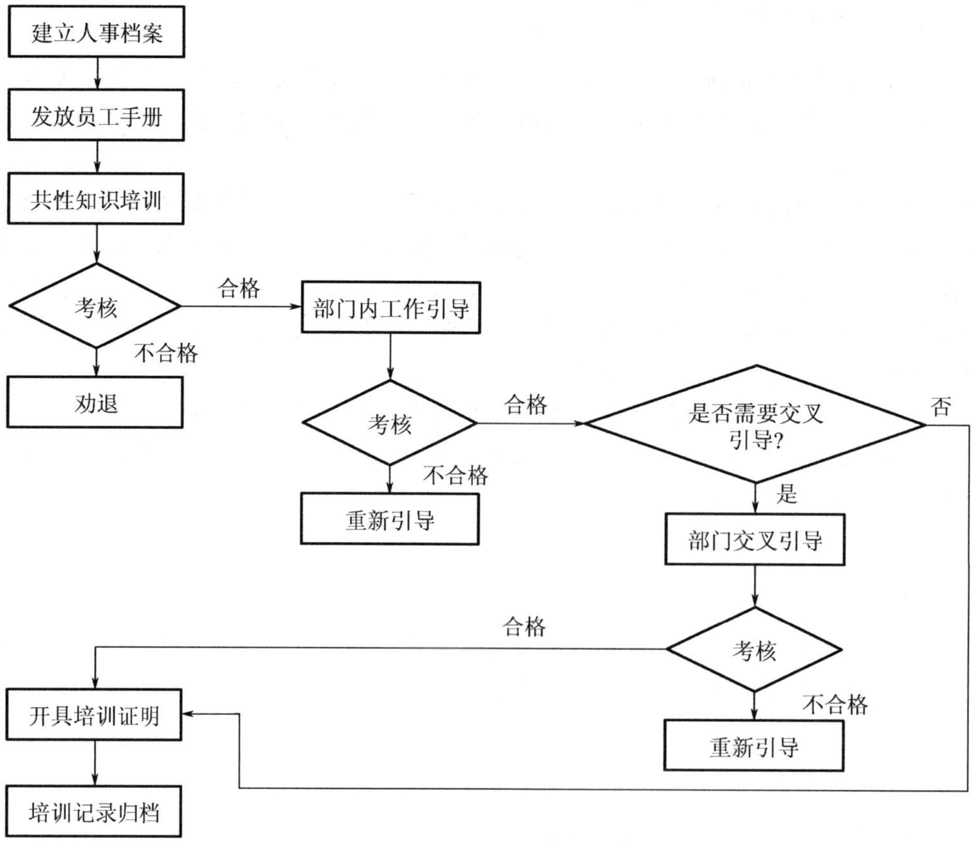

图 6.6　新员工培训流程

表 6-14　新员工培训内容安排

培训类型	培训内容	培训目的
企业文化制度	公司经营流程介绍及参观	让员工对公司基本理念有所了解，提高组织认同感
	公司愿景	激发新员工对公司的未来的信心，使员工将个人目标与组织愿景、工作行为结合起来，激发员工按照组织要求设计高质量目标，提高自我效能
	企业精神	增强员工的凝聚力、感召力和约束力，启发员工的信任感、自豪感和荣誉感
	价值观	指导员工判断事物的标准，促使员工勇于承担责任、相互关心、追求卓越
	规章制度	帮助员工规范行为模式，使其活动得以合理进行，内外人际关系得以协调，员工的共同利益受到保护

续表

培训类型	培训内容	培训目的
综合素质	军训	训练新员工的团队合作性，服从意识
	形象礼仪	提高员工的形象礼仪水平，确定公司统一的形象礼仪标准
	员工安全与消防	提高员工的公共安全防范意识
	职业道德素质	提高新员工的心理素质、意志力、职业素质、个人素养、应变能力等综合素质
	团队意识	将个人目标与组织目标相结合，培养集体成就观、客户服务意识、积极主动意识，使命感和团队危机感
岗位素质	岗位技能	尽快熟悉公司各经营模块及主要基本操作技能、本部门职能及与各部门的协调关系、岗位职责
	薪酬福利介绍	了解公司的薪酬福利制度
	工作程序与方法	熟悉部门日常业务运作流程、工作方法和技巧
	关键业绩指标	了解绩效考核标准、本部门业绩标准
	营销知识	了解售楼方法、与客户接洽技巧、业内规则等知识，明确自己进入销售岗位后的工作思路
职能交叉	交叉部门介绍	熟悉交叉部门的成员，了解该部门在公司里的位置和职能
	部门间配合要求	明确该部门和自己所在部门的联系和配合要求

新员工大部分来自湖南及周边省市，因此在企业文化制度培训中融合湖湘文化，在深化湖湘文化印象的同时，使员工对企业文化有更深的了解和认同度。

3. 培训模式

新员工培训模式说明见表 6－15。

表 6－15 新员工培训模式说明

培训模式	注释	内容
共性知识训练	说明	共识训练是指员工工作所需的共同的认识、观念方面的训练，如酒店文化、规章制度等，使员工掌握企业的共同语言和行为规范
	负责人	酒店新员工共性知识培训由人力资源部及各部门行政人员共同组织，军训由保安部派遣员工协助人力资源部负责实施
	培训内容	企业文化制度、综合素质
	培训时间	新员工共性知识培训不少于 14 课时，军训不少于 48 课时
部门内工作引导培训	说明	部门内工作引导应该在新员工接受共性知识培训以后立即开始进行
	负责人	部门负责人、直接主管和部门培训专员
	培训内容	岗位素质培训
	培训时间	不少于 18 课时
部门间交叉引导培训	说明	新员工完成本部门引导培训后开始进行，交叉训练完成后，新员工应向人力资源部提交一份交叉培训报告
	负责人	所有部门负责人的共同责任
	培训内容	职能交叉
	培训时间	交叉部门数量视不同部门需要而定，每一职能交叉训练课程至少 1 课时

4. 培训方式

由于大部分新员工为大专生及本科生，理解力和学习力较强，网络化水平较高，因此在岗位技能的培训上除了采用传统的专家讲座法、讲授法以外，还采用网络培训法、拓展训练法、角色扮演法、讨论法、实地培训法等，售楼员的专业训练中使用沙盘模拟培训等。其中实地培训法包括工作岗位轮换和“师带徒”。给每名新员工指定一名本部门老员工做导师，新员工直接与导师一起工作，导师对其辅导帮带为期一个月。对导师制定培训激励机制，对带得好的导师予以奖金等物质奖励和授予“优秀导师”等精神奖励。

5. 培训课程及时间安排

培训课程及时间安排见表 6 - 16。

表 6 - 16　培训课程及时间安排

日　　期	时　　间	课 程 名 称	授 课 老 师
第 1 天	8：30—9：30	公司发展简介	董事长
	9：45—11：00	公司经营流程	总经理
	11：00—12：00	参观公司	培训主管
	14：15—15：45	公司愿景	培训经理
	16：00—17：30	企业精神及价值观	培训主管
	19：00—20：30	规章制度	培训经理
第 2～7 天	全天	军训	外聘教官
第 8 天	8：45—10：15	形象礼仪	培训主管
	10：30—12：00	员工安全与消防	保安部主管
	14：15—15：45	职业道德素质	培训主管
	16：00—17：30	团队意识	培训主管
	19：00—20：30	观看服务礼仪光盘	培训经理
第 9 天	8：45—10：15	薪酬福利介绍	各部门主管
	10：30—12：00	关键业绩指标	各部门主管
	14：30—17：30	工作程序与方法	各部门主管
第 10～15 天	全天	岗位技能	各部门主管
第 16 天	全天	营销知识	营销部经理
第 17～19 天	全天	部门间交叉培训	各部门主管
第 20 天	14：00—16：30	入职培训总考	培训主管
	17：00—21：00	全体新员工晚宴及晚会	培训主管
第 21—50 天	全天	员工回各部门实操	各部门主管

培训时间长短视员工情况而定，厨师、技师及短期工培训 9 天，其他员工培训 20 天，其中，人力资源部组织的培训时间不少于 8 天（军训 6 天）。

培训资料有湖南鑫衡房地产公司员工手册、新员工职业化训练教程、辅助教材（时间管理、乐在工作等 PPT）、行政文件、质量管理体系程序文件、人力资源管理制度、关于劳动纪律的有关规定、《中华人民共和国消防法》《安全生产管理法规汇编》，以及各部门内训教材。

6. 培训评估

结合鑫衡房地产公司新员工培训的特点，有针对性、分层次地进行评估。按照柯克帕屈克评估的四层次模型方法，在培训 1 个月后对所有课程进行第一层次的评估；培训结业后对岗位技能培训进行第二层次的评估；2 个月后对岗位技能和职业素质培训进行第三层次的评估；3 个月后对重点投入项目、关键项目——营销培训进行第四层次的评估。各个层次采用的方法结合企业自身情况从浅入深地选择问卷、评估表、笔试考试、技能操作、绩效考核、收益评价等方法。柯克帕屈克培训效果评估四层次模型见表 6－17，其中对营销培训的收益评价法主要考核新员工 3 个月试用期内的售楼业绩。

表 6－17　柯克帕屈克培训效果评估四层次模型

层　次	名　称	问　题	评估内容	衡量方法
第一层次	反应层面	受训者喜欢该项目吗？对培训者和设施有什么意见？课程有用吗？他们又有什么建议？	所有课程	问卷
第二层次	学习层面	受训者在培训前后，知识及技能的掌握方面有多大程度的提高？	岗位技能	笔试考试、讲演、讨论、角色扮演等
第三层次	行为层面	培训后受训者的行为有无不同？他们在工作中是否使用了在培训中学到的知识？	岗位技能 职业素质培训	由上级、同事、客户和下属进行绩效考核
第四层次	结果层面	组织是否因为培训经营得更好了？	营销培训	收益评价

（1）反应评估。

公司在新员工培训结束时，结合课程评估、讲师评估、组织评估等内容设计“培训课程有效性评估表”（表 6－18），由受训人填写，培训课程评估作为改进下次培训的参考依据。

表 6－18 培训课程有效性评估表

培训项目		培训对象	
培训时间		培训教师	
培训简况（包括内容、教材、考核情况等）			
培训策划本身评价	1. 主题内容与你的需要及兴趣是否相符？（5 分） A. 很符合　B. 比较符合　C. 基本不符合 2. 讲课人及会议主持人水平如何？（5 分） A. 很好　B. 比较好　C. 一般 3. 你觉得自己得到了哪些收益？（5 分） A. 行业的基本知识 B. 新的理论和原理 C. 可用于工作的概念和技术 D. 其他（请说明） 4. 根据时间、成本和成效，你如何评价此次培训？（5 分） A. 很好　B. 比较好　C. 一般 受训人签名：　日期：		

（2）学习评估。

在培训第 20 天进行全体新员工闭卷考试，考试内容覆盖所有培训课程。闭卷考试样题见表 6－19。

表 6－19 闭卷考试样题

考核知识点	样　题
行业知识	长沙购房的定金一般是多少？（　） A. 1 万元以内　B. 2 万～5 万元　C. 5 万～10 万元　D. 总房款的 20%
公司规章制度	因个人原因需请假的，请假 1 天由（　）审批并及时通报给销管部和行政人事部登记。 A. 售楼部经理　B. 销管部经理　C. 项目经理　D. 销售总监
营销知识	请按时间顺序写出“五证”“两书”“期房”“准现房”“现房”“进场”“蓄水”“开盘”等整个流程的详细情况。
形象礼仪	关于“握手”的礼仪是（　）。 A. 切忌握完手后擦手 B. 与异性握手要大方得体，不要扭扭捏捏 C. 切忌手脏、手湿、手凉和用力过大 D. 伸出右手，手掌呈垂直状态，五指并用，握手 3 秒左右
应变能力	面对同行“踩盘”，销售人员的接待方式应（　）。 A. 热情、友好地对待同行 B. 把同行交给售楼部经理接待 C. 快速地向同行提供其所需的楼盘信息，如楼盘规模、位置等对外公布的内容 D. 保守必要的商业秘密，如楼盘的销控计划等
职业素质	良好的个人素质包括（　）。 A. 口头表达能力　B. 计算能力　C. 分析能力　D. 应变能力

在前面的培训过程中，使用了角色扮演法和讨论法。对角色扮演表现优秀和积极讨论、观点独到的员工给予考评记录，在学习层面的评估中予以加分。

（3）行为评估。

房地产公司以销售业绩为主，而销售经验的积累和适应需要一定的时间。综合考虑房地产业的特点，确定培训结束 2 个月后予以评价，由新员工和所在部门的主管填写“新员工实地培训评价表”（表 6－20）。如果间隔时间太短，员工可能还未熟练掌握，难以反映培训的长期效果；间隔时间太长，影响绩效的因素增多，难以准确评测。

表 6－20 新员工实地培训评价表

<table>
<tr><td colspan="7">年 月________部新员工实习期培训评价表</td></tr>
<tr><td colspan="3">以下内容由新员工填写</td><td colspan="4">以下内容由部门主管填写</td></tr>
<tr><td>姓名</td><td colspan="2"></td><td>姓名</td><td colspan="3"></td></tr>
<tr><td>所在部门</td><td colspan="2"></td><td>所在部门</td><td colspan="3"></td></tr>
<tr><td>职务</td><td colspan="2"></td><td>职务</td><td colspan="3"></td></tr>
<tr><td colspan="3">本月重点计划</td><td colspan="4">部门主管意见、要求</td></tr>
<tr><td>序号</td><td>工作内容</td><td>完成进度</td><td>1</td><td colspan="3"></td></tr>
<tr><td>1</td><td></td><td></td><td>2</td><td colspan="3"></td></tr>
<tr><td>2</td><td></td><td></td><td>3</td><td colspan="3"></td></tr>
<tr><td>3</td><td></td><td></td><td>4</td><td colspan="3"></td></tr>
<tr><td colspan="3">以下内容由新员工部门同事填写（随机）</td><td colspan="4">部门主管对新员工见习期评价</td></tr>
<tr><td>姓名</td><td colspan="2"></td><td>项目</td><td>评价标准（每项 10 分）</td><td>评价等级</td><td>评分</td></tr>
<tr><td>所在部门</td><td colspan="2"></td><td rowspan="3">职业道德</td><td>遵章守纪，诚实守信，爱岗敬业，忠于职守</td><td>A B C
10 5 3</td><td></td></tr>
<tr><td>职务</td><td colspan="2"></td><td>积极主动，富有团队协作精神</td><td>A B C
10 5 3</td><td></td></tr>
<tr><td colspan="3">对此同事的评价</td><td>责任心强，工作有序，敢于承担责任</td><td>A B C
10 5 3</td><td></td></tr>
<tr><td>评价标准</td><td>评价等级</td><td>评分</td><td rowspan="3">工作能力</td><td>灵活运用专业知识，动手能力强</td><td>A B C
10 5 3</td><td></td></tr>
<tr><td rowspan="2">职业道德</td><td rowspan="2">A B C
20 10 6</td><td rowspan="2"></td><td>勤学好问，善于思考问题</td><td>A B C
10 5 3</td><td></td></tr>
<tr><td>工作独立性强，快速进入工作角色</td><td>A B C
10 5 3</td><td></td></tr>
<tr><td>工作能力</td><td>A B C
60 30 18</td><td></td><td rowspan="4">工作绩效</td><td>圆满完成培训计划规定的各项任务</td><td>A B C
10 5 3</td><td></td></tr>
<tr><td>为人处世</td><td>A B C
20 10 6</td><td></td><td>培训结果符合培训计划</td><td>A B C
10 5 3</td><td></td></tr>
<tr><td colspan="2" rowspan="2">综合评分</td><td rowspan="2"></td><td>培训后能力得到明显提高</td><td>A B C
10 5 3</td><td></td></tr>
<tr><td>创新意识强，经常提出工作持续改进的建议和意见</td><td>A B C
10 5 3</td><td></td></tr>
<tr><td colspan="3">部门主管意见 签名：</td><td colspan="2">员工意见 签名：</td><td>综合评分</td><td></td></tr>
</table>

（4）结果评估。

利用成本收益评估法，主要考察售楼员在培训后的 3 个月内给公司带来的经济效益，合理分析培训成本和收益，确定培训的效果。

图 6.7 表明投资是量化的，而收益不容易量化。经济收益可以通过公司经营状况报表来确定，而非经济收益则需通过员工满意度调查问卷来分析。因此我们主要通过参考员工的售楼业绩来对其培训效果进行结果层面的评估。

<table>
<tr><td rowspan="2">成本——效益评估指标体系</td><td>培训成本</td><td colspan="2">经营成果的增加
经营成本的降低
间接成本的降低</td></tr>
<tr><td>培训效益</td><td>认同企业文化
团队精神增强
学习能力增强</td><td>忠诚度提升
创新力提升</td></tr>
</table>

图 6.7 鑫衡房地产公司培训投资——收益结构

结果层面的评估分为员工层和公司层。员工层的评估根据员工的售楼业绩分析员工个体的培训有效性和集体的培训有效性；公司层的评估则通过分析参训员工售楼业绩和他们的培训成本（表 6－21）的差额，来判断此次培训的有效性和收益性。

表 6－21 培训成本分析表

单位：元

成本项目	金额
直接成本	
外请教师	
内部讲师	
额外福利（内部讲师）	
差旅津贴	
培训资料	
教室和视听设备的租赁费	
饮料、食品	
直接成本合计	
间接成本	
培训管理	
行政工作	

续表

成本项目	金　额
电话、邮寄费用	
培训宣传资料	
间接成本合计	
开发成本	
前期课程分析成本	
音像制造成本	
培训材料设计成本	
开发成本合计	
一般管理费用	
照明、空调费用	
场地维护	
一般管理费用合计	
培训期间受训者领取的工资福利	

6.4.4　案例解析

本案例介绍了鑫衡房地产公司的新员工培训方案，采用网络培训法、拓展训练法、角色扮演法、实地培训法等多种培训方法，重点选取了培训效果评估的设计过程，结合图表等工具，运用柯克帕屈克四层次模型，描述了对反应层面、学习层面、行为层面和结果层面4个层面的效果评估操作方案，希望帮助读者掌握此模型在培训评估中的使用。

评价：房地产公司的销售团队十分重要，尤其是在日益成熟、竞争激烈的市场环境下，客户越来越理性，产品可选择性越来越大，房地产公司的销售队伍素质在相当程度上体现了公司的竞争实力。本案例针对房地产公司售楼员的培训方案设计，反映了该类企业的情况和内在需求。本案例详细解析了针对该类员工的培训方案设计，演示了全部操作过程，为读者提供了一个操作范本。

使用说明：新员工培训旨在帮助员工快速了解企业、理解自身的工作、快速融入企业。本案例主要侧重对员工入职过程、入职基本知识的培训，通行性特征比较明显，可供各类企业新员工培训参考。但本案例针对性不够，未能足够体现房地产公司售楼人员的职业和能力培训需求，建议想直接借鉴该案例培训售楼员的读者，强化营销行为、消费者消费心理等专项培训内容。值得提醒读者的是，最好是根据新员工的岗位特征进行合理类别划分，分类设计和实施培训方案。

案例研讨：

1. 培训效果评估的主要方法有哪些？比较其各自的优缺点。
2. 培训效果评估的有效性颇有争议，怎样才能既使评估有效，又能操作简便，请每个讨论小组结合本案例提出自己的评估方案。

6.5 案例四：心智开发与培训案例

——富大集团企业家和高管团队心智训练营[1]

6.5.1 公司简介

广西富大集团有限公司（以下简称富大集团）是一家以生产销售发动机曲轴、汽车离合器、变速器等汽车零部件和低速汽车为主营业务的高新技术企业集团，是广西企业50强之一。集团注册资金1亿元人民币，资产总额8亿元，员工2 600多人。

6.5.2 企业家和高管团队素质存在的问题

通过访谈、实地调研等方法，研究和评价富大集团所处的行业特点、地域特征及企业的战略发展目标等，甄别企业的战略发展阶段，分析该阶段及未来发展对企业家和高管团队（成员）的素质要求和特征，图6.8所示为需求分析基本思路。

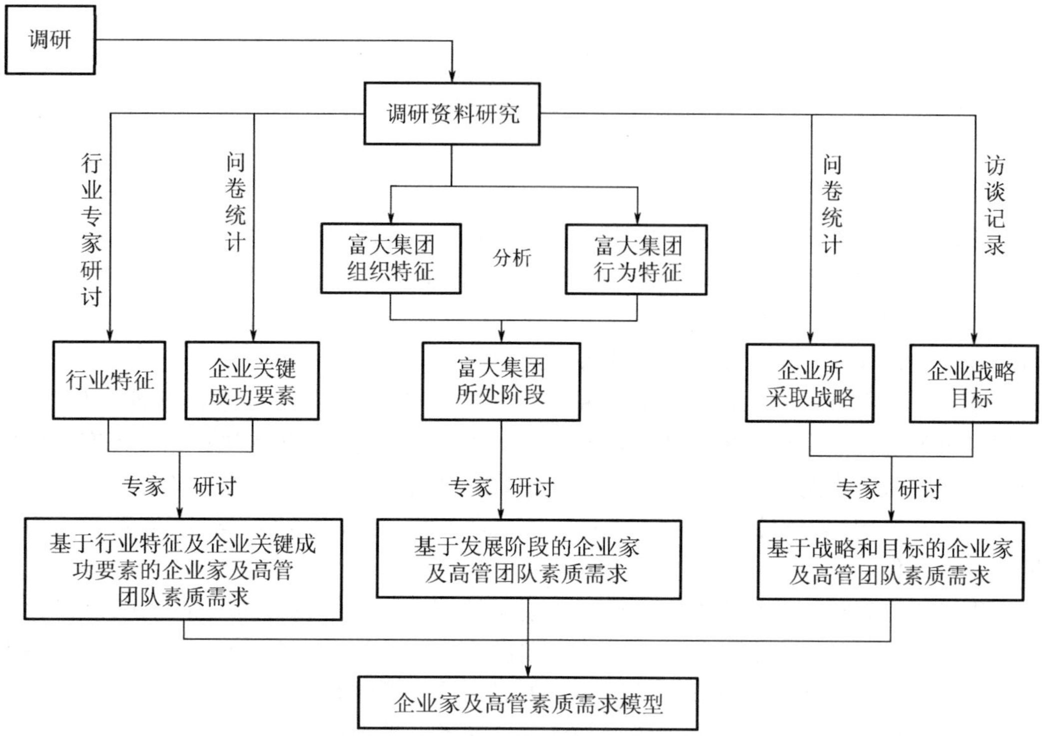

图6.8 需求分析基本思路

1. 基于行业特征及企业关键成功要素的企业家及高管团队素质需求

行业特征的差异、企业关键成功要素的不同对企业家及高管团队的素质需求不同。通过

① 本案例源于作者主持完成的富大集团核心团队能力素质测评及提升方案项目，案例完稿于2018年5月，文中对公司的信息做了必要的处理。

调研问卷及访谈结果分析，项目组得出富大集团的最关键的成功要素为产品质量、品牌及人力资源，见表6-22、表6-23。

表6-22　企业关键成功要素调研问卷

	技术	销售	市场推广	品牌	物流	售后服务	采购	产品成本	产品质量	资金	生产能力	人力资源	总分
技术		0	0	0	1	1	1	1	1	2	2	1	10
销售	2		2	2	2	2	2	2	2	2	2	2	22
市场推广	2	0		1	2	2	2	1	1	1	1	1	14
品牌	2	0	1		2	1	1	1	1	1	1	1	12
物流	1	0	0	0		1	0	0	0	0	1	1	4
售后服务	1	0	0	1	1		0	0	1	1	1	1	7
采购	1	0	0	1	2	2		1	1	1	1	1	11
产品成本	1	0	1	1	2	2	1		0	1	1	1	11
产品质量	1	0	1	1	2	1	1	2		1	2	2	14
资金	0	0	1	1	2	1	1	1	1		1	1	10
生产能力	0	0	1	1	1	1	1	1	0	1		1	8
人力资源	1	0	1	1	1	1	1	1	0	1	1		9

注：行业关键成功要素是指企业在竞争中取胜的关键环节，可以根据企业的实际情况通过集中研讨的方式对表中的要素进行添加或删减。

评分步骤如下。

（1）对每一个格子进行打分，采用二二比较的方式，如果A因素比B因素重要打2分，同样重要打1分，不重要打0分。

（2）在对矩阵中所有格子进行打分后，进行横向加总，对总分进行统计。

（3）总分排在前列的则成为企业关键成功要素。

表6-23　企业关键成功要素

关键成功要素	关键成功要素的内容
产品质量	质量的高标准和快速发展与进步决定企业家和高管团队均需具备较强的知识技能、快速的学习能力和强势的执行力，以保障产品质量能随时跟进，满足竞争需求
品牌	源于优秀的产品质量及良好的企业形象，需要企业家具有强烈的品牌意识、质量意识和社会责任感
人力资源	企业家必须树立人力资源是企业核心资源的理念，具有卓越的团队领导能力。核心团队成员必须培育相应的人力资源管理能力和团队合作能力

结合企业所处行业基本特征及以上三大关键成功要素，可以得出富大集团的企业关键成功要素与企业家和高管团队对应的素质要求，见表6-24。

表 6-24　富大集团的企业关键成功要素与对应的素质要求

对　象	企业关键成功要素需要的素质
企业家	团队领导能力，社会责任感，学习能力，知识技能，民主式领导风格，影响他人的能力，人际理解力，承受压力能力，分析决策能力，信息获取能力
高管团队	团队合作能力，执行力，学习能力，知识技能，客户服务导向，适应调整能力，人际理解力，分析决策能力，信息获取能力

2. 基于发展阶段的企业家及高管团队素质需求

（1）企业所处的发展阶段分析。

企业在不同的发展阶段具有不同的组织特征和行为特征。通过分析富大集团的组织特征和行为特征，根据企业发展四阶段模型（表 6-25），可以确认企业所处的发展阶段。

表 6-25　企业发展四阶段模型

特征项目	初创期	成长期	成熟期	衰退期
正规化程度	非正规化	初步正规化	正规化	正规化
组织形式	直线制	职能制	职能制或事业部制	职能制加矩阵结构
集权程度	个人集权	上层集权	有控制的分权	有控制的分权
高层领导风格	家长式	有权威的指令	分权	参与
奖励方式	凭个人印象和感情	个人印象和制度并重	有正规的考核和奖励制度	系统考核，按小组奖励

从组织特征来看，富大集团有正式组织及明确的领导关系，分工细，有明确的权责规定；规范化的规章和程序较少，决策权限集中于高层，主要靠纵向沟通，企业结构为职能制加事业部制（子公司）。通过分析，富大集团的组织特征符合成长期企业的特点。

从行为特征来看，富大集团严格控制企业资源运用，尽量削减各项费用支出，市场占有率明显增长，企业的利润水平大大超过社会平均利润水平，企业倾向于开发新产品、新市场、新工艺。借用企业行为特征四阶段模型（表 6-26）分析得出，富大集团的行为特征也符合成长期企业的特点。因此，项目的专家组判断富大集团处于成长期。

表 6-26　企业行为特征四阶段模型

初创期	1. 基本建设需要大量的人、财、物投入
	2. 开始进行生产，但实力较弱
	3. 产品未得到市场的承认，企业形象尚未形成
成长期	1. 发展迅速，主导产品逐渐形成气候
	2. 利润丰厚导致生产规模扩大
	3. 通过规模经济带来低成本的生产

续表

成熟期	1. 发展速度明显变缓，企业效益达到最好成绩
	2. 形成了自己的品牌产品，确立了企业形象
	3. 企业经营向多元化、协作化发展
衰退期	1. 产品被替代产品所排斥，成本费用居高不下，企业负担严重
	2. 利润下降甚至出现亏损，企业营运能力减弱，收入锐减，负债压力逐渐增大，继续经营日益困难

（2）企业所处阶段对企业家及高管团队素质要求分析。

富大集团处于生命周期的成长期，企业整体形象和综合素质提升日趋重要，质量成为企业生存发展之本。因此，要求企业家及高管团队具有卓越的知识技能。同时，不断提升的高质量要求需要高管团队具有很强的执行力。企业的成长性要求企业家及高管团队具有优秀的创新素质和学习能力，并具备很强的承受压力能力。企业主导产品的市场份额扩大，企业快速扩张，规模急剧扩大，人事安排频繁，管理和组织结构开始复杂化。因此需要企业家及高管团队具有很好的沟通和协调能力，即人际理解力。

成长期企业各种管理制度从无到有，从不规范到规范的转换过程中，制度的有效性不足，个人的控制和协调幅度及难度增加，企业家尚需要较强的人际理解力及影响他人的能力，以带领企业跨入成熟期。同时企业家和高层管理者也需要具有较强的面对冲突的情绪控制能力。

成长期的激烈竞争和发展的内在需求，迫使企业必须关注长期目标。组织规模的扩张和官僚化组织模式的逐步规范将抑制企业的灵活性和创新精神，为了保持企业创新活力，必须强调企业家和高管团队创新素质的提升。

快速成长使企业的员工队伍开始出现分化的迹象，技术、营销等各类人员开始各成体系，员工队伍出现新老之分，企业中非正式组织开始出现，亚文化开始萌芽。企业家应有容忍差异的素质。为了正确引导非正式组织和亚文化，培育优秀的团队精神，企业家必须具备很强的影响他人的能力。

综上所述，分析企业发展阶段得出富大集团对企业家及高管团队的素质要求，见表6-27。

表6-27　富大集团对企业家及高管团队的素质要求

对　　象	企业发展阶段所需的素质
企业家	容忍差异，情绪控制能力，影响他人能力，人际理解力，承受压力能力，学习能力，创新素质，知识技能
高管团队	情绪控制力，承受压力能力，人际理解力，学习能力，创新素质，执行力，知识技能

3. 基于战略和目标的企业家及高管团队素质需求

（1）基于企业战略的能力需求。

通过对企业进行战略发展阶段问卷调查（表6-28）及结合访谈结果分析，专家判断企业战略带有明显的增长型特征。富大集团所采取的战略为增长型战略，增长型的企业对于企业家及高管团队的素质有着特定的要求。

表 6-28 战略发展阶段问卷调查

本调查问卷不记姓名，问卷中各项答案没有是非对错之分，调查结果将完全用于对企业战略发展阶段评估。请在每个题目中符合您企业行为特征的数字上划"√"。符合程度共分为 5 个等级，1 为很不符合、2 为不符合、3 为一般、4 为符合、5 为很符合。

衷心感谢您的支持与合作！

编号	企业行为特征	很不符合	不符合	一般	符合	很符合
1	对现有产品和市场领域实施收缩、调整和撤出	1	2	3	4	5
2	战略具有明显的短期性	1	2	3	4	5
3	压制挑战者采取进攻性行动	1	2	3	4	5
4	严格控制企业资源运用，尽量削减各项费用支出	1	2	3	4	5
5	告诫挑战者如果发起进攻将受到报复	1	2	3	4	5
6	尽力降低挑战者发起进攻性行动的利润诱惑	1	2	3	4	5
7	对过去的经营业绩表示满意，决定追求既定的或与过去相似的经营目标	1	2	3	4	5
8	企业准备以基本相同的产品或劳务服务于社会	1	2	3	4	5
9	市场占有率明显增长	1	2	3	4	5
10	企业战略规划期内所追求的绩效按大体的比例递增	1	2	3	4	5
11	企业的利润水平大大超过社会平均利润水平	1	2	3	4	5
12	企业倾向于采用非价格的手段同竞争对手抗衡	1	2	3	4	5
13	出其不意地对竞争对手进行游击行动	1	2	3	4	5
14	力图一招占先的先买性行动	1	2	3	4	5
15	企业倾向于开发新产品、新市场、新工艺和旧产品的新用途	1	2	3	4	5
16	避免直接冲突，寻找对手顾及不到的地方迅速进击	1	2	3	4	5
17	企业倾向于通过创造以前本身并不存在的某物或对某物的需求来改变外部环境并使之适合自身	1	2	3	4	5
18	直接赶超竞争对手	1	2	3	4	5
19	打击竞争对手的弱势	1	2	3	4	5
20	从多条战线出击	1	2	3	4	5

增长型战略的核心就是企业发展，能够实现企业规模扩大、经营领域扩张、经营利润增加、经营网点增加的战略。随着企业规模的日益扩大，企业家必须保持清醒的头脑，以防范

风险，因此企业家必须具有很强的战略思维能力。随着企业发展步伐的加快，高管团队必须通过不断地自我学习和自我更新，以满足企业战略发展之需，因此高管团队需要具备很强的学习能力、适应调整能力。

过快的发展很可能降低企业的综合素质，使企业的应变能力虽然表面上不错，而实质上却出现内部危机和混乱。这主要是由于企业新增机构、设备、人员太多而未能形成一个有机的相互协调的系统所引起的。针对这一问题，需要企业家及高管团队具有很强的人际理解力。

增长型战略会使企业管理者更多地注重投资结构、收益率、市场占有率、企业的组织结构等问题，而忽视产品的服务或质量，重视宏观发展而忽视微观问题。这一弊端的克服，要求企业家对增长型战略有一个正确而全面的理解，需要企业家具有把握全局的战略思维能力。

(2) 基于企业目标的能力需求。

富大集团 2008—2020 年企业发展目标如图 6.9 所示。

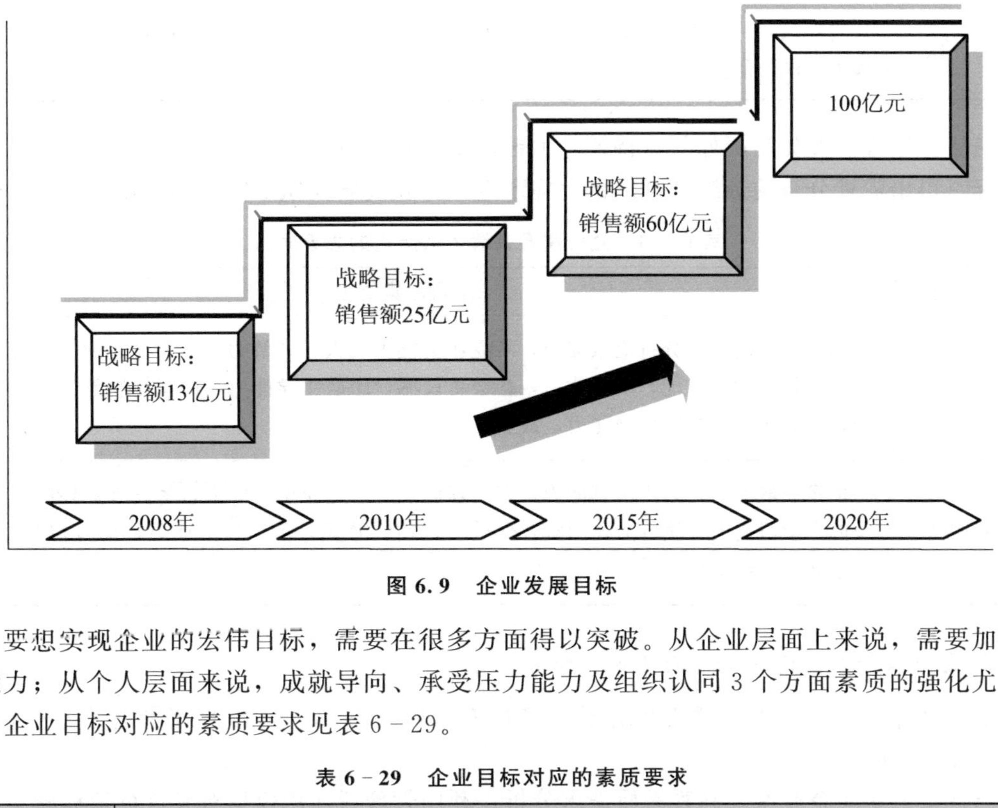

图 6.9 企业发展目标

要想实现企业的宏伟目标，需要在很多方面得以突破。从企业层面上来说，需要加强研发能力；从个人层面来说，成就导向、承受压力能力及组织认同 3 个方面素质的强化尤为重要。企业目标对应的素质要求见表 6-29。

表 6-29 企业目标对应的素质要求

素　质	基于企业目标的素质需求
研发能力	企业在国内处于行业领先地位，但是自主研发能力不足，要实现企业的战略目标，要求企业家及高管团队具有更高的知识技能水平，同时具备较强的创新素质，以支持企业的技术发展与产品更新
成就导向	企业在 7 年内销售由 13 亿元达到 60 亿元，并到 2020 年实现“百亿富大”的宏伟目标，战略目标形成的大跨度要求企业家和高管团队必须具备强烈的成就导向特质

续表

素　　质	基于企业目标的素质需求
承受压力能力	企业跨越式发展和快速扩张，高目标和成就导向将使企业家和高管团队形成强烈的责任感并带来较重的压力，需要企业家和高管团队具有优秀的承受压力能力
组织认同	企业战略目标的高度将构成企业人员的快速扩张和组织模式的动态变化，使组织内部人际关系复杂化，组织成员协调难度大大增加，为了保证组织的快速高效运转，必须强化组织成员的组织认同意识

结合企业所采取战略类型及企业未来的战略发展目标，得出富大集团对于企业家及高管团队最需要的素质，见表 6 - 30。

表 6 - 30　企业战略对应的素质要求

对　　象	企业战略所需的素质
企业家	承受压力能力，成就导向，创新素质，知识技能，人际理解力，战略思维能力
高管团队	组织认同，承受压力能力，成就导向，创新素质，知识技能，人际理解力，适应调整能力，学习能力

最后，结合富大集团所处行业特征、关键成功要素、发展阶段、所采取的战略及未来战略目标，得出需求分析的最终结论。富大集团企业家及高管团队所需的总素质见表 6 - 31。

表 6 - 31　企业家及高管团队所需的总素质

对　　象	所需总素质
企业家	信息获取能力，分析决策能力，承受压力能力，人际理解力，影响他人能力，民主式领导风格，知识技能，学习能力，社会责任感，团队领导能力，情绪控制能力，容忍差异，创新意识，战略思维能力，成就导向
高管团队	信息获取能力，分析决策能力，人际理解能力，适应调整能力，客户服务导向，知识技能，学习能力，执行力，团队合作能力，创新意识，承受压力能力，情绪控制能力，成就导向，组织认同

4. 企业家和高管团队素质测评模型确定

结合“冰山模型”的素质类型分类，经过专家问卷分析，得出管理者通用素质模型，如图 6.10 所示。

结合富大集团企业家及高管素质需求分析，利用管理者通用模型对其进行指标修正，经专家研讨后，得出富大集团企业家与高管素质测评模型，如图 6.11 所示。

从素质测评模型结合对企业的分析得出，富大集团董事长黎总是一位志存高远、想干大事、锐意进取、务实的企业家。其性格特征为：敬业，有领导力，非常聪明，思维水平高，待人好，真诚，有主见，严厉，固执，急躁，感性，脾气不好，强势等。高管团队主要由 12 人构成，综合素质高、职业背景沉淀丰厚，但在信息获取能力、分析决策能力、人际理解能力、适应调整能力、客户服务导向、知识技能、学习能力、执行力、团队合作能力、创

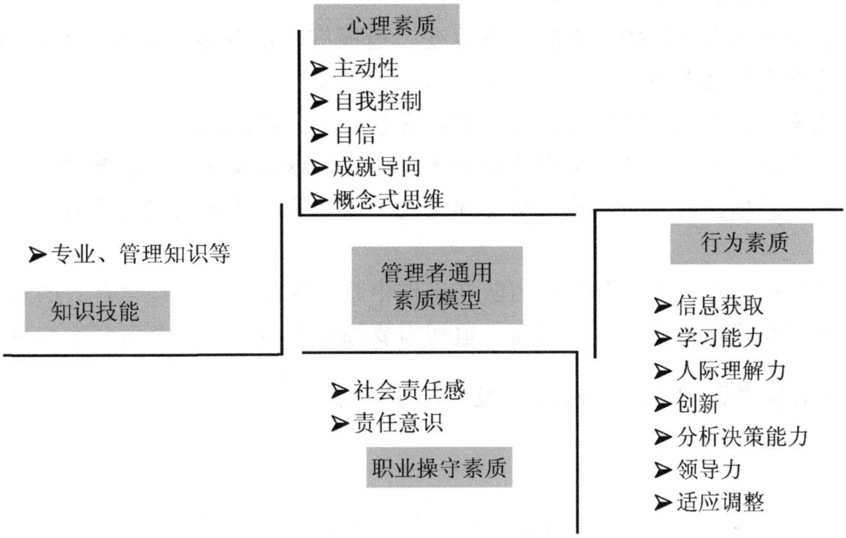

图 6.10　管理者通用素质模型

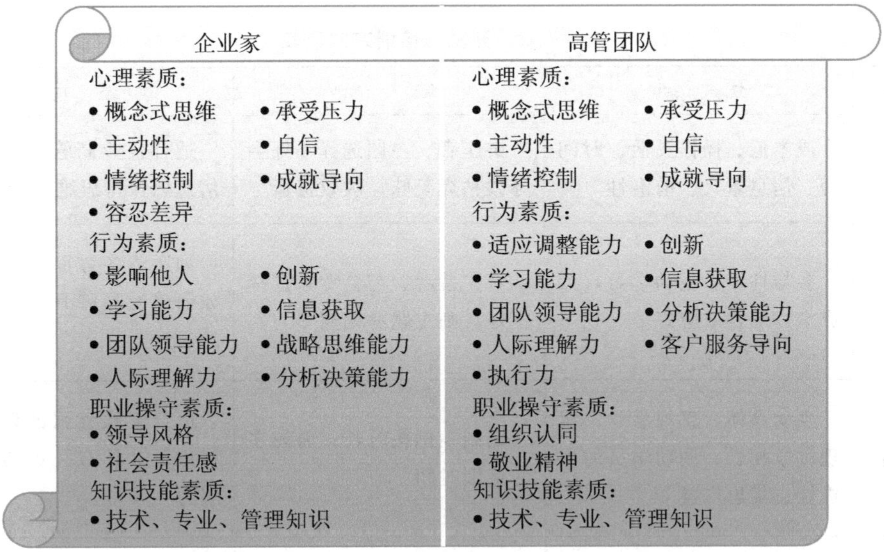

图 6.11　富大集团企业家及高管团队素质测评模型

新意识、承受压力能力、情绪控制能力、成就导向、组织认同等方面均需要不同程度的提高。

5. 企业家和高管团队现有素质引起的问题

（1）企业家缺少分权管理，过于集权。

员工在工作中很少能行使自己的建议权，而且在人员调配、考核、年终奖金等分配方面的权利也过少，所以，管理层应当考虑适当增加员工的一些权利，这样有利于提高员工工作的满意度。对此，高管团队表示，不是他们不想给员工权利，而是大部分权利都掌握在黎总手上。

（2）存在多头领导和越级汇报现象。

企业高管对下属发出的指令有时有所改变，指挥有时出现多头领导，有越级汇报现象，这些在组织管理中都是大忌。

（3）企业家对高管团队的领导缺乏艺术，喜怒无常，较为感性。

企业家有时过于固执较真，常常让高管无所适从，越怕挨批评就越被批评，不知如何是好，高管都很怕黎总。而一些高管在黎总那里受了气之后，就发泄在自己的下属身上，导致恶性循环。

由上述诊断可知，企业家及高管团队在工作中跟着感觉走，对科学有效的管理知识知之甚少，人文知识素养和情商都有待提高，迫切需要综合素质方面的全面开发与培训。

6.5.3 企业家和高管团队第一阶段开发与培训方案

1. 开发与培训方式

在开发与培训中，运用专题讲座、专题研讨、务虚会、案例分析等人力资源开发与培训方式进行20次左右的培训。每次培训都将进行专题的场景、主题和实施方案设计，进行精细的准备和操作实施。开发与培训方式比较见表6－32。

表6－32 开发与培训方式比较

培训方式	优点	缺点	适用性
讲座法	成本低、操作灵活、时间短、信息量大、前沿性	讲座者、主题选择不好会导致枯燥乏味，收效甚微	适合企业高管层获取新颖性信息以保持思维的活力
专题研讨会	参与性强、主动学习，低成本，综合效应好	若主持者、与会专家选择不好，则主题易偏离	如邀请各方面的专家学者就如何建设品牌开展务实和深入的研讨
案例分析	生动具体、直观易学；实现教学相长；调动学员的积极性；集思广益	编制案例耗时长；需较多的培训时间	适合实践性强的课程，培训对象要求具有一定的学历和理解力
务虚会	科学的务虚有助于认清形势，把握趋势，少走弯路，提高效率	主持者把握不好则会议空洞、效率低	适合制订该年或该阶段的计划安排及希望达到的目标，以作为以后工作的准则和大纲
心智开发与培训	突破固有思维、情绪、行为反应模式；调节长期高压下紧张焦虑的情绪；洞察、调整、完善心态与心智模式	成本较高的脱产培训；因经费限制较难在全员范围内开展；不一定适合所有的人	适合企业中高层管理者和企业家提升心智模式的训练

2. 开发与培训内容

在开发与培训内容方面，考虑到企业家与高管团队综合素养提升的需求特征，拟进行儒家与道家管理思想、胜任力、团队建设、绩效考核和能力评估等专项培训。培训地点在桂林本地安排十次左右，其余由项目专家组根据需要选择长沙或第三地进行。

由专家组单独对黎总进行“核心团队统御之道”和“沟通与激励”的企业家培训，委婉地指出其具有的“严厉，固执，急躁，感性，脾气不好，强势”等性格特征对团队统御的影响，同时确保性格特征来源的保密工作，以免造成高管对专家组的不信任，恶化高管与黎总的关系。对高管团队进行“传统文化与职场智慧”和“压力管理”等培训，提高其文化素养和适应调整能力、承受压力能力和人际沟通能力。对黎总和高管团队进行“领导力提升”等培训，提升其相应的心理素质、行为素质和职业操守素质。具体的针对不同对象的开发与培训内容见表6-33。

表6-33　开发与培训内容

主　题	内　容	形　式	授课对象	主持人	实施时间	场数
领导之道	核心团队统御之道	沟通式讲座	黎总	颜爱民等	2008年6月	1～2
	领导力提升	沟通式研讨	黎总及高管团队	颜爱民等	2008年7月	1
	沟通与激励	沟通式研讨	黎总	吴金明等	2008年7月	1～2
	团队建设	沟通式研讨/务虚会	黎总及高管团队	颜爱民等	2008年9月	2
文化与企业发展	企业文化建设	沟通式讲座	黎总及高管团队	颜爱民等	2008年7月	2
	打造学习型组织	沟通式研讨/案例分析	黎总及高管团队	宋夏伟等	2008年8月	1～2
	儒道禅与企业管理	沟通式讲座/务虚会	黎总及高管团队	特激国学专家	2008年8月	2
自我管理与素养提升	压力管理	沟通式研讨/务虚会	高管团队	宋夏伟等	2008年6月	1～2
	阳光心态	务虚会/沟通式讲座	黎总及高管团队	周丹等	2008年9月	1～2
	传统文化与职场智慧	沟通式讲座	高管团队	特邀国学专家	2008年10月	1～2
	没有任何借口	沟通式讲座	黎总及高管团队	颜爱民等	2008年10月	1

续表

主　题	内　容	形　式	授课对象	主持人	实施时间	场数
执行力与管理技能提升	胜任力理论与应用技术	专题讲座	黎总及高管团队	颜爱民等	2008 年 5 月	1
	匹配理论与应用技术	专题讲座	黎总及高管团队	颜爱民等	2008 年 6 月	1
	职业生涯规划	沟通式讲座/案例分析	黎总及高管团队	周丹等	2008 年 11 月	1～2
	情商修炼	沟通式研讨	黎总及高管团队	陶明等	2008 年 11 月	2
心智开发与培训	理念调整与心智开发	心智开发训练营	黎总及高管团队	颜爱民等	2008 年 11 月	1

注：上述方案是需要进行的部分培训内容，具体方案根据项目进展，按照目标导向和实效的原则进行动态调整和设计。

6.5.4 案例解析

案例运用了胜任力模型，具体结合企业行业特征、发展阶段、发展战略和目标，得出富大集团的企业家和高管素质测评模型，在分析本集团企业家和高管素质的基础上，得出企业家和高管有待提高的素质，并针对这些素质设计了开发与培训方案，给读者提供了一种新的培训需求分析方法。

评价：本案例是针对高管和企业家能力素养分析和培训设计与操作的专题案例，系统地演示了分析和设计操作的全过程。本案例根据企业行业特征、发展阶段、发展战略和目标 3 个维度特征和需求提取出富大集团企业家和高管素质需求模型，根据问卷调查和结构化访谈方法对企业家和高管团队成员素质能力进行评估，再进行开发与培训方案设计，案例详细介绍这些专业化的分析过程和相关方法，其中有些方法根据我国制造企业和民营企业家及其团队的特征设计的原创性方法，具有现实的参考价值。本案例详细介绍了心智训练的设计和操作过程，由于企业家和高管团队心理压力大，自我能力强，国际上的经验证明心智训练是一种非常有效的高层培训技术，希望引起读者的关注。

使用说明：建议读者使用本案例时，特别关注案例中解决问题的思路和应用的方法。在确定富大集团企业家和高管能力素养模型时，本案例分别从行业特征与企业关键成功要素、企业所处阶段特征和企业发展战略目标 3 个角度进行专业化分析，这是基于企业发展和目标需求对企业家和高管团队能力素养匹配性评价的思路，这种方法比较复杂，但效果很好，比较适用于企业家和高管这种重要人员的培训需求分析。本案例展示了第一阶段培训方案的设计的总体框架和心智开发与培训的详细方案，为读者提供了培训方案设计和具体培训方式操作的范本。基于能力素养分析基础的培训整体方案和设计更为复杂和冗长，本案例做了必要的删除，但研究思路和样例可供读者仔细体察。

案例研讨：

1. 请结合本案例，谈谈心智开发与培训的前提以及适用范围。
2. 心智开发与培训的注意事项有哪些？
3. 讨论中国文化背景下和美国文化背景下心智开发与培训的差异。

第7章

激　　励

导入案例

不能离开员工的实际情况来谈激励

Y教授在为企业做咨询服务时，常常听到企业家抱怨：企业的高管不得力，不够敬业，太计较个人利益。而回过头来，Y教授对企业进行调查研究，与高管交流时，发现不少企业的高管还是非常勤奋，非常敬业的，他们也有人很无奈：无论怎么努力，企业家都不满意，不知道到底应该怎么做，很是茫然。一些企业家对高管普遍不满意时，会大规模地裁撤人员，甚至有人把整个管理团队一锅端，全部撤掉，又找不到合适的替代者，使公司陷入困境；一些高管因为工作得不到认可，个人需求无法得到满足而选择辞职。

从经济学的角度看，企业家的个人利益目标和企业的利益目标重叠度高，企业有时会成为企业家的依托。而管理者即便是高管，更多的是一种职业人的心态和责任，企业不是他们的，他们也不可能完全归属于企业，他们的工作态度更多的是依据职业道德和为人处世的理念，在利益机制这个根本点上决定了企业高管不可能像企业家那样为企业卖力，为企业的事情不计个人得失，企业家也不能对此存有奢望，不能以自己作为标准来要求企业高管，否则，企业肯定找不到合适的人，陷入无人可用的怪圈，面临重大风险。企业家只能用职业经理人的标准来要求自己的管理者，可以鼓励和倡导无私奉献，倡导敬业，但主要应该依靠有效的激励机制来推动和维护。

（资料来源：颜爱民的新浪博客，http：//blog. sina. com. cn/yanim. 2018. 8. 6.）

7.1　激励综述

7.1.1　激励的内涵

所谓激励（Motivation），就是为了特定目的而去影响人们的内在需要或动机，从而强化、引导或改变人们行为的反复过程。激励是人力资源管理的重要内容与手段，了解激励的有关内容对于人力资源管理具有非常重要的现实意义。这一定义包含以下4个方面的内容。

（1）激励是有目的性的。任何激励行为都具有目的性，这个目的可能是一个结果，也可能是一个过程，但必须是一个现实的、明确的目的。

（2）激励通过影响人们的需要或动机来强化、引导或改变人们的行为。人们的行为来自动机，而动机源于需要，激励正是通过影响人的需要或动机，从而强化、引导或改变人们的行为。从本质上说，激励所带来的人们的行为是其主动、自觉的行为，而不是被动、强迫的行为。

（3）激励是一个持续反复的过程。激励是一个由多种复杂的内在、外在因素交织起来的持续作用和影响的复杂过程，而不是一个互动式的即时过程。

（4）激励方式多样。由于价值观的不同，人的动机和需求也不同，因而对不同的人需要采取不同的激励方式。

7.1.2 激励的类型

不同的激励类型对激励课题会产生不同的影响，因此激励类型的选择是做好激励工作的一个前提条件。激励有多种类型，可以从不同角度进行划分。

1. 从内容上分为物质激励与精神激励

物质激励是指对员工的物质需要予以满足，如奖金、加薪等。精神激励是指对员工的精神需要予以满足，如表扬，授予称号等。物质需要是人类的第一需要，它是人们从事一切社会活动的基本动因，物质利益关系是人类社会中最根本的关系。所以，物质激励是激励的主要方式。然而，人毕竟是社会动物，不仅有物质需要，还有精神上的追求。在物质需要得到一定程度的满足后，精神需要就成了主要需要，满足如自尊心、荣誉感等这些精神需要，能更为持久、有效地激发人们的动机。

物质激励与精神激励是两种不同内容的激励形式，它们相辅相成，缺一不可，需要平衡搭配使用。随着人们生活水平的提高，低层次的需要逐渐得到满足，高层次的需要日渐强烈，因而，精神激励将是激励员工的重要手段。

2. 从性质上分为正激励与负激励

正激励是从鼓励的角度出发，当一个人的行为表现符合期望的方向时，通过奖赏的方式来支持、强化这种行为，以达到调动工作积极性的目的。负激励是从抑制的角度出发，当一个人的行为与组织期望不一致时，组织将对其采取惩罚措施，以杜绝此类行为的发生。正激励是对行为的肯定，负激励是对行为的否定。

正激励与负激励是两种性质相反的激励手段，不仅直接作用于被激励的人，而且会产生示范效应，影响周围的人，形成正面或反面的异向效果。一般来说，正激励对实现企业的组织目标效果要好于负激励。长期使用负激励将导致员工情绪低落，工作积极性减退，自信心降低，能力受到抑制，工作绩效下降。

3. 从对象上分为内部激励与外部激励

内部激励是指通过启发诱导的方式，培养人的自觉意识，形成某种观念，在这种观念的支配下，人们产生动机，发生组织所期望的行为。当人们的自觉性提高之后，行为会变得积极主动，无须外界干涉、督促。内部激励多是通过思想教育，逐渐将组织所欣赏的道德意识变为自律的标准。例如，对员工进行精神熏陶，培养员工的集体荣誉感、责任感、成就感，使员工在上述观念的引导下勤奋工作。内部激励是要对人的思想意识产生影响，因而比较缓慢，但内部激励一旦发生作用，则持续长久，且激励质量较高。

外部激励是指采取外部措施，奖励组织所欢迎的行为，惩罚组织所反对的行为，以鼓励员工按组织所期望的方向做出努力。外部激励多以规章制度、奖惩措施的方式出现，表现出一定程度的强迫性。外部激励通过外界诱导或约束来影响人的行为，它也可以对人的思想意识产生影响。长期的外部激励可以帮助人们树立某种观念。例如，坚持奖励按时出勤的员工会使人们产生守纪光荣、违纪可耻的观念，从而提高守纪的自觉性。

7.1.3 激励的作用

1. 激励是实现组织目标的重要工具

激励的目的在于调动员工积极性，使员工更快、更好地完成工作任务，创造优良绩效。良好的激励措施应能恰到好处地实现这一目的，使员工的努力方向与组织目标趋于一致。

2. 激励是企业提升人才市场竞争能力的重要手段

各国的成功企业都很重视人才，为了吸引人才不惜成本，采用许多激励方法，如IBM公司采取向员工提供养老金、集体人寿保险和优厚的医疗保险待遇，给优秀员工丰厚的奖励，兴办各种学校与训练网，组织员工学习等激励措施吸引并留住了大批优秀人才，创造了一个保障充分、奖惩分明的工作环境，几十年来一直业绩骄人。

3. 激励可提高员工和组织绩效

通过激励可以激发员工的创造性与革新精神，提高员工工作绩效，最终提高组织绩效。

4. 激励有利于员工素质的提高

提高员工素质，不仅可以通过培训的方法来实现，激励也是一种很好的途径。企业可以采取措施，对坚持学习科学文化知识与业务知识的员工，给予大张旗鼓的表扬，对不思进取的员工给予适当的批评，并在物质待遇上加以区别，在福利、晋升方面差别对待。这些措施将有助于形成良好的学习风气，促使员工提高自身的知识素养。员工在激励措施的鼓舞下，为了取得更好的工作绩效，必定会主动熟悉业务，钻研技巧，从而提高自身的业务能力和整体素质。

7.1.4 激励的机理

1. 激励的发生机制

激励是通过影响人的需要或动机达到引导人的行为的目的，实质上是一种强化行为的过程，因此研究激励，先要分析人的行为过程。图7.1揭示了人类行为的一般过程。

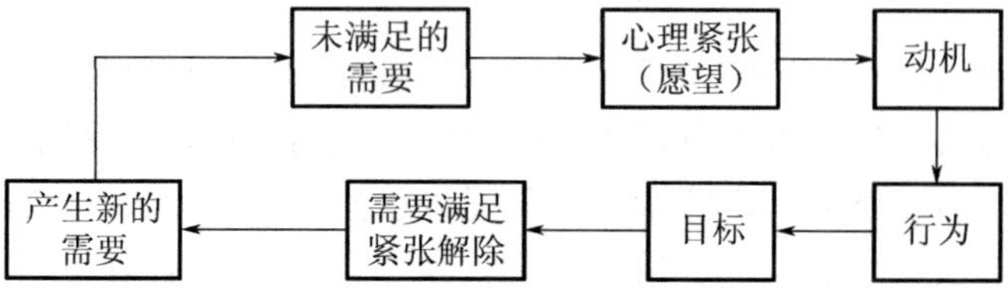

图7.1 人类行为的一般过程

2. 激励的作用过程

激励的过程模型如图 7.2 所示。其包括 3 个环节：起点是以需要为基础的激励动力，它驱使人付出相应的努力；中间的环节是这种努力所产生的一定绩效；作为过程终点的最后环节便是报酬，是激励所指向的目标，也是可以满足当事者需要的资源。当事者的目标并非绩效，而是想得到的报酬。绩效只是具有工具性的一阶结果，而报酬这个二阶结果才是真正的目标。

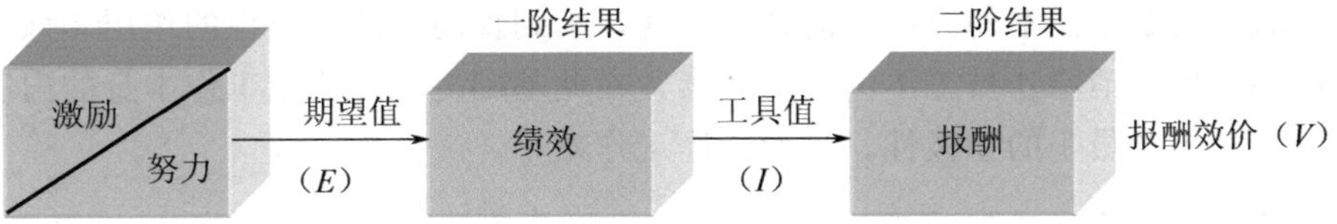

图 7.2 激励的过程模型

(1) 期望值（E），指人们认为通过自己的努力实现所选定的目标的可能性大小，也就是能达到所期望的绩效水准的主观概率。

(2) 工具值（I），指达到期望的绩效水准后能获得所需要的报酬的可能性的判断。

E 与 I 本质上都是概率，其取值范围是从 0 到 1。

(3) 报酬效价（V），指不同报酬在当事者心目中的相对价值（重要性）大小。度量其大小可任取一个价值标尺，但对任何报酬的效价均需用同一标尺来衡量。效价取值范围是 $-m$ 到 $+m$，其中 m 是考察评估效价时所设标尺的刻度。负号表明报酬的价值是负的，即不但无益，反而有害。

一个人为获得目标报酬的积极性（激励强度）是 E、I、V 三个变量的乘积。当所追求的报酬（二阶结果）不止一种而是 n 种时，其总激励强度（M）是各激励分项的代数和，可用以下公式表示。

$$M=E\times I\times V$$

7.1.5 激励理论

按照研究的侧重及与行为关系的不同，激励理论可分为内容型、过程型、行为改造型和综合型四大类型。

1. 内容型激励理论

内容型激励理论又称需要理论，它着重研究人的需要与行为动机的对应关系，目的是通过满足个体的需要来激发相应的行为动机，使其为组织目标服务。其代表性理论主要有马斯洛的需要层次理论、奥尔德弗的 ERG 理论、麦克莱兰的成就需要理论、赫兹伯格的“激励—保健”双因素理论。

(1) 马斯洛的需要层次理论。马斯洛认为人的需要有 5 个层次：生理、安全、社会、尊重和自我实现需要。这 5 个需要层次像阶梯一样从低到高逐渐增强，低层次的需要满足之后，就会向更高层次发展。这一理论表明，针对人的需要实施相应激励是可能的，但人的需要具有多样性，会根据不同环境和时期发生变化，激励的方式应当多元化。

（2）奥尔德弗的ERG理论。奥尔德弗把需要层次理论概括为3种需要：生存（Existence）、关系（Relatedness）和成长（Growth）。它的不同之处在于提出了“挫折—倒退”趋势，即满足较高层次需要的努力受挫会导致人们重新追求较低层次的需要。

（3）麦克莱兰的成就需要理论。麦克莱兰提出人的3种基本需要，即权力、情谊和成就需要。该理论对具有高目标值的企业家或经理人员的激励具有更为直接的指导意义。

（4）赫兹伯格的“激励—保健”双因素理论。赫兹伯格通过调查研究发现，与工作环境或条件相联系的保健因素的改善，只能防止员工产生不满情绪，而无法使员工满意；与工作本身有直接联系的激励因素的改善才能带来满意，起到提高员工积极性的作用。该理论告诉我们，实践中首先要消除让员工不满意的因素，在此基础上，更注重工作本身的内容及工作的丰富化，以此提高员工的积极性，进而提高工作效率。

2. *过程型激励理论*

过程型激励理论重点研究人的行为从动机产生到目标行为选择的心理过程。其目的是通过对员工的目标行为选择过程施加纠偏影响，使员工在能够满足自身需要的行为时集中选择组织期望的行为。这类理论包括弗鲁姆的期望理论、亚当斯的公平理论、洛克的目标设置理论。

（1）弗鲁姆的期望理论。弗鲁姆提出一个激励公式：激励＝价值×期望概率，即激励程度的大小取决于行为结果对个体的吸引力和该行为结果实现概率的大小，人们只有在认为其努力会带来良好的绩效评价和预期的组织激励时，才会受到激励进而付出更大的努力。该理论揭示了个人努力、绩效、报酬、个人目标之间的关系，告诉人们依据绩效确定报酬比依据资历、技能等确定报酬更合理。

（2）亚当斯的公平理论。亚当斯指出员工激励不仅受报酬绝对数量的影响，更受到工作报酬相对数量的影响。同等的报酬不一定获得同样的激励效果，个体只有在对报酬的横向社会比较和纵向历史比较中感到公平，才能激发工作积极性。该理论的意义在于强调激励机制的设计必须坚持公平原则。

（3）洛克的目标设置理论。洛克认为目标是激励因素，是影响个体工作动机的主要手段，给员工设置目标应遵循目标的具体性、挑战性和认同性三大标准。目标设置理论奠定了目标管理的理论基础。

3. *行为改造型激励理论*

行为改造型激励理论主要研究人的行为结果对目标行为选择的反作用，通过对行为结果的归因来强化、修正或改造员工的原有行为，使符合组织目标的行为持续反复出现。最有代表性的是斯金纳的强化理论和凯利的归因理论。

（1）斯金纳的强化理论。斯金纳认为人的行为是对外部环境刺激所做的反应，强化物就是能影响行为频率的刺激物，其作用可分为正强化、负强化和消退强化，只要创造和改变外部的强化条件，人的行为就会随之改变。这种理论的意义在于用改造环境的办法来保持积极行为，修正错误行为。

（2）凯利的归因理论。所谓归因，就是指为了预测和评价人们的行为，对环境和行为加以控制，进而对他人或自己的行为结果所进行的因果解释和推论。对行为结果的不同归因会影响人们在未来的行为选择。这一理论的启示在于可以通过影响个体的归因，引导其反复选择组织期望的行为。

4. 综合型激励理论

综合型激励理论就是将上述几类激励理论进行结合，把内外激励因素都考虑进去，系统地描述激励全过程，以期对人的行为做出更为全面的解释，克服各个激励理论的片面性。其代表性理论有波特和劳勒在20世纪60年代末提出的期望激励理论。

期望激励理论认为激励力量的大小取决于多方面的变化因素，涉及当事人对该项工作的成功、所获报酬、公平性、角色意识、个人技术能力以及相关影响的认识和评价。它可进一步看成期望理论和公平理论的结合。

上述这些理论从不同的角度、不同的侧面出发研究了激励问题。事实上，不存在任何一种理论能够解释所有各种各样复杂的实际激励问题。大部分激励理论之间并不存在矛盾，它们之间更多地具有互补性，对它们进行综合应用可能是研究和解决纷繁复杂的激励问题的有效途径。

总的来说，激励是一种理念，需要依托各种管理工具为载体实现。激励对管理绩效和组织目标产生重要影响，任何一项管理活动都直接或间接地蕴涵着激励内容。薪酬、绩效考核、股权、职业生涯管理、员工晋升及精神激励等都可以产生激励效果。本章案例分析部分将重点放在股权激励、职业发展通道和精神激励这三大激励方法的运用上。

7.2　案例一：股权激励案例
——湘银集团核心团队股权激励设计①

7.2.1　公司简介

湖南湘银集团下辖株洲湘银房地产开发公司、长沙房地产开发公司、湘潭湘银房地产开发公司、湘银物业管理公司、湘银园林绿化工程公司、湘银投资置业公司、株洲博翰商业经营管理公司7家子公司。

7.2.2　湘银集团核心人才激励存在的问题

1. 物质激励弱化

物质激励弱化主要表现为核心人员付出与所得不相称。企业核心人员促进了企业迅速发展，为企业创造了巨大的财富，但其收入尤其是显性收入非常有限，严重制约其工作积极性的发挥。

2. 收入结构不合理，不具有竞争性

与其同行业的企业核心人员相比，该企业核心人员的收入普遍较低。薪酬形式比较单一，缺乏中长期激励。核心人员的报酬是以工资加奖金为主，企业近年开始实行年薪制，但还不够完善。

---

① 本案例源于作者主持的湘银集团股权激励项目，案例初稿写作于2010年5月，本次修订于2018年5月。

3. 精神激励虚置

精神激励虚置主要表现在精神激励力度不够和精神激励方式单一。长期以来企业对核心人员的精神激励方式主要是晋升激励，忽视了其他精神激励方式的应用，不仅增强了核心人员“官本位”观念，而且单一的激励方式难以充分发挥对核心人员的激励作用。

4. 约束不足

一方面表现在对核心人员约束乏力。该企业的核心人员都是通过行政任命方式产生的。这种行政任命方式带来的一个突出问题是核心人员只对上级主管部门负责，不关心企业绩效，只关心上级主管部门和领导对个人的评价，精心于做眼前文章，甚至弄虚作假。而且“官本位”观念的延续使其能上不能下，即使业绩不好也可以轻易地继续享受权力效用。这种用人方式往往缺乏透明度，存在诸如选用程序不规范、选用对象存在预定性等问题，难以保证公开、公正、公平，从而难以选出优秀的经营者，也使在职的核心人员感受不到来自市场竞争的压力。另一方面表现在对核心人员的权力约束不到位。企业内部的民主监督缺乏权威性，财务管理等规章制度对别人约束非常严格，但对核心人员来讲却形同虚设。这种权力约束的不足增加了核心人员的高职位消费、高隐性收入，从而侵害了委托人——全体员工的利益。

7.2.3 核心团队股权激励方案设计

为了配合公司发展战略的实施，吸引、保留和有效激励公司所需人才，打造支持公司持续发展、保证公司战略目标实现的优秀核心团队。经过研究，公司拟设置核心团队股权激励方案，解决团队成员和公司同步发展的问题，弥补公司激励体系中长期激励机制缺失的问题。基于原集团和各子公司的股权实际上是企业家个人控制的情况，考虑到房地产行业都是单个项目投资和独立运行的特征，通过项目组与公司董事长协商确定，另外组建一家投资公司，将所有核心团队的股权都在该公司体现，再以该公司的名义参与各投资项目的投资。这一设计思路使核心员工股权激励在一家全新的公司中展开，可以更充分规范地满足股权激励秩序，也可使新的公司在新的机制下运行，回避了集团董事长过强的资本实力可能对核心员工股权形式有效性构成的制约，保证了核心员工的利益和投资理性。

集团及各子公司核心员工均在新的投资公司体现股权，还能够回避因公司各模块效益和资源状况差别引起的不公平，也有利于核心团队的内部流动。

1. 激励模式

投资公司在一定的时期内有条件地授予受权人享有购买投资公司股权的权利，并赠送受权人一定的股权购买资金。

2. 组织管理

（1）由集团董事会领导股权激励方案的制定与实施。

（2）股权激励方案的设计与实施的具体工作由集团人力资源部、经营管理部、财务管理部及审计部等部门负责。

3. 股权激励方案内容

(1) 受权人的资格。

① 受权人范围。与集团及所属公司签订劳动合同之日起，至投资公司年度授予个人购股权日止，在集团及所属公司工作一年以上（含一年）和年度个人考核在C等以上（含C等），并经集团董事会讨论通过的以下人员：集团总裁（8级）；集团副总裁、财务总监、总裁助理（7级）；集团分（子）公司总经理（6级）；集团职能部门经理级管理人员（6级）；集团及分（子）公司其他6级以上（含6级）管理人员；核心专业人才。

② 有关资格界定说明：受权人个人年度考核在C等以下者取消本年度的股权购买资格；受权人出现违反公司规章制度，损害公司利益情况的取消受权人资格；受权人资格由总裁办公会认定，报集团董事会批准；核心专业人才资格由总裁办公会认定，报集团董事会批准。

(2) 股权购买权的授予。

① 股权购买权实施授予日为投资公司成立之日，自第一次股权购买权授予之日起满六个年度后为股权授予终止日，至此，已授予的股权购买权仍然有效，直至行权完毕或受权人放弃行权。

② 股权授予采取逐步实施的办法，全体受权人购买股权总额度不得超过投资公司股权的60%。

③ 个人购买的股权总额分三年等额授予，其股权总额度最高不得超过投资公司股权的6%。因个人购买力原因或按本制度有关条款取消当年股权购买权资格，在三年之中未完成购买份额者，可给一次顺延一年的机会。

④ 集团董事会根据不同岗位确定个人股权购买总额度标准，董事长对受权人实际购买总额度具有一定的调控权。

⑤ 股权购买总额中需留存部分份额，由董事长根据具体情况授予引进的特殊人才或公司中有重大贡献者。

⑥ 受权人所购买的股权不得自行转让与赠送。

(3) 本方案所需的股权来源。

① 投资公司成立时的股权。

② 经投资公司回购的股权。

③ 投资公司增资扩股时增加的股权。

④ 集团所持有的投资公司股权。

(4) 购买股权激励基金。

① 由集团董事长筹集资金200万元作为启动资金。

② 每年按集团净利润的5%计提激励基金。

③ 集团净利润目标完成率低于60%时，不计提激励基金。

④ 激励基金建立专用账户，专款专用，由董事会负责管理，经批准可进行稳健的投资理财（如购买债券等）。

(5) 股权购买。

① 受权人需首先用现金出资（含所分红资金）购买。

② 根据受权人出资数额，公司按1∶2的比例从激励基金中赠送股权购买资金。

③ 投资公司应尽可能分配利润以满足受权人行权所需资金。

（6）行权。

① 董事会制定每个受权人的行权计划表，该表包括行权数额、行权时间等具体内容。

② 行权时间约定为自行权起始之日起 30 个工作日以内（含 30 个工作日），受权人可以选择在行权时间内的某一时刻全部或部分行权，超过行权时间，视为自动放弃行权权利。

③ 当激励基金少于需赠送的股权购买资金导致受权人不能按时完全行权时，由集团负责筹措资金予以解决。如属上述股权购买中第三条的原因，导致激励基金不够行权所需时，受权人未行权部分可保留至下一年度行权，该部分行权权利不受下一年度考核等级的限制。

④ 受权人在行权时，需首先向本公司发出书面行权通知书，明示其将行权的股权数目。

⑤ 受权人行权时，以上一年度投资公司每份股权的账面价值作为行权价格。该账面价值由公司过半数股东表决选定的独立审计机构评估确定。

（7）受权人职位变动时的股权处理。

受权人职位变动时，已行权的股权仍然有效，未行权的股权购买份额按新岗位（以行权时岗位为准）进行相应调整或取消其资格。

（8）服务期限限制。

① 受权人自首次受权之日起，工作不满五年离开公司，赠送资金所购股权及其分红由集团收回。

② 受权人自首次受权之日起，工作满五年以上（含五年）、八年以下，离开公司，赠送资金所购股权由集团收回，分红及分红所购股权不再收回。

③ 受权人自首次受权之日起，工作满八年以上（含八年），离开公司，赠送资金所购股权及分红均归受权人所有。

④ 受权人自首次受权之日起八年内，在受权人不违反公司禁止性条款的前提下，除受权人个人意愿外，集团及所属公司不得与受权人解除劳动关系，但可根据需要调整其工作岗位。

（9）劳动关系终止时的股权处理。

当受权人与集团及所属公司的劳动关系终止时，按以下方式处理。

① 尚未行权的股权购买权利将全部失效。

② 集团或投资公司有权回购劳动关系终止人持有的投资公司股权，回购价格按上一年度投资公司股权的账面价值计算。

③ 受权人自首次行权之日起连续在集团及所属公司工作八年以上者（含八年），集团公司或投资公司不得强制性回购其所持股权，但受权人需自解除劳动合同满两年后才可自行处置其股权。在持股人有意愿的情况下，公司有义务按上一年度投资公司股权的账面价值回购其所持股权。

（10）资本结构调整时的股权处理。

当投资公司发生吸收兼并、资产重组等行为导致资本结构调整时，集团董事会应该根据客观情况相应修改本方案内容，保障受权人权益不受损失。

（11）违规时的股权处理。

当受权人违反集团禁止性条款时，受权人购买的股权及未行权的股权购买权，按以下方式处理。

① 取消受权人未行权的股权购买权。

② 受权人自己用现金（包括现金购买股权的相应分红）行权的股权按账面价值由集团或投资公司回购。

③ 受权人获得赠送股权购买资金（包括赠送资金购买股权的相应分红）行权的股权，集团有权采取法律措施无偿收回。

（12）股权购买协议书。

① 投资公司应与受权人签订股权购买协议书。

② 协议书中必须包括以下内容：术语界定；股权购买授予额度及时间；行权价格规定；行权时间；行权时的激励资金赠送比率；员工劳动合同终止及岗位异动的处理；由于法定原因导致股权所有权转移时的处理；违反公司规章制度，损害公司利益情况的处理。

（13）其他。

① 集团董事会有权根据本方案确定受权人名单、授予时间、授予额度等。

② 集团董事会对本方案及相关协议书拥有推断权和解释权，并有权根据本方案对相关协议书进行修改、更正和补充。

③ 本方案的所有内容、条款均视为符合公司法及税法的规定，如有抵触部分，以相关法律规定为主。

④ 本方案由集团股东大会投票通过。

4. 计划实施的保障措施

（1）集团 2007 年 3 月成立投资公司，注册资本为人民币 3 000 万元。

（2）经投资公司股东会或董事会同意，投资公司有权参与集团及所属子公司的投资，但不得单独对外投资。

（3）投资公司参与集团及所属子公司的投资，每次或每个项目不得超过投资公司净资产的 30%。

（4）投资公司注册后，即可对项目公司投资。

7.2.4　案例解析

股权激励是一种非常有效的长效激励机制，也可视为激励体系中最为复杂、最需要谨慎使用的一种激励手段。本案例针对一个快速成长的中型企业，除省略了相关的法律文本外，详细介绍了核心员工股权激励方案的主体内容，希望读者能从中理解股权激励设计时需要考虑的各种问题和处理方法。

评价：本案例具有典型性和代表性。许多企业在完成初创过程，进入快速成长时期后，核心团队的凝聚、稳定和有效激励成为组织发展的重要难题，采用股权激励无疑是解决该问题的杀手锏。但是，在股权激励操作上，首先要解决好企业家的观念问题，因为股权激励实际上是要将企业的部分剩余索取权与核心团队分享，是一种长期利益格局的调整，也将对企业的控制和决策机制产生重要影响。企业家必须理解到股权激励将导致的这些重大变化，而且能够有足够的思想准备，愿意接受这些改变。本案例正是根据企业家和企业的实际情况，在集团和其他现存子公司股权不发生改变的情况下，另外组建一家投资公司作为股权改革的载体，这种思路和方法很有借鉴意义。本案例设计的股权激励对象的条件，行权的约束条件和有关退出、转让等约定，都是在充分考虑企业家与团队成员意见基础上，综合平衡得到的，这个过程很重要，也很有实用价值，有待于读者从案例中去品读。

使用说明：股权激励要想取得良好效果，必须基于团队成员对企业成长和发展的信心，读者在使用本案例时一定要考虑这一前提条件。只有当企业成长性强，核心员工对企业的前景十分看好时，股权设置才会形成强有力的凝聚和激励效果。如果企业经营不善，员工对组织的信心不足，建议不要使用股权激励。另外，股权激励会影响公司的决策和运行机制，会影响股权被授予者的心态和行为模式，这些必须在事前有充分的考虑，而且股权激励一旦构建，就很难轻易解除，因此对授权对象的选择十分重要。本案例中，新设的投资公司保证了企业家51%的控股权，但是，首期股权激励的份额控制在30%以内，为后续人才引进预留了空间，同时对股权持有者设置了精细的约束条件，以防止股权激励带来的负面影响。由于本案例中的公司是一家非上市公司，股权购入和转让价格没有上市公司所具有的标准市场价格作为依据，只能以净资产值等方式来约定价格，这方面企业可以根据实际情况来具体考虑，只要能协议认可即可。作者建议将股权激励列为最高层次也是最后使用的激励手段，相对而言，选用利润分享（分红股）方法会更简单可行一些，年薪制、奖金就更加便捷了，其激励制度的灵活性更大一些，最好是几种方案组合使用，优先选用灵活简便的激励方式。

案例研讨：

1. 讨论分析股权激励可能带来的负面影响，并提出解决措施。
2. 比较股权激励、利润分享和年薪制的激励差异，列出各自不同的适用情景条件。
3. 本案例是一个非上市公司的股权激励，比较和讨论上市公司与非上市公司股权激励设计的不同点。

7.3 案例二：职业发展通道激励案例
——铜陵有色金属集团控股有限公司晋升通道优化设计①

7.3.1 公司简介

铜陵有色金属集团控股有限公司（以下简称铜陵公司）于2006年5月经安徽省国资委批准同意铜陵有色金属（集团）公司改制而来，由一个工厂制特大型企业发展成为符合现代企业制度要求的现代公司制企业集团。铜陵公司拥有9个全资子公司、14个控股子公司、4个参股公司，14个非法人分支机构。其中安徽铜都铜业股份有限公司为上市公司，金隆铜业有限公司为安徽省最大的中外合资企业。公司机关设有办公室、组织部、宣传部、纪委（监察部）、工会、武装保卫部、人力资源部、规划发展部、财务部、企业管理部、矿产资源开发部、审计部、科技管理部、商务部、生产安环部、质量计量部、机动能源部17个职能部门，以及专家委、关破办公室2个专业机构。2007年，公司实现销售收入420亿元，利税总额33亿元，名列2009年中国企业500强第135位。

① 本案例源于作者主持完成的铜陵公司人力资源项目，案例完稿于2018年3月。

7.3.2 铜陵公司管理通道分析与存在的问题

1. 公司管理通道分析

(1) 公司管理通道上的岗位及等级链分析。

通过公司现场调研及资料分析，对公司岗位设置的梳理，发现该公司管理通道上的职种/职系/岗位主要有企业管理类、政工类、人力资源类、财务类、质量类、营销类、生产类、技术类，具体情况见表7-1。

表7-1 铜陵公司管理通道上职种/职系/岗位分布

职系	职种	岗位名称
管理	企业管理类	总经理助理、副总经理、总经理、董事长； 企业管理部主任、副主任（室主任）、职员； 办公室主任、副主任（室主任）、职员； 规划发展部主任、副主任（室主任）
	政工类	党委、工会、团委、武装保卫
	人力资源类	人力资源部主任、副主任（室主任）、职员； 组织部主任、副主任（室主任）、职员； 宣传部主任（室主任）、室主任、职员
	财务类	财务部主任、副主任（室主任）； 审计部主任、副主任（室主任）
	质量类	质量计量部主任、副主任（室主任）、职员
	营销类	商务部主任、副主任（室主任）、职员
	生产类	车间主任、副主任等生产管理人员，生产安环部主任、副主任（室主任）、职员； 机动能源部主任（室主任）、室主任、职员； 矿产资源部主任、副主任（室主任）、职员
	技术类	科技管理部主任、副主任（室主任）

这些岗位形成了公司管理通道的等级链，包括3个层级（决策层、经营层/中间层、基础层）、8个等级，具体情况见表7-2。

表7-2 铜陵公司管理通道等级链

层级	等级
决策层	董事长、总经理、党委书记
	副董事长、副总经理、党委副书记、总会计师、总工程师
	总经理助理、副总工程师、副总经济师、副总会计师、副总法律顾问
经营层/中间层	中层正职：集团部门主任、分公司经理/书记、厂（矿）长/书记
	中层副职：集团部门副主任、室主任、分公司副经理/副书记、副厂（矿）长/副书记
基础层	正科：公司机关高级职员、科长、二级单位的科长、室主任、部长、车间主任、部门经理
	副科：公司机关中级职员、副科长、二级单位的副科长、室副主任、副部长、车间副主任、部门副经理
	一般管理人员：公司机关初级职员、干事、办事员

（2）公司管理通道上等级链的内部平衡性分析。

从图 7.3 与图 7.4 可以看出，铜陵公司管理通道决策层、经营层/中间层、基础层等级划分与等级数量分布相对较为科学，有较强的包容性，使公司的管理人员都拥有明确的职业晋升（纵向晋升与横向晋升）的道路和空间。而且与专业技术通道和技术工人通道相比较，管理通道在待遇、发展空间等方面占有明显优势，导致了管理通道的过分拥挤。

<table>
<tr><th colspan="4">集团公司管理系列</th><th colspan="3">二级单位</th></tr>
<tr><th>公司领导</th><th>公司总工程师</th><th>部门主任</th><th>职员</th><th>总经理</th><th>部门经理</th><th>职员</th></tr>
<tr><td rowspan="5">董事长
总经理
党委书记</td><td></td><td></td><td></td><td></td><td></td><td></td></tr>
<tr><td></td><td></td><td></td><td></td><td></td><td></td></tr>
<tr><td></td><td></td><td></td><td></td><td></td><td></td></tr>
<tr><td></td><td></td><td></td><td></td><td></td><td></td></tr>
<tr><td></td><td></td><td></td><td></td><td></td><td></td></tr>
<tr><td rowspan="5">副董事长
副总经理
党委副书记</td><td rowspan="2">总会计师
总工程师</td><td></td><td></td><td></td><td></td><td></td></tr>
<tr><td></td><td></td><td></td><td></td><td></td></tr>
<tr><td rowspan="4">副总工程师
副总经济师
副总会计师
副总法律顾问</td><td></td><td></td><td></td><td></td><td></td></tr>
<tr><td></td><td></td><td></td><td></td><td></td></tr>
<tr><td rowspan="2">正主任</td><td></td><td rowspan="2">总经理、矿长</td><td></td><td></td></tr>
<tr><td>总经理助理</td><td></td><td></td><td></td></tr>
<tr><td></td><td></td><td rowspan="3">副主任
室主任</td><td></td><td rowspan="4">副总经理、副矿长、总经济师、总会计师、总工程师</td><td></td><td></td></tr>
<tr><td></td><td></td><td rowspan="4">高级职员</td><td></td><td></td></tr>
<tr><td></td><td></td><td rowspan="4">室主任
部长
车间主任
部门经理</td><td></td></tr>
<tr><td></td><td></td><td></td><td></td></tr>
<tr><td></td><td></td><td></td><td></td><td></td></tr>
<tr><td></td><td></td><td></td><td rowspan="3">中级职员</td><td></td><td></td></tr>
<tr><td></td><td></td><td></td><td></td><td rowspan="3">室副主任
副部长
车间副主任
部门副经理</td><td></td></tr>
<tr><td></td><td></td><td></td><td></td><td></td></tr>
<tr><td></td><td></td><td></td><td rowspan="3">初级职员</td><td></td><td></td></tr>
<tr><td></td><td></td><td></td><td></td><td></td><td rowspan="2">干事
办事员</td></tr>
<tr><td></td><td></td><td></td><td></td><td></td></tr>
<tr><td></td><td></td><td></td><td>实习生</td><td></td><td></td><td>实习生</td></tr>
</table>

图 7.3　铜陵公司管理通道的层级结构

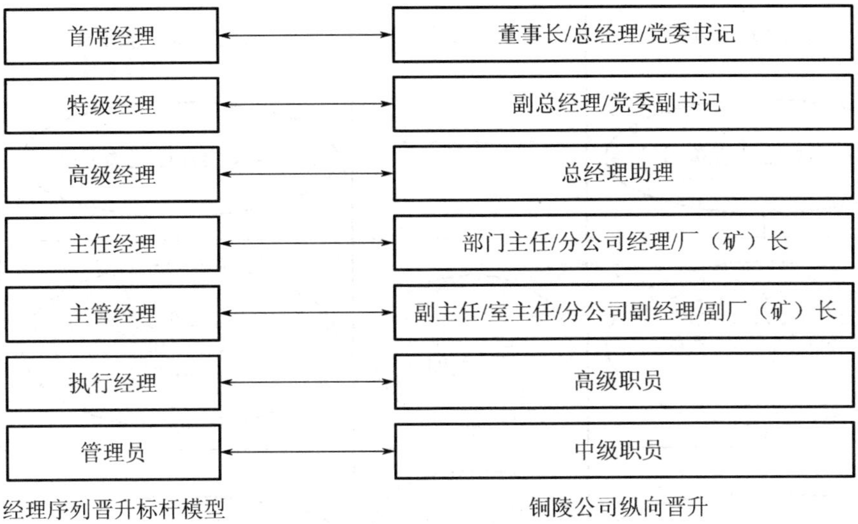

图 7.4　管理型员工纵向职业晋升标杆与铜陵公司纵向晋升

2. 铜陵公司管理通道存在的主要问题

通过对公司管理通道的分析，公司在管理通道结构及管理与维护上存在的主要问题在于，公司专业技术通道的结构缺损，使得属于专业技术通道顶层的总工程师和总会计师纳入了管理通道上，而且由于管理通道在待遇、发展空间上占有明显优势，更具有吸引力，使得两条通道上的人力资源都向管理通道转移。这样造成了管理通道的混乱与拥挤，同时也造成了管理通道较高的维护成本。

7.3.3　铜陵公司管理通道结构的设计

从对公司职种/职系/岗位分布及岗位顶级链分析可以看出，公司管理通道等级链的3个层次（决策层、中间层、基础层）8个等级是合理的，而且与国际、国内大集团公司经理管理通道纵向晋升路径标杆相匹配。但是由于公司专业技术通道缺损，专业技术通道的部分层级被纳入了管理通道上来，所以在规范构建铜陵公司两条通道时，必须厘清管理通道层级的具体岗位（表7 1和表7-2），使得管理通道成为公司另外一条专业技术通道设计的标杆。

根据标准的经理晋升通道各层级所包含的岗位，应该将属于专业技术通道顶层的总工程师和总会计师从管理通道中转到专业技术通道上，形成具有合理层级结构与层级数量的规范化管理通道。

从图7.3中可以看出，二级单位的工程师与会计师也纳入了管理通道上，而在专业技术通道形成后，应该把二级单位的工程师与会计师纳入专业技术通道相应层级位置中。

由于铜陵公司属于大型国有企业，管理通道上不仅有行政管理人员而且有党群管理人员，必须处理好管理通道中的等级平衡对应关系。铜陵公司管理通道纵向晋升调整示意图如图7.5所示。

在铜陵公司建立管理和技术两条通道之前，管理通道还是比较健全的，实际上是由公司

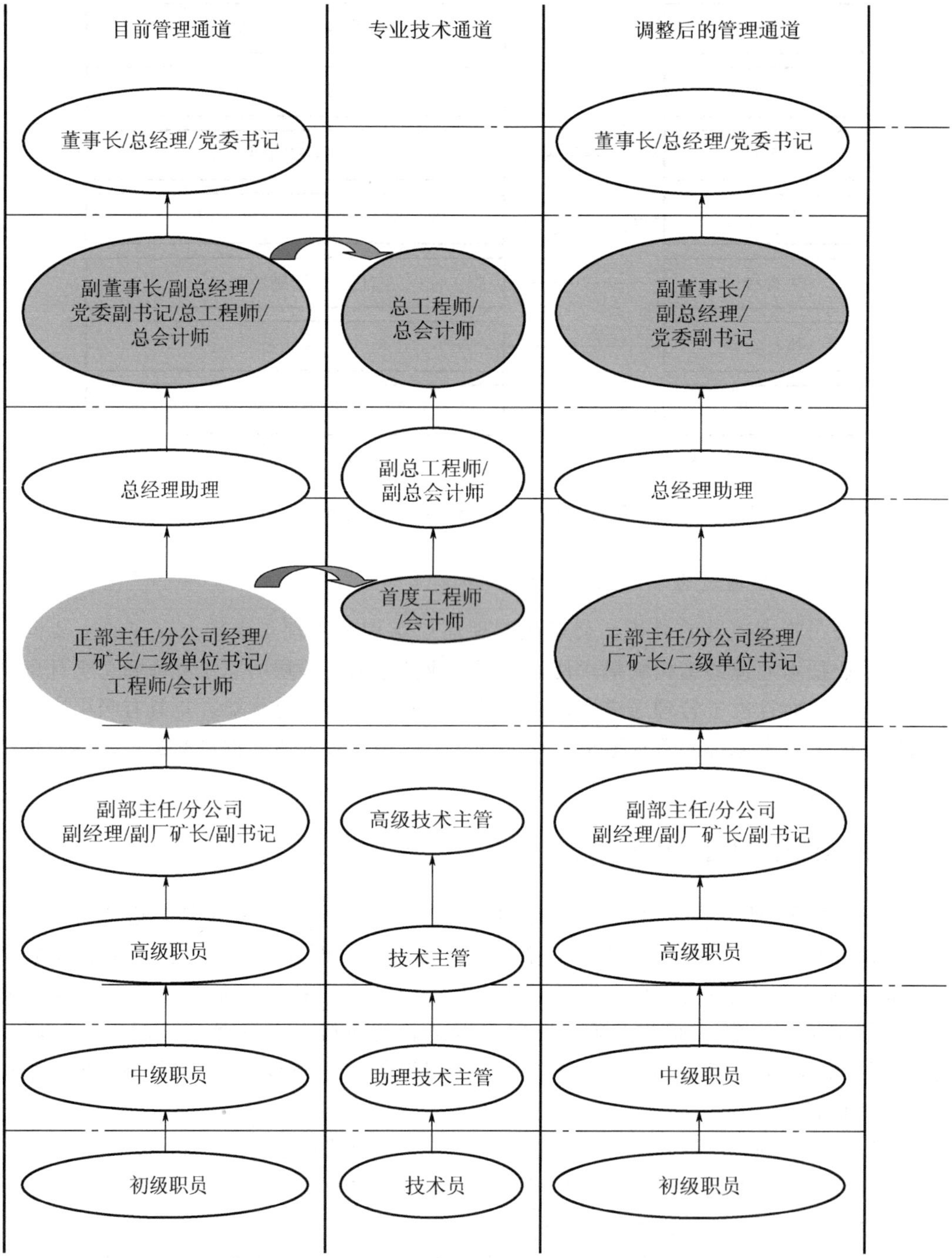

图 7.5　铜陵公司管理通道纵向晋升调整示意图

组织部和人力资源部承担着该通道的运行管理和维护，所以管理通道中有些问题基本上能及时处理，通道的资源配置和畅通状况比较正常。在分设技术和管理两条通道后，有必要将管理通道的维护职能进一步明确和完善，同时要专门设置职能机构来承担技术通道的运行管理和维护职能，以保证该通道的健康运转。

7.3.4 铜陵管理通道的主要运转和维护职能

1. 公司管理通道员工任职资格定级与调整

根据管理通道层级能升能降的原则，公司管理通道的任职资格主要是员工任职资格定级与调整，具体如下。

（1）公司管理通道员工任职资格定级。

① 管理通道任职资格定级。员工通过任职资格评价获得初始任职资格等级，根据任职资格等级确定相应的工资等级，具体办法由公司薪酬结构与管理制度决定；新员工与正式员工由于各自特点不同，在任职资格定级时区别对待。

② 新员工定级。新员工实习期满后，获得相应级别的必备知识考核学分，即可申请任职资格定级评价，获得相应任职资格后，上岗确定工资等级。

③ 正式员工定级。正式员工获得相应级别的必备知识考核学分，即可申请任职资格定级评价，获得相应任职资格后，确定工资等级；中高层管理者也可以申请专业序列通道的职业职种的任职资格定级。

（2）公司管理通道员工任职资格调整。

① 管理通道任职资格升级、保级和降级评价。公司每两年组织一次例行的任职资格升级评价；业绩考核符合升级要求的，可以申请高一级别任职资格评价；评价通过即可上调任职资格等级，薪酬亦进行相应调整；业绩考核积分符合保级要求的，不做任职资格评价，任职资格等级和薪酬均不变；业绩考核积分符合降级要求的，任职资格等级降一级，工资等级相应下调。

② 管理通道任职资格破格升级。在专业领域取得了特殊成就或给企业带来了巨大经济效益者，可申请任职资格破格升级；申请任职资格破格升级的员工要提供真实有效的数据，经过人力资源委员会分会、人力资源部两级评审后生效，并调整其薪酬。

③ 管理通道任职资格取消。对企业重大事故负有直接责任并受到相应处分的员工，实行“一票否决制”，取消其当年任职资格等级晋升资格，由人力资源部提交人力资源委员会批准生效。

2. 公司管理通道员工纵向晋升的流程

从以上管理通道任职资格定级和调整过程，可以描绘出管理通道纵向晋升流程图，具体如图7.6所示。

7.3.5 专业技术通道存在的主要问题

1. 专业技术通道尚未完全成型

（1）公司的专业技术人员虽有明确的技术职称系列和技术职称等级，但还未形成完整的、独立的、以岗位为基础的、以工作任务为核心的职业发展通道体系。

（2）公司尚未对专业技术人员的晋升基本条件、晋升审批流程以及晋升的任职管理等方面做出明确、具体、量化的规定。

（3）公司日常运作中缺乏对专业技术通道的专门管理和维护。

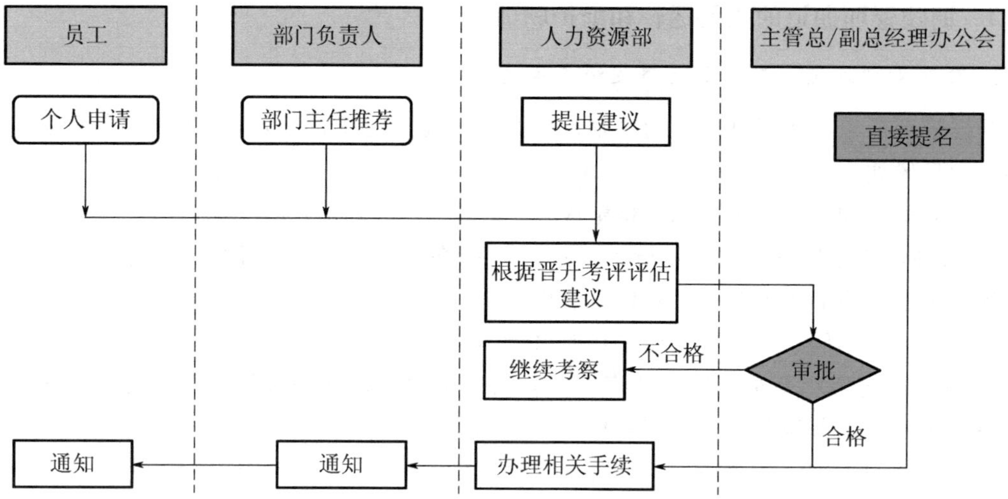

图 7.6 管理通道纵向晋升流程图

2. 专业技术通道缺乏与管理通道之间的合理平衡

（1）专业技术通道与管理通道之间缺乏在职位等级、任职资格、待遇等级、权责限度等方面的明确对应关系。

（2）公司尚未对专业技术通道与管理通道之间的转换路径做出具体的规定。

7.3.6 专业技术通道的方案设计

1. 重新确定总工程师等岗位的通道归属

公司现有的总工程师、总会计师、副总工程师、副总会计师、副总经济师、副总法律顾问岗位是被划分在管理序列的，其所有的薪酬待遇、权限责任、管理考核都归属于管理序列。但分析其岗位工作的具体职责、职业特性不难发现，它们的工作内容主要围绕解决企业内部的专业技术问题，为公司的发展提供专业技术支持，其工作的核心对象不是对“人、财、物、信息”的计划、组织、协调、控制，而是“专业技术”。

因此，较为合理的做法应当是将总工程师、总会计师、副总工程师、副总会计师、副总经济师、副总法律顾问岗位从管理通道拉出，纳入新的专业技术通道，并作为专业技术通道的“屋顶”，即该通道的最高层，其所有的权责、待遇不作变动。

2. 设置首席工程师

（1）首席工程师的职责。

在副总工程师下按照专业分类设置首席工程师，其职责是：主要解决公司该专业内所有最终的技术难题，负责该专业的高端科技攻关、技术改造、新产品研发设计、科技成果与专利技术的发展、导师带徒弟等专业技术工作；另外在公司遇到大的技术改革发展问题时，承担或参与集团重大的科研项目的技术工作。首席工程师是专业技术方面的权威，区别于同级管理岗位对人、财、物、信息的计划、组织、协调、控制方面的管理。

（2）首席工程师的设置方法。

① 首席工程师按照专业类别设置，围绕公司主要产业链所需的技术专业，由公司的领导班子根据专业的产量规模、专业对企业的贡献度、专业的人才队伍规模、专业研究方向的数量、专业的未来发展前景的状况，确定各专业设置首席工程师的具体数量。原则上，每个专业的首席工程师数量不得超过5个，在所有设置首席工程师的专业范围内，平均每个专业设置首席工程师的数量不得超过3个。

② 首席工程师的选拔由公司统一组织，组建专家委员会按照上岗条件，进行统一打分、全面评价、择优选拔。

3. 变技术职称等级为专业技术通道的岗位等级

（1）公司原有的专业技术序列只存在专业技术职称等级，其等级有技术员（会计员等）、助理工程师（助理会计师等）、工程师（中级会计师等）、高级工程师（高级会计师等）、教授级高级工程师，员工的待遇取决于自身取得的专业技术职称和在公司的工作年限，公司缺乏以岗位价值为基础的专业技术岗位等级。

（2）废除以专业技术职称等级作为专业技术序列等级的做法，技术职称不再是专业技术人员待遇的决定因素，员工的待遇主要取决于岗位工作内容和个人的工作业绩。

（3）建立若干取代原有技术职称等级的专业技术岗位等级，新设各岗位等级的技术职称资格要求为助理技术主管——助理工程师、技术主管——工程师、高级技术主管——高级工程师、主任工程师——教授级高级工程师。

由此，搭建起一条全新的专业技术职业发展通道，专业技术通道岗位等级分布如图7.7所示。

专业技术通道岗位等级
总工程师、总会计师
副总工程师、副总经济师、 副总会计师、副总法律顾问
首席工程师
主任工程师
高级技术主管
技术主管
助理技术主管
技术员

图7.7　专业技术通道岗位等级分布

4. 专业技术通道的岗位系数调整

（1）调整若干专业技术岗位等级的岗位系数，具体如下。

① 将原有技术职称等级的系数赋予对应的专业技术岗位等级，如图7.8所示。

专业技术职称等级	专业技术通道岗位等级
教授级高级工程师 3.48～3.96	主任工程师 3.48～3.96
高级工程师 3.16～3.64	高级技术主管 3.16～3.64
工程师 2.60～3.08	技术主管 2.60～3.08
助理工程师 2.28～2.76	助理技术主管 2.28～2.76
技术员 1.96～2.44	技术员 1.96～2.44

图 7.8　若干专业技术岗位等级岗位系数

② 总工程师、总会计师与公司的副总经理岗位对应，岗位系数为 4.20～4.68；副总工程师、副总经济师、副总会计师、副总法律顾问处于副总经理与中层正职之间，大致相当于总经理助理等级，其岗位系数确定为 3.88～4.36。

③ 首席工程师的岗位系数与管理通道中层正职的岗位系数对应，设置为 3.56～4.04。

由此可得出调整后的专业技术通道岗位等级与岗位系数，如图 7.9 所示。

专业技术通道岗位等级	岗位系数
总工程师、总会计师	4.20～4.68
副总工程师、副总经济师、副总会计师、副总法律顾问	3.88～4.36
首席工程师	3.56～4.04
主任工程师	3.48～3.96
高级技术主管	3.16～3.64
技术主管	2.60～3.08
助理技术主管	2.28～2.76
技术员	1.96–2.44

图 7.9　专业技术通道岗位等级与岗位系数

5. 建立专业技术通道与管理通道各等级之间的对应关系

（1）梳理专业技术通道和管理通道各等级的岗位系数区间分布，如图 7.10 所示。

（2）依据各等级的岗位系数区间，建立专业技术通道和管理通道各等级岗位对应关系，如图 7.11 所示。

管理通道岗位等级	岗位系数	专业技术通道岗位等级	岗位系数
董事长、总经理	4.52～4.92	总工程师、总会计师	4.20～4.68
副董事长、副总经理	4.20～4.68	副总工程师、副总经济师、副总会计师、副总法律顾问	3.88～4.36
总经理助理	3.88～4.36	首席工程师	3.56～4.04
正部主任、分公司总经理	3.56～4.04	主任工程师	3.48～3.96
副部主任、分公司副总经理	3.24～3.72	高级技术主管	3.16～3.64
高级职员	2.92～3.40	技术主管	2.60～3.08
中级职员	2.60～3.08	助理技术主管	2.28～2.76
初级职员	1.96～2.68	技术员	1.96～2.44

图 7.10　专业技术通道和管理通道各等级的岗位系数区间分布

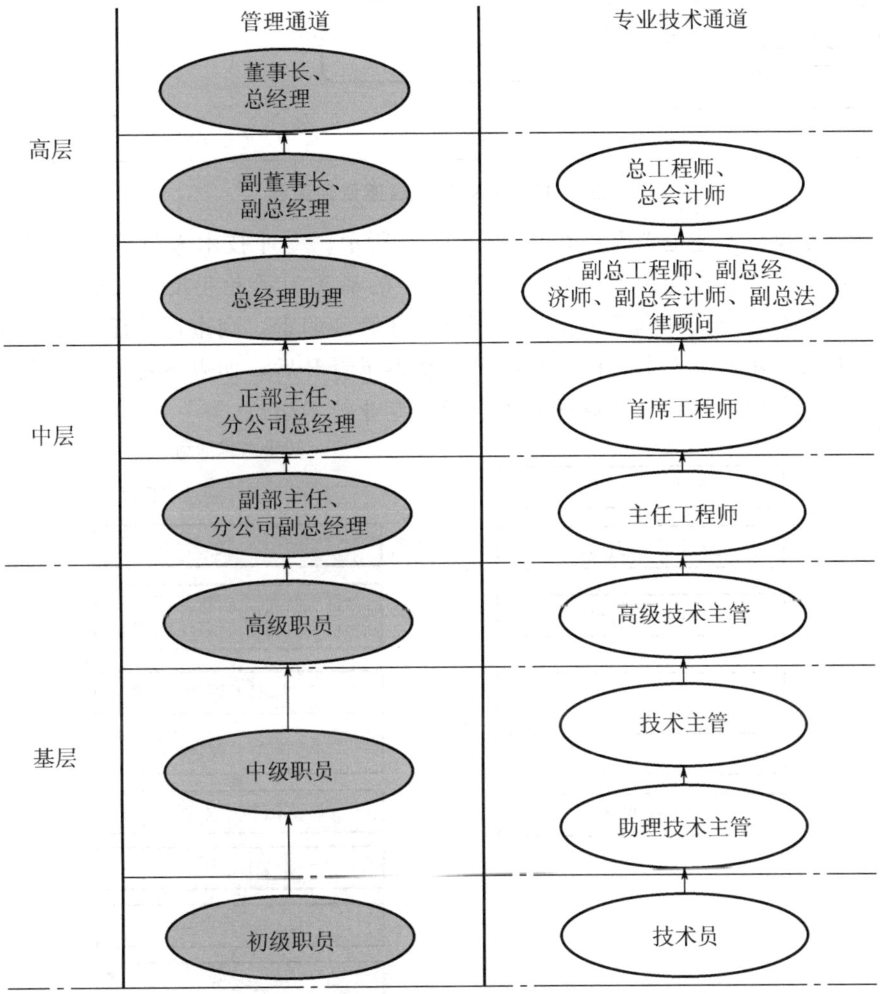

图 7.11　专业技术通道和管理通道各等级岗位等级对应关系

6. 专业技术通道晋升管理方案建议

（1）成立专门的晋升工作小组。公司领导牵头组建晋升工作小组，其小组成员包括主管技术的副总经理、主管人力资源的副总经理及相关职能部门负责人。

（2）建立专业技术通道晋升管理的流程，如图 7.12 所示。

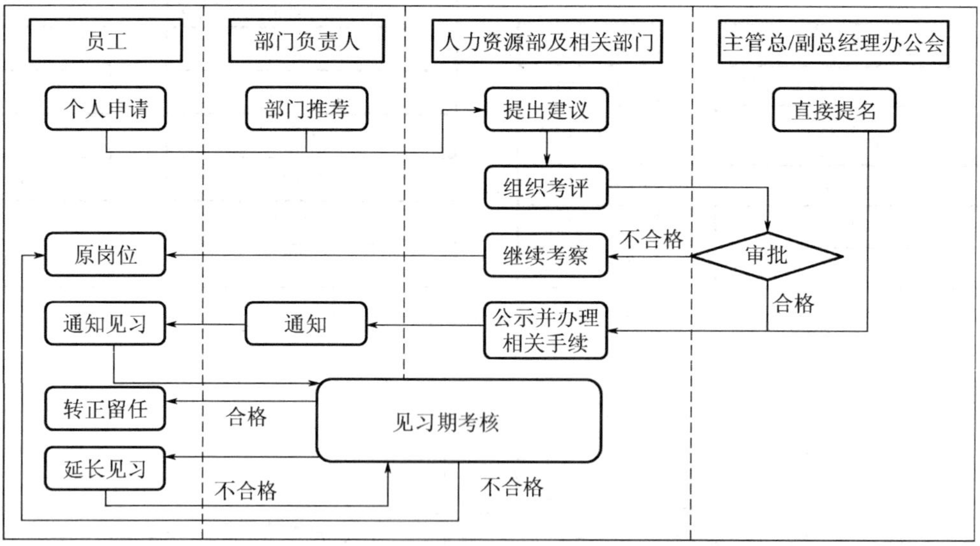

图 7.12　专业技术通道晋升流程

（3）规定专业技术通道晋升路径，如图 7.13 所示。专业技术人员只有做到高级技术主管以后才可获得转向管理岗位的机会。图 7.13 中的箭头表示专业技术人员晋升的方向，双箭头表示专业技术人员晋升到管理岗位后不能胜任管理职责，则重返原任专业技术岗位，此外，虚箭头表示专业技术人员转向管理岗位并获得了晋升后，如果不愿再从事管理岗位，希望重返专业技术岗位，则其只能返回原来任职的专业技术岗位。

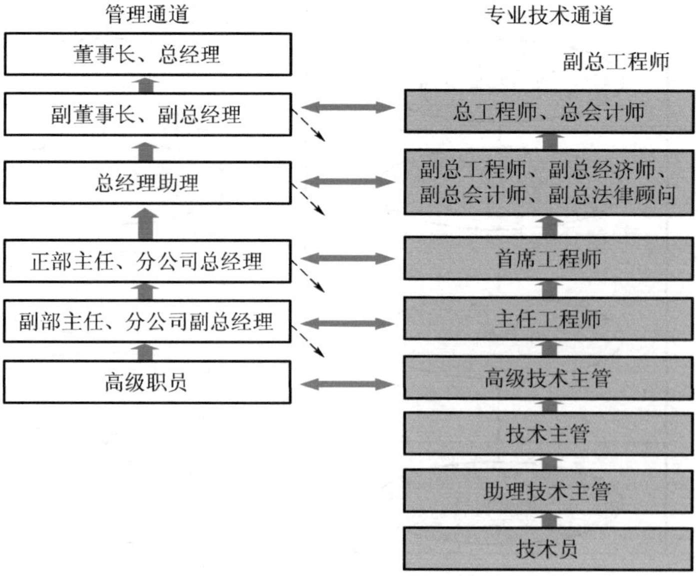

图 7.13　专业技术通道晋升路径

7.3.7 案例解析

本案例从管理通道上的岗位、等级链和等级链的内部平衡性3个方面分析了管理通道在结构、管理和维护上存在的问题，并就此提出了调整方案。铜陵公司是一家大型的国有企业，有良好的管理基础，其管理通道虽然有不足之处，但仍然有值得借鉴之处。该公司也存在一个普遍的问题——专业技术通道不完善，对专业技术人员的晋升激励不足，本案例设计了比较合理的专业技术通道和其日常的晋升管理方案，利于读者结合自身公司的具体情况构建属于自己的晋升激励方案。

评价：晋升通道不畅是企业核心管理和核心技术人才激励不足的常见问题，尤其是对于大型企业和事业组织而言，晋升通道问题已成为制约企业发展的重要难题。本案例依据的铜陵公司是老牌的特大型国有企业，其人力资源管理沉淀较深，但问题也积累不少，晋升通道的改造和优化是其人力资源管理体系优化的重要举措。本案例详细描述了晋升通道的诊断评估过程，展示了管理通道的优化设计和技术通道的构建方案，为读者掌握晋升通道的设计思路和操作思路提供有益的借鉴。该案例使用的方法中有较多的原创性内容，较好地体现了中国国有企业情境性特征，具有典型代表性。

使用说明：本案例对于需要重视专业技术，依靠大量技术人才专心致志工作，推动组织发展的科技型企业、高等院校、医院、设计和研究院解决技术人员吸引、晋升和有效激励问题，具有重要的参考价值。案例中的通道平衡和通道管理的维护方法是基于中国情景特点专门设计的，对晋升通道的设计和操作具有重要意义，希望读者特别关注。许多企业设置了技术通道，但技术员工仍然热衷于行政级别的晋升，正如国内媒体报道的有些高校众多博士生导师去争夺一个科长职位，这种情况说明行政通道的资源状况和利益分配远远优于技术通道，通道之间的资源配置不平衡是构成有些通道发展不畅的根本原因，这里讲的资源配置不仅包括工资、奖金，也包括公共资源占有和其他社会关系资源调用等内容，本案例实际上考虑了这方面因素，但没有展开论述，特此说明。

案例研讨：

1. 为什么我国会有许多优秀技术专家因热衷于做官而放弃自己的专业，请从晋升通道角度研讨分析其内在机制，并提出解决措施。
2. 比较分析晋升通道激励与薪酬激励机制的异同，说明其不同的适用情景。
3. 从文化角度讨论中国企业专业技术通道设计和激励所存在的问题。

7.4 案例三：精神激励案例设计
——华润电力湘南有限公司营销人员精神激励设计[①]

7.4.1 公司背景介绍

华润电力湘南有限公司是与湖南省电力建设开发总公司合资经营的公司，双方分别占

---

① 本案例源于作者主持完成的华润电力湘南有限公司人力资源管理体系优化项目，案例初稿完成于2010年5月，本次修订于2018年5月。

60%、40%的股份。2001年6月5日签署合营协议书，2002年7月3日签订合营合同及公司章程。公司经营范围为电力生产、销售及电力相关产业的开发与经营。公司经营规模为：湖南省鲤鱼江电厂2×65mV火力发电机组、扩建项目2×300mV国产火电发电机组及鲤鱼江至韶关曲江变500kV接入系统工程。

7.4.2 公司营销人员精神激励存在的问题

通过对公司营销人员进行问卷调查和访谈，结合公司营销人员精神激励措施和对象（表7－3），项目的专家组得出公司营销人员的精神激励主要存在以下问题。

表7－3 公司营销人员精神激励措施和对象

精神激励措施	激励对象	配套的物质激励措施
领导的赞扬与鼓励	销售经理	无
年度/季度/月度销售冠军	业绩最佳的营销人员	奖金
国家级/省级劳模	全体营销人员	无
营销人员研讨会	全体营销人员	无

（1）部分营销人员对区域市场开拓经验欠丰富，公司又未对其进行培训，员工的成长完全靠自学和吸收其同事的经验。

（2）营销人员整体缺乏积极向上的工作氛围，团队凝聚力不强。

（3）每个月举行的营销人员研讨会，员工参与的积极性不高，且部分存在抵制心理，未能达到团队成员一起总结经验教训，发现自身在工作中的问题，相互进行帮助并改进的目的。

（4）精神奖励大部分是面向业绩突出者或销售经理，只有极少数是面向全体营销人员的，未达到全员激励效果。

（5）营销人员工作的本身就有激励作用，包括工作目标激励、工作过程激励和工作完成激励。公司可通过设置具有一定挑战性的工作目标，增加工作本身的重要性、挑战性、趣味性和培养性，强化营销人员工作目标完成时的自豪感、成熟感和成就感等工作激励方法来激发员工的工作积极性，而公司未对此激励方法进行很好的运用。

（6）对于全体营销人员而言，缺乏声誉和地位激励，除了业绩突出者以外，其他人感受不到自己职业的崇高性和重要性，也未体会到自己在企业和社会上的地位的优越感。

7.4.3 精神激励方案设计

针对公司营销人员的精神激励存在的问题对其进行了优化（表7－4），增加了部分激励措施，同时对某些措施进行了规范和再定义，如将原有的每月一次的营销人员研讨会改为了每两个月一次的营销人员市场开拓研讨会。其具体的改进方法和规范下文将会具体阐述。

表7-4 公司营销人员优化后精神激励措施与对象

精神激励措施	激励对象	配套物质激励措施
领导的赞扬与鼓励	销售经理	无
年度/季度/月度销售冠军	业绩最佳的营销人员	绩效工资、奖金
国家级/省级劳模	全体营销人员	无
职业宣传教育	全体营销人员	无
“参政议政”权	全体营销人员	无
工作过程激励	全体营销人员	无
公开业绩（工作完成激励）	业绩突出者	绩效工资
感官媒介	全体营销人员	无
营销人员市场开拓研讨会	全体营销人员	无
营销岗位竞聘制	全体营销人员	岗位工资
培训机会	优秀营销人员	无

1. 声誉和地位激励

（1）职业美誉激励由对营销人员在组织中的角色定位和功能的分析可知，营销人员是企业业绩和利润的重要来源，是企业全体员工薪资福利之源。因此，营销人员理应受到企业全体员工的尊重和认可。企业必须采取相应的措施提高他们在整个企业内部和外部的职业美誉度。这些措施具体包括以下内容。

① 通过宣传教育，让企业全体员工明白营销人员工作的艰辛和伟大的奉献精神，改变人们的传统观念，树立营销人员是一种崇高的社会职业的新观念，使之成为受人尊重和众人向往的新职业。

② 利用一切机会，安排公司高层与营销人员面对面沟通，让营销人员认识到自己所担当的光荣历史使命，树立他们对营销职业的热爱，激发其献身营销和企业的决心，激励他们通过提高销售业绩来改善自己的声誉。

③ 通过在企业内部实施营销岗位竞聘制，明确告诉企业全体员工营销人员职位的高素质和能力要求，从而有效提高营销人员在企业内部员工心目中的分量。

（2）“参政议政”激励。让营销人员有一定的参与企业经营决策的“参政议政”权，也是提高营销人员地位的一个重要措施，能有效激发营销人员的工作积极性。根据公司当前的管理特点，考虑可以授予营销人员如下的“参政议政”权：产品定价决策权、产品生产计划编制权、产品生产调度权。

（3）荣誉激励。根据激励对象希望得到组织、社会尊重的心理需要，对于那些为企业做出贡献的营销人员给予一定的荣誉，并将这种荣誉以特定的形式固定下来，从而达到激励的效果。公司实施荣誉激励的主要手段是设置月度销售竞赛，对于前三名的营销人员，除给予一定的物质奖励外，分别授予其“销售冠军”“销售亚军”和“销售季军”的称号，并发放荣誉证书。

荣誉激励是一种重要的精神激励手段，但在具体操作中要注意：①种类要适当，少而精；②不要轮流坐庄；③荣誉激励与薪酬激励相结合；④避免重复；⑤荣誉激励要制度化和规范化，降低随意性。

2. 工作激励

（1）工作激励的含义。

营销人员工作激励包括工作目标激励、工作过程激励和工作结果激励三部分内容，其关系如图7.14所示。营销人员工作激励不像薪酬激励和其他精神激励由企业所控制的诱导物所牵引，其激励源于其工作的内在力量，因而在环境发生不利变化时，也能持续发挥作用。它也不像薪酬激励可以转移或与他人分享，一般工作激励的效果只由营销人员本人独享，别人无从分享。它基本上不需要消耗企业资源，成本极低。由于营销人员工作激励主要由营销人员代表自己去主观感受和体验，激励效果受其本人的偏好、价值观念、判断能力及其他心理因素的影响很大。

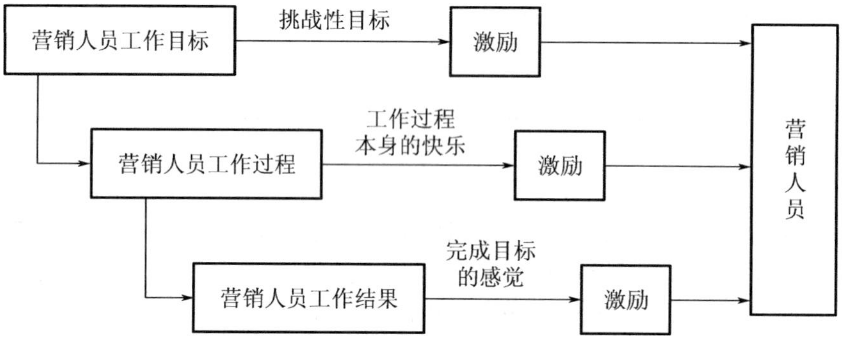

图7.14 各种工作激励的相互关系

（2）工作激励的具体内容与手段。

① 工作目标激励。美国著名行为科学家洛克认为，目标设置是管理领域中最有效的激励方法之一，绩效目标是工作行为最直接的推动力。按照目标设置理论，要使所设置的目标对营销人员有激励作用，它们应满足以下几个原则。

a. 目标应当是具体的、量化的。具体和量化的目标更能激发营销人员的工作积极性。

b. 目标应具有一定的挑战性。按期望理论，如果目标定得过高，强度过大，就会降低营销人员对实际目标的期望值，从而降低其激励效力。同样，如果目标定得过低，营销人员不费力便可随手得到，这样的目标也会失去激励效力。因此企业在给营销人员制定月度和年度销售任务时，应是先进性和可行性的统一。

c. 营销人员参与目标的设置。使所设置的销售任务目标被个人所接受，转化为个人的目标，或者说使营销人员将个人目标与企业目标有机结合，即目标的内在化。内在化的目标能最大程度地激发人的工作积极性。因此，企业在制定营销人员月度和年度销售目标任务时，应充分听取他们的意见，双方共同制定。

② 工作过程激励。这是指营销人员的工作本身给他带来的激励。营销人员面对复杂多变的环境，要灵活做出决策，与各种各样的人打交道，对他的素质和能力提出了很高的要求。对能力强的营销人员而言，会觉得英雄有了用武之地；营销人员工作的丰富多彩和变化

多端使其工作具有趣味性。营销人员从工作的挑战和失败过程中，会感受到自身的进步和成熟，因而具有开发职业能力的特性；营销工作也提供给营销人员结识各种有影响力的人的机会，这使得其工作具有交往性，可获得某些机会收益等。总之，营销人员工作的这些特点会使营销人员“觉得工作着是快乐的”，从而产生激励作用。企业的营销管理人员应加强这些思想的宣传教育，使营销人员充分认识到自身工作的重要性。

③ 工作结果激励。从组织的角度来看，主要是采取措施强化营销人员完成设定目标的激励效果。例如，在营销中心公开宣布其完成的业绩，直接上级当众予以表扬和鼓励等。

3. 其他精神激励方法

(1) 培养团队精神，强调协作。

形成紧密联系的团队，对营销人员具有巨大的激励作用。通过这个团队可以使每个营销人员在相互总结、切磋、发现、改进和帮助的基础上，把自己对应的区域市场做起来。如何形成紧密联系的团队呢？可以通过设立和实施营销人员市场开拓研讨会来实现。营销人员市场开拓研讨会定为每两个月举行一次，每次时间为半天至两天不等。其主要内容如下。

① 每个营销人员近两个月来市场开拓工作进展情况的汇报。这一阶段有助于激励所有营销人员积极勤奋，并保持乐观向上和你追我赶的工作心态。同时，也使每个营销人员感受到压力，这种压力是采用一种“温柔”的方式传递的，易于被接受。

② 相关营销人员市场操作过程中问题的解决。这一阶段不但为营销人员解决所面对的困难提供了帮助，而且为每一个营销人员战胜困难增添了勇气。不论是营销人员还是其他员工，面对问题时都想解决，但有些问题不是说解决就能马上解决的。如果没有及时有效地解决，问题都累积在一起，一旦全面爆发，后果将不堪设想。

③ 市场开拓的心得交流。这一阶段，有助于激励所有营销人员紧密地团结在一起，锻炼出更强的团队战斗力；有助于新入行的营销人员、市场开拓能力相对不足的营销人员迅速做出成绩；使得一些优秀的营销人员相互借鉴市场开拓方面的方法，促进双方业绩的再度提高。

④ 市场开拓展望。在此阶段，研讨会负责人（由营销总监或市场经理担任）主要阐述3个方面的内容：对营销人员发言、进展、存在问题、解决方法等方面的总结，并鼓励大家继续努力；中肯地谈谈企业当前发展的状况，值得大家高兴和欢呼的事情是什么，存在什么问题还需要大家齐心协力去解决等，让每个营销人员对本企业发展的进程有所了解，以便更好地开展自己的工作，使企业得到更好的发展；提出对每一个营销人员今后两个月工作的要求和激励措施，促使大家每个月均能按计划（把工作合理地量化、数据化）做出成绩来，而不是“模糊工作”，浪费钱财和时间。

(2) 采用多种媒介形式实现企业文化激励。

企业文化在人力资源管理中的媒介形式主要有以下几个方面。

① 良好的企业环境和优质的产品与服务对所有员工都有潜移默化的作用，这就要求该企业必须外树良好的企业形象，内创优美的工作环境等。

② 企业开展的象征性的企业欢庆仪式、礼仪、纪念等活动。

③ 企业特有的语言、口号、标语等。

④ 在企业内部树立本企业的英雄人物、传奇人物。

⑤ 大力实施企业识别系统（Corporation Identity System，CIS）战略，树立企业良好的社会形象，将企业经营管理理念和企业文化传达给社会和公众，从而塑造企业的个性，显示企业的精神，得到社会和公众的认同，让全体营销人员认识到在本企业工作是一种荣耀。

7.4.4 案例解析

本案例是一个典型的精神激励案例，案例中指出了团队凝聚力不强、激励的覆盖范围小和激励措施的有效性差等普遍的精神激励问题，从声誉地位激励、工作激励、团队精神激励等方面进行了优化设计，并设计了具体的激励手段，具有很好的借鉴作用。本案例有利于读者掌握各种精神激励方法的内涵和具体的实施手段。

评价：人的需求包括经济性和非经济性两大方面，激励方案设计常常侧重经济性需求的满足与激发，而忽略对非经济性需求的仔细研究和系统设计。本案例专门描述精神激励方案的设计，旨在引导读者关注精神激励问题，用专业化的思维和方法来设计晋升激励方案，缓解企业中流行的精神激励随意、不成体系、不受重视的问题。

使用说明：本案例是将该公司一个完整激励方案中的精神激励部分摘取出来，主要向读者说明精神激励诊断和优化设计的基本思路和方法，旨在引起读者对精神激励的重视和关注。精神激励方法很多，可以因企业实际情况做出选择，也可以依据社会环境做出新的设计，无须拘泥案例中的某个具体方法，如计划经济时期评先进、改革开放之初的荣誉称号、从西方引进终身荣誉员工称号等，读者可根据企业实际情况去设置，只要符合需求、有效果即可。特别说明的是，精神激励和物质激励不可完全分离，二者是一个互动平衡的关系，注意将二者组合使用。

案例研讨：

1. 讨论精神激励和物质激励特质差异，二者如何组合应用？
2. 有人认为“越是具有公共事务性质的职位越需要精神激励”，请讨论评价该观点。
3. 结合你所在企业的实际情况，找出本案例以外的其他新的有效精神激励方法。